NATIONAL GEOGRAPHIC
LES GUIDES DE VOYAGE

INDE

Louise Nicholson

COMMENT UTILISER

Taj Mahal

95 C4

Tajganj

0562-330 498

Fermé le ven.

€

RENSEIGNEMENTS

Des informations sur les principaux sites à visiter figurent en marge des pages (voir la légende des symboles sur le dernier rabat de la couverture). Lorsque la visite est payante, le tarif des entrées est indiqué par le symbole €.

€	moins de 5 euros
€€	de 5 à 10 euros
€€€	de 10 à 15 euros
€€€€	de 15 à 20 euros
€€€€€	plus de 20 euros

130

CODE COULEUR

Chaque région est identifiée à l'aide d'une couleur afin de faciliter la navigation dans le guide. Ce même principe est appliqué dans la partie **Informations pratiques.**

Niveau de prix

Pictos figurant les principales prestations

Établissement coup de cœur

HÔTELS ET RESTAURANTS

Vous trouverez une liste d'hôtels et de restaurants p. 343-372 ; des bonnes adresses classées par région et présentées avec des indications de prix.

CARTE RÉGIONALE

Numéro de route

Site intéressant

Ville faisant l'objet d'une description dans le guide

Région limitrophe

Coordonnée de la carte

ITINÉRAIRE DE PROMENADE

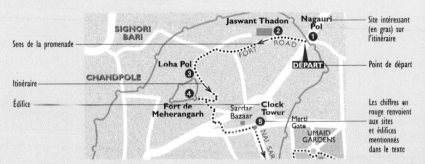

Sens de la promenade

Itinéraire

Édifice

Site intéressant (en gras) sur l'itinéraire

Point de départ

Les chiffres en rouge renvoient aux sites et édifices mentionnés dans le texte

- Un encadré indique les points de départ et d'arrivée de la promenade, sa durée, sa longueur et les endroits à ne pas manquer.
- Lorsque deux itinéraires sont proposés, le second figure en orange.

PLAN DE VILLE

Site intéressant

Édifice faisant l'objet d'une description

6

SOMMAIRE

Page 1 : Fillettes devant le complexe de Minakshi à Madurai.

Pages 2-3 : À Bénarès, la foule des pèlerins sur le ghat de Dashashvamedha.

SOMMAIRE

SOMMAIRE

Affiche de film sur une artère fréquentée de Bombay.

Histoire et culture

Poudré de rose, ce garçon participe aux célébrations de la fête de Ganapati à Bombay (Mumbai).

L'Inde contemporaine

L'Inde est un monde complexe, qui, depuis longtemps, fascine et intrigue les visiteurs. En 1897, l'écrivain et grand voyageur Mark Twain (1835-1910) décrivait ainsi la péninsule : « C'est l'unique contrée au monde que tout homme souhaite voir et, l'ayant vue une fois, ne serait-ce qu'entraperçue, il n'échangerait cette fugitive vision contre toutes les merveilles du globe réunies. » Malgré ses disparités, l'Inde exerce toujours le même émerveillement, la même envoûtante fascination.

UNE TERRE DE CONTRASTES

L'Inde est une terre de contrastes saisissants où histoire et tradition côtoient une modernité d'un dynamisme étonnant. Le pays se place juste derrière les États-Unis dans le domaine des technologies de l'information, mais la vie quotidienne demeure profondément ancrée dans ses coutumes ancestrales. Les exemples de cette cohabitation ne manquent pas à travers ce pays à l'échelle d'un continent : dans un village des environs de Chennai (l'ancienne Madras), un tisserand confirmera ses commandes de soieries par téléphone cellulaire, tandis que de jeunes étudiants en droit international à l'université de Delhi accepteront de leur plein gré un mariage arrangé par leurs familles ; ailleurs, ne vous étonnez pas de voir des femmes drapées dans de chatoyants saris vendre leurs légumes à même le sol devant la vitrine d'un cybercafé.

Les contrastes sautent aux yeux dès l'arrivée. Sur la route animée qui mène à la capitale, New Delhi, vous croiserez les véhicules et les animaux les plus divers – chameaux, chars à bœufs, bicyclettes, troupeaux de chèvres, motos Harley-Davidson, camions bariolés, Mercedes dernier modèle, vaches sacrées, bus climatisés aux lignes aérodynamiques et même ours apprivoisés ou éléphants –, le tout évoluant sur la chaussée avec un nombre d'accidents étonnamment réduit.

Ces extrêmes se reflètent aussi dans les disparités criantes des niveaux de vie. L'extrême pauvreté d'une large couche de la population, si ardemment dénoncée par Mère Teresa, coexiste avec une richesse largement méconnue. L'Inde compte plus de millionnaires que les États-Unis et, dans certains endroits, les prix de l'immobilier figurent parmi les plus élevés de la planète. Certaines manifestations religieuses paraissent disproportionnées face à la misère environnante : à l'occasion de festivals hindouistes, la coutume veut que des représentations somptueuses de divinités ayant exigé jusqu'à un an de travail soient exhibées une seule fois en procession avant d'être jetées à la mer, où elles se désintègrent en quelques instants. De même, à la saison des mariages, des milliers de familles s'endettent à seule fin d'impressionner leurs invités par le faste de la cérémonie.

Si le dénuement de la population est perceptible à chaque instant, l'Inde possède de grandes richesses, tant physiques (ressources naturelles) que culturelles (architecture, arts, artisanat...). Pour le visiteur occidental, ce pays est un ravissement permanent des cinq sens. Quel bonheur de se laisser bercer par les rythmes et accords apaisants de la musique sacrée, d'admirer des femmes, même de condition modeste, parées de saris aux couleurs flamboyantes et de goûter à une infinité de saveurs et d'arômes incomparables grâce au mariage savant de mille et une épices créant une cuisine sans égale – pas toujours aussi relevée qu'on le croit. Quel délice d'inspirer le parfum du lait de coco frais et les effluves délicats des fleurs de jasmin, de sentir sous ses pieds nus les pierres chaudes lissées par le temps dallant le sol de temples à l'architecture parfois époustouflante.

L'Inde ne peut laisser indifférent et n'a pas son pareil pour faire voler en éclats les idées reçues et ouvrir l'esprit à de nouveaux horizons. Gageons qu'une plongée au cœur de ce pays aux innombrables visages constituera une expérience inoubliable… qu'il vous tardera de renouveler !

LA DÉMOCRATIE INDIENNE : COHÉSION ET DIVERSITÉ

Par de nombreux aspects, l'administration d'un pays aussi vaste et peuplé que l'Inde relève du miracle quotidien. Territoire immense d'une superficie de 3 268 000 km², le sous-continent

Choc entre tradition et modernité : drapée dans son sari, une mère pose fièrement auprès de sa fille, mannequin.

indien compte aujourd'hui plus de 1 milliard d'habitants, ce qui le place, juste derrière la Chine, au deuxième rang des pays les plus peuplés.

La Constitution, entrée en vigueur le 26 janvier 1950, prévoit que le président (aux fonctions en grande partie honorifiques) est élu pour cinq ans par les parlementaires ; le Premier ministre est nommé à la tête d'un gouvernement central et le Parlement est composé de deux chambres élues au suffrage universel : la Lok Sabha (Chambre du peuple, 552 députés élus tous les cinq ans) et le Rajya Sabha (Conseil des États, 250 parlementaires élus pour six ans avec renouvellement par tiers tous les deux ans).

L'Inde comprend 28 États et 7 territoires fédéraux ; la ville de Delhi, au nord, englobe la capitale, New Delhi. Créés après l'indépendance (voir p. 50) sur des critères largement historiques et linguistiques, les États se distinguent aussi par leur culture, leurs spécificités politiques et économiques, et la plupart possèdent leur propre langue officielle. Comme l'illustre la carte poli-

tique de l'Inde (voir le rabat intérieur, à la fin de l'ouvrage), la superficie des États est très variable, de l'immense Madhya Pradesh au minuscule Goa, tout comme la population : plus de 166 millions d'habitants dans l'Uttar Pradesh et environ 500 000 au Sikkim.

De la même façon que chaque État envoie ses députés à New Delhi, le gouvernement central nomme un gouverneur dans chacun d'eux. Chaque État possède aussi son administration (l'assemblée législative). Outre la nomination

Bangalore, ville internationale, offre un mélange de tradition et de modernité.

du gouverneur, une disposition permet au Premier ministre d'assumer provisoirement le pouvoir exécutif dans les États – sans doute pour contrer tout pouvoir régional excessif.

À tous les niveaux, la machine politique et administrative s'avère pesante. En plus des deux langues nationales officielles, le hindi (en écriture *devanagari*) et l'anglais, il existe seize langues

officielles dont beaucoup possèdent leur propre écriture : le bengali au Bengale-Occidental, le malayalam au Kerala, le tamoul au Tamil Nadu, le marathi au Maharashtra… Imaginez la complexité des débats à la Lok Sabha !

UN MILLIARD D'HABITANTS

Outre la diversité des ethnies, la forte densité démographique constitue un défi majeur pour les institutions gouvernementales. Avec plus de 1 milliard d'habitants, l'Inde représente 16 % de la population mondiale sur 2,42 % de la surface totale du globe. Selon les prévisions démographiques actuelles, elle devrait prendre la première place, devant la Chine, dans une vingtaine d'années. L'explosion démographique date d'après l'indépendance (en 1947, la population indienne était de 350 millions d'habitants) ; elle s'explique en grande partie par des progrès d'ordre sanitaire : meilleure alimentation, traitement de maladies comme la malaria, la variole et le choléra. L'espérance de vie moyenne est pas-

sée de moins de 40 ans à 63 ans, les femmes étant toutefois moins bien loties que les hommes. L'Inde tente de freiner la croissance démographique par le biais de programmes de planning familial : le taux de croissance est ainsi passé de 2,5 % dans les années 1960 à 1,6 % aujourd'hui.

Le taux d'alphabétisation s'élève à environ 93 % au Kerala et 65 % au Tamil Nadu, alors que dans le Nord, par exemple au Rajasthan, il n'atteint que 38,5 %, avec 20 % seulement chez les femmes. Sur l'ensemble du territoire cependant,

La nuit, avec ses gratte-ciel et ses lumières, Bombay (Mumbai) prend des allures de ville occidentale.

et grâce aux campagnes d'alphabétisation, ce taux est passé de 52 à 62 % entre 1990 et 2000, (pour mémoire, il était de 18 % en 1947).

Depuis l'indépendance, le pays a connu d'autres bouleversements majeurs. Les migrations et la croissance démographique aidant, la population urbaine a grimpé en flèche, attei-

gnant 27 %, et certaines agglomérations ont des difficultés à gérer cet afflux – 18 millions d'habitants à Bombay (Mumbai), 13 millions à Calcutta et 12 millions dans la capitale. Dans les dix villes les plus peuplées du pays, la densité approche 7 000 habitants au kilomètre carré !

Depuis la libéralisation économique, dans les années 1990, l'Inde, autrefois caractérisée par une économie très dirigiste, s'est ouverte au monde. Mais, en dépit de progrès réalisés dans de nombreux domaines – la « révolution verte »

a permis d'atteindre l'autosuffisance alimentaire, assurant même des excédents consacrés à l'exportation –, la misère, parfois extrême, et la sous-alimentation demeurent des fléaux. D'après les statistiques officielles, 35 % de la population vit au-dessous du seuil de pauvreté (un chiffre inférieur toutefois aux 54 % recensés dans les années 1970). La situation est particulièrement préoccupante dans les États du Bihar, du Madhya Pradesh et de l'Orissa. En partenariat avec des organisations non gouvernementales et avec des

associations de bienfaisance, le gouvernement concentre actuellement ses efforts sur la fourniture d'eau potable et la création de réseaux sanitaires dans les zones rurales, et s'efforce de combattre de graves maladies endémiques telles que la malaria, la lèpre, la tuberculose et le sida.

LE TOURISME EN INDE

Si le pays joue un rôle mineur dans le tourisme mondial, cette activité représente le troisième poste à l'exportation (derrière les pierres pré-

Avec une population de plus de 1 milliard d'habitants, les foules très denses sont monnaie courante en Inde.

cieuses et bijoux, et le prêt-à-porter). Le tourisme se concentre dans le triangle d'or formé par Delhi, Agra et Jaipur, ainsi que dans les villes du Rajasthan de plus en plus cotées pour leurs monuments et sites enchanteurs. Ailleurs, à l'exception des cavernes d'Ajanta et de Varanasi (Bénarès), très visitées, le touriste qui saura

s'aventurer hors des sentiers battus trouvera dans bien des lieux le calme et le dépaysement.

Les déplacements à travers le pays sont aisés. Il existe de bons réseaux routier, ferroviaire et aérien. Les habitants sont plutôt amicaux et, à condition de respecter certaines règles, vous pourrez sans problème observer la vie locale. N'hésitez pas à vous arrêter dans les villages pour assister aux célébrations organisées en l'honneur d'une divinité, aux processions de mariage ou bien aux cérémonies et rituels dans les temples (portez des vêtements couvrants et ôtez vos chaussures à l'entrée), faire une halte dans l'école élémentaire ou admirer les troupeaux de chèvres sur le marché aux bestiaux. Vous rencontrerez des artisans perpétuant des savoir-faire ancestraux : fabrication de bijoux en or, tissage de saris en soie ou moulage de statues en bronze. Dans les campagnes, observez les techniques traditionnelles d'irrigation, la plantation du blé ou du paddy, la récolte du coton, des piments, du colza, du thé, du caoutchouc, des lentilles…

Dans les grandes villes, les spectacles de qualité ne manquent pas. Par curiosité, allez voir une production indienne tournée à « Bollywood » (jeu de mots associant Hollywood et Bombay, où sont situés les plus grands studios de cinéma du pays). Si vous connaissez un peu l'anglais et si vous vous intéressez à la presse people, un coup d'œil dans un exemplaire du magazine *Verve*, l'équivalent indien de *Vogue*, vous renseignera sur les tendances de la mode la plus branchée et les derniers potins de stars.

Les femmes s'occupent de la cueillette du thé, et les hommes travaillent à l'usine.

Les temps sont révolus où les touristes devaient renoncer à leurs habitudes de confort. Aujourd'hui, grâce à l'amélioration du niveau de vie dans la plupart des grandes villes, on peut dormir dans des hôtels confortables, louer une voiture, profiter de communications efficaces et de magasins disposant d'une vaste gamme de produits internationaux. ■

Géographie et climat

L'INDE EST UN PAYS QUI S'ÉTEND DU 8ᵉ AU 36ᵉ DEGRÉ DE LATITUDE NORD ET DU 68ᵉ au 97ᵉ degré de longitude. Riche d'une grande diversité de paysages – rivières, plaines, forêts, montagnes, déserts –, le sous-continent a la forme d'un gigantesque diamant. Au nord, il est séparé du reste de l'Asie par l'Himalaya. Au sud, les 3 200 kilomètres de côtes sont bordés par la mer d'Oman à l'ouest, l'océan Indien au sud et le golfe du Bengale à l'est.

Montagnes et mers séparent l'Inde de ses voisins, à l'exception du Pakistan et du Bangladesh qui ont partagé son histoire jusqu'en 1947. Historiquement, les montagnes ont constitué d'imposantes frontières naturelles et seuls les envahisseurs les plus déterminés sont parvenus à les franchir. À l'inverse, les côtes ont bénéficié du commerce maritime entre l'Orient et l'Occident et sont parsemées d'anciens comptoirs commerciaux, notamment sur les côtes de Malabar et de Coromandel.

Tournée vers la péninsule d'Arabie et l'Afrique à l'ouest, vers la Malaisie et l'Indonésie à l'est, l'Inde occupe une position stratégique en Asie. D'ouest en est, ses frontières bordent le Pakistan, la province chinoise du Xinjiang, le Tibet, le Népal, le Bhoutan, la Birmanie (Myanmar) et le Bangladesh. Les îles Andaman et Nicobar, dans le golfe du Bengale, ainsi que les îles Laquedives (Lakshadweep), en mer d'Oman, appartiennent également à la République indienne.

L'Inde inclut une partie de l'immense chaîne himalayenne, ensemble montagneux le plus récent de la planète, issu de la collision de la plaque indienne avec la plaque tibétaine d'Asie du Sud il y a environ 50 millions d'années. Les montagnes, dont l'Everest et près de cent autres sommets dépassant 7 500 mètres d'altitude, se sont formées bien plus tard, par le mouvement des plaques continentales. Aujourd'hui, la majeure partie des forêts du pays, qui couvrent 20 % de sa superficie, se situent dans cette région.

Parmi les chaînes montagneuses de moindre altitude, l'Inde compte les Aravalli, un des systèmes montagneux les plus anciens du globe, au sud du Rajasthan. À l'ouest de cet État réputé pour ses palais et citadelles se trouve le désert de Thar, qui s'étend jusqu'à la frontière pakistanaise. Il renferme une grande partie de la richesse minérale du pays – cuivre, plomb, zinc, phosphates. Les monts Vindhya et Satpura traversent le centre de l'Inde, formant une barrière naturelle contre les invasions en direction du sud. L'altitude s'élève ensuite jusqu'aux plateaux du Deccan et de Mysore, d'où les Ghats Occidentaux (Sahyadris) tombent abruptement dans la mer d'Oman. Les Ghats Orientaux, quant à eux, s'inclinent en pente plus douce jusqu'à la côte orientale. Les mines des États de Goa, du Karnataka et du Madhya Pradesh, ainsi que celles de l'Orissa et du Bihar, font de l'Inde le premier producteur mondial de fer. L'or et les diamants sont exploités plus au sud, le rubis et d'autres pierres précieuses et semi-précieuses dans l'État du Kerala.

Les chaînes montagneuses contribuent à collecter la précieuse eau des deux moussons qui arrosent le pays. La grande mousson du sud-ouest touche le Kerala en juin et balaie le pays du sud au nord de juillet à septembre, gratifiant l'Himalaya de ses dernières pluies. Plus réduite, la mousson du sud-est arrose la côte orientale en octobre et novembre, permettant aux fermiers du Tamil Nadu d'engranger trois récoltes de riz par an. Elle provoque parfois des cyclones comme celui qui a frappé les côtes de l'État tropical de l'Orissa en 1999. Après le passage de cette seconde mousson, le pays connaît sa phase climatique la plus favorable jusqu'au mois d'avril, époque où la chaleur s'abat sur une grande partie du territoire, transformant les zones montagneuses en oasis de fraîcheur bienfaisante.

Le territoire indien est irrigué par un vaste réseau fluvial. Les fleuves principaux sont l'Indus, le Gange et, à l'est, le Brahmapoutre. L'Indus arrose le Pendjab, le grenier à blé du pays. Le Gange, grand fleuve sacré, prend sa source près du glacier de Gangotri et, avec ses affluents, s'écoule à travers le cœur de l'Inde traditionnellement tourné vers la riziculture jusqu'au golfe du Bengale, formant le plus grand bassin fluvial

Sous les palmes des cocotiers, un village de pêcheurs des îles Andaman.

de l'Inde sur le quart du territoire. La plupart des grandes rivières de la péninsule serpentent à travers la plaine jusqu'au golfe du Bengale. La Brahmani et la Mahanadi irriguent l'Orissa, la Godavari et la Krishna prennent leur source sur le plateau du Deccan, la Penner et la Kaveri sur celui de Mysore. Rivière sacrée du sud de l'Inde, la Kaveri bénéficie des deux moussons, mais le pompage de ses eaux pour l'irrigation constitue un contentieux entre les États du Karnataka et du Tamil Nadu. La Narmada – avec son barrage qui menace de bouleverser l'équilibre écologique et agricole de la région – et la Tapti prennent leur source dans les monts Vindhya et Satpura et se jettent dans la mer d'Oman.

L'Inde peut subir de brusques bouleversements climatiques ou géologiques en raison de sa situation géographique ; bordée de mers chaudes, à cheval sur le tropique du Cancer, elle se trouve à l'un des points de rencontre majeurs des plaques tectoniques du globe. Cela explique la survenue périodique de violents séismes ou

autres catastrophes naturelles. Les cyclones tropicaux sont monnaie courante dans le golfe du Bengale, tandis que l'Himalaya, chaîne montagneuse jeune, constitue une zone à fort risque sismique, comme l'illustre le tremblement de terre dévastateur qui a ravagé le Gujerat en 2001.

Les moussons sont vitales pour les cultures, mais, lorsqu'elles sont trop violentes et abondantes, elles provoquent des inondations dramatiques, aggravées par la déforestation des collines à des fins industrielles et agricoles, qui

Les paysages lunaires du Ladakh sont dominés par de superbes pics enneigés.

amplifie le ruissellement. Une mousson insuffisante peut s'avérer tout aussi dévastatrice, avec le risque de famine à la clé. Les conséquences des aléas climatiques sont mieux maîtrisées aujourd'hui : lorsque la mousson est insuffisante et qu'une région est frappée par la sécheresse, l'armée organise le transport de vivres à destination de la zone touchée. ■

La cuisine indienne

IL N'EXISTE PAS UNE MAIS DES CUISINES INDIENNES, QUI SE DÉCLINENT EN UNE INFINITÉ de saveurs et d'ingrédients selon le climat, la région et les coutumes des communautés dont elles sont issues. Les plats les plus simples, tel le *dhal* (pois, haricots et lentilles) accompagné de riz dans le Sud, révèlent de subtiles variations d'une ville à une autre ; en fait, il y a tant de sortes de légumes secs en Inde que les journaux financiers publient leurs cours en Bourse dans une rubrique qui leur est spécialement réservée.

L'Inde est souvent associée – à tort – à une cuisine épicée qui se réduirait essentiellement au curry. En réalité, le curry, ou *kari*, est non pas une épice mais un mélange de plusieurs épices qui diffère selon les régions. Il sert à la préparation d'une sauce à base de viande, poisson, fruits ou légumes qui vient enrichir les aliments de base – pain sans levain à la farine de blé dans le Nord ou riz bouilli dans l'Est et le Sud.

Le gigantisme du pays et sa diversité géographique expliquent l'incroyable richesse des aliments produits sur le territoire. Il suffit de visiter l'immense marché de gros de Delhi pour s'en rendre compte. Situé aux portes de la ville, il est au cœur d'un vaste réseau de denrées alimentaires en provenance de tout le pays. Vous y trouverez, par exemple, au moins vingt variétés de bananes du Sud, des oranges des contreforts de l'Himalaya, du riz du Bengale et du Tamil Nadu, des sacs entiers d'épices les plus variées : coriandre, cardamome, fenugrec, paprika ou bâtons de cannelle.

Si vous allez dans le Nord, ne manquez pas de goûter les pains – *naan, chapatti, roti, paratha* et le *romali roti* (« pain mouchoir », fin comme du papier) –, qui s'accordent à merveille avec l'agneau ou le poulet *tandoori*, marinés dans une sauce au yaourt légèrement épicée, puis badigeonnés de sauce rouge et cuits à la broche dans un *tandoor* (four en terre). Au Rajasthan, les plats sont peu épicés, mais méfiez-vous quand même des piments. Viandes, *dhal* et *sabzi* (légumes) se mangent à l'aide de pains à texture granuleuse à base de maïs, de millet ou de pois chiches. Une cuillerée de *brinjal* (aubergine) ou de *nimbu* (citron vert) relevés vient compléter le repas.

Par contraste, les plats issus des anciennes cours islamiques d'Agra, Delhi, Lucknow et Hyderabad sont riches et complexes. Les viandes sont mijotées longuement dans une sauce à la crème avec des amandes et des fruits secs. Les légumes sont également cuisinés de façon élaborée, qu'il s'agisse d'*okra* (gombos), de *sag* (épinards), de *mattar* (pois) ou d'*aloo* (pommes de terre). Même le *dhal* de base est préparé à la crème, et les pains sont parfois fourrés. Ne faites pas d'excès et attendez que votre organisme se soit acclimaté avant de savourer ce genre de festin. Si vous souhaitez accompagner vos repas d'un peu de vin, pourquoi ne pas essayer un vin indien issu des vignobles du plateau du Deccan ? Sinon, adoptez les coutumes locales et essayez une bière du cru. Si vous préférez vous en tenir à l'eau, veillez à toujours la consommer en bouteille et vérifiez au préalable que le bouchon est bien scellé.

Sur la côte, vous pourrez savourer des crevettes géantes ou un *bekti* (poisson à clair blanche pêché dans le golfe du Bengale) grillé arrosé d'une sauce à la noix de coco, très efficace pour apaiser le feu des épices. À Goa, vous apprécierez un verre de *feni* (un jus de fruit, mangue, papaye ou pastèque par exemple). Le *lassi* (boisson au yaourt battu allongé d'eau) et le jus de citron frais additionné d'eau plate ou gazeuse sont d'autres boissons rafraîchissantes que l'on trouve partout en Inde. Quant au *chai* (thé), omniprésent, bu fort avec du lait et du sucre, c'est une boisson étonnamment tonifiante.

Dans le Sud, vous pourrez déguster une grande diversité de légumes. Commandez un *thali* : il s'agit d'un plateau circulaire comportant six *katoris* (petits plats) ou plus contenant chacun un légume différent, du *dahi* (yaourt), des chutneys, du *mighai* (pudding sucré) et du riz. Commencez par le *rasam* (potage) et goûtez chaque plat en y ajoutant un peu de riz. Les amateurs de desserts termineront avec une sucrerie lactée *(barfi)* ou une glace à la crème *(kulfi)*. ■

Au marché de gros de Delhi, on trouve toutes sortes d'épices et d'aromates : piments séchés, curcuma en poudre, cannelle, muscade, cardamome…

L'histoire de l'Inde

L'HISTOIRE INDIENNE, RYTHMÉE PAR DES INVASIONS ET DES CONQUÊTES AU GRÉ DE l'émergence et de la chute d'États souvent en guerre, s'étend sur plusieurs millénaires. Diverses religions, venues de l'extérieur ou nées dans le sous-continent, se sont parfois fondues les unes dans les autres. Les marchands étrangers ont apporté leurs langues et leurs cultures. Malgré tout, l'Inde a su préserver au fil du temps sa profonde originalité.

DE LA PRÉHISTOIRE À L'ÉPOQUE CLASSIQUE

Le sous-continent abonde en sites inexplorés ou mal connus, et les recherches archéologiques y sont très actives. Les premières traces de l'activité humaine remontent à environ 400 000 ans. Des galets façonnés de l'époque pléistocène ont été retrouvés. Des percuteurs en pierre datables du paléolithique supérieur ont été découverts à Pushkar, au Rajasthan, où les hommes utilisaient, entre autres, le quartz, l'agate et la cornaline, et où les pointes de flèche étaient taillées avec un souci esthétique dépassant de loin les impératifs techniques liés à leur usage. Un remarquable ensemble d'abris-sous-roche ayant servi d'habitat a été découvert en 1957 à Bhimbetka (voir p. 115), près de la ville de Bhopal. Leur datation demeure problématique, mais les plus anciens pourraient remonter à des périodes comprises entre 10 000 et 40 000 ans.

Dans la vallée de l'Indus, l'orge et le blé furent cultivés très tôt. Vers 5000 avant J.-C., le bœuf à bosse (zébu) était déjà un animal domestique répandu. Grâce au tour de potier, apparu vers 3500 avant J.-C., la céramique était produite à grande échelle, et la présence de greniers à céréales en briques crues atteste l'existence d'importantes communautés villageoises (des fouilles ont été menées à Banavali et Mitathal, dans l'Haryana, et à Surkotada, au Gujerat). Dans le même temps, plus à l'est, des développements comparables se produisaient dans la vallée du Gange.

La civilisation de l'Indus

La civilisation urbaine de l'Indus (ou civilisation harappéenne, du nom de l'un de ses principaux sites, Harappa) est apparue vers 2500 avant J.-C., alors que la mise à profit des plaines inondables permettait une forte augmentation de la productivité agricole. Elle occupait une grande partie du nord de l'Inde et l'actuel Pakistan, et commerçait sans doute avec le Moyen-Orient. Ses villes les plus connues, Mohenjo-Daro et Harappa, sont en territoire pakistanais, mais l'Inde possède d'autres sites harappéens très riches, tels Lothal (voir p. 152) et la cité fortifiée de Dholavira, au Gujerat, ou encore Kalibangan, au Rajasthan. Des progrès considérables furent faits en matière d'urbanisme. Les villes présentent souvent un plan orthogonal et comportent une zone surélevée qui devait servir de centre politique, religieux et administratif. Des quartiers étaient réservés aux artisans ; la présence de vastes greniers témoigne d'une gestion centralisée des productions agricoles ; des puits et un système de drainage des eaux usées révèlent un souci d'hygiène publique unique au IIIᵉ millénaire avant J.-C.

Cette civilisation reste mystérieuse à deux titres. Son étrange écriture, visible sur un grand nombre de sceaux en pierre, n'est à ce jour pas encore déchiffrée. De même, son déclin et sa disparition progressive autour de 1700 avant J.-C. restent inexpliqués. Invasions, famines, surexploitation des sols ou autres, quelle qu'en soit la raison, la culture harappéenne a disparu assez mystérieusement, non sans laisser un certain héritage dans la société indienne ultérieure.

L'époque védique : environ 1500-600 avant J.-C.

Les prémices de la religion hindoue et le système des castes (voir p. 30) se mettent en place au cours de l'époque védique. Ces deux forces de cohésion du monde indien vont traverser les âges et survivre durant plus de trois millénaires à la naissance et à la chute de plusieurs empires. Aujourd'hui encore, malgré les transformations de la société indienne, l'hindouisme reste la religion principale du pays, et le système des castes, en théorie aboli, demeure l'épine dorsale de son organisation sociale.

Le temple de la Mahabodhi à Bodh-Gaya est l'un des lieux de pèlerinage les plus sacrés pour les bouddhistes.

Les Aryens, tribus nomades descendues des plateaux iraniens, commencèrent à arriver en Inde vers 1500 avant J.-C. Ils se sédentarisèrent au sein de simples communautés villageoises, très différentes des cités harappéennes. Chaque groupe de ces nouveaux arrivants était dirigé par un chef guerrier, le raja, auquel les villageois versaient tribut en échange de sa protection. Dans cette nouvelle société, la principale forme de richesse était le bétail, source de nombreux conflits intertribaux.

Le statut prééminent du raja était affirmé et soutenu par des prêtres, les brahmanes, responsables de l'élaboration d'hymnes versifiés en sanskrit archaïque, désignés collectivement sous le nom de *Veda* («Savoir»). Ces textes, dont le plus connu est le *Rig Veda*, furent transmis oralement de génération en génération, puis compilés par écrit. Avec d'autres, tels que les *Upanishad*, ils exposent les bases de la pensée védique dans laquelle l'hindouisme plonge ses racines. Les concepts de *samsara* (la réincarnation de

l'âme) et de *karma* (le poids des actes déterminant le futur statut de renaissance) trouvent leur
origine dans la pensée védique. Cette dernière
s'articule autour de la vénération de divinités
représentant les forces de la nature et de notions
abstraites comme l'idée de contrat unissant
hommes et dieux, les premiers recevant la protection des seconds en échange d'offrandes
rituelles. Les offrandes, sacrifices et chants ne
pouvaient parvenir aux divinités que par l'intermédiaire d'un prêtre qui assumait un rôle de

**À Jodhpur, dans l'ouest du Rajasthan, un
groupe d'hommes chante et danse lors
de la fête de Holi célébrant le printemps.**

médiateur plus que de maître à penser. Lors du
passage du védisme à l'hindouisme (seconde
moitié du Ier millénaire avant J.-C.), ce caractère
ritualiste fut en grande partie conservé.

Avec le temps, l'identité tribale des populations de l'Inde védique se transforma en identité territoriale. Le pouvoir du dirigeant se trouva

Si le système des castes est officiellement aboli, il est exceptionnel qu'un homme comme K. Ramaswamy, né «intouchable», puisse accéder à un poste élevé au sein de la Cour suprême.

renforcé et l'autorité royale fut consacrée au cours de cérémonies du couronnement assorties de sacrifices complexes. Le tribut se transforma en impôt ; le commerce et l'agriculture se développèrent. Un nouvel ordre social émergea, fondé sur un système hiérarchique : le *varna*, mot qui possède entre autres sens celui de « couleur ». Le système des castes fut élaboré sur la base d'une distinction raciale, en établissant une sorte de classement entre populations aryennes d'origine étrangère à la peau claire, membres des trois castes supérieures, et populations indiennes autochtones de couleur plus foncée.

Au sommet de la hiérarchie figurent les prêtres (*brahmana* ou brahmanes) et les dirigeants-guerriers (*kshatriya*), dont les pouvoirs respectifs s'épaulent. Au-dessous, mais toujours dans le groupe aryen, se trouvent les commerçants, artisans et agriculteurs (*vaishya*). La quatrième caste, numériquement la plus importante, est celle des *shudra*, constituée par les groupes défavorisés. Autochtone à la peau brune, le *shudra* est là pour servir les trois castes supérieures. De cette hiérarchie sociale – qui intégrera ensuite des sous-castes, les *jati* – découlent l'intangibilité du statut de chacun en fonction de sa condition de naissance et l'impossibilité d'échapper à ce statut afin de préserver la pureté de la caste. La vie sociale s'organise en fonction de ce système auquel un cinquième groupe fut ajouté, celui des intouchables, dont les activités sont considérées comme impures, et auxquels le Mahatma Gandhi tenta de donner un statut en les nommant *harijan* (« enfants de Dieu »).

Progressivement, les cultures aryennes et non aryennes d'Inde du Nord se mêlèrent pour donner naissance à une société ethnolinguistique dite indo-aryenne, à l'origine d'environ 74 % de la population actuelle. Ses langues principales (hindi, punjabi, rajasthani et bengali) dérivent d'une source commune. En Inde du Sud, la culture dite dravidienne est restée à l'écart de l'influence aryenne, ainsi qu'en témoignent ses langues (telugu, tamoul, kannada et malayalam), toutes antérieures aux idiomes indo-aryens. Le sanskrit, forme d'expression indo-aryenne la plus sophistiquée, est resté l'apanage des hommes cultivés jusqu'à ce que l'anglais acquière le statut de lingua franca pendant la période coloniale, statut qu'il conserve aujourd'hui.

Antiques empires, fois nouvelles

Les voies de communication et le commerce furent un facteur d'unité majeur dans l'Inde ancienne. Grâce à leur richesse, les marchands devinrent mécènes et favorisèrent le développe-

Les portiques du grand stupa de Sanchi furent commandités par des marchands et artisans.

ment culturel. À leur instigation, les villes se développèrent. Vers 600 avant J.-C., la création de cités importantes le long des fleuves (*pura*, en sanskrit), telles Varanasi et Vaishali, initia, quelque 2 000 ans après celle de l'Indus, une seconde révolution urbaine, cette fois localisée sur les rives du Gange.

Dans le Nord et le Nord-Est, une écriture et un monnayage communs parachevèrent les effets positifs du développement économique lié au commerce. Au Nord-Ouest, l'invasion de l'empereur achéménide Cyrus en 530 avant J.-C. créa un pont culturel et commercial entre la Perse et l'Inde. Dans ce monde post-védique fait de petites républiques, de monarchies de courte durée et de puissants commerçants, des critiques s'élevèrent à l'encontre de la religion des brahmanes. C'est dans un contexte social en effervescence, et avec le soutien des guildes marchandes, que le bouddhisme et le jaïnisme virent le jour au tournant du VIᵉ et du Vᵉ siècle avant J.-C. Ces religions nouvelles, fondées par des princes que rien ne semblait destiner à devenir des penseurs, allaient connaître un rapide développement en Inde même et, pour le bouddhisme, dans les pays voisins ou éloignés de l'Asie du Sud-Est et de l'Extrême-Orient.

L'État du Magadha semble avoir particulièrement bénéficié de la conjoncture. Les souverains Bimbisara (v. 543-v. 491 avant J.-C.) et Ajatashatru (v. 491-v. 461 avant J.-C.) résidèrent dans la ville de Rajagriha (l'actuelle Rajgir), tandis que leurs successeurs transférèrent la cour à Pataliputra (l'actuelle Patna). Au IVᵉ siècle avant J.-C., le Magadha fut en proie au chaos en raison de querelles dynastiques. Le déclin du royaume coïncida avec l'arrivée d'Alexandre le Grand, qui mena campagne au Pendjab en 327-326 avant de renoncer à ses conquêtes en Inde. Le Macédonien laissa sur place des garnisons qui, face à la résistance des Indiens, ne purent guère affermir la présence grecque en Orient.

À la fin du IVᵉ siècle avant J.-C., le grand stratège Chandragupta Maurya régnait sur le Magadha et parvint à s'opposer avec succès aux héritiers d'Alexandre en unifiant divers petits royaumes septentrionaux sous son autorité : le puissant empire Maurya (v. 320-v. 185 avant J.-C.) venait de naître. Depuis sa capitale, Pataliputra, Chandragupta dirigeait un domaine qui s'étendait de l'Assam à l'Afghanistan et du Cachemire au Karnataka. De foi jaïne, le souverain renonça au trône pour entrer dans une communauté religieuse du sud de l'Inde où, selon certains textes, il mourut de privations. Son petit-fils Ashoka (r. v. 269-232 avant J.-C.) fut le plus grand empereur Maurya. Il se convertit au bouddhisme et inscrivit son action politique

Chronologie sommaire de l'Inde

Avant Jésus-Christ

v. 2500-1700 Civilisation urbaine de l'Indus.

327-326 Expédition d'Alexandre le Grand.

v. 269-232 Règne de l'empereur Maurya Ashoka.

Après Jésus-Christ

v. 100-120 Accession de Kanishka au trône de l'empire Kushana.

v. 319 Fondation de l'empire Gupta par Chandragupta Ier.

v. 600-630 Règne du roi Pallava Mahendravarman Ier.

VIIIe siècle et suivants Domination des Rajpouts en Inde du Nord.

850-1278 Dynastie Chola au Tamil Nadu.

1192 Prise de Delhi par Qutb ud-Din Aibak.

1206-1526 Sultanat de Delhi, dirigé successivement par les dynasties Muizzi (Esclaves), Khalji, Tughluq, Sayyid et Lodi.

1398 Sac de Delhi par Timur Lang (Tamerlan)

1336-1565 Empire de Vijayanagar en Inde du Sud.

1509 Prise de Goa par Albuquerque.

1526 Victoire de Babur sur Ibrahim Lodi à Panipat ; fondation de l'empire Moghol.

1530-1707 Apogée de l'empire Moghol sous les règnes de Humayun, Akbar, Jahangir, Shah Jahan et Aurangzeb.

1616 Sir Thomas Roe obtient de Jahangir le droit de libre commerce pour l'Angleterre ; effacement de la puissance portugaise devant la Compagnie anglaise des Indes orientales.

1631 Mort de l'épouse de Shah Jahan, Mumtaz Mahal, et début des travaux du Taj Mahal, son mausolée.

1639 Madras devient le centre des activités commerciales britanniques.

1648 Shah Jahan réinstalle la capitale à Delhi.

1772 La capitale administrative des Anglais est déplacée de Madras à Calcutta.

1799 Arthur Wellesley défait Tipu Sultan, souverain du Mysore ; Ranjit Singh s'empare de Lahore et fonde par la suite le premier État sikh.

1815-1947 Le gouvernement britannique délaisse Calcutta pour la station d'altitude de Simla pendant six mois chaque année.

1840-1914 L'Inde est le principal partenaire commercial de la Grande-Bretagne.

1857-1858 Révolte des Cipayes à Delhi, Lucknow et Kanpur ; Delhi est reprise par les Anglais ; la déposition de Muhammad Bahadur Shah met un terme à l'empire Moghol ; l'Inde anglaise, ou Raj, est dirigée depuis Westminster.

1869 Ouverture du canal de Suez.

1885 Fondation de l'Indian National Congress (parti du Congrès) en vue d'accroître les libertés en Inde.

1906 Création de l'All India Muslim League (Ligue musulmane), dont le but est de sauvegarder les intérêts des musulmans.

1911 George V annonce le déplacement de la capitale administrative à Delhi.

1915 Gandhi revient d'Afrique du Sud et combat pour la libération de l'Inde.

1930 Gandhi conduit la Marche du sel pour protester contre les taxes britanniques.

1931 Inauguration de New Delhi.

1947 Indépendance de l'Inde et création du Pakistan ; Jawaharlal Nehru devient Premier ministre.

1948 Assassinat du Mahatma Gandhi.

1950 Proclamation de la République indienne ; adoption de la Constitution.

1966-1977 et **1980-1984** Indira Gandhi est Premier ministre.

1971 Le Pakistan oriental devient le Bangladesh.

1991-1996 Narasimha Rao est Premier ministre ; ouverture de l'Inde sur les marchés extérieurs.

2001 La population indienne dépasse le milliard d'habitants.

dans le cadre du *dharma* – l'ordre social dans la tradition indienne. Il fit graver dans le roc ou sur le fût de colonnes disséminées dans l'empire un ensemble d'édits sur les valeurs morales de sa nouvelle foi. Ces textes, politiques autant que religieux, sont rédigés en prakrit (langue dérivée du sanskrit) et transcrits selon deux systèmes d'écriture : la *karoshti* au Nord-Ouest, la *brahmi* dans le reste de l'empire.

Après la chute des Maurya (début du IIᵉ siècle avant J.-C.), deux dynasties se succédèrent dans le centre-nord du sous continent : les Shunga (v. 185-v. 73 avant J.-C.) et les Kanva (v. 73-v. 28 avant J.-C.). À la même époque, les régions nord-ouest de l'Inde (frontière nord de l'actuel Afghanistan) passèrent sous la domination des Grecs de Bactriane. Les rois indo-grecs parvinrent à étendre leur domaine jusque dans la région de Mathura, puis furent supplantés par les Scythes et les Parthes, deux tribus nomades d'Asie centrale.

C'est un autre groupe nomade d'Asie centrale qui allait ouvrir un nouveau chapitre dans l'histoire indienne. Chassés de leurs territoires (l'actuel Xinjiang) au IIᵉ siècle avant J.-C. par les Huns Xiongnu, les Yuezhi s'emparèrent de l'Inde du Nord-Ouest et fondèrent l'empire Kushana (Iᵉʳ siècle avant J.-C.-IIIᵉ siècle), dont le domaine allait des confins de l'Asie centrale aux régions de Varanasi et Vaishali, non loin de Patna, dans la vallée du Gange. Les rois disposaient de plusieurs capitales (Peshawar, dans l'actuel Pakistan, et Mathura, dans l'Uttar Pradesh), occupées alternativement en fonction de la saison. L'empire Kushana atteignit son apogée sous le règne de Kanishka (v. 100-120).

À la même époque, et jusqu'au début du IIIᵉ siècle, le pouvoir des Satavahana se développa dans le Deccan, recouvrant presque les actuels États du Karnataka et de l'Andhra Pradesh. Sous leur égide, le bouddhisme fut florissant, et leur mécénat se révèle en nombre de sites des

débuts de notre ère, tels Karla, Kanheri ou Sanchi, dont le principal stupa (édifice funéraire) fut décoré à l'époque où les Satavahana dominaient en grande partie le Madhya Pradesh (fin du Iᵉʳ siècle avant J.-C.-début du Iᵉʳ siècle).

Plus au sud, les Chola, les Chera et les Pandya se partageaient l'actuel Tamil Nadu. L'important corpus littéraire des régions du sud de l'Inde, le *Sanggam*, dévoile l'existence d'une société non aryenne développée. Les échanges avec l'Occident (bijoux, ivoire, bois précieux, parfums, épices) transitaient par les ports des côtes méridionales. La valeur de certains produits exotiques pour l'Occident nous est révélée par la nature d'une partie du tribut que préleva Alaric lors du sac de Rome par les Wisigoths en 410 : 3 000 livres de poivre indien, apparemment plus précieux que l'or ! Ces liens entre Inde et Occident sont aussi attestés par les objets (monnaies, poteries) découverts dans les sites portuaires côtiers. Enfin, on sait qu'une garnison romaine était établie à Calicut (côte de Malabar).

Danse de Shiva (bronze Chola du XIᵉ siècle).

L'ÂGE CLASSIQUE : 300-650

L'Inde classique fut dominée par la dynastie septentrionale des Gupta (IVᵉ-VIᵉ siècle), tandis que le reste du pays était dirigé par un ensemble de royaumes dont certains furent importants : les Chalukya au Karnataka, les Vakataka au Maharashtra ou les Pallava au Tamil Nadu.

Chandragupta Iᵉʳ (r. v. 319-v. 335), fondateur de la puissance Gupta, jeta les bases politiques et culturelles de l'empire. Par son mariage avec une princesse de la famille des Licchavi, dont le territoire était situé au nord des siens, il étendit son influence sur toute l'Inde septentrionale. Pataliputra, la capitale, Ujjain et Allahabad étaient des centres importants. La mainmise Gupta sur le commerce en Inde et vers l'Asie centrale par l'antique Route de la soie assura la prospérité de cet empire prestigieux. S'inscrivant dans la tradition védique, les rois Gupta pratiquaient divers sacrifices, dont celui du cheval, essentiel lors de l'accession au trône pour légitimer leur statut et pouvoir. Ils surent s'attacher

la fidélité de savants brahmanes et de conseillers avisés en leur conférant toutes sortes de dons et de privilèges. L'hindouisme connaissait alors d'importants développements avec le renforcement des cultes de *bhakti* (voir p. 54), la codification des iconographies religieuses, la rédaction de textes sacrés, en particulier des *Purana*, ces traités de mythologie où les actions des dieux sont décrites dans des récits hauts en couleur.

Sous le mécénat des Gupta, en particulier sous le règne de Chandragupta II (v. 376-v. 412),

les arts et la littérature connaissent un véritable âge d'or. Un style nouveau émerge, qui va influencer les pays indianisés de l'Asie (Asie du Sud-Est, surtout). La sculpture atteint de nouveaux sommets dans ses techniques et l'expression de la spiritualité. Les grands styles architecturaux de l'Inde médiévale prennent corps (voir p. 262). Le monnayage est l'un des plus raffinés de l'histoire indienne. À la fin du Vᵉ siècle, les peintres laissent à Ajanta (voir p. 178-179) le plus bel ensemble de peintures murales de toute

l'Asie. Des traités normatifs, les *Shilpashastra*, sont alors rédigés. L'architecte Vidyadhar Bhattacharya s'en inspirera au XVIIIe siècle lorsqu'il réalisera les plans de la ville de Jaipur (voir p. 131-132). La poésie sanskrite atteint son apogée, particulièrement dans les œuvres de Kalidasa (le *Raghuvamsha*, le *Kumarasambhava*). Sous les Gupta, Aryabhata et Varahamihira poussent la recherche en astronomie, cependant que les acquis indiens en mathématiques, tel le zéro, sont transmis à l'Europe via les Arabes.

Des éléphants sculptés sur un énorme rocher de Mahabalipuram (VIIe siècle).

C'est enfin à Vatsyayana, auteur sur lequel on sait peu de chose, que l'on attribue le traité sur l'art de l'amour qu'est le *Kamasutra*. Ce n'est qu'avec les effets désastreux de l'invasion des Huns sur le commerce (fin du Ve siècle) que l'éclat de l'empire Gupta commencera à se ternir.

En Inde du Sud, la plupart des royaumes s'inscrivaient dans le même type de politique

Bouddhas assis peints au Vᵉ siècle dans l'une des cavernes d'Ajanta.

que celui des Gupta, conférant terres et richesses aux prêtres et aux temples. Le riz était à la fois la principale culture et la monnaie d'échange d'un système commercial basé sur le troc.

L'architecture du sud de l'Inde, dite dravidienne, connut ses premiers développements sous la dynastie des Pallava, dont les rois se réclamaient d'ascendance divine. De nombreux monuments subsistent à Kanchipuram, la capitale, et à Mahabalipuram (Mamallapuram), centre religieux et principal port du royaume. Sous le règne de Mahendravarman Iᵉʳ (v. 600-630), de foi jaïne puis converti au shivaïsme, l'architecture, la littérature et tous les arts prirent une couleur spécifiquement dravidienne.

Les puissants rois Chalukya, qui régnaient sur le Deccan depuis leurs capitales d'Aihole et Badami, s'opposèrent souvent aux Pallava. Harshavardhana de Kanauj, qui avait tenté de reconstituer l'empire Gupta au début du VIIᵉ siècle, subit de sérieuses défaites devant les armées du roi Chalukya Pulakeshin II.

La culture indienne classique s'est donc développée grâce à des monarques à la forte personnalité, dont la soif de connaissance a permis à l'art, à la littérature, à la science ou à la philosophie d'évoluer. Cette culture sophistiquée, les commerçants vont la diffuser en dehors du pays, surtout vers l'est, où elle aura une profonde influence.

DE L'ÉPOQUE CLASSIQUE À L'ISLAM : 650-1206

Alors que des États régionaux se développaient dans l'Inde septentrionale post-Gupta, l'Inde du Sud acquérait une force politique accrue. Les immenses sanctuaires de la région (à Thanjavur, Chidambaram ou Gangakondacholapuram) favorisèrent des arts tels que la statuaire en bronze, la danse, la musique, la peinture. Financés par les souverains, ces complexes étaient eux-mêmes un soutien vital du pouvoir royal. Une certaine autogestion politique et administrative des villages fut mise en place, qui existe d'ailleurs encore. Les guildes commerçantes spécialisées dans le textile, les pierres précieuses et les épices renforcèrent leurs échanges avec les Juifs, les Arabes et les Chinois. Tandis que le jaïnisme et, surtout, le bouddhisme perdaient de leur force, l'hindouisme acquit des caractéristiques régionales en absorbant les cultes de terroirs.

Dans le Nord, la vallée du Gange fut dominée par les Pratihara, puis par les Pala. Les Rashtrakuta furent la première dynastie du Deccan à s'implanter dans la région. À l'Est, les Somavamshi firent de Bhubaneshwar leur capitale.

Dans le Deccan, de nombreuses guerres eurent lieu pour la possession des vallées fertiles ou le contrôle des voies commerciales. Mais, en temps de paix, des temples somptueux furent

Sur cette triple tête de Shiva (caverne d'Elephanta, VIᵉ siècle), le visage central est serein, celui de gauche présente l'aspect courroucé du dieu, et celui de droite son aspect féminin.

bâtis. Les Chalukya continuèrent d'édifier leurs monuments à Aihole, Pattadakal et Badami ; par la suite, les Hoyçala aménagèrent dans un goût baroque les temples de leur capitale, Halebid.

Dans l'extrême Sud, à l'instar des Chalukya du Karnataka auxquels ils continuaient de s'opposer, les Pallava complétèrent leur œuvre architectural à Mahabalipuram et à Kanchipuram, l'une des sept cités saintes de l'hindouisme, grand centre du commerce textile en Inde du Sud. Le commerce maritime avec le Sri Lanka, l'Arabie et l'Asie du Sud-Est était florissant.

Au milieu du IXᵉ siècle, les Chola (850-1278) accédèrent au rang de plus puissant royaume d'Inde du Sud. Les monarques les plus prestigieux – Rajaraja Iᵉʳ (r. 984-1014), Rajendra (r. 1014-1044) et Kulottunga Iᵉʳ (r. 1070-1118) – agrandirent leur territoire jusqu'à occuper tout le Tamil Nadu, le sud du Karnataka et du Kerala, et le nord de l'île de Sri Lanka. Depuis le principal port du royaume, Nagappattinam, à l'embouchure de la Kaveri, les Chola étendirent leur commerce jusqu'en Chine.

Dans le Nord, les clans rajpouts prirent progressivement le pouvoir. Certains descendaient des Huns blancs, qui avaient contribué à déstabiliser l'empire Gupta, et s'étaient dotés du statut de kshatriya (voir p. 30) en prétendant être issus du Soleil ou de la Lune. D'autres, se réclamant de l'Agni-kula (la « Lignée du feu ») se posaient en héritiers d'un être mythique apparu dans une fosse sacrificielle près du mont Abu. Les plus importants de ces clans (Pratihara, Sisodia, Chauhan, Chandella et Tomara) se livraient à des guerres continuelles. Prithiviraja III, des Chauhan, s'empara de la Delhi des Tomara avant de vaincre les armées musulmanes de Muhammad de Ghor à la bataille de Tarain en 1191. Mais, l'année suivante, il fut à son tour battu par Muhammad sur le même champ de bataille !

La première implantation de l'islam en Inde remonte au VIIIᵉ siècle, lorsque Muhammad Ibn Qasim arriva de Bagdad par la mer en 711 et ancra ses navires non loin de Karachi. Sa conquête du Sind fut de courte durée puisqu'il dut retourner à Bagdad sous le coup d'une fausse accusation. Entre la fin du Xᵉ siècle et 1030, Mahmud de Ghazni, descendant d'un mercenaire turc au service des sultans samanides, se livra à une série de raids en Inde, son souci étant moins de s'y implanter que de tirer profit des immenses richesses du pays. En 1192, Prithiviraja III Chauhan fut vaincu par Muhammad de Ghor (voir plus haut) : Delhi tomba alors aux mains des musulmans et devint le siège du premier sultanat indien lors de l'accession au trône de Qutb

ud-Din Aibak, un général de l'armée de Muhammad de Ghor, en 1206. Dès lors et pour quelque six siècles, l'islam allait remplacer l'hindouisme en tant que force politique, sociale et artistique dominante dans le nord de l'Inde.

LE SULTANAT DE DELHI : 1206-1526

Jusqu'au moment où Iltutmish, l'un des lieutenants de Qutb ud-Din Aibak, s'empara du pouvoir en 1211, les autorités locales de Delhi purent croire que l'établissement des musulmans n'était que temporaire. Iltutmish régna 25 ans, il consolida l'empire, et la dynastie des Muizzi, ou Esclaves, à laquelle il appartenait, tint les rênes du sultanat de 1206 à 1296. Ce fut la première de cinq dynasties à régner sur Delhi. Après vinrent les Khalji (1296-1320), les Tughluq (1320-1413), les Sayyid (1414-1451) et les Lodi (1451-1526).

Iltutmish bénéficia des événements qui se déroulaient alors en Asie centrale : Gengis Khan et ses Mongols hantèrent la région de 1219 à 1222, éloignant du même coup la menace qui aurait pu peser sur l'Inde et sur le destin du jeune sultanat de Delhi. Iltutmish annexa le Sind et le Bengale avec ses Mamelouks, dont le dévouement fut récompensé par des postes de chefs militaires, de gouverneurs provinciaux et d'officiers de cour. On peut voir son tombeau à l'arrière de la mosquée de Lalkot, la première des sept cités islamiques successives de Delhi.

Les raids des Mongols s'intensifièrent aux XIIIe et XIVe siècles, tant en Asie centrale qu'en Inde du Nord. Delhi devint un refuge pour nombre de nobles, bureaucrates ou aventuriers chassés de leur région. Les Turcs Khalji, qui succédèrent aux Muizzi, appartenaient à un groupe d'immigrés. Un de leurs chefs, Ala ud-Din Khalji (r. 1296-1315), survécut au siège auquel les Mongols soumirent Delhi en 1303, puis se lança à la conquête du Gujerat et des forteresses rajpoutes de Ranthambore et Chittorgarh, pour finalement étendre son empire vers le sud jusqu'à Daulatabad, près d'Aurangabad. Sa Delhi, connue sous le nom de Siri, disposait d'un immense réservoir d'eau et d'une université réputée.

Écarté du trône par une révolte de palais, le dernier sultan Khalji fut remplacé par Ghiyas

Les styles moghol et hindou se mêlent dans les adjonctions réalisées par Jai Singh Ier (XVIIe siècle) dans le fort d'Amber, près de Jaipur.

ud-Din Tughluq, d'origine turco-mongole. Son successeur, Muhammad Ibn Tughluq (r. 1324-1351), fut un monarque controversé, à la fois très généreux et très brutal. Il renforça son administration en invitant à sa cour des immigrants de valeur, tel le Marocain Ibn Battuta, qui rédigea une relation détaillée de l'Inde (première moitié du XIVe siècle). Il transféra sa capitale à Daulatabad en 1327 pour renforcer la colonisation du Sud par l'islam, mais dut revenir à Delhi vers 1330 pour maintenir son pouvoir dans le Nord.

Le vaste empire de Muhammad allait bientôt se désagréger. Le Bengale devint indépendant en 1335, suivi du Cachemire en 1346 et du Deccan en 1347, qui revint aux sultans Bahmani. Firuz Shah Tughluq (r. 1351-1388), successeur éclairé de Muhammad, fonda en 1354 Firuzabad, célèbre pour sa beauté et sa vie intellectuelle. Il choisit de se faire enterrer dans un tombeau aux allures de forteresse. À sa mort, la désintégration de l'empire s'accentua. Plusieurs événements affaiblirent le sultanat et entraînèrent la chute de la dynastie des Tughluq : sac de Delhi par Timur Lang (Tamerlan) en 1398, indépendance de Jaunpur (1400), du Malwa (1406) et du Gujerat (1407), renforcement du pouvoir des États rajpouts du Marwar et du Mewar.

Dans le Deccan, l'État Bahmani éclata pour donner naissance à cinq sultanats appelés à s'opposer les uns aux autres : Gulbarga, Ahmadnagar, Bidar, Bijapur et Golconde. Plus au sud, le dernier grand pouvoir hindou indépendant, l'empire de Vijayanagar (1336-1565), allait tenter en vain de résister à la poussée islamique. Son apogée, marqué par le règne de Krishnadevaraya (1509-1530), préceda de peu sa chute, à la bataille de Talikota en 1565, sous les coups conjugués d'une coalition de quatre des cinq sultanats rivaux du Deccan alliés pour la circonstance.

Le territoire sur lequel régnèrent les deux dernières dynasties de Delhi, les Sayyid et les Lodi, ne fut guère que l'un des nombreux États islamiques de l'Inde du XVe et du début du XVIe siècle. La survie de ces États reposait en grande partie sur l'efficacité de la mainmise de la minorité musulmane à la tête du pouvoir. Le gros de la population hindoue restait opposé à l'islam. Pourtant, les Cours accueillaient nombre d'adeptes des religions locales, ce qui ne fut pas sans effet sur la diversité de la culture indo-musulmane, ainsi qu'en témoignent les arts décoratifs contemporains et les somptueux monuments de Delhi, Ahmadnagar, Bijapur ou Bidar, parmi bien d'autres. En 1502, Sikandar Lodi abandonna Delhi et établit son pouvoir quelque 200 kilomètres plus au sud, à Agra. La capitale légendaire ne conserva dès lors d'attrait que pour quelques religieux et les fidèles du sage soufi Nizam ud-Din Chishti, dont les dévots entretenaient la tombe avec ferveur. Comme Muhammad et Firuz Shah Tughluq avant eux, plusieurs empereurs moghols allaient également vénérer ce saint homme.

L'EMPIRE MOGHOL : 1526-1707

C'est dans une Inde morcelée que Babur, Turc Chaghatai descendant de Timur Lang par son père, arriva en 1526, après trois tentatives infructueuses pour conquérir la grande cité timuride de Samarkand. À l'instigation des chefs afghans qui gouvernaient le Pendjab sous la tutelle nominale d'Ibrahim Lodi, ses regards se portaient au-delà de l'Hindoukouch vers les richesses mythiques du sous-continent. La victoire sur les armées d'Ibrahim Lodi à Panipat fut aisée ; mais, lorsqu'il eut à faire face à une coalition des clans rajpouts conduits par Rana Sanga du Mewar, la difficulté fut bien plus grande. Babur encouragea ses troupes en leur promettant des terres et lança le *jihad* (la guerre sainte au nom du devoir sacré) à l'encontre des Rajpouts tout en faisant vœu de combattre jusqu'à la mort. Aidé par la science militaire héritée de ses pères, Babur écrasa les Rajpouts en mars 1527.

Les Moghols venaient de prendre pied en Inde, donnant naissance au plus puissant et dernier grand empire islamique du sous-continent (1526-1707). De père en fils, Babur, Humayun, Akbar, Jahangir, Shah Jahan et Aurangzeb se succédèrent sur le trône. Ils furent tous de grands chefs militaires et des esprits curieux, voire érudits, mais chacun avait ses faiblesses (abus d'alcool ou d'opium, caractère superstitieux). En matière religieuse, ils hésitèrent entre la tolérance et l'orthodoxie intransigeante.

Babur (*r.* 1526-1530) célébra son triomphe par d'immenses festivités. Sa satisfaction fut de courte durée. Après avoir vaincu une coalition d'Afghans et de Bengalis près de Bénarès en 1529, sa santé chancela. Il rentra à Agra et de là rejoignit Lahore, où il mourut en décembre 1530.

Humayun (*r.* 1530-1540, puis 1555-1556) hérita d'un empire instable et transféra la cour à Delhi. Chef militaire doué, il passa une grande partie de sa vie en campagne. Ses démêlés avec Sher Shah Suri, chef afghan des régions orientales d'Inde du Nord, lui coûtèrent le trône, dont il fut dépossédé en 1540. Sa fuite le conduisit en Perse, à la cour du Shah Tahmasp, où il se vit confier une nouvelle armée en échange de la prise de la ville de Kandahar. Il put alors repartir à la conquête de son empire perdu.

Le bref règne de Sher Shah Suri (1540-1545), dont l'élégant mausolée se trouve près de Bénarès (Varanasi), à Sasaram, fut important pour l'avenir des Moghols. Le monarque créa une armée puissante et très structurée ; il fit aménager de nombreuses routes jalonnées de haltes, dont la célèbre voie s'étendant de Kaboul à Calcutta en passant par Lahore et Delhi. Il fit standardiser les poids et mesures et entreprit une réforme fiscale en réorganisant le système d'imposition du commerce et les impôts, réforme qu'Akbar allait reprendre à son compte.

À la faveur du chaos qui suivit la mort du fils et successeur de Sher Shah Suri, Islam Shah (*r.* 1545-1553), Humayun recouvra son trône en 1555. Mais il mourut l'année suivante en tombant dans un escalier. Son jeune fils fut ramené en hâte du Pendjab où il se trouvait ; il allait être le digne successeur de Sher Shah Suri.

Âgé de 14 ans à la mort de son père, Akbar (*r.* 1556-1605) commença par reconquérir l'empire avant de l'étendre et de le consolider. Sous la conduite de son tuteur Bairam Khan, il reprit la plupart des territoires d'Inde centrale et les principaux États rajpouts, notamment les forts de Chittorgarh et de Ranthambore en 1567-1568. Il entérina ces conquêtes par diverses alliances matrimoniales et offrit des postes dans son armée aux vaincus. En 1562, en route pour Ajmer où se trouvait le tombeau d'un soufi révéré, Akbar avait rencontré Bihari Mal, raja d'Amber (une ancienne forteresse rajpoute située à 8 kilomètres de Jaipur, la future capitale du Rajasthan). Il épousa l'une de ses filles et prit son fils adoptif, Man Singh, à son service, assurant ainsi la prospérité future de Jaipur. Seul le Mewar, sous la conduite des ranas Pratap Singh (*r.* 1572-1597) et Amar Singh (*r.* 1597-1620), résista au joug moghol.

En 1571, alors que les travaux du fort Rouge à Agra se poursuivaient et que l'empire jouissait d'une certaine stabilité, Akbar entreprit la construction de Fatehpur Sikri. C'est de là, en 1573, qu'il partit à la conquête du Gujerat, riche territoire situé sur la route de pèlerinage conduisant à La Mecque. Il fit ensuite édifier la Buland Darwaza, la monumentale porte de la mosquée de Fatehpur Sikri. Dans les années 1580-1590, Akbar fit porter ses efforts militaires et diplomatiques aux marges de l'empire : vers l'ouest et les villes commerçantes de Kaboul et Kandahar, vers le nord au Cachemire, et vers l'est dans l'Orissa. Il s'attaqua ensuite aux régions du Sud, où ses conquêtes le menèrent jusqu'aux berges de la rivière Godavari.

Akbar régna sur un vaste domaine centralisé, défendu par de nobles guerriers d'origines et de fois diverses : Rajpouts, Persans, hindous, musulmans et autres. Il fut un dirigeant fort, un grand soldat et un habile diplomate, un mécène munificent et un philosophe libéral. Ses qualités de monarque éclairé lui valurent de régner sans partage et d'assumer de plein droit son titre d'empereur. Le réseau administratif qu'il avait mis en place permit à l'empire de se maintenir jusqu'au XVIIIe siècle. Il parvint à satisfaire aussi bien les paysans que les nobles tout en remplissant les coffres de l'État, et il prit toujours soin de ne pas froisser les chefs rajpouts et de s'en faire des alliés. Il fit montre d'une tolérance religieuse sans pareille. Il sut s'entourer de conseillers de valeur, dont certains étaient hindous, et entretenir de bonnes relations avec l'orthodoxie musulmane, que son action indisposait parfois. Ses vues libérales le menèrent à abolir la *jiziya*, une taxe prélevée sur les non-musulmans, et à accueillir avec bienveillance les missionnaires jésuites à sa cour. Il initia la coutume moghole selon laquelle l'empereur apparaissait à ses sujets au lever du soleil, renforçant ainsi son pouvoir de manière symbolique en l'identifiant à la source de toute vie et en le dotant d'une aura presque surnaturelle.

C'est dans cet esprit d'ouverture et de tolérance que la dernière grande religion née en Inde, le sikhisme, se développa. Apparue en 1469 à l'instigation de Guru Nanak, son premier maître à penser (voir p. 59-60), elle allait devenir une force morale non négligeable par la suite.

Le fils d'Akbar, Salim, né de son épouse hindoue d'Amber, accéda au trône sous le nom de Jahangir, le « Possesseur du monde » (r. 1605-1627). Son intérêt pour la peinture, la science et les monnaies permit à la culture moghole d'atteindre de nouveaux sommets. Sa brillante personnalité fut toutefois entachée par l'abus d'alcool et d'opium. Aux plans politique et militaire,

il parvint à éteindre le conflit avec le Mewar, étendit l'empire jusqu'à l'Himalaya, renforça son autorité au Bengale et dans l'Orissa et porta ses armées jusqu'au Deccan.

Mirza Ghiyas Beg, un noble persan qui s'était fait une place à la cour d'Akbar, devint Premier ministre avec le titre d'Itimad ud-Daulah (« Pilier de l'État ») lors de l'accession au trône de

Dans cette miniature, Akbar transmet la couronne impériale de son fils Jahangir à son petit-fils Shah Jahan.

Jahangir. Sa fille, aussi intelligente qu'ambitieuse, épousa le monarque en 1611 et reçut le titre de Nur Jahan, « Lumière du monde ». À partir de 1622, elle tint effectivement les rênes du pouvoir, allant jusqu'à participer aux batailles dans une litière portée par deux éléphants. La fille de Nur Jahan née d'un premier mariage épousa le fils aîné et héritier de Jahangir, Khusrau. Dans le même temps, le fils de Ghiyas Beg, Abul Hasan (Asaf Khan IV), tout aussi intelligent et ambitieux que sa sœur, était devenu vice-Premier ministre. En 1612, il donna sa fille, Arjumand Banu Begam, en mariage au troisième fils de Jahangir, Khurram. Le couple devait par la suite se rebeller contre l'empereur et chercher refuge au Mewar, à la cour d'Udaipur. Lorsque la boisson, les drogues et l'asthme vinrent à bout de Jahangir, Asaf Kahn triompha de sa sœur : Khurram devint empereur sous le nom de Shah Jahan, « Roi du monde », et sa femme prit le titre de Mumtaz Mahal, « Élue du palais ».

Pendant une grande partie du règne de Shah Jahan (1627-1658), l'empire à son apogée jouit d'une grande stabilité. L'armée assura la paix au Deccan et dans les régions de l'Est et du Nord-Ouest jusqu'à Kaboul. Les villes de Lahore, Agra et Ahmedabad, dont les citoyens commerçaient aussi bien avec les Asiatiques qu'avec les Européens récemment arrivés, devinrent d'immenses cités cosmopolites, réputées pour leur artisanat et leur architecture. La masse considérable d'impôts prélevés dans tout l'empire permettait d'entretenir une grande armée et assurait la richesse des nobles ; toutefois l'empire allait être conduit à sa perte, précisément en raison de sa trop grande dépendance à l'égard des impôts.

La cour toujours plus riche et ostentatoire de Shah Jahan, empêtrée dans ses fastes et le nombre de ses courtisans, ne se déplaçait plus. Lorsqu'il n'était pas en campagne, le monarque s'attachait en embellir son empire. À Lahore et à Agra, il fit construire en marbre de nombreux bâtiments pour remplacer les anciens édifices de grès. L'architecture du temps se caractérise par l'élégance de ses proportions et sa décoration de *pietra dura*, une marqueterie de pierres semi-précieuses dont les motifs sont surtout floraux.

En juin 1631, Mumtaz Mahal mourut à Burhampur, dans le Deccan, en donnant naissance à son quatorzième enfant, alors qu'elle accompagnait son époux en campagne. Le chagrin que ressentit Shah Jahan fut immense. Il porta le deuil pendant deux années, renonçant aux fêtes, à la musique et aux vêtements raffinés. Il confia malencontreusement le soin des affaires militaires à ses quatre fils et se voua à la réalisation d'ambitieux projets de construction. Il rétablit la taxe imposée aux non-musulmans, encouragea les conversions et tenta de limiter la construction de temples hindous. Pendant qu'il se lançait dans l'édification du mausolée qu'il destinait à son épouse, le Taj Mahal, il fit également construire dans le fort Rouge d'Agra la mosquée de la Perle, magnifique monument en marbre blanc, et encouragea l'édification de nombreuses mosquées. Il fit aménager sur le site

de Delhi une toute nouvelle ville, Shahjahanabad, où lui-même et la cour s'installèrent en 1648. Centrée autour de la grande Jama Masjid, plus importante mosquée de l'Inde, la ville connaît aujourd'hui une activité intense alors que le palais a perdu son lustre d'antan.

Dans l'ombre, les fils de Shah Jahan attendaient leur heure. En 1657, l'empereur tomba malade et les prétendants au trône se livrèrent à une rude compétition émaillée de complots. C'est le troisième fils de Shah Jahan, Aurangzeb, qui parvint à conquérir le trône dans un bain de sang. Durant son long règne (1658-1707), l'empire s'étendit jusqu'à ses limites maximales, mais entama aussi son déclin. Les campagnes militaires menées par le souverain pour conserver la paix dans le Nord-Ouest et garder son emprise sur les princes rajpouts le conduisirent à prendre le contrôle de Jodhpur et à détruire ses temples. Il perdit de la sorte tous ses alliés hindous ; pas un ne lui vint en aide ensuite lors de la guerre qu'il dut mener contre les sikhs.

Aurangzeb porta aussi son attention vers le sud. En 1681, il quitta Delhi avec l'ambition d'étendre son contrôle sur toute la péninsule et de convertir l'ensemble de la population à l'islam. Il s'était déjà opposé au jeune pouvoir marathe dans le Deccan en affrontant son chef charismatique Shivaji (voir p. 180). En 1666, Jai Singh II de Jaipur, à la tête d'une puissante armée moghole, fit prisonnier Shivaji. Ce dernier parvint à s'échapper d'Agra et devint roi du Maharashtra en 1674. Le pouvoir des Marathes allait être appelé à se renforcer par la suite et, au XVIIIᵉ siècle, s'étendre à toute l'Inde du Sud.

Les campagnes ininterrompues d'Aurangzeb, dont certaines eurent lieu pendant les périodes de mousson, épuisèrent l'armée. L'ensemble de la péninsule était en théorie sous sa tutelle, mais bien peu de nouveaux territoires lui furent effectivement acquis. Son orthodoxie forcenée eut pour effet de l'affaiblir : ses campagnes furent placées sous le signe du *jihad*, la taxe sur les non-musulmans fut augmentée et les membres hindous de l'administration furent remplacés par des musulmans. C'est dans le mysticisme et la quiétude pourtant qu'Aurangzeb, dernier des six Grands Moghols, mourut à Ahmadnagar, dans

Le Taj Mahal, le mausolée que Shah Jahan fit élever pour son épouse Mumtaz Mahal, est un symbole du pouvoir moghol en Inde.

le Deccan. À la différence de ses prédécesseurs, qui se firent ensevelir dans dc magnifiques mausolées à Delhi, Agra ou Lahore, Aurangzeb suivit les préceptes de simplicité du Coran : il repose sous une simple pierre tombale dans une modeste mosquée à Khuldabad, près d'Aurangabad.

L'ARRIVÉE DES COMMERÇANTS EUROPÉENS : 1498-1858

Les commerçants européens arrivèrent dans un pays en complète réorganisation politique et administrative. Alors même que Delhi perdait sa prééminence et que des pans entiers de l'empire Moghol devenaient indépendants, divers souverains hindous renforçaient leur pouvoir. Les Jats se tournèrent vers Agra et pillèrent les marbres incrustés de ses monuments pour décorer leur propre palais de Deeg ; les Marathes s'emparèrent du royaume du Malwa et commencèrent à menacer les Rajpouts. Le despote persan Nadir Shah n'eut guère de problème pour mettre Delhi à sac en 1739, imité par les Afghans en 1757. Avec la vacance du pouvoir, de nouveaux centres moghols émergèrent : Murshidabad au Bengale, Lucknow dans l'État d'Oudh et Hyderabad dans le Deccan.

Le commerce avec l'Occident n'était pas une nouveauté. En 327-326 avant J.-C., l'expédition d'Alexandre le Grand avait suscité des liens culturels et économiques entre Orient et Occident. Par la suite, les Romains, mais aussi les Arabes et des commerçants juifs, établirent diverses voies d'échange, terrestres et maritimes, et s'installèrent le long de la côte occidentale du sous-continent. Au XVIe siècle, le commerce européen fut stimulé par le désir de briser le monopole des échanges avec l'Orient, depuis longtemps aux mains de Venise et du Levant. Afin de court-circuiter la Sérénissime, de nouvelles routes furent explorées autour de l'Afrique. Les Portugais ouvrirent la voie, poussés par le prince Henri le Navigateur et le zèle missionnaire de l'Église catholique. En 1497, Vasco de Gama (1469-1524) doubla le cap de Bonne-Espérance et fit voile à travers l'océan Indien pour jeter l'ancre à Calicut, au Kerala, où le christianisme était florissant depuis la venue de l'apôtre saint Thomas en 52 de notre ère. Une deuxième expédition portugaise arriva en 1503, conduite par Afonso de Albuquerque, qui fit édifier une église et un fort à Cochin. Lors d'un deuxième voyage, en 1509, le grand navigateur s'empara de la ville

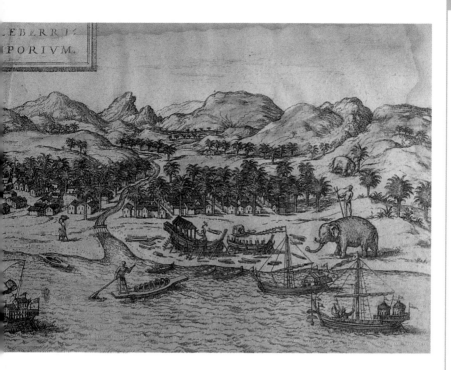

très active de Goa, au détriment des souverains de Bijapur. Goa Dorada, « Goa la Dorée », devint l'un des ports les plus riches du grand empire maritime portugais. Autour de 1580, la population de Goa s'élevait à quelque 60 000 âmes (Lisbonne en comptait à la même époque 110 000), sans compter le grand nombre de religieux et d'esclaves qui demeuraient dans la ville. Chaque année, une flotte de 300 navires chargés d'épices, d'or et d'autres produits de luxe quittait Goa pour Lisbonne. Bien que les mariages entre Indiens et Portugais aient été encouragés à une certaine époque, l'intolérance européenne conduisit rapidement à la destruction de nombreux temples hindous.

L'idéologie de la Contre-Réforme atteignit Goa en 1540 et, deux ans plus tard, saint François Xavier (1506-1552) et les jésuites arrivèrent. Des conversions massives furent entreprises. Bien que saint François Xavier soit mort en Chine, son corps fut ramené à Goa pour y être enterré. En 1560, avec l'Inquisition, les doctrines et rites non chrétiens furent proscrits. Les Indiens considéraient les Portugais comme des êtres cruels, intolérants et sans foi, même s'ils entretenaient avec eux certaines relations. Le

Vue de Calicut vers 1600. Vasco de Gama fonda ce comptoir portugais sur la côte du Kerala en 1498.

Portugal fournit des chevaux à l'empire de Vijayanagar et aida techniquement les Moghols à se doter d'une marine performante.

D'autres convoitises allaient bientôt frapper l'Inde. Hollandais, Danois, Français et Anglais firent voile vers le sous-continent, se livrant une âpre compétition pour y établir des entrepôts et des ports. Les Hollandais durent se contenter de Chinsura, près de Calcutta, les Danois de Serampore, près de Chinsura, et de Tranquebar (la moderne Tarangambadi), sur la côte du Tamil Nadu. Les Français établirent leur principale base commerciale à Pondichéry, et de plus petits emporiums à Mahé, au Kerala, et à Chandernagor, au Bengale-Occidental. Quant aux Anglais, ils allaient devenir prépondérants.

Les Britanniques se tournèrent vers l'Inde pour développer leurs activités commerciales après avoir échoué dans leur tentative de briser le monopole des Hollandais sur les échanges avec les Indes occidentales. Le 31 décembre 1600, Élisabeth Ire (r. 1558-1603) octroya sa charte à la

Compagnie anglaise des Indes orientales, « autant pour l'honneur de notre royaume d'Angleterre que pour le développement de notre marine et l'accroissement de notre commerce ». Quelques années plus tard, le commerce anglais fit un pas en avant avec l'arrivée de sir Thomas Roe, diplomate à la Cour de Jacques Ier (*r.* 1603-1625). En janvier 1616, Roe rencontra l'empereur Jahangir alors qu'il séjournait à Ajmer. Cette rencontre scella de bonnes relations entre l'Angleterre et l'Inde, et ouvrit la voie à un partenariat commercial et culturel.

Usant de diplomatie plutôt que de force, les Anglais étaient parvenus à établir 23 entrepôts en 1647. Surat (1613), sur la côte occidentale, et Madras (1639), sur la côte orientale, étaient les plus importants. En 1668, le gouvernement britannique loua à la Compagnie des Indes orientales, pour une somme dérisoire, des terrains marécageux infestés de malaria sur lesquels allait bientôt se dresser Bombay. Sous la conduite de Gerald Aungier, gouverneur de la ville de 1672 à 1677, Bombay devint l'un des plus grands centres de commerce et un des plus cosmopolites.

En 1690, un autre pôle commercial important, Calcutta, fut fondé par Job Charnock. Cependant, le commerce anglais se développa surtout dans les régions méridionales, le long de la côte orientale, où le climat était plus clément. En 1639, Francis Day avait fait de Madras un important centre du commerce du coton. En 1700, la population de la cité s'élevait à 30 000 âmes. Vers 1740, les échanges avec l'Inde, dont la plus grande partie transitait par Madras, représentaient quelque 10 % des revenus de la Couronne anglaise.

LA COMPAGNIE ANGLAISE DES INDES ORIENTALES

Les initiatives commerciales britanniques se transformèrent progressivement en ambition politique. L'opposition latente entre les deux plus grandes forces européennes dans la région, l'Angleterre et la France, se manifesta dans le soutien qu'elles accordèrent aux États indiens rivaux du sud de l'Inde. Le jeune soldat britannique Robert Clive (1725-1774), futur gouverneur du Bengale, apporta son aide au nabab d'Arcot et contribua à la défaite du marquis de Dupleix en 1751, affirmant la suprématie britannique dans le Sud, une prééminence confirmée neuf ans plus tard par la bataille de Wandiwash. Dans le Nord, le triomphe de Clive à Plassey en 1757 fut entériné par la victoire décisive d'Hector Munro sur les souverains de Delhi et d'Oudh à la bataille de Buxar en 1764.

Le commerce de l'Inde et de l'Angleterre fit alors un bond en avant. Madras se développa, Calcutta devint le siège de la Compagnie des Indes orientales et, en 1774, Warren Hastings (1732-1818) devint le premier des gouverneurs et vice-rois de l'Inde coloniale. Les grands marchands européens et indiens amassèrent des fortunes considérables grâce à divers dons, aux monopoles qu'ils savaient imposer et aux pillages auxquels ils se livraient parfois. La population de Calcutta atteignait 250 000 âmes dans les années 1780, lorsque furent établis les impôts fonciers qui permirent à la Compagnie de récolter chaque année des sommes considérables.

Dans sa recherche effrénée de profits commerciaux et de recettes fiscales, la Compagnie s'étendit à tout le sous-continent. De la modeste Bénarès (Varanasi) au grand État d'Hyderabad, la plupart des dirigeants indiens se trouvèrent en dette à son égard aux termes d'accords commerciaux conclus avec elle. Il y eut pourtant des exceptions. À l'instar des Anglais, le souverain avisé du Mysore, Haidar Ali Khan, réussit à tirer profit du commerce maritime le long des côtes de son État. Attaqué par les Britanniques, son fils Tipu Sultan trouva la mort au siège de Seringapatam en 1799. Dans le Nord-Ouest, les Anglais conclurent une alliance avec les sikhs, dont le chef Ranjit Singh avait pris Lahore la même année et établi le premier État sikh au Pendjab. La Confédération marathe, composée des Sindhia de Gwalior, des Holkar d'Indore et des Gaekwar de Baroda, était soutenue par les Français et s'étendait de la région d'Agra jusqu'au Karnataka. Les raids qu'elle mena contre les territoires rajpouts de Jaipur et d'Udaipur en 1803 ne firent que renforcer la puissance britannique en lui donnant le contrôle des principaux États princiers. Les Marathes furent d'ailleurs vaincus par l'armée anglaise en 1816-1818. Dans l'extrême Nord, les redoutables Gurkha furent également vaincus en 1818. Ces événements dissuadèrent les dirigeants de Perse et d'Afghanistan de s'allier avec les Français ou les Russes.

Les Anglais s'installèrent bientôt hors de leurs forteresses, dans les villes et les campagnes, au sein de vastes demeures coloniales. Ils édifièrent

d'imposants bâtiments publics de style néoclassique pour satisfaire leur goût de l'apparat et matérialiser avec éclat leur présence dans le pays. De nouveaux édifices apparurent : églises, casernes, bungalows (qui tirent leur nom du Bengale), etc. L'occidentalisation de l'architecture fut sensible à Calcutta et à Madras, qui devinrent d'élégantes cités néoclassiques. Les dirigeants et commerçants indiens se mirent à construire des demeures de style hybride mêlant les traditions architecturales hindoues ou musulmanes à des éléments européens.

Les collines indiennes offrirent aux Anglais des lieux de séjour tempéré durant la chaleur de l'été. Entre 1815 et 1947, plus de 80 stations d'altitude (voir p. 278-279) furent aménagées, telles Simla et Darjeeling dans les piémonts himalayens, Mahabaleshvar à l'ouest de Bombay et Ootacamund (également connue sous le nom de « Snooty Ooty ») dans les monts Nilgiri, près de Madras. Ces villégiatures étaient conçues comme une reconstitution nostalgique de la campagne anglaise où l'on s'adonnait à la chasse, où étaient présentés des expositions canines ou des spectacles de théâtre amateur. De 1832 à 1947, le gouvernement au complet, avec ses collaborateurs et les maharajas européanisés, se déplaça chaque année de Calcutta à Simla pour gouverner pendant la moitié de l'année un cinquième de la population mondiale depuis une zone montagneuse certes attrayante, mais particulièrement isolée.

Des problèmes apparurent dans les années 1830 lorsque, entre autres choses, les ventes d'opium à la Chine ainsi que celles d'indigo à l'Europe chutèrent. La fabrication de vêtements en Angleterre mit les artisans indiens au chômage et des famines balayèrent les campagnes. Malgré les réformes sociales entreprises par William Bentinck (1774-1839) et William Macaulay, l'Inde n'appréciait guère le comportement de la Compagnie. De plus, les projets de modernisation des chemins de fer (1853) et du télégraphe (1865), ainsi que les aménagements de canaux d'irrigation et de routes entrepris par les Britanniques, dérangeaient la base conservatrice de la société indienne. De petites révoltes sans coordination eurent lieu un peu partout en Inde, comme les émeutes des céréaliers pour protester contre les taxes de plus en plus élevées.

Dans un tel contexte, la révolte des Cipayes (1857-1858) n'est guère surprenante. L'étincelle fut allumée par l'armée du Bengale, irritée par la perte de ses privilèges, l'introduction d'hommes de basses castes dans ses rangs, les impôts élevés exigés par les Anglais et les problèmes religieux liés à l'utilisation de graisse de porc et de bœuf sur les nouvelles cartouches Lee Enfield, que les soldats devaient déchirer avec leurs dents avant de s'en servir. Débutant le 10 mai 1857 avec la mutinerie de la garnison de Meerut, la révolte gagna rapidement Delhi, Lucknow et Kanpur avant de s'étendre à tout le nord de l'Inde. Le gouvernement anglais fut déstabilisé, mais Delhi fut reprise aux mutins en novembre 1857. La Compagnie des Indes orientales fut abolie en 1858, et le dernier empereur moghol, Muhammad Bahadur Shah, qui avait soutenu les rebelles, fut déposé. Dès lors, la Couronne anglaise administra l'Inde directement, en y appliquant la plupart des lois britanniques. Le Raj (Inde anglaise) venait de naître.

DE L'IMPÉRIALISME BRITANNIQUE À L'INDÉPENDANCE : 1858-1947

Sous l'autorité d'un vice-roi représentant la Couronne, l'Inde, dont les habitants devinrent sujets de la reine Victoria, faisait maintenant partie de l'empire britannique. De 1840 à 1914, le pays fut le plus important partenaire commercial de la Grande-Bretagne. À Bombay, l'essor économique fut renforcé lorsque, pendant la guerre de Sécession en Amérique, les ports de la Confédération furent soumis au blocus, ce qui entraîna une hausse considérable, bien que temporaire, des exportations indiennes de coton. C'est à cette époque que la communauté parsie de Bombay acquit une grande importance et que cette ville se dota d'un ensemble imposant d'édifices publics de style gothique victorien.

En élevant la reine Victoria au rang d'impératrice des Indes en 1877, l'Angleterre imposait un pouvoir quasi féodal à ses vassaux indiens. De nombreuses visites d'État eurent lieu, qui culminèrent en 1911 avec la venue de George V. Le 12 décembre, le souverain annonça à une

assemblée composée de nombreux dignitaires et de 562 maharajas que la capitale allait être transférée de Calcutta à son emplacement traditionnel et stratégique, Delhi, où une toute nouvelle cité serait édifiée. Cette ville, projetée par Edwin Lutyens assisté de Herbert Baker, serait à l'image des dimensions et du pouvoir de l'empire britannique. Lors de l'inauguration de la ville, le 9 février 1931, peu de participants aux cérémonies surent entrevoir les nuages d'orage qui s'amoncelaient et allaient conduire l'Inde à l'indépendance seize années plus tard.

La pompe et le cérémonial des visites de la Couronne en Inde devaient impressionner les chefs locaux en des termes qui leur étaient familiers, et s'assurer de leur loyauté dans un pays qui devenait de plus en plus critique sur la question de la présence britannique. Les adminis-

trateurs se sentaient mal à l'aise devant les inégalités qu'engendrait la colonisation. Pour tenter d'en atténuer les effets négatifs, le système éducatif anglais fut généralisé, des universités et tribunaux furent construits et le nombre d'Indiens occupant un poste officiel augmenta. Après la Seconde Guerre mondiale, les Anglais reconnurent le caractère inéluctable de l'indépendance.

Une conscience politique indienne se transmit progressivement de l'intelligentsia, qui avait bénéficié d'une éducation de type européen, vers le peuple. L'agitation débuta au cours des années 1870, dans une recherche d'identité culturelle et pour la défense des intérêts locaux. L'Indian National Congress (parti du Congrès national indien) fut fondé en 1885. En 1905, les tentatives britanniques d'affaiblir le mouvement nationaliste furent contrées par le boycott des produits anglais. L'année suivante, les musulmans, qui avaient le sentiment d'être délaissés par le Congrès, fondèrent l'All India Muslim League (Ligue musulmane). Les hindous réclamaient la reconnaissance du hindi et de l'écriture *devanagari*, alors que les musulmans voulaient voir reconnus l'urdu et l'écriture arabo-persane.

La lutte de l'Inde pour la liberté entra dans une nouvelle phase en 1915, lorsque Mohandas Karamchand Gandhi (1869-1948) – désigné plus tard sous le nom de Mahatma, la « Grande Âme » – revint d'Afrique du Sud, où il avait fait l'expérience des préjugés raciaux. Il conduisit un mouvement de protestation morale contre l'oppression, c'est-à-dire la présence britannique. Ce mouvement de désobéissance civile consistait à défier les lois de manière pacifique et à accepter les éventuelles représailles. Ce mouvement politique populaire et national était conduit par des chefs nationalistes tels que Bal Gangadhar Tilak, Sir Sayyid Ahmad Khan, C. Rajagopalachari, Sar-

Nehru et Gandhi à la réunion du comité de l'Indian National Congress à Bombay en 1930, qui plaça Nehru à la tête du parti.

dar Vallabhbhai Patel, A.K. Azad et M.A. Jinner. Le deuxième mouvement de désobéissance civile conduit par Gandhi en 1930 fut couronné par la Marche du sel, protestant contre le monopole britannique sur la production de sel. La même année, le Congrès, conduit par son jeune président Jawaharlal Nehru, émettait une résolution sur l'indépendance de l'Inde.

En 1935, les Anglais adoptèrent une nouvelle Constitution, le Government of India Act, accordant à certains Indiens, remplissant des conditions en matière d'éducation et de droit de propriété (soit environ 14 % de la population), la possibilité d'élire leurs représentants. En 1942, le Congrès demanda aux Britanniques de « quitter » l'Inde. Dans le même temps, la Ligue musulmane exigeait la création d'un État indépendant pour les musulmans, le Pakistan. Le Premier ministre anglais Clement Atlee (1883-1967) et le gouvernement travailliste d'après guerre se prononcèrent en faveur de l'indépendance.

En 1947, l'indépendance de l'Inde et sa partition furent mises en œuvre simultanément. Le 14 août, le dernier vice-roi, lord Louis Mountbatten, était le témoin de la création d'un État à

majorité musulmane composé de deux territoires séparés par 1 700 kilomètres : le Pakistan oriental (le Bangladesh depuis 1971) et le Pakistan occidental. C'est à Delhi, face au fort Rouge, dans la nuit du 14 au 15 août 1947 à minuit, que lord Mountbatten transféra les pouvoirs britanniques au nouveau Premier ministre indien, Jawaharlal Nehru (1889-1964). On hissa alors pour la première fois les couleurs safran, blanc et vert du drapeau de l'Union indienne. Au même moment, plusieurs centaines de milliers de personnes fuyaient leur terre natale : les hindous désertaient le Pakistan devenu un État musulman et les musulmans quittaient l'Inde pour leur nouvelle patrie. On estime à 2 millions

le nombre de morts survenus lors de massacres croisés à l'occasion de ces déplacements. Gandhi pleura la perte de l'unité de l'Inde et fut consterné par la violence et la haine qui s'instauraient entre les jeunes États. Le 30 janvier 1948, il fut assassiné par un fondamentaliste hindou.

DE 1947 À NOS JOURS

Au moment de l'indépendance, environ 40 % des terres, abritant un quart des 350 millions d'habitants que comptait le pays, appartenaient à des princes indiens. Leurs États, peuplés de Jats, de Rajpouts, de Marathes, d'hindous, de sikhs et de musulmans, se répartissaient sur l'ensemble du pays, depuis l'immense État d'Hyderabad

Filage du coton dans l'une des écoles fondées par Gandhi dans les années 1920 afin de boycotter les textiles anglais.

(212 380 kilomètres carrés et 14 millions d'habitants) jusqu'à la petite principauté du Kathiawar (moins de 1 kilomètre carré et 200 habitants). Le gouvernement autocratique et le mode de vie traditionnel de la plupart de ces princes étaient en désaccord avec les principes de ceux qui souhaitaient édifier un pays neuf et moderne. Progressivement, les États princiers se fondirent dans la nouvelle géographie administrative du pays, qui suivait approximativement les frontières physiques, culturelles et linguis-

À Bombay, le manque d'espace est flagrant : ici, quatre cordonniers sont assis dans de minuscules réduits ouvrant sur la rue, tandis qu'un client fait réparer ses semelles.

tiques naturelles. Les possessions de la noblesse indienne (terres, palais, villages, biens personnels…) furent peu à peu confisquées. L'actuel Rajasthan ne se forma qu'en 1956, de même que l'Andhra Pradesh, qui recouvre pratiquement l'ancien État d'Hyderabad. Aujourd'hui, seule une poignée des anciens potentats locaux maintiennent les coutumes féodales.

Réorganiser la plus vaste des démocraties d'Asie allait se révéler une immense tâche pour le gouvernement. L'idée maîtresse de tous ses dirigeants serait de maintenir l'unité nationale et l'intégrité du pays face à toute menace intérieure ou extérieure. L'esprit politique de Gandhi fut naturellement pris pour modèle, avec un souci d'équilibrer modernisation du pays et traditions. L'Inde devint un état séculaire, soucieux de justice et d'ordre politique, mais reconnaissant toutes les pratiques religieuses et le système des castes. La coutume selon laquelle les dirigeants indiens accordaient audience à leur peuple le matin et le soir fut conservée – c'est lors d'une telle audience qu'Indira Gandhi (1917-1984) fut assassinée par deux membres de sa garde personnelle. Sur un plan pratique, le jeune pays bénéficia du legs de la période britannique : organisation adminis-

trative et juridique, principe d'une armée indépendante du pouvoir politique, réseau de chemins de fer, voies de communication, système d'irrigation, presse libre. Elle hérita également d'une toute nouvelle capitale, New Delhi.

Le 26 janvier 1950, la République indienne était officiellement fondée et sa Constitution adoptée : l'événement est célébré chaque année par un jour férié et un grand défilé dans les rues de New Delhi. En réponse à l'opposition du Nord et du Sud, et face à la quête d'indépendance du Pendjab, du Cachemire, de l'Assam et d'autres contrées, deux visions de l'unité indienne pouvaient être envisagées : celle de Gandhi, mettant l'accent sur la décentralisation, et celle des nouveaux dirigeants, favorables à un contrôle centralisé de l'État. La solution retenue fut un moyen terme entre ces deux options.

Jawaharlal Nehru fut Premier ministre de 1947 jusqu'à sa mort, en 1964. Sous son égide, le parti du Congrès ne connut aucune contestation. Sa vision, pour un pays aussi divers que l'Inde, était pragmatique et réaliste ; elle donna le ton pour près d'un demi-siècle. Sa méthode de gouvernement pourrait se définir comme un socialisme tempéré au sein d'un État laïque dic-

À Bangalore, le poids de la tradition commence à disparaître. Hommes et femmes travaillent ensemble pour des compagnies internationales situées à la pointe du progrès.

tant les orientations économiques. À ces fins, l'Inde mit en œuvre une économie protectionniste jusqu'aux années 1990, favorisant ses productions propres. L'artisanat de qualité, textile notamment, fut soutenu et encouragé. La croissance agricole a permis au pays d'être autosuffisant et de disposer d'excédents pour l'exportation. Par ses dimensions et sa position stratégique en Asie, l'Inde joue un rôle déterminant auprès de ses voisins, tout en maintenant une politique de non-alignement et de bonnes relations avec la Chine, la Russie et l'Occident.

Nehru peut être considéré comme le premier membre d'une dynastie de dirigeants démocratiques. Indira Gandhi, sa fille (sans relation avec le Mahatma), a dominé la politique après la mort de son père. Premier ministre de 1966 à 1977 et de 1980 à 1984, elle a gouverné de manière très personnelle et centralisée dans les années 1975 à 1977. Chassée du pouvoir en 1977, elle a été réélue en 1980. Après son assassinat, son fils Rajiv a accédé au pouvoir et s'est engagé dans la voie d'une certaine ouverture économique avant d'être assassiné par un kamikaze en 1991. L'héritage politique de la famille est aujourd'hui repris par les enfants de Rajiv et sa veuve, Sonia.

Narasimha Rao, Premier ministre de 1991 à 1996, et ses successeurs n'ont pu stopper la volonté croissante de certains États, surtout ceux du Sud (Maharashtra, Karnataka, Andhra Pradesh, Tamil Nadu et Kerala), de choisir leur propre destinée. Dans ces régions, le progrès et une certaine prospérité transparaissent dans les villes et les villages, les activités industrielles, le transport, l'éducation ou la santé. Cette aisance toute nouvelle est révélée par les nombreuses donations des fidèles aux institutions religieuses.

La diversité culturelle, religieuse, sociale et géographique est aujourd'hui marquée par un dynamisme nouveau. Le développement de Bangalore, la capitale du Karnataka, devenue le troisième centre technologique au monde après la Silicon Valley et l'État d'Israël, a conduit à un développement urbain original où les gratte-ciel se mêlent aux édifices coloniaux néoclassiques, aux vestiges de palais médiévaux et aux antiques temples en pierre. Hyderabad, la capitale de l'Andhra Pradesh, suit l'exemple de Bangalore. Dans le Nord, cependant, le Rajasthan légendaire des déserts et des forteresses rajpoutes transforme ses derniers palais en hôtels de luxe dans l'attente d'une incertaine manne touristique. ■

L'Inde, terre de spiritualité

SI L'HISTOIRE INDIENNE APPARAÎT COMPLEXE, LA VIE SPIRITUELLE DE SES PEUPLES EST tout aussi déconcertante pour le néophyte. L'Inde n'a pas de religion d'État et pourtant la religion y est un élément vital, une composante majeure de l'histoire, des monuments et des arts. Celle qui domine est l'hindouisme, duquel sont issus le bouddhisme, le jaïnisme et le sikhisme. Ces religions sont aujourd'hui pratiquées partout dans le monde, par les Indiens de la diaspora et par de nouveaux adeptes gagnés aux idées du sous-continent. L'Inde a accueilli les grandes religions étrangères (judaïsme, christianisme, islam), chacune ayant acquis sur place une couleur distinctive. Par ailleurs, divers courants spirituels contemporains ont trouvé des adeptes dans les milieux les plus divers. Enfin, d'autres pratiques très anciennes perdurent.

Visiter l'Inde, c'est aller à la rencontre des religions les plus variées, et parfois les plus opposées dans leurs dogmes ou leurs rituels, qui pourtant coexistent pacifiquement. Un village traditionnel de pêcheurs saura trouver la juste place pour son temple, sa mosquée et son église. Prenez le temps d'observer les rituels dans les lieux sacrés, en ville ou à la campagne, en respectant certaines coutumes, dont celle qui consiste à retirer ses chaussures dans un lieu saint.

LES RELIGIONS NÉES EN INDE
L'hindouisme

Quelque 820 millions de personnes (82 % de la population) sont hindoues. Malgré sa popularité, l'hindouisme est une religion déconcertante, que les non-hindous comprennent difficilement.

Les premières traces d'une religion dans le sous-continent, bien antérieures à la civilisation de la vallée de l'Indus, semblent indiquer que les hommes vénéraient les éléments naturels. Vers 1500 avant J.-C., avec l'arrivée des nomades Aryens (voir p. 28) qui vénéraient aussi les forces de la nature (le soleil, le feu ou l'orage), la religion se définit plus précisément autour de rituels et de sacrifices mis en œuvre par les prêtres (brahmanes), qui servent d'intermédiaires entre les hommes et les dieux. L'essence de cette religion nous est livrée par les quatre *Veda*, textes composés en sanskrit et transmis sous forme orale avant d'être rédigés, peut-être au Ier millénaire avant notre ère.

Plus tardifs, les *Brahmana* (textes concernant les rituels) et les *Upanishad* (traités philosophiques et spéculatifs sur l'âme) laissent apparaître de nouvelles idées : les notions de *samsara* (cycle des réincarnations) et de *karma* (poids des bonnes et mauvaises actions déterminant le

statut de renaissance d'existence en existence). L'âme de tout être est appelée à renaître en s'élevant ou en régressant en fonction des actes effectués dans les vies antérieures. Le salut sera atteint lorsque, suffisamment pure, l'âme individuelle de tel ou tel être pourra se réabsorber dans l'âme universelle créatrice, ce que désignent les termes de *moksha* (délivrance), *mukti* (libération) ou *nirvana* (cessation). Au fil du temps, avec des idées de plus en plus abstraites, des rituels toujours plus complexes et une langue de moins en moins accessible au peuple, les hommes ordinaires se sentirent exclus. Cela explique l'émergence de nouveaux courants de pensée comme le bouddhisme et le jaïnisme.

Le riche panthéon hindou se compose de nombreuses divinités et inclut toutes sortes de génies de la terre, des eaux et de la végétation. Progressivement, les fidèles ont fait porter leur dévotion sur l'un ou l'autre des principaux dieux, selon le concept de *bhakti* (amour porté à la divinité). Les épopées du *Mahabharata* et du *Ramayana* (voir p. 76) explicitent ce concept de *bhakti*. Dans la *Bhagavad Gita* (partie du *Mahabharata*), Krishna (un aspect du dieu Vishnou) enseigne à Arjuna l'essence de la philosophie hindoue : la vertu de l'acte désintéressé, dans le respect du *dharma* (l'ordre cosmique), conduisant l'homme à son salut. Au cours d'une longue évolution, la philosophie hindoue, ses rituels et ses mythes ont pénétré tous les domaines de la vie du croyant. Les hindous vivent pour la plupart dans le carcan du système des castes (voir

Ce *sadhu* (saint homme) adepte de Shiva, le dieu hindou de la création et de la destruction, effectue une *puja* (prière) sur les bords du Gange, à Bénarès.

p. 30), même si la vie moderne semble y apporter quelques assouplissements. Les mariages sont ordinairement arrangés au sein de chaque caste, et la nécessité de fournir une dot aux jeunes femmes conduit certains parents à s'endetter dans des proportions considérables. Les pèlerinages, forme de tourisme la plus développée en Inde, se font vers l'une des sept cités saintes ou l'un des temples de la divinité d'élection du groupe de fidèles en voyage. Cette divinité est le plus souvent l'un des aspects d'un des grands dieux hindous auxquels préside la triade composée de Brahma (le créateur), Shiva (le destructeur) et Vishnou (le préservateur). Le fidèle peut vénérer sa divinité chez lui ou dans le temple édifié selon les règles des anciens traités *(shastra)*. Le prêtre qui reçoit l'offrande du dévot tient sa position de ses pères et récolte de nombreux dons pour le temple.

En dépit de sa complexité, l'hindouisme offre à chacun de ses adeptes un schéma de vie clair, qui se décompose en quatre étapes : enfance et

éducation, mariage et création d'une famille, célibat et méditation, et finalement renonciation à toute possession terrestre dans l'espoir d'atteindre la libération. La vie d'un hindou comporte trois buts : le *dharma* (vivre selon la morale et les lois), l'*artha* (s'assurer une prospérité matérielle selon les règles de la morale), le *kama* (rechercher ce qui donne du plaisir et trouve son apogée dans l'amour charnel). Si ces trois buts sont correctement poursuivis et atteints, ils conduisent à la délivrance.

À Bénarès, des enfants vendent des fleurs et de petites lampes à huile aux pèlerins qui en font ensuite l'offrande au Gange.

Le bouddhisme

Bien qu'il s'agisse du pays de naissance du Bouddha (l'Éveillé), l'Inde ne compte plus aujourd'hui que 8 millions de bouddhistes.

Né dans la caste des *kshatriya* (voir p. 30), le Bouddha (v. 480/460-400/380 avant J.-C.) aurait vu le jour à Lumbini, dans le sud de l'actuel ter-

Les musiques traditionnelles et les danses constituent un aspect important des fêtes bouddhiques de Leh, au Ladakh, qui se déroulent chaque année au début du mois d'août.

ritoire népalais. Vers l'âge de 30 ans, poussé par l'insatisfaction qu'il éprouvait face à certaines pratiques religieuses hindoues, il renonça à sa vie privilégiée et entra dans la voie de la recherche spirituelle. Cinq ans plus tard, il obtint l'Éveil (*bodhi*) après une longue méditation sous un pipal (l'arbre de l'Éveil) à Bodh-Gaya (voir p. 301). Sa vie de prêche débuta à Sarnath, où il mit en mouvement la roue de la Loi lorsqu'il prononça son premier sermon. Ce sermon consista en l'énoncé de quatre Vérités saintes : celle de la constatation de l'existence de la douleur ; celle de l'origine de la douleur, qui réside dans les désirs et attachements terrestres ; celle de la cessation de la douleur, qui s'obtient par la suppression des désirs et des attachements ; et enfin celle de la voie menant à la cessation de la douleur, l'octuple chemin. C'est en se conformant à l'enseignement du Bouddha que le salut, le *nirvana* (l'état de non-renaissance), peut être atteint. La communauté des moines, le *sangha*, œuvra dès lors à son propre salut et à celui des fidèles, par la prière, la méditation et l'enseignement du *dharma* (la doctrine).

En réaction au ritualisme hindou, le Bouddha prêcha une philosophie simple dans une langue qui pouvait être comprise de tous. La nouvelle religion obtint rapidement un grand succès dans les milieux de commerçants et d'artisans qui, rejoints par certains souverains, tel l'empereur Maurya Ashoka, patronnèrent les premiers monuments indiens de quelque importance : les stupas. Ils les dotèrent d'un magnifique décor narratif où figurent les épisodes de la vie de Shakyamuni, le sage du clan des Shakya, nom sous lequel on désigne souvent le Bouddha, ainsi que les scènes de ses vies antérieures (*jataka*), récits édifiants exposant les vertus cardinales de la nouvelle foi : don de soi, abnégation, générosité, etc. Des monastères furent édifiés, certains appelés à jouer le rôle de véritables universités, tel Nalanda, au Bihar.

Au cours de l'évolution du bouddhisme, des schismes apparurent, donnant naissance à de nouvelles écoles de pensée. Le Hinayana (Petit Véhicule) perpétue l'enseignement originel du Bouddha. Dans le Mahayana (Grand Véhicule), le Bienheureux et son enseignement ne sont plus les seules références. Les *bodhisattva* (êtres destinés à l'Éveil mais retardant leur entrée dans le *nirvana* pour venir en aide à tous les êtres) deviennent objets de vénération, alors que le Bouddha est perçu comme un être divin (dans le Hinayana, sa qualité d'homme, certes exceptionnel, est mise en avant). Les formes les plus complexes du bouddhisme, apparues vers le VIIe-

Le temple d'Or d'Amritsar, au Pendjab, est le plus important sanctuaire (gurudwara) des sikhs. Le livre saint de la secte, le _Guru Granth Sahib_, y est lu quotidiennement.

http://www.gaethel.net/inde_sud/religion.htm

VIIIe siècle dans le nord-est de l'Inde, ont donné naissance aux écoles du Vajrayana (Véhicule de diamant), surtout présentes dans le monde himalayen. Le bouddhisme, religion dominante de l'Inde plusieurs siècles durant, commença à décliner au VIIe siècle pour disparaître avec l'arrivée de l'islam à la fin du XIIe siècle.

Aujourd'hui, une sorte de néo-bouddhisme, inspiré par des hommes comme Bhim Rao Ambedkar, se développe, notamment parmi les agriculteurs du Maharashtra. La communauté de Dharamsala, refuge du dalaï-lama, chef spirituel du peuple tibétain en exil, est un autre pôle bouddhique important.

Le jaïnisme

La communauté jaïne (environ 4 millions de personnes) vit principalement dans l'Ouest, non loin de temples vénérés, buts de pèlerinages que les fidèles se doivent d'effectuer régulièrement.

Le fondateur du jaïnisme, Mahavira (le Grand Héros), vécut vraisemblablement au VIe-Ve siècle avant J.-C. Il abandonna son lieu de naissance, Patna, pour vivre en ascète jusqu'à ce qu'il obtienne sa révélation spirituelle. Il devint le Jina (le « Vainqueur »), et on désigne ses adeptes sous le nom de jaïns. Selon son enseignement, l'univers est infini, non créé, et le _jiva_ (âme, principe

de vie) est présent en toute chose. Proche du bouddhisme, le jaïnisme prône l'_ahimsa_ (non-violence, respect de toute forme de vie) et un strict végétarisme. L'adhésion au principe de l'_ahimsa_ et le respect d'un code de conduite strict peuvent mener au salut. Comme les hindous et les bouddhistes, les jaïns croient en la réincarnation de l'âme. Ils s'opposent au système des castes et réprouvent les sacrifices, mais autorisent la mort par refus de s'alimenter.

Deux sectes jaïnes se sont développées. Pour les Digambara – ceux qui sont vêtus de ciel, ne possèdent rien et vont nus –, le salut ne peut être atteint que par les hommes. Les Shvetambara – ceux qui sont vêtus de blanc – sont moins stricts. La plupart des jaïns indiens appartiennent à cette seconde secte et sont souvent dans les affaires. Leurs importants moyens financiers leur permettent de subventionner hôpitaux, écoles et bibliothèques (voir aussi Ranakpur, p. 138).

Le sikhisme

La plupart des 20 millions de sikhs que compte l'Inde vivent au Pendjab et dans la région de Delhi ; ils se caractérisent par leurs turbans.

Les sikhs suivent la pensée de Guru Nanak (1469-1539), né près de Lahore, dans l'actuel Pakistan. Guru Nanak fut le premier d'une lignée de poètes-philosophes qui tentèrent une synthèse entre islam et hindouisme. Pour les sikhs, Dieu, désigné par le terme de Nam (le « Nom »), est unique et se révèle par ses *guru* (maîtres). Guru Nanak prônait la méditation et l'égalité des hommes, s'opposant au système des castes, aux rituels, à la superstition, à l'astrologie et à la discrimination sexuelle. Les successeurs de Guru Nanak perpétuèrent son enseignement. Le dixième chef religieux des sikhs, Guru Govind Singh (1666-1708), introduisit dans les rites une cérémonie équivalant au baptême et engagea les hommes au port des cinq K *(kakkar)* : *kesh* (barbe et cheveux longs), *kangha* (peigne), *kachha* (caleçon court), *kara* (bracelet d'acier) et *kirpan* (sabre). Il encouragea également les prouesses militaires, interdit le tabac et déclara que toute connaissance résidait dans le *Guru Granth Sahib* ou *Adi Granth*, le livre sacré des sikhs, dont le temple d'Or d'Amritsar (voir p. 122-123) abrite la copie la plus vénérée.

LES FOIS ÉTRANGÈRES
L'islam
Les musulmans (120 millions) forment la deuxième communauté religieuse du pays et la deuxième communauté musulmane au monde après celle de l'Indonésie. La teneur de l'islam (soumission à Dieu) tel que le professa Mahomet (v. 570-632) tient en peu de mots : un Dieu unique, une communauté dont le devoir sacré est de diffuser la parole divine, si nécessaire par la guerre. À peine 80 ans après la mort du Prophète, l'islam atteignait l'Inde pour la première d'une série d'incursions qui s'achèvent avec l'arrivée des Moghols. La plupart des adeptes de l'islam en Inde sont sunnites. Beaucoup suivent la voie du soufisme, courant mystique qui se développa au Xe siècle en opposition à la pensée orthodoxe militariste, et dont la spiritualité, les tendances ascétiques et l'ouverture d'esprit convenaient aux hindous convertis.

Le christianisme
L'Inde abrite 25 millions de chrétiens appartenant à diverses confessions introduites au fil des siècles. Les chrétiens syriaques du Kerala, toujours puissants localement, font remonter leur conversion à la venue légendaire de l'apôtre saint Thomas (voir p. 258), qui débarqua à Cranganore (Cochin) en 52 et mourut à Madras. Les commerçants portugais du XVIe siècle (voir p. 44-

45) introduisirent le rite catholique romain, en particulier dans la région de Goa. Les autochtones furent convertis en masse et, à partir de 1542, ils bénéficièrent des nouveautés apportées par les jésuites, telle la presse à imprimer. La conversion au catholicisme, bien que purement formelle, était porteuse de l'attrayante perspective d'une seule et unique vie, mais aussi de l'égalité des hommes devant Dieu. Au XVIIIe siècle, il existait de nombreuses congrégations, des anglicans aux méthodistes et aux baptistes, qui restent très actives aujourd'hui.

Le judaïsme
Les juifs ont joué un rôle significatif dans le passé. Des réfugiés arrivèrent au Kerala après la destruction du Temple de Jérusalem en 587 avant J.-C. Par la suite, ce furent les commerçants juifs et arabes qui présidèrent au commerce des épices et des produits de luxe depuis les ports occidentaux de l'Inde jusqu'à Rome. Une communauté juive prospéra à Cranganore (Cochin), où trois synagogues existent toujours, une seule étant encore en activité. Les « juifs blancs », qui ne se mariaient pas avec les Indiens, disposaient d'un statut élevé, à la différence des « juifs noirs », qui se mélangeaient à la population locale et, de ce fait, jouissaient d'un moindre prestige.

Pendant la période britannique, il existait de nombreuses communautés, mais la plupart ont émigré en Israël. Moins de 5 000 juifs demeurent aujourd'hui dans le sous-continent, et ce sont principalement des personnes âgées.

Le zoroastrisme
Les partisans de la doctrine zoroastrienne sont plus connus sous le nom de parsis, une communauté d'élite qui joua un rôle clé dans la fondation et le développement de Bombay.

Le zoroastrisme fut fondé en Perse par Zarathoustra au VIIe siècle avant J.-C. Cette doctrine dualiste oppose le Bien et le Mal. Le Bien participe des éléments sacrés (la terre, l'eau, l'air et le feu), des animaux et des plantes ; le Mal réside dans les choses mortes ou en décomposition. Les corps des défunts sont ainsi abandonnés aux vautours pour ne pas polluer le feu sacré ou la terre. Fuyant la conquête arabe, quelques parsis arrivèrent au Gujerat en 936. Beaucoup plus tard, au XIXe siècle, ils partagèrent les bénéfices commerciaux des Anglais, dont ils imitèrent le mode de vie. ■

Capitale de l'Inde, Delhi connaît une extension tentaculaire dans les plaines qui s'étendent autour des monuments anciens. Elle est le reflet de l'engouement des hindous, des musulmans et des dirigeants britanniques pour ce site quasi mythique.

Delhi

L'indépendance de l'Inde fut proclamée en 1947 au fort Rouge de Delhi.

Chandni Chowk, en plein cœur de Old Delhi, grouille d'animation.

Delhi

Delhi est à la fois la capitale de l'Inde, une entité politique indépendante et le plus grand centre industriel et commercial de l'Inde du Nord. Elle compte 12 millions d'habitants qui vivent en majorité dans l'immense zone tentaculaire de 1 500 kilomètres carrés qui s'étend autour des sept cités historiques successives.

Delhi abrite plus de 1 000 bâtiments historiques, éparpillés au fond des ruelles, dans les arrière-cours des maisons, au milieu des parcs… Tous les monuments sont protégés, mais la plupart d'entre eux sont abandonnés à leur sort sous le regard indifférent de la population. Il ne tient qu'à vous d'explorer cette remarquable ville historique et d'en découvrir les trésors cachés.

La carte de la page ci-contre permet de retracer l'histoire de Delhi. Au sud, l'ancienne capitale, Lal Kot, abrite des vestiges de temples édifiés aux XIᵉ et XIIᵉ siècles par les clans rajpouts des Tomara et des Chauhan. Ces temples fournirent au premier conquérant musulman de Dehli, Qutb ud-Din Aibak, les matériaux nécessaires à la construction de sa grande mosquée, commencée en 1193. Non loin se dresse le Qutb Minar, la tour monumentale symbolisant le nouveau pouvoir musulman, qui devait servir de minaret à la mosquée adjacente. Plus au nord se trouvent les vestiges de Siri, la deuxième cité de Delhi.

Les trois cités suivantes furent érigées par la dynastie des Tughluq. Tughluqabad, peu visitée, se trouve 8 kilomètres à l'est de Lal Kot. Jahanpanah, la quatrième cité, fut fondée par le sultan Muhammad Ibn Tughluq au sud de Siri et ne fut jamais achevée. La citadelle de Firuz Shah Kotla (Firuzabad), la cinquième capitale et la plus somptueuse des trois villes bâties par les Tughluq, se dresse à l'est de Connaught Place. La sixième ville, Purana Qila, fut fondée par l'empereur moghol Humayun en 1533, puis agrandie par Sher Shah Suri. Elle est située sur la route processionnelle de New Delhi, Rajpath. Plus en amont de la rivière, l'arrière-petit-fils d'Humayun, Shah Jahan, fit bâtir une septième cité, Shahjahanabad (Old Delhi) en 1638-1648.

Enfin, après avoir délaissé Madras, les Britanniques décidèrent de quitter Calcutta et de transférer de nouveau le siège de la capitale des Indes à Delhi. Le 9 février 1931, le vice-roi inaugura New Delhi, dont les plans furent tracés par sir Edwin Lutyens et Herbert Baker afin d'en permettre une extension illimitée tout en englobant les précédentes cités de Delhi sans les détruire. Il s'agit bien d'une huitième ville, mais elle n'a pas le statut de cité historique.

Souvenez-vous que circuler dans Delhi prend beaucoup de temps car les embouteillages ralentissent considérablement les déplacements. ∎

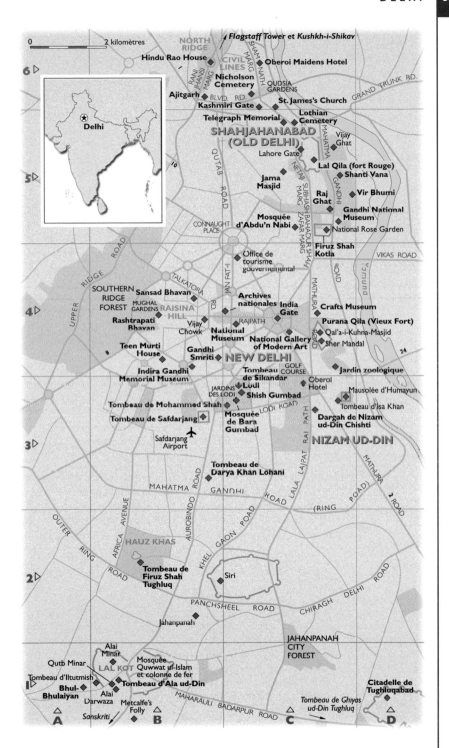

0 2 kilomètres

Flagstaff Tower et Kushkh-i-Shikav

NORTH RIDGE

Hindu Rao House

CIVIL LINES

Oberoi Maidens Hotel

Nicholson Cemetery

QUDSIA GARDENS

GRAND TRUNK RD.

Ajitgarh

BLVD. RD.

St. James's Church

Kashmiri Gate

Telegraph Memorial

Lothian Cemetery

Delhi

SHAHJAHANABAD (OLD DELHI)

Vijay Ghat

QUTAB

Lahore Gate

Lal Qila (fort Rouge)

Shanti Vana

Jama Masjid

Raj Ghat

Vir Bhumi

ROAD

Mosquée d'Abdu'n Nabi

Gandhi National Museum

CONNAUGHT PLACE

National Rose Garden

Firuz Shah Kotla

VIKAS ROAD

Office de tourisme gouvernemental

RIDGE

SOUTHERN RIDGE FOREST

TALKATORA

Sansad Bhavan

MUGHAL GARDENS

RAISINA HILL

Archives nationales

India Gate

Crafts Museum

UPPER

Rashtrapati Bhavan

Vijay Chowk

National Museum

RAJPATH

Purana Qila (Vieux Fort)

Qal'a-i-Kuhna-Masjid

Teen Murti House

Gandhi Smriti

National Gallery of Modern Art

Sher Mandal

Indira Gandhi Memorial Museum

NEW DELHI

Tombeau de Sikandar Lodi

GOLF COURSE

Jardin zoologique

Oberoi Hotel

Mausolée d'Humayun

JARDINS DES LODI

Shish Gumbad

Tombeau de Mohammed Shah

Tombeau d'Isa Khan

Tombeau de Safdarjang

Mosquée de Bara Gumbad

LODI ROAD

Dargah de Nizam ud-Din Chishti

Safdarjang Airport

NIZAM UD-DIN

Tombeau de Darya Khan Lohani

MAHATMA

ROAD

GANDHI

ROAD

LALA LAJPAT

(RING

ROAD)

OUTER

AFRICA AVENUE

AUROBINDO ROAD

GAON ROAD

RING

HAUZ KHAS

ROAD

KHEL

Tombeau de Firuz Shah Tughluq

Siri

PANCHSHEEL ROAD

CHIRAGH DELHI ROAD

Jahanpanah

JAHANPANAH CITY FOREST

Alai Minar

Qutb Minar

Mosquée Quwwat ul-Islam et colonne de fer

LAL KOT

Tombeau d'Iltutmish

Tombeau d'Ala ud-Din

Citadelle de Tughluqabad

Bhul-Bhulaiyan

Alai Darwaza

Metcalfe's Folly

MAHARAULI BADARPUR ROAD

Tombeau de Ghiyas ud-Din Tughluq

Sanskriti

A B C D

Shahjahanabad

Construite entre 1650 et 1656 dans Old Delhi (le Vieux Delhi), la Jama Masjid est la plus grande mosquée du pays, qui compte 120 millions de musulmans.

Shahjahanabad
🗺 63 C5

Office de tourisme gouvernemental
✉ 88 Janpath, New Delhi
☎ 011-332 0005
e-mail rdnorth@ndf.vsnl. net.in

En flânant dans les ruelles de Old Delhi, on imagine aisément que la grande cité musulmane bâtie par le puissant empereur moghol Shah Jahan ait pu être la capitale d'un immense empire, jalousement gardé. Délabré et désert, Lal Qila (le fort Rouge), qui constituait jadis sa pièce maîtresse, présente aujourd'hui beaucoup moins d'attrait.

En 1638, le fort d'Agra, où résidaient Shah Jahan et ses courtisans, avait besoin d'être restauré et n'était plus adapté au rituel de la cour. Celle-ci, devenue sédentaire, avait besoin de plus d'espace. Aussi, la construction du Taj Mahal (voir p. 100-103), monument destiné à recevoir la dépouille de son épouse bien-aimée, étant bien avancée, l'empereur moghol transféra la capitale d'Agra à Delhi, siège traditionnel du pouvoir dans l'Inde du Nord. La ville abritait par ailleurs le sanctuaire de Nizam ud-Din Chishti (voir p. 70), un saint musulman soufi vénéré par les Moghols. À l'instar du Taj Mahal, Shahjahanabad devait être un symbole du pouvoir impérial moghol.

Pour apprécier le chef-d'œuvre de Shah Jahan, commencez par visiter la vieille ville et sa mosquée, la **Jama Masjid** (voir p. 66), qui se dresse en face du fort. Achevée en 1656, c'est la plus grande mosquée de l'Inde. Des milliers de musulmans y font leurs

prières, tout comme à l'époque de Shah Jahan. Elle est entourée de magasins et de restaurants qu'apprécieront les amateurs de souvenirs et de plats exotiques.

LAL QILA (FORT ROUGE)

Utilisant ses talents d'administrateur, sa richesse et son sens esthétique, Shah Jahan conçut un nouveau fort pour répondre à ses besoins. On y accédait par Lahore Gate, une porte qui s'ouvrait dans la rue principale d'une cité contiguë où fut érigée la Jama Masjid.

Le site se trouvait au nord des cités précédentes et au sud de la rivière Yamuna, dont le cours a depuis été déplacé. En 1639, on posa la première pierre des immenses murs de grès rouge. Le fort et la cité ne furent séparés qu'après la création par les Britanniques d'un espace ouvert, à présent occupé par une grande route très bruyante. Le grand bastion du fort est un ajout de l'empereur Aurangzeb. C'est ici que Jawaharlal Nehru s'adressa au peuple le 15 août 1947, jour de l'indépendance de l'Inde, et que le drapeau indien fut déployé.

Une fois entré dans le fort de Shah Jahan par Lahore Gate, on se retrouve dans une galerie voûtée, le **Chatta Chowk**, un bazar prospère abritant des boutiques d'art et d'artisanat. La galerie mène au **Naqqar Khana** (maison du Tambour), où des musiciens annonçaient les arrivées importantes à travers cette entrée officielle donnant sur le *diwan i-am* (salle des audiences publiques). L'empereur venait y écouter les doléances de ses sujets, assis sous un dais de marbre incrusté de pierres de couleur. Ces audiences *(durbar)* s'accompagnaient de remises de cadeaux, de danses, de musique ; on y recevait les dernières nouvelles de l'empire et la justice y était rendue.

Seuls les plus favorisés pouvaient accéder aux palais intérieurs, qui étaient entourés de hauts murs et de jardins dont il ne reste que des pelouses désolées. Sur la droite (au sud), le **Mumtaz Mahal** abrite aujourd'hui le musée archéologique du fort. Vous trouvez ensuite le **Rang Mahal**, l'ancienne résidence de la première femme de l'empereur. Il était doté d'un bassin recueillant les eaux du Nahar-i-Bihisht (la rivière du Paradis), qui s'écoulaient dans des canaux à travers les palais. Derrière se trouve le **Khas Mahal** : c'est dans ces appartements de taille modeste que Shah Jahan dormait, mangeait et méditait ; chaque matin, au lever du soleil, il apparaissait à son peuple depuis le balcon d'une tour adjacente à sa chambre. Dans le *diwan-i-khas* (salle des audiences privées), l'empereur recevait ses intimes ainsi que les marchands et les diplomates influents. ■

Jama Masjid
- ⓜ 63 C5
- ✉ Netaji Subhash Marg
- ⏰ Fermée aux non-musulmans pendant la prière

Lal Qila
- ⓜ 63 C5
- ✉ Chandni Chowk
- ☎ 011-327 3703
- ⏰ Les horaires du « son et lumière » sont variables

EN RICKSHAW DANS OLD DELHI

En rickshaw dans Old Delhi

Pour cette promenade dans Old Delhi (le Vieux Delhi), évitez le vendredi, car la Jama Masjid est envahie par les fidèles. Fixez le prix de la course avant et payez une fois arrivé à destination. Le chauffeur vous attendra pendant les visites.

En laissant **Lal Qila ❶** (voir p. 65) derrière vous, traversez Netaji Subhash Marg pour déboucher dans Chandni Chowk, la principale artère de Old Delhi, très encombrée, qui conduisait autrefois au fort. Trois monuments sont intéressants sur votre gauche. Le premier est le **Digambara Jain Mandir ❷**, qui abrite un **hôpital pour oiseaux** *(l'entrée est gratuite mais les donations sont appréciées)*. Un peu plus loin, derrière des étals de fleurs, se dresse le **Sisganj Gurdwara ❸**, un temple sikh consacré au neuvième gourou de la secte, Tegh Bahadur. À côté s'élève la **Sunehri Masjid** (mosquée d'Or). En 1739, Nadir Shah, le conquérant persan qui mit Delhi à sac, serait monté sur son toit pour regarder ses troupes massacrer les habitants.

Tournez à gauche dans **Dariba Kalan**, la rue des bijoutiers et des orfèvres. Au croisement, prenez à droite la route bordée de galeries d'art et de magasins de feux d'artifice. Elle vous conduira à la **Jama Masjid ❹**, la mosquée du Vendredi. Ôtez vos chaussures en haut du grand escalier

et louez une tunique à la porte nord si votre tenue n'est pas adaptée (jambes ou bras découverts). Cette mosquée, la plus grande de l'Inde, est le dernier monument (1656) édifié sur l'ordre de Shah Jahan à la gloire du pouvoir islamique. Conçue par Ustad Khlil sur l'unique colline de Delhi, elle possède une façade en grès rouge incrustée de marbre blanc et de cuivre. Inspiré de la maison du prophète Mahomet à Médine, son plan est simple : c'est une vaste cour bordée d'une galerie, sur laquelle s'ouvre la salle de prière. Les fidèles effectuent leurs ablutions rituelles dans le bassin de la cour, puis font leurs prières face au *mihrab* (niche) situé dans la salle de prière et indiquant la direction de La Mecque. Le minaret est la tour au sommet de laquelle le muezzin appelle les fidèles à la prière.

Regagnez Dariba Kalan, puis tournez à gauche en direction du **Kinari Bazaar**, la rue de Old Delhi où l'on vend tout le nécessaire pour les mariages. Dans ses minuscules boutiques sont entassés des turbans et tenues d'apparat lamées

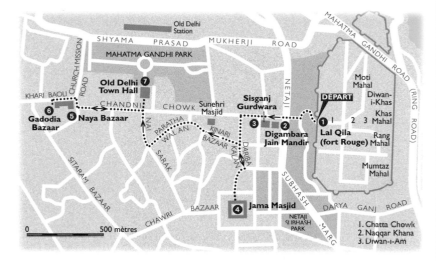

d'or, des colliers de fleurs, des plumes... En octobre, on y trouve aussi des masques en papier mâché pour la fête de Ram Lila (Dussehra). Continuez à gauche vers Paratha Walan, puis tournez à droite dans Nai Sarak, la rue des vendeurs de saris, des libraires et des papetiers. Tournez à gauche dans Chandni Chowk. Au bout de la rue, prenez à droite, puis à gauche, dans la rue Khari Baoli. C'est ici que se tient le **Naya**

🗺	Voir aussi p. 63
➤	Devant le fort Rouge
🔄	Environ 3 km
🕐	1 à 2 heures
➤	Old Delhi Town Hall

À NE PAS MANQUER

- La Jama Masjid
- Le Kinari Bazaar
- Le Gadodia Bazaar

Bazaar ❺, marché aux épices et fruits secs où l'on vend des produits venant du Cachemire et d'Afghanistan. Vous pouvez y goûter avant d'acheter. Le marché en gros des épices, le **Gadodia Bazaar** ❻, se trouve un peu plus bas dans la rue Khari Baoli. C'est un bazar couvert où s'entassent des sacs de tamarins, de gingembre, de curcuma et de piments qui sont pesés sur d'énormes balances en fer, puis transportés par des coolies qui vocifèrent en se bousculant dans les allées étroites.

Reprenez Chandni Chowk en sens inverse : la statue qui se dresse face à l'hôtel de ville, l'**Old Delhi Town Hall** ❼ (1860), représente Swami Shraddhanand, héros nationaliste libéral qui, comme Gandhi, fut assassiné par un fanatique. ■

Le rickshaw est idéal pour circuler dans les rues animées (page de gauche) et les marchés (ci-contre, le marché aux épices).

Les femmes et le mariage

Si, depuis quelques années, de plus en plus de femmes indiennes occupent des postes auparavant réservés aux hommes (dirigeants d'entreprises, chirurgiens, metteurs en scène, parlementaires...), pour la grande majorité d'entre elles la vie est difficile, marquée par les inégalités et les privations. Même dans les régions urbaines les plus émancipées, le poids de la tradition reste lourd.

Cela commence dès la naissance, et même avant. Dans certains États, tel le Pendjab, l'usage illégal de tests destinés à connaître le sexe de l'enfant à naître est à l'origine d'un nombre

Les mariées portent un sari rouge, des bijoux en or, plusieurs rangs de bracelets et des motifs au henné sur les mains.

élevé d'avortements clandestins chez les femmes qui sont enceintes de filles. Après la naissance, les orphelinats recueillent un plus grand nombre de filles abandonnées que de garçons. Pendant leur enfance, on empêche souvent les filles d'aller à l'école pour les faire participer aux travaux ménagers ; parfois, elles ne suivent aucune scolarité. En dépit des programmes gouvernementaux et du militantisme des femmes, la santé, l'éducation et l'instruction restent à la traîne. La seule motivation susceptible d'inciter les parents à éduquer leur fille semble être la perspective d'améliorer son mariage.

La plupart des parents indiens considèrent une fille comme un fardeau qu'il faut marier aussi vite et bien que possible afin d'avoir une bouche en moins à nourrir. Contrairement aux garçons qui restent à la maison, une fille part vivre dans la famille de son mari. En Inde, le mariage est généralement davantage un contrat entre deux familles qu'un acte d'amour. À cet égard, les petites annonces publiées dans les journaux du dimanche sont explicites : les questions

de caste, de couleur de peau, de santé, la virginité et le rang social sont primordiaux. La plupart des mariages sont arrangés, même si les parents les plus éclairés donnent au couple un droit de veto. Une jeune adolescente d'un village peut être mariée à un homme qu'elle n'a jamais rencontré ; elle part alors s'installer dans le village ou la ville de son époux, s'occupe du ménage de sa belle-mère, prend part aux travaux des champs, élève ses enfants. Elle n'a aucun accès à la propriété ; le divorce est rare et il n'existe aucune aide pour les femmes divorcées ou veuves. Le sort d'une femme de classe moyenne n'est guère meilleur et, si elle ne parvient pas à se montrer à la hauteur des attentes qu'on a placées en elle – avant tout à donner naissance à un garçon bien portant –, elle risque de souffrir cruellement. L'une des pires atrocités que l'on connaisse en Inde, bien que cela soit proscrit par la loi, est « l'incendie de la mariée » : un « accident domestique » au cours duquel une femme meurt des suites des brûlures provoquées par du kérosène renversé qui a « pris feu ».

Le mariage est souvent scellé une fois que les négociations sur la dot ont été conclues. Outre les traditionnels étoffes de soie, saris et bijoux, la famille du mari ajoute parfois à la liste des produits de luxe tels qu'un congélateur, un magnétoscope et même une voiture. Le mariage, dont les frais incombent à la famille de la mariée, est généralement une succession spectaculaire de processions et de fêtes.

Les femmes exercent malgré tout un pouvoir au sein du foyer pour des décisions telles que les investissements, l'organisation des moissons ou le choix d'un époux pour leurs filles. ■

Dans certaines régions de l'Ouest, les fillettes que l'on marie subissent d'interminables cérémonies de mariage selon les rites hindous puis rendent visite à la famille de leur mari durant quelques jours. Elles retournent ensuite dans leur famille jusqu'à la puberté.

Des milliers de femmes travaillent comme ouvrières pour un salaire de misère et dans des conditions très difficiles : insalubrité, poussière, chaleur.

L'est et le nord de Delhi

PENDANT DES SIÈCLES, LA RIVIÈRE YAMUNA FUT À LA FOIS UNE VOIE de communication et une précieuse source d'eau pour les habitants de Delhi. Ses berges occidentales abritent des vestiges remarquables, redécouverts depuis peu. Nous vous conseillons de consacrer une journée à vous promener le long de la rivière, en la remontant vers le nord, pour partir à la découverte de ces sites oubliés.

DE NIZAM UD-DIN À PURANA QILA

Derrière l'hôtel de luxe Oberoi, un lacis de ruelles à l'allure médiévale forment le village de **Nizam ud-Din**, qui s'est bâti autour du *dargah* (sanctuaire) du saint musulman soufi Nizam ud-Din Chishti (1238-1325). Le soufisme, qui est l'un des grands

courants mystiques de l'islam, fut introduit en Inde par Khwaja Muin ud-Din Chishti, qui s'établit à Ajmer (voir p. 133). Selon certains spécialistes, les soufis, dont la dévotion, la piété, l'ascétisme et la tolérance séduisirent les hindous, furent les véritables missionnaires de l'islam en Inde. Parmi les disciples influents de la famille des Chishti, on trouve de nombreux sultans et des membres des familles royales mogholes. Pour vous rendre au **dargah**, empruntez les ruelles bordées de boutiques et d'échoppes qui vendent toutes sortes d'articles, allant du Coran aux cassettes de *qawwali* (chants sacrés soufis). Le sanctuaire fait partie d'un ensemble de tombes royales qui comprennent notamment celles de deux souverains Tughluq et de Jahanara Begam, la fille de Shah Jahan (voir p. 97). On y trouve également la tombe d'Amir Khusrau, un célèbre poète ourdou qui, faisant sans doute référence au *diwan-i-am*, la salle des audiences publiques de Shah Jahan dans le fort Rouge (voir p. 65), écrivit : « S'il existe un paradis sur terre, Le voici, le voici, le voici. » Amir Khusrau est également l'auteur de *qawwali* qui sont chantés quotidiennement par les fidèles en ce lieu.

L'empereur moghol Humayun est enterré non loin d'ici. Son tombeau, le plus somptueux de Delhi, est un superbe exemple des débuts de l'architecture moghole. Sa visite s'impose si vous avez l'intention de vous rendre ensuite au Taj Mahal, car son style est sans doute à l'origine du célébrissime monument. Le **mausolée d'Humayun** fut construit en 1565 sur l'ordre de Hamida Banu Begam (ou Hajji Begam), son épouse. Elle demanda à l'architecte persan Mirak Mirza Ghiyas de dessiner le premier grand tombeau-jardin moghol. S'appuyant sur sa connaissance des tombes monumentales timourides, Ghiyas créa une nouvelle architecture utilisant le grès local et le marbre. Près d'une porte, à gauche de l'entrée, se trouve le

Le *dargah* de **Nizam ud-Din Chishti (ci-dessus)** et le mausolée de l'empereur **Humayun (à gauche), entouré d'un *charbagh*.**

tombeau octogonal d'Isa Khan (1547), un fidèle de Sher Shah Suri, qui intègre des détails hindous tels que les auvents *(chajja)* et les kiosques coiffés d'un dôme *(chhatri)*. Une allée conduit à un mur entourant un *charbagh*, jardin classique moghol (le mot signifie « quatre jardins », car l'espace est divisé en quatre parties), incarnant la préfiguration du paradis décrit dans le Coran. Le mausolée se dresse au centre d'une vaste plate-forme. Il est couvert par une coupole double en marbre blanc et abrite le cénotaphe de l'empereur, ainsi que ceux d'autres membres de la dynastie moghole. Conformément aux coutumes islamiques, leurs corps sont enterrés au niveau du sol, dans une crypte.

Situé entre le mausolée d'Humayun et Purana Qila (le Vieux Fort), le **jardin zoologique** de Delhi, créé

Nizam ud-Din

🅰 63 C3

✉ De part et d'autre de Mathura Road

Mausolée d'Humayun

🅰 63 C3

✉ Mathura Road

☎ 011-462 5275

€ €

Jardin zoologique

🅜 63 C4

✉ Mathura Road

☎ 011-461 9825

🕐 Fermé le ven.

en 1959, est le plus grand du pays. Il accueille une large variété d'animaux témoignant de la richesse de la faune indienne, dont certaines espèces rares telles que le rhinocéros unicorne (Assam) ou le lion asiatique (Gujerat). Ce parc zoologique est malheureusement très mal entretenu, et ses

Cette femme du Gujerat expose les objets en vannerie qu'elle fabrique dans le Crafts Museum.

Purana Qila

🅜 63 C4

✉ Mathura Road

☎ 011-460 4260

🕐 Horaires variables pour le «son et lumière»

animaux souffrent de mauvaises conditions de captivité.

Les murailles de **Purana Qila** (le Vieux Fort) se dressent non loin du zoo. Selon les archéologues, cette citadelle se situerait sur l'emplacement du site sacré d'Indraprastha (la « Cité d'Indra ») fondé par Arjuna, l'un des cinq frères Pandava, héros guerriers du poème épique le *Mahabharata* (voir p. 76). Ce qui est certain, c'est qu'Humayun, le deuxième empereur moghol, y fit rétablir la capitale, alors installée à Agra, et qu'en 1533 il fonda Dinpanah (le « Refuge de la foi »), le nom historique de Purana Qila. On lui doit l'imposant mur d'enceinte, percé de trois portes, tandis que son

successeur, le chef afghan Sher Shah Suri (voir p. 40), fit édifier les deux principaux monuments qui subsistent aujourd'hui : la **Qal'a-i-Kuhna Masjid**, avec ses cinq grandes arches et ses décorations proto-mogholes, et le **Sher Mandal**, une petite tour octogonale en grès rouge. C'est en descendant l'escalier de cette tour qu'Humayun, après avoir retrouvé son trône en 1555, glissa et se blessa mortellement en 1556.

LE CRAFTS MUSEUM

Situé à deux pas de Purana Qila, le Crafts Museum (musée de l'Artisanat) est sans doute l'un des plus beaux musées du pays. De nouvelles pièces viennent régulièrement compléter une collection qui comprend plusieurs milliers d'objets agréablement présentés, illustrant les nombreuses formes d'artisanat raffinées que l'on rencontre en Inde.

Dans le dédale de cours et de salles conçues par Charles Correa, vous pourrez notamment admirer des statues en bois sculpté de chevaux et de vaches grandeur nature, la maquette d'un village, toutes sortes de figurines d'animaux en ferronnerie d'origine tribale, des peintures populaires, des objets en céramique (notamment d'énormes pots), un colombier en bois sculpté… L'étage présente une éblouissante collection d'étoffes.

À l'extérieur sont exposés des chevaux sacrés en terre cuite ainsi qu'un ensemble de demeures traditionnelles rappelant les diverses architectures du pays. Un peu plus loin, vous trouverez une boutique d'objets artisanaux de bonne qualité et un café. Chaque année, pendant un à trois mois, le Crafts Museum accueille des artisans expérimentés venus de différentes régions (un tisserand de l'Assam, un miniaturiste de Jodhpur, un potier du Tamil Nadu…), que l'on peut voir à l'œuvre. Vous pourrez leur acheter directement les objets qu'ils fabriquent.

FIRUZ SHAH KOTLA ET SES ENVIRONS

Le plus intéressant des sites disséminés au nord de Purana Qila est Firuz Shah Kotla, auquel on accède par Bahadur Shah Zafar Marg. Cette vaste citadelle, la cinquième ville de Delhi, fut fondée en 1354 par Firuz Lines), convaincu que les inscriptions qu'elle portait avaient un caractère magique. De fait, lorsque le savant James Prinsep déchiffra les inscriptions en *brahmi* gravées sur la colonne en 1837, on découvrit qu'il s'agissait des édits d'Ashoka (voir p. 31 et 33) promouvant le *dharma*.

Crafts Museum

🏛 63 C4

✉ Pragati Maidan (accès par Bhairion)

☎ 011-331 764

🕐 Fermé le lun. et de juil. à sept.

Shah Tughluq, qui régna de 1351 à 1388. Du temps de sa splendeur, cette cité s'étendait de North Ridge à Lal Kot. Elle était renommée pour ses palais, ses bassins, ses pavillons de chasse, ses mosquées et sa vie intellectuelle. En 1398, Timur Lang (Tamerlan) pilla la cité et la dépouilla de ses trésors, ce qui fait qu'il n'en reste que des palais et des mosquées en ruine, ainsi qu'un *baoli* (puits à marches).

Firuz Shah Tughluq était un sultan sans envergure, mais un grand bâtisseur et collectionneur d'antiquités. Il fit transporter dans sa ville la mystérieuse colonne sculptée provenant de Topra (il en fit installer une seconde dans le quartier des Civil Le site abrite également un magnifique jardin, le **National Rose Garden**, et, de l'autre côté de la route principale, la **mosquée d'Abdu'n Nabi** (1575-1576) : elle fut érigée par le chef religieux de l'empereur Akbar, qui, incapable d'expliquer l'origine des fonds qu'il avait vraisemblablement extorqués aux pauvres à La Mecque, fut sommairement exécuté.

LES MÉMORIAUX

Le territoire que traversait jadis la Yamuna, avant que son cours soit modifié, accueille à présent un parc agréable et bien entretenu où l'on rend hommage à des héros modernes de l'Inde. Le principal mémorial, et

Parmi les ruines de Firuz Shah Kotla, on distingue le palais personnel de Firuz Shah, une mosquée et un *baoli* (puits à marches).

Firuz Shah Kotla

🏛 63 C4

✉ Bahadur Shah Zafar Marg

Raj Ghat

🏛 63 C5

✉ Mahatma Gandhi Road

Une statue du Mahatma Gandhi en contemplation, portant autour du cou des guirlandes de soucis.

Gandhi National Museum

🅰 63 C5

✉ En face du Raj Ghat, Mahatma Gandhi Road

☎ 011-331 1793

🕐 Fermé le lun.

Vir Bhumi

🅰 63 C5

Shanti Vana et Vijay Ghat

🅰 63 C5

✉ Mahatma Gandhi Road

le plus visité, est le **Raj Ghat**. Un podium de pierre marque l'endroit où fut incinéré le corps du Mahatma Gandhi (voir p. 150) après son assassinat le 30 janvier 1948. Le site a été transformé en un jardin carré clos de murs dessiné par Vanu G. Bhuta, auquel on accède par une arche. Pour en savoir plus, vous pouvez visiter le **Gandhi National Museum**, de l'autre côté de la route principale.

Au nord du Raj Ghat, dans un cadre moins solennel, se trouve un ensemble de mémoriaux dont le **Vir Bhumi**, à l'endroit où Rajiv Gandhi, assassiné le 21 mai 1991, fut incinéré. Non loin, un mémorial est consacré à son frère Sanjay Gandhi, mort dans un accident d'avion en juin 1980. Leur mère, Indira Gandhi, assassinée le 31 octobre 1984, a été incinérée à **Shanti Vana** (la forêt de la Paix),

comme son père, Jawaharlal Nehru, mort le 27 mai 1964. Enfin, dans le **Vijay Ghat**, on commémore Lal Bahadur Shashtri, deuxième Premier ministre de l'Inde, mort le 11 janvier 1966. D'ici, on peut jouir de beaux points de vue sur les palais de Shah Jahan situés au bord de la rivière.

LES CIVIL LINES ET NORTH RIDGE

Pour ceux qui s'intéressent à l'histoire des Britanniques en Inde, ce quartier, peu fréquenté par les touristes, est très instructif. Il correspond à la Delhi britannique du XVIIIe siècle, qui a précédé la fondation de New Delhi (voir aussi Lucknow, p. 310-313).

Vers le haut de Mahatma Gandhi Road, avec un accès dans Lothian Road, le **Lothian Cemetery**, cimetière abandonné, se trouve sur la droite, juste avant les ruines d'un édifice voûté, vestige d'un gigantesque dépôt de munitions de l'armée britannique. Les Anglais décidèrent de le faire sauter le 11 mai 1857 pour empêcher son occupation par les « combattants pour la liberté », des soldats indiens de l'Armée britannique (cipayes) qui s'étaient rebellés la veille à Meerut. On dit que la détonation s'entendit jusqu'à Meerut, à 50 kilomètres de là. Non loin se dresse un petit obélisque gris, le **Telegraph Memorial**. C'est de ce bureau de télégraphe que des employés indobritanniques lancèrent un appel de détresse à l'état-major anglais après avoir observé des signes de révolte. Plus loin sur la droite, l'édifice à colonnades très délabré est la **British Residency**, qui devint en 1803 la première demeure du « conseiller » britannique auprès de l'empereur.

St. James's Church (1836) fut la première église à être élevée à Delhi. Coiffée d'une coupole et revêtue d'un enduit jaune, elle fut bâtie à l'initiative d'un officier de cavalerie, James Skinner (1778-1841). Fils d'un officier écossais et d'une princesse rajpoute, celui-ci fonda le Skinner's Horses, un régiment de soldats d'élite qui portaient un uniforme jaune. Le cimetière de l'église abrite les tombes de la famille Skinner.

Lothian Road traverse ensuite **Kashmiri Gate**, l'unique porte qui soit encore intacte parmi toutes celles, très nombreuses, qui caractérisaient la ville de Shah Jahan. C'est sous cette porte que passait chaque été le cortège de la cour des empereurs moghols qui fuyaient la chaleur estivale de Delhi pour aller se réfugier dans la fraîche vallée du Cachemire. En septembre 1857, des soldats britanniques affrontèrent ici les insurgés indiens et reprirent Delhi après six jours de combat. Le général John Nicholson, qui perdit la vie lors d'un engagement devant les murs de la ville, est enterré dans le **Nicholson Cemetery**, au coin de Shamnath Marg et de Qudsia Marg. En face du cimetière, le jardin (Qudsia Gardens) a perdu de sa splendeur d'autrefois.

Après Kashmiri Gate, Lothian Road prend le nom de Shamnath Marg. Sur la droite s'élève l'hôtel **Oberoi Maidens** (voir p. 347), construit en 1900, où sir Edwin Lutyens séjourna alors qu'il dirigeait la construction de New Delhi. C'est l'endroit idéal pour prendre un verre. À partir d'ici, empruntez Underhill Road, qui passe devant de magnifiques maisons coloniales bâties sur de grands terrains arborés. Au bout de la rue, tournez à gauche dans Rajpur Road, puis remontez cette rue et tournez à gauche dans Rani Jhansi Marg. Cette rue vous conduira à North Ridge, d'où les troupes britanniques partirent en septembre 1857 pour reprendre Delhi. Cinq mois plus tôt, les femmes et les enfants britanniques s'étaient réfugiés dans la **Flagstaff Tower**, la tour située au sommet de la colline, avant de s'enfuir à Karnal à l'approche des insurgés. Des vestiges de l'histoire de Delhi jalonnent ce quartier, à commencer par les restes d'un des pavillons de chasse de Firuz Shah Tughluq, le **Kushkh-i-Shikav** (1356) ; plus loin, on peut voir **Hindu Rao House** (1830), la maison où William Fraser se retira. Résident de Delhi, c'est-à-dire haut fonctionnaire, jusqu'à son assassinat en 1835, ce grand connaisseur de l'Inde avait épousé six ou sept femmes dont il eut un nombre incalculable d'enfants.

En descendant depuis North Ridge, on voit le Mutiny Memorial, petite tour néogothique qui fut érigée par les Anglais à la mémoire des militaires tombés en 1857 pour reprendre la ville aux cipayes. Rebaptisée **Ajitgarh**, elle est désormais dédiée aux Indiens morts en combattant le régime colonial. Remontez Boulevard Road pour regagner Kashmiri Gate. ∎

Lothian Cemetery
🅜 63 C5
✉ Lothian Road

St. James's Church
🅜 63 C6
✉ Lothian Road
☎ 011-296 0873

Nicholson Cemetery
🅜 63 C6
✉ Qudsia Marg

Kushkh-i-Shikav
🅜 63 C6

Hindu Rao House
🅜 63 B6

Ajitgarh
🅜 63 B6

La littérature

La littérature indienne est à la fois abondante et variée : il suffit de faire un tour dans une librairie pour s'en rendre compte. Elle est également très ancienne, comme en témoignent la célèbre épopée du *Mahabharata*, composée entre le IVᵉ siècle avant J.-C. et le IVᵉ siècle de notre ère, et quantité d'autres textes, des poèmes épiques aux traités de philosophie politique, régulièrement redécouverts et publiés.

Toutes les grandes villes indiennes disposent de librairies bien approvisionnées. L'édition enfantine produit des livres, des magazines et des bandes dessinées qui racontent sous forme de feuilletons les grandes légendes du pays. Si vous comprenez l'anglais, leur lecture peut constituer une première approche de ces histoires fondamentales dont la connaissance vous aidera à mieux apprécier la peinture, la sculpture, la danse et le théâtre indiens. Toujours dans le domaine de la jeunesse, vous pouvez lire (ou relire) les contes et romans de Rudyard Kipling, dont l'œuvre s'inspire en grande partie de l'Inde (il est né à Bombay en 1865).

Le *Mahabharata* (« Récit de la grande guerre des Bharata ») est un poème épique relatant la guerre civile opposant les Pandava, dirigés par Arjuna, aux Kaurava. Dans une partie ajoutée ultérieurement, la *Bhagavad Gita*, Krishna évoque avec Arjuna la lutte de l'être humain pour l'amour, la lumière et la rédemption. L'autre grande épopée est le *Ramayana* (« Geste de Rama »), écrit entre le IIᵉ siècle av. J.-C. et le IIᵉ siècle de notre ère, dans lequel le bon roi Rama, aidé par des singes et des ours, sauve sa femme, Sita, des griffes de Ravana, le démon-roi à plusieurs têtes du Sri Lanka. Quant aux *Purana* (« Anciens récits »), ils content notamment les histoires populaires des incarnations de Vishnou en tortue, en sanglier, ou sous les traits de Rama ou de Krishna.

Grâce à des traductions intégrales de qualité, vous pourrez aussi vous familiariser avec la poésie lyrique et le théâtre du plus grand auteur classique de l'Inde : Kalidasa (Vᵉ siècle). Ses œuvres, notamment *Meghaduta* (« Le Nuage-messager ») comptent parmi les plus belles et les plus originales de la littérature du sous-continent.

L'Inde s'est révélée à l'Occident par le biais de livres : les journaux intimes, récits de voyages et lettres des premiers voyageurs ont constitué la base de notre connaissance de cette civilisation jusqu'à une époque assez récente. C'est grâce à Thomas Daniells et à son neveu William, qui diffusèrent des séries de gravures à Londres dans les années 1790, que la population anglaise a découvert ce pays. Éditées depuis peu en France, ces aquatintes conservent aujourd'hui tout leur charme. Les récits hauts en couleur d'Alexis Soltykoff (*Voyages dans l'Inde*, 1851) ou de Louis Rousselet (*L'Inde des Rajahs*, 1875) offrent une vision exotique de l'Inde du XIXᵉ siècle tandis que, plus près de nous, Jawaharlal Nehru et ses contemporains Mulk Raj Anand, S.H. Manto ou Nirad Chaudhuri s'attachent à décrire de façon plus réaliste les mutations politiques qu'a connues leur pays.

Parmi les jeunes générations d'écrivains indiens, dont certains vivent hors des frontières, citons Vikram Seth, dont l'épopée intitulée *Un garçon convenable* évoque l'Inde du Nord après

l'indépendance, Anita Desai, dont les histoires se déroulent le plus souvent à Delhi, sa ville, R.K. Narayan, qui situe l'action de ses ouvrages dans le Sud, ou encore Rohinton Mistry (*Un si long voyage* et *L'Équilibre du monde*). Salman Rushdie évoque le Kerala et Bombay (Mumbai) dans *Le Dernier Soupir du Maure*. Le premier roman d'Arundhati Roy, *Le Dieu des petits riens*, relate la destinée de jumeaux âgés de 7 ans dans le Kerala agité par des troubles politiques.

De nombreux livres traitent de l'histoire et de la culture indiennes. *La Civilisation de l'Inde ancienne*, d'Arthur L. Basham, fait référence, mais d'autres ouvrages s'attachent à des périodes ou à des thématiques plus précises : à vous de choisir en fonction de vos centres d'intérêt. ■

Arundhati Roy (ci-contre), lauréate du Booker Prize pour son roman *Le Dieu des petits riens* et militante écologiste influente, fait partie des nouveaux talents littéraires de l'Inde. Lecteurs avides de livres et de journaux, les Indiens instruits font bon usage des bibliothèques, librairies et kiosques à journaux (ci-dessous).

Le tombeau
de Firuz Shah
Tughluq s'inspire
de l'architecture
des forteresses
afghanes.

Le sud de Delhi

D'INTÉRESSANTS VESTIGES DES CITÉS PRÉMOGHOLES DE DELHI SONT disséminés sur le vaste périmètre que couvre le sud de l'agglomération, un quartier en vogue où s'implantent de plus en plus de constructions nouvelles. Prenez un taxi ou louez une voiture avec chauffeur le temps d'une matinée ou, mieux, d'une journée entière (emportez à boire et à manger). Nous vous suggérons ici un itinéraire.

Jardins des Lodi
🗺 63 C3
✉ Lodi Road

Tombeau de Safdarjang
🗺 63 B3
✉ Carrefour de Lodi Road et d'Aurobindo Road
€ €

LES JARDINS DES LODI

Commencez par une promenade dans les jardins des Lodi. Le chauffeur vous déposera devant une entrée et vous reprendra devant une autre.

Dans les années 1930, lady Willingdon, dont l'époux fut vice-roi des Indes de 1931 à 1936, a sauvé cet ensemble de tombes de la convoitise des promoteurs de New Delhi, et fait planter pelouses, arbustes et arbres tout autour. Ces tombeaux couverts d'un dôme ont été bâtis à l'époque des sultanats des Sayyid et des Lodi (voir p. 39), souverains de peu d'envergure mais qui ont enrichi Delhi de nombreux tombeaux et mosquées. Après le départ de Sikandar Lodi (r. 1489-1517) pour Agra en 1502, l'ancienne capitale à l'abandon ne fut plus qu'une grande nécropole.

Si vous êtes arrivé par l'entrée de Lodi Road, vous parviendrez d'abord au **tombeau de Muhammad Shah**, troisième souverain de la dynastie des Sayyid. Construit en 1450, cet édifice de plan octogonal présente des contreforts inclinés. Son architecture très austère contraste avec la délicatesse de l'ornementation. Non loin se trouve la **mosquée de Bara Gumbad** (1494), bâtie durant le règne de Sikandar Lodi. Coiffée d'un dôme, elle se distingue par son portail monumental et ses décorations en stuc, parmi les plus belles du pays. Observez le travail en filigrane et la façade élaborée. Sur la butte, on peut voir le **Shish Gumbad** (dôme de Verre), un tombeau de la même époque qui doit son nom au fait que son dôme comportait des tuiles bleues vernies brillant au soleil. L'intérieur, à deux étages, est magnifiquement décoré de stucs peints. Le **tombeau de Sikandar Lodi** a conservé son mur d'enceinte et la mosquée adjacente. Non loin se trouve l'**Athpula**, un pont moghol à sept arches du XVIe siècle.

EN DIRECTION DU SUD, VERS HAUZ KHAS

En suivant Aurobindo Road vers le sud, en direction de Lal Kot, vous passerez devant le **tombeau de Safdarjang** (1754), nabab d'Oudh (Avadhi) et grand vizir de l'impopulaire souverain moghol Ahmad Shah Bahadur. Il est conçu selon le même plan que le mausolée d'Humayun (voir p. 70-71). Un kilomètre plus bas dans Aurobindo Road, tournez à gauche dans Kidwai Nagar pour atteindre le grandiose **tombeau de Darya Khan Lohani**, noble afghan qui fut au service des sultans Lodi.

Il reste peu de vestiges de Siri, ville fondée par Ala ud-Din Khalji, souverain populaire et compétent qui régna de 1296 à 1315. Pour vous faire une idée de ce qu'elle était, continuez à descendre Aurobindo Road et tournez à droite pour entrer dans le village de **Hauz Khas**, où des maisons anciennes ont été rénovées et transformées en boutiques et restaurants de luxe (voir p. 348). À l'autre bout de la rue du village se trouve un jardin clos s'ouvrant sur un vaste espace en contrebas. Il s'agissait du *hauz* (réservoir) qui fournissait de l'eau aux habitants de Siri. À gauche, vous verrez les escaliers, pavillons et bâtiments de l'université ajoutés par Firuz Shah Tughluq en 1354. Son **tombeau** (1390), dont l'intérieur est décoré de stucs, se dresse au coin.

LAL KOT : LE BERCEAU DE DELHI

Environ 11 kilomètres au sud des jardins des Lodi, au bas d'Aurobindo Road, se trouve le lieu où la Delhi historique a vu le jour. Lal Kot était la citadelle rajpoute bâtie par le roi Tomara Anangapala à la fin du Xe siècle. Agrandie, fortifiée et pourvue de 13 portes par le roi Prithiviraja III Chauhan en 1180, cette cité prospère fut prise par Qutb ud-Din Aibak en 1192, marquant l'arrivée de l'islam dans l'Inde moderne (voir p. 37 et 39). Aibak lança la construction d'une mosquée l'année suivante, et six ans plus tard celle du Qutb Minar.

Une fois franchie l'arche de l'entrée, on peut voir des vestiges des édifices de la partie la plus méridionale de la Siri d'Ala ud-Din. Plus loin, vous trouverez la base de l'**Alai Minar**, une tour inachevée que ce sultan souhaitait deux fois plus haute que le Qutb Minar (il est mort alors que le premier étage n'était pas encore terminé). La mosquée d'Aibak lui fait face : appelée **Quwwat ul-Islam** (« Puissance de l'islam »), elle fut bâtie entre 1193 et 1197 ; Iltutmish et Ala ud-Din y apportèrent des ajouts respectivement en 1230 et en 1315. Les pierres utilisées pour sa construction provenaient de temples hindous et jaïns : sur certaines d'entre elles, on distingue encore des motifs sculptés de cordes, cloches, vaches ou personnages. Des galeries ouvertes mènent à la façade sculptée de la salle de prière (cette dernière a aujourd'hui disparu). Sur les parties les plus récentes de cette façade, les motifs de fleurs et de feuilles cèdent la place à des arabesques islamiques et à des sourates du Coran.

On ignore l'origine exacte de la **colonne de fer** de l'époque Gupta (IVe-Ve siècle), qui porte une inscription en sanskrit, mais, selon la légende, ceux qui peuvent l'encercler en joignant leurs mains derrière le dos verront leur vœu se réaliser.

À droite, à l'extérieur de la cour de la mosquée, vous trouverez le **tombeau d'Iltutmish**, gendre et successeur d'Aibak qui régna de 1210 à 1236. C'est la plus ancienne tombe

Village de Hauz Khas
🅐 63 B2
✉ Accès par Aurobindo Road, vers l'ouest

Lal Kot
🅐 63 B1
✉ Carrefour d'Aurobindo Road et de Maharauli Badarpur Road

À Lal Kot, le **Qutb Minar** (ci-dessus) et le tombeau d'Iltutmish (page ci-contre) sont décorés de sculptures élaborées.

Sanskriti

 63 B1

✉ Anadgram, Maharauli Gurgoan Road (en face de la station de radio)

☎ 011-650 1125

🕐 Fermé le lun.

Tughluqabad

📍 63 D1

✉ Accès par Maharauli Gurgoan Road

de sultan musulman indien. Ses murs sont décorés de magnifiques sculptures. À gauche, en regardant la mosquée, les ruines que l'on peut voir sur une butte sont celles du **tombeau** inachevé d'Ala ud-Din et de son **collège** (université).

Le **Qutb Minar** est une tour de cinq étages, qui fut élevée comme une tour de victoire et devait aussi servir de minaret à la mosquée adjacente pour appeler les fidèles à la prière. Le bâtiment situé à droite de la tour est l'**Alai Darwaza** (1311), un portail bâti par Ala ud-Din. Avec ses grands panneaux sculptés de bas-reliefs, c'est le bâtiment dont le style islamique est le plus marqué dans ce secteur. Plus loin, vous pourrez voir, déposée à même le sol, l'étonnante coupole de style gothique ajoutée au Qutb Minar par les Britanniques.

AUTRES SITES AU SUD DE DELHI

Pour partir à la découverte de ces véritables merveilles, mettez une paire de chaussures de marche. Prenez la rue située derrière le parking de Lal Kot, qui donne sur des plaines parsemées de monuments islamiques. Juste en face, vous trouverez la **Metcalfe's Folly**, deux tombes en ruine qu'acheta sir Thomas Metcalfe (résident britannique de Delhi entre 1835 et 1853) pour les transformer en maison de campagne. Un peu plus loin, on peut voir **Jamali-Kamali** (1528), la mosquée et les tombes d'un saint poète et de son frère. Vous pouvez choisir de vous y rendre à pied ou en voiture.

Dirigez-vous vers le village de Maharauli, 1 kilomètre à l'ouest de Lal Kot. Vous y trouverez le **Bhul-Bhulaiyan** (1562), la double tombe d'Adham Khan et de sa puissante mère, Maham Anga, nourrice de l'empereur moghol Akbar. Derrière, une rue sur la gauche mène à un groupe de mosquées, à un *baoli* (puits à marches) et aux tombeaux de trois des derniers empereurs moghols.

Si vous avez apprécié le Crafts Museum (voir p. 72), n'oubliez pas de réserver des billets pour visiter **Sanskriti**, au sud de Lal Kot, où O. P. Jain, collectionneur et mécène de l'artisanat indien, a créé une fondation privée. Sa collection d'objets de la vie quotidienne, de grande qualité, est exposée dans un jardin bordé de maisons d'artistes.

Repartez enfin vers l'est en direction de **Tughluqabad**. Vous y trouverez les ruines imposantes de la cité bâtie par Ghiyas ud-Din Tughluq entre 1321 et 1325. Vous pouvez vous promener sur les remparts, dans le palais et dans la citadelle. De l'autre côté de la route, on aperçoit le tombeau fortifié de Ghiyas ud-Din (v. 1325). Comme ceux des Sayyid et des Lodi, il contraste avec les tombeaux-jardins des Moghols. ∎

À la redécouverte de l'Inde

La Grande-Bretagne entretenait une relation complexe avec les monuments anciens de l'Inde. Quelques pionniers sont à l'origine de certaines avancées dans le domaine archéologique, comme sir William Jones, qui a fondé l'Asiatic Society en 1784 avec un groupe d'autres passionnés. Des initiatives militaires sont souvent à l'origine des découvertes archéologiques. Cela a été le cas du Survey of India, créé en 1800 afin de cartographier l'ensemble du sous-continent. Des équipes d'enquêteurs ont répertorié les points culminants de l'Himalaya dans les années 1850 et nommé le plus haut de tous « Everest » du nom de sir George Everest, l'un des directeurs du projet. Dans le cadre de cette mission et de bien d'autres, de nombreux monuments enfouis et oubliés, tels que les cavernes Chalukya de Badami, les stupas bouddhiques de Sanchi, les temples de Khajuraho et les cavernes peintes d'Ajanta ont été redécouverts.

Une volonté de restauration et de conservation s'est fait jour au milieu du XIXᵉ siècle. Cependant, la majorité des administrateurs britanniques n'évaluaient pas encore la richesse architecturale de l'Inde. Ce n'est qu'après avoir eux-mêmes contribué à la destruction de certains monuments qu'ils amorcèrent un mouvement de conservation. Ayant repris Delhi, les Britanniques mirent la ville à sac en 1858. Ils pillèrent les palais impériaux et profanèrent les mosquées. Les deux tiers des édifices du fort Rouge furent démolis. Les bâtiments restants devinrent une garnison militaire et toute la zone située à l'avant fut déblayée pour des raisons de sécurité. Le sort de la Jama Masjid fut débattu : la mosquée pouvait être détruite, vendue, transformée en caserne ou, pis que tout, en monument aux morts dédié aux victimes britanniques de la guerre. Cela provoqua un tollé parmi les érudits. Finalement, ce projet fut abandonné et, en 1861,

sir Alexander Cunningham fut nommé au poste de responsable archéologique de l'Inde. S'ensuivirent des projets tels que la restauration de Sanchi et de Gwalior, et la publication de copies des peintures murales d'Ajanta.

L'activité s'accrut lorsque lord Curzon prit ses fonctions de vice-roi des Indes en 1899 et reconnut que l'Inde possédait « la plus illustre galaxie de monuments du monde », dont l'entretien était de la responsabilité de l'empire. Il organisa l'Archaeological Survey, trouva des fonds pour le financer et nomma en 1902 sir John Marshall, alors âgé de 26 ans, au poste de premier directeur général – il y demeura pendant 29 ans. Des universitaires indiens furent embauchés, des fouilles et des croquis réalisés, des lois pour la protection des monuments promulguées. Tandis que l'attention du public se concentrait sur les monuments moghols d'Agra, les temples de Kanchipuram, les mosquées de Bijapur et d'autres édifices furent déblayés, nettoyés et restaurés.

Depuis l'indépendance, les connaissances n'ont cessé de s'enrichir sous l'égide de l'Archaeological Survey of India, dont le siège se trouve à côté du National Museum de Delhi, dans Janpath. Des publications y sont vendues, notamment sur les sites dépendant de l'Archaeological Survey. Un autre groupe de conservation, l'Indian National Trust for Art and Cultural Heritage (INTACH), a été fondé en 1984. Cette organisation non gouvernementale est à la tête de programmes locaux disséminés dans toute l'Inde. Ses membres, passionnés et bien informés, ont déjà obtenu des résultats impressionnants, parmi lesquels la conservation des grottes d'Elephanta, les travaux du fort de Jodhpur, la réparation de certains *ghat* de Bénarès et la création d'un plan du patrimoine pour Kochi (Cochin) et Mattancherry. Pour obtenir plus d'informations sur le travail de l'INTACH, écrivez à l'adresse suivante : 71 Lodhi Estate, New Delhi 110003, ou téléphonez au 011-469 2774. ∎

Les Britanniques se sont établis en Inde à des fins commerciales, mais ils en ont révélé les merveilles à l'Occident, des peintures murales d'Ajanta (ci-dessus) au Taj Mahal (ci-dessous), en passant par les sculptures de Khajuraho (page ci-contre).

Le soleil se couche derrière le dôme du Rashtrapati Bhavan, inspiré des stupas de Sanchi, tandis que des aigrettes s'ébattent sur le lac.

New Delhi
🗺 63 C4

New Delhi

LES BRITANNIQUES ONT ÉTABLI LEUR QUARTIER GÉNÉRAL D'ABORD À Madras (Chennai), puis à Calcutta (Kolkata). Delhi, aussi stratégique qu'elle ait été pour les souverains précédents, était un endroit reculé. C'est par ailleurs Agra, et non Delhi, qui était la capitale des provinces du Nord-Ouest, s'étendant jusqu'à l'Hindoukouch.

Puis, contre toute attente, au cours de sa visite officielle en Inde en 1911, le roi George V annonça que la capitale des Indes britanniques serait non plus Calcutta mais Delhi. Delhi allait renaître de ses cendres et devenir la capitale impériale du sous-continent. Elle allait être reconstruite à cet effet. Le roi et la reine Mary posèrent la première pierre de ce chantier au nord de Old Delhi avant de repartir pour la Grande-Bretagne.

En 1913, l'architecte britannique Edwin Lutyens s'embarqua pour l'Inde. Il n'aimait pas le site sélectionné à l'origine et, avec les membres de sa commission de planification (sir Herbert Baker, J.A. Brodie, G.S.C. Swinton…), il déterra discrètement la première pierre de fondation et la fit transporter afin de la replacer sur Raisina Hill, au nord-ouest de Old Delhi. Cette attitude intransigeante était caractéristique de Lutyens, à qui

Les deux bâtiments imposants des Secrétariats, le North Block et le South Block (en haut, à droite), se font face sur Raisina Hill.

l'on avait confié la mission de tracer le plan général de la nouvelle capitale, appelée New Delhi, ainsi que de dessiner la résidence du vice-roi des Indes (le Rashtrapati Bhavan) et d'autres constructions. Son équipe conçut une multitude d'édifices publics et plus de 4 000 bungalows en briques revêtues de stuc et dotés d'un toit en terrasse.

En vue de préparer ce projet, Lutyens parcourut tout le nord de l'Inde. Loin d'être impressionné par les bâtiments moghols (il pensait que Fatehpur Sikri, ville construite par l'empereur moghol Akbar, était une « œuvre de singes »), il s'inspira des stupas bouddhiques de Sanchi pour créer les dômes. Il se mit ensuite à travailler sur ses plans : des bâtiments classiques intégrant des détails indiens – tels que des avant-toits donnant de l'ombre – implantés dans une ville-jardin au potentiel d'expansion infini. Plus de 30 000 ouvriers furent employés à l'aménagement de ce site. Un splendide grès rouge fut apporté de Dholpur, comme cela avait été le cas pour Shahjahanabad. William Robertson Mustoe, formé aux Kew Gardens de Londres, prodigua des conseils pour la plantation de

10 000 arbres. Les coûts augmentèrent de façon vertigineuse et le budget dépassa les 15 milliards de livres (21 milliards d'euros).

Le 15 février 1931, New Delhi fut inaugurée par le vice roi des Indes, lord Irwin. S'ensuivirent deux semaines de festivités : représentation de *Madame Butterfly* au fort Rouge, danses écossaises, cortège d'éléphants peints et salve de 21 coups de canon pour annoncer la présentation au public des colonnes d'Ashoka apportées par Baker.

Seize ans plus tard, New Delhi constituait l'un des héritages les plus utiles légués par les Britanniques à l'Inde devenue indépendante, même si cela n'était pas leur intention. C'était une capitale clé en main.

RAISINA HILL

C'est le cœur de New Delhi et le centre politique de l'Inde. Pour le découvrir, marchez de Vijay Chowk jusqu'à Raisina Hill, que Lutyens reprocha à Baker d'avoir bâti trop à pic, obstruant la vue de son chef-d'œuvre : la résidence du vice-roi (Rashtrapati Bhavan). C'est à **Vijay Chowk** que se tient le 29 janvier, au coucher du soleil, la parade militaire

Un *sarpesh* (ornement de turban) de facture élaborée, fabriqué à Jaipur au XIXᵉ siècle.

connue sous le nom de « Beating the retreat ». Au nord, le bâtiment circulaire est le **Sansad Bhavan** (le Parlement). Plus haut sur la colline, le premier pavillon offre une vue splendide. Rajpath, la voie royale, descend depuis le Rashtrapati Bhavan, croise Janpath et se poursuit au-delà d'India Gate. C'est là que se déroule chaque année, le 26 janvier, la parade célébrant la fête de la République. En remontant vers le nord, vous atteignez Connaught Place, un des centres de commerce et d'affaires de Delhi.

Le sommet de Raisina Hill est ostensiblement impérial. Les **Secrétariats**, deux bâtiments dessinés par Baker, situés de part et d'autre de Rajpath, se distinguent par leur style associant au baroque anglais des portes mogholes et des coupoles décorées de lotus. Ils flanquent le **Rashtrapati Bhavan**, l'ancienne résidence du vice-roi des Indes, qui est aujourd'hui le palais présidentiel *(privé)*. Jetez un coup d'œil à travers le portail pour admirer dans la cour la **colonne de Jaipur**, offerte par le maharaja de Jaipur, un proche allié des Britanniques. La résidence, chef-d'œuvre de Lutyens, couvre une superficie de 18 580 mètres carrés, supérieure à celle de Versailles. C'est ici, dans le Durbar Hall, que le dernier vice-roi des Indes, lord Mountbatten, transmit le pouvoir à Jawaharlal Nehru, Premier ministre de l'Inde devenue indépendante. De somptueux jardins entourent le palais. Inspirés des **jardins moghols** du Cachemire et des travaux de Gertrude Jekyll en Angleterre, ils sont entretenus par 150 jardiniers et ouverts au public au printemps.

National Gallery of Modern Art
✉ Jaipur House, India Gate
☎ 011-338 2835
🕐 Fermé le lun.

Archives nationales
✉ Janpath
☎ 011-338 9598
🕐 Fermé le lun.

National Museum
✉ Janpath
☎ 011-301 9272
🕐 Fermé le lun.
€ €

LE QUARTIER ADMINISTRATIF

Pour avoir un aperçu de l'histoire de la ville, promenez-vous sur Rajpath jusqu'à **India Gate** : c'est un arc de triomphe qui rend hommage aux 90 000 soldats indiens tombés pendant la Première Guerre mondiale et la guerre d'Afghanistan (1919). Une flamme perpétuelle dédiée au soldat inconnu y a été ajoutée après la guerre indo-pakistanaise de 1971. Plus loin, un élégant pavillon de grès, aujourd'hui vide, abritait autrefois une statue de George V. Il est entouré de palais anciens de toute beauté : Hyderabad House, Baroda House, Bikaner House et Jaipur House. Ce dernier abrite aujourd'hui la **National Gallery of Modern Art** (Galerie nationale d'art moderne), où l'on peut voir des collections de peintures de l'école bengalie et, plus généralement, des œuvres du XIXᵉ-XXᵉ siècle.

Situées au carrefour de Rajpath et de Janpath, les **Archives nationales** (National Archives) exposent une partie de leur collection de livres et de manuscrits sur l'histoire politique, sociale et économique de l'Inde. À proximité, le **National Museum** (1955-1960) constitue une excellente introduction à l'art indien. Admirez en particulier, dans le hall d'entrée, les couloirs et les salles du premier étage, les sculptures en pierre et en bronze de Mathura, Bharhut, Sarnath, Kaushambi et du sud de l'Inde, qui figurent parmi les plus belles œuvres d'art du pays. L'étage supérieur abrite de jolies miniatures, des instruments de musique et des bijoux.

TROIS DEMEURES DE NEW DELHI

Demandez au chauffeur de vous déposer tout d'abord à **Teen Murti House** (1930), une résidence entourée d'un jardin fleuri où Nehru vécut de 1948 jusqu'à sa mort en 1964. Son bureau, sa bibliothèque et sa chambre sont demeurés intacts. Un peu plus loin, vous trouverez l'**Indira Gandhi Memorial Museum**, un bungalow situé au milieu d'une végétation luxuriante où vécut la fille de Nehru. Ses murs sont couverts de photographies qui relatent son parcours de femme de pouvoir et le destin de ses fils. Sur le sol, une rivière en verre sculpté marque l'emplacement où

elle a été assassinée le 31 octobre 1984. **Gandhi Smriti** est le lieu où le Mahatma Gandhi fut abattu le 30 janvier 1948 par un fanatique hindou qui l'estimait trop tolérant envers les musulmans. ■

Un bouddha assis datant du Iᵉʳ siècle retrouvé à Mathura, au sud de Delhi.

Gandhi : l'influence d'un nom

Les questions politiques peuvent reposer sur un simple nom de famille. Lorsqu'Indira Nehru, fille du Premier ministre Jawaharlal Nehru, un Kashmiri de la caste des brahmanes, a épousé un parsi dénommé Firuz Gandhi, elle a sans doute acquis son outil politique le plus précieux.

Le seul nom de Gandhi faisait écho à la grandeur du vénéré Mahatma, Mohandas Karamchand Gandhi, bien qu'ils n'aient aucun lien de sang. Même certains Indiens s'y trompaient et aucun militant du parti du Congrès ne se risquait à perdre des voix en clarifiant la situation. Le héros de la lutte pour la liberté peut légitimement faire rayonner son influence au profit de tous, y compris dans les eaux troubles de la politique. Rajiv Gandhi en a lui aussi bénéficié et aujourd'hui, alors que sa fille est entrée sur la scène politique, toute l'Inde continue à parler non pas de l'héritage de Nehru mais de la dynastie Gandhi. ■

Teen Murti House
- ✉ Teen Murti Road
- ☎ 011-301 6350
- ⏱ Fermé le lun.

Indira Gandhi Memorial Museum
- ✉ 1 Safdarjang Road
- ☎ 011-301 0094
- ⏱ Fermé le lun.

Gandhi Smriti
- ✉ Hall of Nations Bldg., 5 Tees January Road
- ☎ 011-301 1480

La naissance d'une architecture moderne

Lorsque l'architecte français Le Corbusier (1887-1965) arriva en Inde en 1951, il était déjà âgé de 64 ans et possédait une réputation brillante, mais controversée.

Le Corbusier fut invité en Inde par le gouvernement du Pendjab afin de prodiguer des conseils pour la nouvelle capitale de cet État. En effet, après la partition de 1947, le Pendjab avait perdu la ville de Lahore, attribuée à la partie pakistanaise. L'architecte fut impressionné par l'échelle grandiose de la Delhi de Lutyens et par les formes abstraites de l'observatoire du Jantar Mantar (voir p. 92). Il intégra ces conceptions aux plans qu'il conçut pour Chandigarh (voir p. 120-121), où il utilisa son système modulaire et ses brise-soleil tout en mettant l'accent sur le béton brut.

Bien que les projets d'urbanisme de grande envergure élaborés par Le Corbusier aient souvent été rejetés, l'influence de son style est incontestable.

Cette rupture totale avec la tradition locale fut la bienvenue car elle soulignait l'ambition et l'idéalisme nouveaux de l'Inde. Le Corbusier fut commissionné par des clients progressistes d'Ahmedabad, capitale de l'État du Gujerat, où il dirigea la construction de Shodhan House, des résidences de Manorama Sarabhai et de l'immeuble de la Mill Owners Association, tous édifiés dans les années 1950.

Une équipe de jeunes architectes, pour la plupart indiens, adhéra à ses dogmes, et des bâtiments anonymes en béton apparurent alors dans toute l'Inde. Balkrishna V. Doshi et Charles Correa se distinguent toutefois par la personnalité de leurs œuvres. Ils sont à l'origine de divers bâtiments à Ahmedabad, notamment le Tagore Hall (Doshi) et le Sabarmati Ashram (Correa).

Les autres édifices publics de Correa, notamment les complexes artistiques de Panaji (Goa), de Bhopal (Madhya Pradesh) et, plus récemment, de Jaipur (Rajasthan), montrent un retour progressif aux traditions indiennes mais dans une interprétation moderne.

Le complexe culturel de Jaipur, le musée Jawahar Kala Kendra, n'est que l'un des nombreux édifices du pays qui reflètent un changement bienvenu : l'architecture indienne commence en effet à retrouver sa voie.

L'inspiration ne vient plus de l'Occident et se tourne à nouveau vers un ancien concept hindou, le *mandala*, une représentation de l'Univers qui peut être utilisée comme base mathématique pour l'architecture. Correa utilise précisément un *mandala* à neuf carrés (pour les hindous, neuf est le chiffre le plus spirituel et le plus puissant), qui permet à l'homme d'entrer en contact avec l'Univers. Deux autres influences indiennes sont à l'œuvre : le plan du temple hindou, qui alterne espaces ouverts et espaces clos, et l'observatoire du Jantar Mantar de Jaipur, créé par Jai Singh II et caractérisé par de gigantesques instruments astrologiques.

L'ambassade de Belgique à Delhi, œuvre de Satish Gujral, constitue un autre exemple du retour de l'Inde à ses racines. Comme Correa, Gujral, peintre plutôt qu'architecte de formation, fait un retour au *mandala*. Il s'inspire également des tombeaux anciens de Delhi : grandes arches de brique, coupoles, utilisation de la brique et du granit. L'ensemble du bâtiment se dresse au milieu d'un vaste jardin encaissé, faisant écho au tombeau paysager d'inspiration persane de l'empereur moghol Humayun.

Les bâtiments de Jaipur et de Delhi sont résolument modernes tout en s'inspirant de la richesse de la culture indienne. En outre, chacun possède une identité régionale clairement marquée. L'Inde abrite aujourd'hui un nombre croissant d'architectes tout aussi inspirés. ∎

Le vaste bâtiment du Secrétariat (ci-dessus), construit en 1958 dans la ville moderne de Chandigarh, capitale de deux États, illustre l'obsession de Le Corbusier pour les formes géométriques. Gandhi vivait dans une modeste maison (ci-contre) à Sabarmati Ashram (Ahmedabad). Le temple des Baha'i (ci-dessous), au sud de Delhi, en forme de lotus entrouvert, a été comparé à l'Opéra de Sydney.

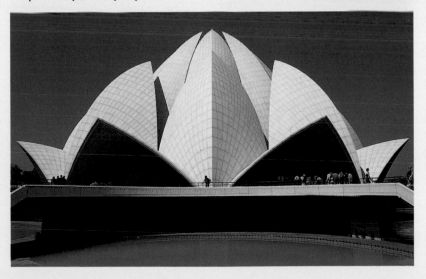

Autres sites à visiter

INSCRIPTIONS D'ASHOKA

En 1966 ont été découvertes une série d'inscriptions d'Ashoka (voir p. 31 et 33) gravées sur un rocher du sud-est de Delhi, prouvant qu'un centre ou un carrefour commercial avait existé dans cette zone dès l'époque Maurya.

✉ Accès par Shaheed Captain Gaur Marg, Srinavaspuri

BABA KHARAK SINGH MARG

Cette rue qui rayonne à partir de Connaught Place (voir p. 91) est bordée de magasins d'État de grande qualité représentant chaque État indien, où l'on vend des spécialités régionales. Au milieu de la rue, les touristes affamés trouveront un bon restaurant.

✉ Connaught Place 🕒 Fermé le dim.

TEMPLE DES BAHA'I

Avec ses 27 pétales en marbre blanc qui s'élancent vers le ciel, ce temple en forme de fleur de lotus constitue un bon point de repère dans les banlieues du sud de Delhi. Des visites guidées permettent d'admirer la salle centrale.

✉ Kalkaji District Park, Nehru Place ☎ 011-444 029
🕒 Fermé le lun. et pendant les services

CHANAKYAPURI

C'est le quartier diplomatique de la ville, où les nations étrangères se sont vu attribuer des terrains au moment de l'indépendance. Il est devenu la vitrine de l'architecture contemporaine de chaque pays. En descendant l'avenue principale, Santipath, vous découvrirez ses dif-

Des magasins bien fournis bordent les colonnades ombragées de Connaught Place.

férents immeubles : amusez-vous à deviner à quel pays appartient chaque style. Le bâtiment du Pakistan se distingue par son dôme bleu.

CATHÉDRALES CHRÉTIENNES

Les cathédrales anglicane et catholique romaine de New Delhi, toutes deux remarquables, ont été construites selon les plans de l'architecte britannique H.A.N. Medd. L'imposante Church of the Redemption (église de la Rédemption, 1927-1935), anglicane, est inspirée du style de Palladio. La Church of the Sacred Heart (église du Sacré-Cœur, 1930-1934), catholique, est un édifice italianisant audacieux.

Church of the Redemption ✉ Church Road
Church of the Sacred Heart ✉ Bangla Sahib Road

CONNAUGHT PLACE

Œuvre de T.R. Russell, cette place circulaire bordée d'une colonnade revêtue de stuc doit son nom au duc de Connaught, qui était l'oncle du roi George V. Elle est aujourd'hui le grand quartier d'activité de Delhi, rassemblant des commerces, des hôtels modestes, des banques et des bureaux, même si les « colonies » chics du sud de la ville (les quartiers résidentiels) possèdent leurs propres centres commerciaux. Si vous vous perdez dans les huit rues radiales et les trois rues concentriques du site (voir carte p. 63), ce qui est fréquent car cette place est un immense dédale où tout se ressemble, cherchez Janpath, qui vous ramènera à Rajpath.

🔼 63 C5

BAOLI DE HAILEY

Sans doute construit pendant le sultanat des Tughluq, ce puits à marches abrite une minuscule mosquée en haut de son escalier. Pour trouver cette relique oubliée, remontez Kasturba Gandhi Marg vers le nord, tournez à droite dans Hailey Road, puis empruntez la première ruelle à gauche.

HÔTEL IMPERIAL

L'Imperial (voir p. 345) a été construit entre 1933 et 1936 par la famille Singh, à laquelle il appartient encore. Il est décoré de marbre italien et de pièces d'argenterie provenant de Londres. Abritant autrefois le centre social de New Delhi, avec ses majestueux palmiers et ses belles pelouses, il a depuis été restauré.

✉ Janpath, Connaught Place

JANTAR MANTAR

Jai Singh II, le maharaja de Jaipur, était un astronome renommé. Il construisit ici le premier de ses cinq observatoires géants en 1724, le princi-

Cet éléphant tenant un vase sur la trompe fait face au Lakshmi Narayan Mandir, un temple plutôt voyant fondé par la famille Birla dans les années 1930.

pal étant situé à Jaipur (voir p. 131-132). Le maharaja offrit ces gros instruments de pierre rose de forme abstraite à l'empereur moghol Muhammad Shah, pour qui il révisa le calendrier musulman et les tables astronomiques.

✉ Sansad Marg, Connaught Place

LAKSHMI NARAYAN MANDIR

Construit par les Birla, illustre famille de commerçants qui étaient également des protecteurs du Mahatma Gandhi, ce temple de marbre à gradins est dédié à Lakshmi, déesse de la richesse.

✉ Mandir Marg, ouest de Connaught Place

NATIONAL PHILATELIC MUSEUM

Pour les philatélistes, l'Inde est un pays très intéressant. Ce musée de la philatélie possède une belle collection de timbres rares, d'enveloppes du premier jour et autres petites merveilles, mais il n'est pas facile à dénicher : allez à la poste principale, dans Sansad Marg, et demandez le receveur principal, qui vous orientera volontiers. Des timbres commémoratifs sont également en vente à la poste principale.

✉ Sansad Marg, Connaught Place ☎ 011-371 0154
🕐 Fermé le sam. et le dim.

RAIL TRANSPORTATION MUSEUM

Véritable bijou pour les passionnés du rail, ce musée en plein air abrite une collection permanente de grandes locomotives et voitures royales qui témoignent de l'âge d'or des voyages en train à travers le sous-continent indien. Il possède environ 30 locomotives et 20 wagons, dont l'intérieur est bien conservé. Sont notamment exposés le pullman doré du maharaja de Baroda (1886) et la voiture en teck du maharaja de Mysore, décorée d'ivoire et d'or. On peut également y voir la voiture utilisée par le prince de Galles (futur Édouard VII) pendant sa visite en Inde en 1876. À l'intérieur du musée, vous trouverez une maquette du tout premier train indien, la locomotive à vapeur qui a rallié en haletant Bombay à Thana le 16 avril 1853, saluée par une salve de 21 coups de canon, ainsi que des maquettes d'autres locomotives célèbres et une collection de vieux tickets.

✉ Sud de Chanakyapuri 🕐 Fermé le lun.

ST. MARTIN'S CHURCH

Surplombant la zone de cantonnement militaire, à l'ouest du Ridge, St. Martin's Church était l'église de la garnison britannique. Elle a été conçue par Arthur Shoosmith et construite entre 1928 et 1930. Véritable prouesse de l'expressionnisme allemand dans la New Delhi britannique, c'est un énorme monolithe comportant une haute tour carrée dont la construction a nécessité 3 millions de briques. ∎

Les environs de la capitale indienne présentent de nombreux attraits : des forteresses médiévales, des stupas bouddhiques, des parcs nationaux, des temples hindous ou sikhs, et surtout le Taj Mahal à la renommée mondiale.

Les alentours de Delhi

Portique sculpté du grand stupa de Sanchi.

Vue du Taj Mahal depuis le fort d'Agra, sur un méandre de la Yamuna.

Les alentours de Delhi

S'ÉCHAPPER DE DELHI PENDANT QUELQUES JOURS PEUT ÊTRE L'OCCASION DE PRÉCIEUSES découvertes. Si la tentation est grande de se diriger vers l'ouest, en direction du célèbre Rajasthan, les richesses qui vous attendent au nord et au sud de la capitale vous récompenseront largement de vos détours.

Au sud de Delhi, la Yamuna traverse Mathura, une des sept cités saintes de l'hindouisme, avant de rejoindre Agra et ses édifices impériaux de l'époque moghole. Les deux villes sont situées aux confins de l'Uttar Pradesh, vaste État qui s'étend jusqu'au pied du bas Himalaya et à l'est bien au-delà de sa capitale, Lucknow (voir p. 310-313). Vous vous trouverez à proximité de sites comme l'ancienne capitale impériale de Fatehpur Sikri ou la magnifique réserve ornithologique de Bharatpur.

Au sud, le Madhya Pradesh, plus grand État du pays, couvre une bonne partie de l'Inde centrale et compte plusieurs réserves naturelles dont celles de Panna, de Bandhavgarh et Kanha. Forêts touffues et affleurements rocheux constituent le décor des forts médiévaux de Gwalior, de Datia et d'Orchha ainsi que, plus à l'est, des temples isolés de Khajuraho. La capitale de l'État, Bhopal, est un bon point de départ pour une excursion vers Sanchi, avant de poursuivre en direction d'Indore et de Mandu.

Au nord, la Grand Trunk Road (autoroute nationale n° 1) traverse le petit État de l'Haryana, qui partage sa capitale, Chandigarh, édifiée par Le Corbusier, avec son voisin le Pendjab. Les villes de Patiala et d'Amritsar, au charme intact, se situent aux deux extrémités du Pendjab, qui offre un paysage luxuriant et des champs de blé à perte de vue. Au nord de Chandigarh, la fraîcheur des basses montagnes himalayennes avait séduit les Britanniques, qui avaient fait de Simla leur capitale d'été. Un voyage au nord-est de Delhi vous conduira vers d'autres stations de villégiature, comme Mussoorie et Nainital. On peut aussi visiter les lieux de pèlerinage hindous d'Hardwar et de Rishikesh et achever le circuit par la visite du parc national de Corbett.

Grâce aux trains Shatabdi Express, qui relient Delhi à Bhopal et desservent Agra, Gwalior et Jhansi, les voyages dans la région sont assez aisés. Une autre ligne assure la liaison avec Chandigarh. De charmants hôtels vous attendent dans les villes de province. ■

C'est à **Muhammad Qasim Khan, chef de l'Amirauté à l'époque d'Akbar,** que l'on doit la double enceinte en grès du fort Rouge.

Agra

🏔 95 C4

Office de tourisme gouvernemental

✉ 191 The Mall

☎ 0562-226 378

e-mail

goitoagr@nde.vsnl.net.in

Agra et ses environs

SIKANDAR LODI, SULTAN DE DELHI, FIT D'AGRA SA CAPITALE, MAIS ce sont les empereurs moghols qui transformèrent la cité en une cour impériale aux palais féeriques. L'un des monarques, Shah Jahan, y fit édifier le Taj Mahal. Il faut de l'imagination pour ressusciter ces lieux aujourd'hui désertés. Purs bijoux, les miniatures illustrant des scènes de la cour moghole vous aideront à vous figurer ces heures du passé.

LE FORT ROUGE

Après le bref règne de l'empereur Babur, qui organisa une immense fête commémorative à Agra, son fils Humayun transféra la capitale à Delhi. Mais c'est lorsque Akbar (r. 1556-1605) fit construire le fort, entre 1565 et 1573, qu'Agra connut son véritable essor. En 1648, son petit-fils Shah Jahan retourna à Delhi et la citadelle fut quelque peu laissée à l'abandon.

D'imposantes fortifications

Franchissez les douves pour gagner la première porte de l'une des plus belles citadelles fluviales du pays, le fort à double enceinte d'Akbar qui se dresse au bord de la Yamuna. Il fut bâti par Muhammad Qasim Khan en grès rouge, pierre que l'on retrouve dans de nombreux monuments moghols. Avec des fortifications qui s'élancent vers le ciel et les eaux de la

indiens, dont on peut essayer l'une des versions plus légères au jasmin.

C'est à l'empereur Jahangir que reviendrait la construction de la longue façade incrustée de marbre de l'édifice suivant. Une fois franchies les arcades, vous accédez aux **salles d'Akbar**. Conçues par des artisans locaux, elles n'ont rien de l'architecture islamique. Leurs proportions massives, leur structure avec colonnes et madriers et leurs nombreuses décorations sculptées sont typiques des bâtiments hindous, faits de pierre et non de bois. Ne manquez pas les arcatures de la cour centrale, les consoles décoratives et les sculptures de perroquets, motif hindou par excellence.

Depuis la cour suivante, l'empereur Akbar assistait à des combats d'éléphants, exercice auquel pouvaient se livrer les seuls membres de la famille royale. Superstitieux, Akbar organisa en 1605 un duel entre l'éléphant de son fils Salim et celui de son petit-fils Khusrau afin de savoir lequel des deux hommes lui succéderait. La monture de Salim l'emporta. Plus tard, Jahangir fit décorer ces lieux de tableaux et orna les murs dépouillés de stuc doré. D'ici, la vue sur le Taj Mahal est exceptionnelle.

Les contributions en marbre de Shah Jahan
Dans les salles suivantes, le grès laisse la place au marbre blanc et les formes deviennent plus raffinées. C'est l'empereur Shah Jahan (r. 1627-1658) qui ajouta ces éléments, du temps où il occupait les lieux avec son épouse Mumtaz Mahal, lorsqu'il n'était pas en campagne. Après la mort de l'impératrice, il partit pour Delhi et fut destitué en 1658 par son troisième fils, Aurangzeb, qui l'enferma ici, sous la garde de sa fille Jahanara Begam jusqu'à la fin de ses jours, en 1666. Le **Khas Mahal** servait d'appartement privé à l'empereur et la **Mussaman Burj**, bâtie pour Mumtaz Mahal, est un pavillon octogonal incrusté de *pie-*

Yamuna qui lèchent les murailles, le trésor était à l'abri et l'armée, la cour et le peuple pouvaient soutenir de longs sièges. Remarquez les parapets crénelés avec leurs merlons percés de meurtrières. L'Armée indienne occupe aujourd'hui une grande partie du lieu. Vous arrivez ensuite à **Amar Singh Gate**, la porte qui donne accès au fort.

Les édifices d'Akbar et de Jahangir
En haut de la rampe, sur votre droite, se trouve un joli **bassin en pierre** datant de 1611 qui serait un cadeau de mariage du Grand Moghol Jahangir (r. 1605-1627) à Nur Jahan. On dit que les pétales de rose dont l'impératrice parfumait ses bains lui inspirèrent la création de l'*attar*, sorte de parfum âcre vendu dans les bazars

Office de tourisme de l'Uttar Pradesh
✉ Près du Clarks Shiraz Hotel, 64 Taj Road
☎ 0562-223 4461

Festivals
Taj Mahotsava, fév. : artisanat
Shardotsav, oct. : musique et danse

Fort Rouge
🕐 Son et lumière, 19 h 30
🎟 ♿

ginez les citoyens d'Agra affluant par le portail de droite pour assister à un *durbar* royal, ponctué de cérémonies fastueuses et de divertissements.

APRÈS LES MOGHOLS

Après le départ des empereurs moghols pour Delhi, Agra fut successivement occupée par les Jats, les Marathes, puis les Britanniques à partir de 1803. Le quartier anglais du Cantonnement a conservé ses larges avenues, ses bungalows élégants et ses édifices publics. En empruntant Mall Road et Taj Road, on admirera la bibliothèque (**Queen Mary's Library**) et le bâtiment de la poste (**Central Post Office**), à Sadar Bazaar. À proximité se dressent deux belles églises : **St. George's Church** (1826) et **Havelock Memorial Church** (1873). Dans ce quartier commerçant, vous trouverez des hôtels de standing, de bons restaurants et une zone commerciale avec des boutiques d'artisanat local et d'articles en cuir de qualité. L'endroit est réputé aussi pour ses spécialités culinaires : les *petha* (friandises à la citrouille), les *dalmoth* (pois chiches frits) et d'autres plats délicieux d'origine moghole.

Dans le nord de la vieille ville, dépassez **St. John's Church**, la cathédrale catholique, dont vous remarquerez la tour classée, puis l'élégant collège St. John et sir Samuel Swinton Jacob. Dirigez-vous vers le **cimetière catholique** (Roman catholic cemetery), sur votre droite, qui est un des tout premiers cimetières chrétiens en Inde. Les dépouilles des chrétiens décédés à Lahore et à Ajmer étaient rapatriées ici pour y être enterrées. Parmi les monuments notables, citons le tombeau de John Mildenhall (1614), émissaire d'Élisabeth Iʳᵉ, ainsi qu'une réplique miniature du Taj Mahal créée pour le général hollandais Hessing (1803), qui veillait sur le fort Rouge pour le compte des Marathes au moment où les Britanniques s'en emparèrent.

En 1648, année où il quitta Agra pour Delhi, Shah Jahan fit édifier la Jama Masjid (mosquée du Vendredi) au cœur des ruelles de la vieille ville.

Tombeau d'Itimad ud-Daulah

 Rive est de la Yamuna, 4 km en amont du Taj Mahal

 €

tra dura. Dans le *diwan-i-khas* (salle des audiences privées, 1628), situé en haut des escaliers, se dresse un trône en marbre gris-noir construit pour Jahangir lorsqu'il se proclama empereur à Allahabad en 1603. En face du *diwan-i-khas* se trouvaient les hammams royaux. Les jardins forment un savant entrelacs de canaux, fontaines et parterres de fleurs.

En faisant le tour des galeries, on atteint la petite **Nagina Masjid** (mosquée de la Perle) avant de se diriger vers la droite pour redescendre vers le *diwan-i-am*. Élevé par Shah Jahan pour remplacer une version précédente en bois, cet édifice possède d'élégantes arches devant un dais décoré surmontant le trône d'où l'empereur accordait ses audiences quotidiennes. En passant sous l'arche de gauche pour quitter les lieux, ima-

L'AUTRE RIVE DE LA YAMUNA

Le **tombeau d'Itimad ud-Daulah** (voir p. 41) fut édifié par Nur Jahan, épouse de l'empereur Jahangir, pour son père. Les murs de ce mausolée bâti de 1622 à 1628 sont couverts de mosaïques polychromes. Les décorations intérieures sont exquises et les jardins offrent de très beaux points de vue sur le fleuve. Vers le nord, sur la même rive, se trouvent les vestiges du **Rambagh,** un jardin aménagé par Babur au début de son règne. Remarquez les canaux et les villas au bord de l'eau. Entre les deux édifices s'élève le tombeau de Chini ka-Rauza (1635), situé derrière les jardins du marché. Dirigez-vous vers le sud et franchissez le pont de la voie ferrée pour une petite marche jusqu'au village de Nagla Kachhpura puis à travers champs. Vous serez récompensé par de splendides vues du Taj Mahal, sur l'autre rive.

LES ALENTOURS D'AGRA

À **Sikandra**, 8 kilomètres au nord-ouest d'Agra, visitez le colossal **mausolée d'Akbar**. L'empereur commença lui-même son édification en 1602 sur le site du fort de Sikandar Lodi et, après sa mort en 1605, c'est Jahangir qui l'acheva en faisant grand usage de marbre blanc. On accède au mausolée par une porte impressionnante, dont il faut observer les voûtes à motifs floraux. Attention aux singes *langur*: ils sont apprivoisés mais sollicitent la générosité des visiteurs ! À l'est se situe l'élégant Kanch Mahal, palais de Jahangir. Sur la route du mausolée d'Akbar, arrêtez-vous au cimetière catholique (voir p. 98) et repérez les *kos minar* (bornes kilométriques) qui guidaient les voyageurs moghols, ainsi que divers tombeaux.

La ville antique de **Mathura** se dresse au bord de la Yamuna 60 kilomètres au nord-ouest d'Agra, au cœur de la terre sacrée du Braj.

L'art de tondre la pelouse à l'indienne, ici au fort Rouge.

D'après la mythologie hindoue, c'est le lieu de naissance du dieu Krishna et, à ce titre, l'une des sept cités saintes de l'hindouisme. Les rives du fleuve sont jalonnées de nombreux *ghat* (marches) et temples : remarquez le temple de Dwarkadhish, élevé en 1814 par Seth Gokuldass (originaire de Gwalior). Des circuits sur la rivière sont organisés au départ de Vishram Ghat. Le **musée archéologique** de la ville abrite une collection extraordinaire qui révèle l'importance de Mathura en tant que centre d'échanges sous les dynasties des Shunga, des Kushana et des Gupta. On peut y voir des sculptures bouddhiques et jaïnes, exécutées pour la plupart dans le grès rouge moucheté de la région, ainsi que des sculptures provenant du Gandhara mais découvertes dans la région.

Situé 10 kilomètres au nord de Mathura, **Vrindavan** est le plus important d'un ensemble de villages sacrés du Braj. À Mahaban, Nanda, son père adoptif, s'occupait du jeune Krishna ; à Gokul, le dieu fut élevé en secret ; son épouse Radha naquit à Barsana, et Govardhan est la colline qu'il souleva pour protéger les habitants des pluies torrentielles du dieu Indra. Essayez de venir à Vrindavan à l'occasion de festivités hindoues (voir p. 379-382). ■

Sikandra

✉ 8 km au nord-ouest d'Agra par la NH2

€ €, gratuit le ven

Mausolée d'Akbar

☎ 0562-371 230

€ €

Mathura

✉ 60 km au nord-ouest d'Agra par la NH2

Musée archéologique

✉ Dampier Park, Mathura

🕐 Fermé le lun.

Vrindavan

✉ 70 km au nord d'Agra par la NH2

Le Taj Mahal

Taj Mahal
- 95 C4
- Tajganj
- 0562-330 498
- Fermé le ven.
- €

L'ÉPOUSE DE SHAH JAHAN MOURUT EN 1631, EN DONNANT NAISSANCE au quatorzième enfant du couple. Mumtaz Mahal avait été la femme, la compagne et la conseillère de l'empereur pendant 17 ans. Noyant son chagrin dans la construction de son mausolée, Shah Jahan réunit les meilleurs architectes et artisans. Si quelques-uns des maîtres d'œuvre qui travaillèrent au monument sont connus (Mir Abd ul-Karim ou Makramat Khan), le nom de l'architecte en chef (probablement Ustad Ahmad Lahori) reste l'objet de conjectures.

Franchissez l'une des trois portes et laissez l'ordre succéder au chaos. La porte principale vous prépare au climat de sérénité qui vous attend à l'intérieur avec son inscription de la sourate 89 du Coran, Al-Fajr (l'Aube), s'achevant par : « Quant à toi, ô âme rassérénée, reviens à ton Seigneur, calme et agréée, entre au nombre de Mes serviteurs, entre dans Mon jardin. » Vous pénétrez en effet dans un charbagh (jardin moghol en quatre parties) à l'image du paradis tel qu'il est décrit dans le Coran : un jardin ornemental ceint de murs et divisé de façon symétrique par des canaux. Arrêtez-vous un instant pour jouir du calme avant de poursuivre la visite.

Ce **jardin-mausolée** pousse à l'extrême le raffinement de celui qui fut édifié pour Humayun (voir p. 70-71). Ses proportions sont toutefois

Indifférent à la beauté du Taj Mahal, un villageois remplit sa jarre avec l'eau de la Yamuna.

plus harmonieuses. Le luxe du marbre a remplacé le grès. La forme du dôme est plus étudiée et, en s'approchant, on remarque que les incrustations sont plus délicates. Situés au fond du jardin, la terrasse et le mausolée bénéficient de la luminosité du fleuve et se découpent nettement sur le ciel.

Ce chef-d'œuvre est plus qu'une représentation du paradis bâti pour récompenser les fidèles. C'est aussi le jardin royal des plaisirs et une somptueuse oasis au cœur de la chaleur du désert. Shah Jahan y a ajouté une dimension politique : le Taj Mahal symbolise la puissance de l'islam, incarnée par les souverains moghols.

Les travaux de construction durèrent 22 ans et mobilisèrent des artisans et ouvriers venus de Delhi, de Samarkand, de Bagdad, de Turquie et d'autres régions d'Asie. Le marbre fut transporté de Makrana, près de Jaipur, et les pierres précieuses et semi-précieuses des quatre coins du monde : le jaspe du Pendjab, le jade de Chine, les lapis-lazuli d'Afghanistan et les agates du Yémen.

En arpentant les jardins, vous apercevez le marbre blanc du Taj Mahal à travers les feuillages vert foncé et découvrez son reflet dans le long bassin d'où jaillissent des fon-

taines. À l'entrée de la terrasse, des grilles indiquent le lieu où était enterrée la dépouille de Mumtaz Mahal pendant l'édification de son mausolée. À l'ouest se trouve une **mosquée**. Sur la terrasse, admirez les inscriptions coraniques, les bas-reliefs et les incrustations qui ornent l'extérieur. À l'intérieur reposent les cénotaphes de Mumtaz Mahal (au centre) et de Shah Jahan, entourés de panneaux ajourés (les vrais tombeaux sont dans la crypte souterraine, fermée au public).

Choisissez avec soin le moment de votre visite. La lumière crue de midi écrase l'édifice, alors que pénétrer dans les lieux au creux de l'après-midi et flâner dans les jardins pour atteindre la terrasse au moment où le soleil se couche est une expérience unique. Et revenez au lever du soleil pour jouir de la douceur et de la magie de la lumière matinale. ■

Porte principale

Charbagh

Une famille sur la terrasse du Taj Mahal (en haut, à gauche) et la mosquée située à proximité (à droite).

La pietra dura

Les mécènes moghols ont porté à son apogée l'art des incrustations de *pietra dura* (pierre dure) dans le marbre. Le résultat est plus impressionnant encore lorsque l'on connaît mieux ce difficile exercice de précision.

Les marchands hindous fournissaient les matériaux aux ateliers des artisans musulmans. Le marbre blanc, dur et non poreux, était extrait des carrières de Makrana (près de Jaipur), tandis que le corail et les pierres semi précieuses (turquoise, cornaline, lapis-lazuli) venaient du monde entier. Une fois le dessin choisi, un maître artisan l'exécutait dans

le marbre. Les pierres étaient triées, taillées, ciselées, et les motifs évidés. Les joyaux étaient encastrés, ajustés, collés, puis la surface était polie à l'aide d'un émeri doux. Plus de 5 000 artisans pratiquent encore cette technique dans des ateliers tenus de père en fils dans les ruelles d'Agra. Pour les voir, allez au Subhash Emporium, sur Gwalior Road. ■

RÈGLES ET RESTRICTIONS

Le prix des billets d'entrée et les consignes de sécurité sont variables et le Taj Mahal peut fermer en cas de visite officielle. Les caméras sont interdites au-delà de la porte principale : vous devrez les déposer dans un casier.

Des visiteurs quittent les jardins du Taj Mahal par la porte principale.

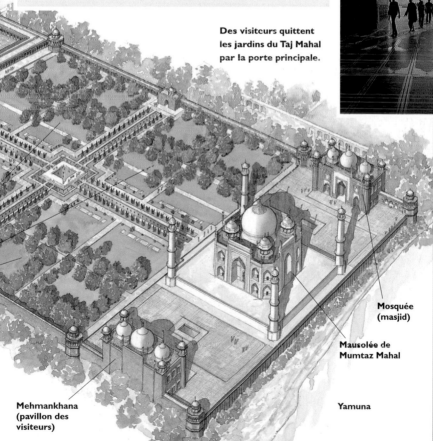

Mosquée (masjid)

Mausolée de Mumtaz Mahal

Yamuna

Mehmankhana (pavillon des visiteurs)

Fatehpur Sikri

Fatehpur Sikri
- 95 C4
- 40 km au sud-ouest d'Agra sur la route de Jaipur
- 0562-360 517
- €

FATEHPUR SIKRI, ANCIENNE CITÉ IMPÉRIALE, EST AUJOURD'HUI UNE ville fantôme. Cet ensemble de bâtiments mystérieux est tout ce qui reste d'une ville conçue et édifiée par le grand Akbar comme la capitale de ses rêves. Fondée en 1571, la cité connut une gloire immédiate. Elle fut pourtant quasiment abandonnée 14 ans plus tard, lorsque Akbar fut appelé pour défendre la frontière nord-ouest du pays, mais aussi en raison de l'insuffisance des ressources en eau.

Pourquoi Akbar choisit-il ce lieu ? En 1568, le puissant empereur de 26 ans avait consolidé son empire mais, en dépit de nombreux mariages, il ne possédait aucun héritier. Sur le chemin du retour de son pèlerinage annuel à Ajmer, Akbar fit halte ici pour rendre visite à un saint vivant, Sheikh Salim Chishti, qui lui annonça la naissance de trois fils. Dès l'année suivante, son épouse, Mariam Zamani, donna naissance à un garçon qui fut prénommé Salim en hommage au saint homme. Murad naquit en 1570 et, en 1572, Daniyal acheva la prédiction. Après la naissance de ses deux premiers fils, Akbar débuta la construction d'une nouvelle cité sur le site où avait vécu le saint. Il la nomma Fatehpur Sikri (« Cité de la victoire ») et la conçut comme le centre culturel, commercial et administratif de son empire. Une grande partie de son armée et de son trésor demeurait toutefois à Agra.

Imaginez les bazars qui s'alignaient jadis entre ce qui est à présent la porte d'entrée et les guichets. Il n'existe aucun texte ni plan de l'époque, la fonction de chaque bâtiment n'est donc que pure spéculation. Après avoir admiré le *diwan-i-am* (salle des audiences publiques), ne manquez pas le *diwan-i-khas*, avec son étonnant pilier central soutenant une petite plate-forme, ni le Panch Mahal, avec ses cinq niveaux de taille décroissante. Plus loin, plusieurs palais qui formaient sans doute le harem impérial ont conservé leurs peintures. En sortant, frayez-vous un chemin parmi les vendeurs ambulants pour rejoindre la mosquée, la Jama Masjid, et admirer le tombeau du saint, la salle de prière et la haute Buland Darwaza (porte de la Magnificence), qui célèbre la conquête du Gujerat par Akbar en 1573. ∎

Conseil
Pour éviter la chaleur et la foule, visitez les lieux tôt le matin ou en fin d'après-midi et emportez de quoi vous restaurer.

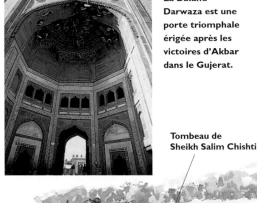

La Buland Darwaza est une porte triomphale érigée après les victoires d'Akbar dans le Gujerat.

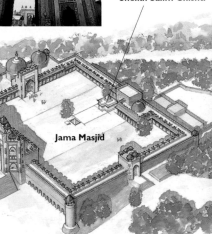

Tombeau de Sheikh Salim Chishti

Jama Masjid

Buland Darwaza

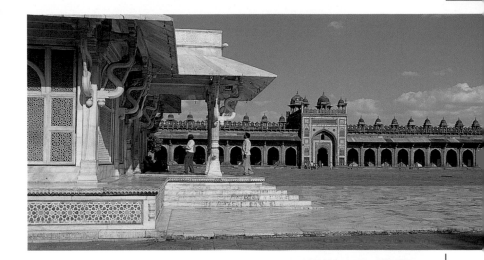

Le tombeau de Sheikh Salim
Chishtl (ci-dessus) se trouve dans
la vaste cour de la Jama Masjid.
Il se distingue notamment par
ses superbes *jali* (écrans ajourés)
de marbre.

Cette sculpture
du *diwan-i-khas*
(ci-contre) s'inspire
des traditions du
travail sur bois
des Gujerati.

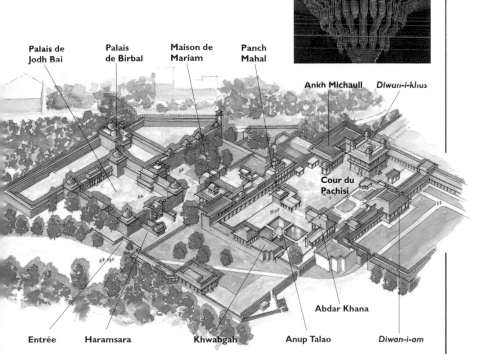

Palais de Jodh Bai

Palais de Birbal

Maison de Mariam

Panch Mahal

Ankh Michaull   *Diwan-i-khas*

Cour du Pachisi

Abdar Khana

Entrée   **Haramsara**   **Khwabgah**   **Anup Talao**   *Diwan-i-am*

Les tantales indiens bâtissent leurs nids au sommet des arbres.

Le parc national de Keoladeo Ghana

DÉAMBULER QUELQUES HEURES DANS LE CALME, POUR SIMPLEMENT observer les richesses naturelles de ce parc (également connu sous le nom de réserve ornithologique de Bharatpur), est un bon moyen de se ressourcer loin du tourisme éclair propre à Agra.

Parc national de Keoladeo Ghana

 95 B4

✉ 53 km à l'ouest d'Agra, 16 km à l'ouest de Fatehpur Siki

 €

🚲 Les voitures sont interdites. Les visites se font en bateau, à pied, à vélo (en location dans le parc) ou en rickshaw

La diversité des habitats et des climats tout comme le traditionnel respect des animaux ont fait de ce pays un territoire d'une grande richesse ornithologique. Sur les 9 650 espèces d'oiseaux recensées dans le monde, plus de 1 200 sont présentes en Inde. La variété des espèces rencontrées dans le pays est deux fois plus importante qu'en Amérique du Nord et en Europe. De plus, les formes et les couleurs spectaculaires de nombre d'entre eux rendent l'observation aisée et gratifiante pour les amateurs.

Pour une fois, la patience n'est pas indispensable : les oiseaux sont partout ! Il faudra simplement rester à l'affût et s'équiper d'une paire de jumelles et d'un livre d'identification des oiseaux de cette région du monde pour vous amuser à recon-

naître vous-même les spécimens à l'aide de photos et de descriptifs.

La réserve de Keoladeo Ghana tire son nom officiel d'un temple local dédié à Keoladeo (Shiva). Créée en 1956, elle devint parc national en 1981 et est aujourd'hui l'un des plus grands sanctuaires au monde pour oiseaux migrateurs et hérons. Bien que situé au Rajasthan, ce parc n'est qu'à 1 heure de route d'Agra, qui constitue un bon point de départ pour s'y rendre.

C'est le maharaja de Bharatpur qui créa ce marais d'eau douce de 30 kilomètres carrés pendant la période coloniale pour en faire le territoire de ses chasses aux canards. Le vice-roi des Indes, lord Curzon, participa à la première chasse en 1902 et le vice-roi lord Linlithgow était présent en 1938 lorsque 4 273 canards

furent abattus en une seule journée ! Mais les fusils se sont tus à jamais et la politique éclairée de conservation du parc a porté ses fruits. En hiver, on peut parfois recenser plus de 375 variétés, lorsque les oiseaux migrateurs arrivent de Russie, d'Asie centrale et d'autres régions du monde et rejoignent les quelque 120 espèces sédentaires.

Avec le début de la mousson commence la période de nidification. Pas moins de 10 000 nids sont fabriqués par de grands oiseaux comme le tantale indien et le bec-ouvert africain, l'ibis blanc, la spatule blanche ou le héron pourpré. Les grands cormorans aux plumes luisantes, les aigrettes blanches, les crabiers de Gray et d'autres hérons font aussi partie du paysage. D'autres oiseaux d'eau regagnent la réserve d'août à octobre. Parmi les derniers arrivés figurent le pélican blanc et le flamant rose puis, en décembre et janvier, la rare grue de Sibérie.

Au début du mois de mars, les jeunes qui ont échappé aux vautours et aux autres rapaces et sont devenus grands et forts commencent à migrer vers leurs résidences d'été.

Lorsque les marais s'assèchent, c'est le début de la reproduction des oiseaux terrestres. Ainsi, même en avril, 3 heures de promenade matinale devraient vous suffire pour repérer quantité d'oiseaux. À cette époque, on peut aussi apercevoir des mammifères : cerfs axis, *sambar*, antilopes cervicapres, mangoustes, etc. Sont aussi présents des pythons des rochers, notamment à proximité du temple et de l'entrée principale.

La meilleure période pour visiter la réserve se situe entre septembre et février. Embarquez tôt le matin sur l'un des bateaux du lac (et faites appel à un ornithologue du cru). Au lever des brumes matinales, chants d'oiseaux et battements d'ailes égaient les feuillages des arbres. Perchés sur des branches à mi-hauteur, les martins-pêcheurs d'un bleu métallique guettent leur petit déjeuner, les aigles glissent dans l'air immobile, les grands tantales indiens et les jabirus d'Asie s'étirent dans leurs nids juchés au sommet des arbres dans un équilibre précaire. Avec le lever du soleil et de la brume, la cacophonie ambiante atteint son apogée et vous vivez une expérience magique. ■

Au cours d'une traversée de bon matin, l'ornithologue local identifie le cri de chaque oiseau qui s'éveille et salue le lever du soleil.

Conseils

Les meilleurs moments pour visiter le parc sont le lever et le coucher du soleil. Il existe plusieurs hôtels à proximité. Emportez avec vous une paire de jumelles et un guide de la faune et de la flore de la région. Votre hôtel peut se charger de louer pour vous les services d'un des excellents ornithologues locaux.

Les trains

Depuis que le tout premier train à vapeur a quitté la gare de Victoria Terminus à Bombay le 16 avril 1853, après une salve de 21 coups de canon, les chemins de fer indiens ont toujours eu un charme particulier. Pourtant, la suie dégagée par la fumée noircissait alors les vêtements, des arrêts innombrables entre chaque gare ponctuaient le voyage et la population tentait de vendre ses marchandises à la moindre occasion.

Le train est un mode de déplacement prépondérant en Inde.

Le premier train indien ne transportait que 400 passagers sur 34 kilomètres en 75 minutes. Les Britanniques construisirent des voies ferrées afin d'acheminer les marchandises de valeur vers les ports indiens et furent rapidement imités par les princes indiens qui voulaient se distraire dans leurs États. Le train de Gwalior, toujours en circulation, fut créé ainsi. Depuis, les chemins de fer indiens ont joué un rôle crucial dans le développement économique du pays.

Aujourd'hui, l'Inde est l'un des rares pays au monde à étendre son réseau ferroviaire. Le pays compte près de 7 000 locomotives, 34 000 voitures et 300 000 wagons de marchandises, parcourant les 63 000 kilomètres de rails qui connectent pas moins de 7 068 gares. Le plus long trajet relie Guwahati à Trivandrum sur 3 974 kilomètres : ce train quitte les montagnes du nord-ouest du pays pour rejoindre le sud de l'Inde. Chaque

année, les trains de marchandises convoient plus de 1 million de tonnes de fret, et les trains de voyageurs transportent quotidiennement 11 millions de passagers – sans compter ceux qui voyagent sur le toit sans billet ! Le réseau est si bien développé que des cliniques ophtalmologiques itinérantes se déplacent par le train, et non par la route, jusque dans les zones rurales isolées.

Plus de 1,1 million de salariés travaillent dans les chemins de fer indiens, qui sont l'un des plus gros employeurs du pays. Aux plus grands embranchements, comme à Hubli dans le Karnataka, les employés vivent dans des villes soigneusement aménagées possédant leurs magasins et leurs églises (les familles travaillant dans les chemins de fer sont pour beaucoup chrétiennes), leurs terrains de cricket, leurs écoles et autres institutions publiques. En Inde, il n'est pas rare de travailler toute sa vie dans l'univers du rail.

Sauf pour le plaisir du touriste, les locomotives à vapeur ont à présent disparu et la complexité des multiples écartements de voies a fait place à un réseau plus simple à voies larges. Certains trains conservent un nom évocateur : l'Himalayan Queen, le Pink City Express et le Grand Trunk Express. Acheter un billet et prendre un train en Inde relève toujours d'un rituel qui mêle l'apparent chaos de la gare indienne aux exigences pointilleuses des guichetiers. Prendre son ticket, réserver une place, comprendre le tableau des départs, puis trouver son train et l'emplacement réservé, demande au voyageur un temps considérable et de solides compétences.

Des réalisations ferroviaires d'ampleur sont à noter. Le Shatabdi Express, rapide et fiable, est apparu dans les années 1980 et a d'abord rapproché Delhi de Bhopal. La liaison Delhi-Agra ne prend que 2 heures, contre 4 en voiture. Avec la modernisation du réseau, ces trains relient la plupart des grandes villes indiennes. Le grand exploit reste la construction du Konkan Railroad, qui part de Bombay pour descendre vers le sud le long de la côte ouest, jusqu'à Bangalore (voir p. 204). Enfin, une ligne longeant les côtes du Gujerat est en cours. ∎

Les trains à vapeur sont aujourd'hui rares en Inde. Celui-ci, qui ne transporte pas de passagers, attend le signal du départ à Agra.

Le fort de Gwalior est l'une des plus grandes citadelles rajpoutes.

Gwalior

⚑ 95 C3

Office de tourisme du Madhya Pradesh

✉ Hotel Tansen

☎ 0751-342 606

Fort de Gwalior

✉ Gwalior

€ €

Musée archéologique

✉ Fort de Gwalior

⏳ Fermé le ven.

€ €

Jai Vilas

✉ Au sud du fort

€ €

Gwalior, Datia et Orchha

CES SITES QUI SE TROUVENT TOUS LES TROIS AU SUD D'AGRA OFFRENT de belles curiosités architecturales. Leur intérêt justifie les efforts que réclament les nombreuses marches de pierre qui y conduisent.

GWALIOR

Gwalior fut la capitale d'un prestigieux État princier du même nom, dont le souverain appartenait à la dynastie des Scindia. La ville est encore dominée par son imposante forteresse érigée au sommet d'un large promontoire naturel de grès.

L'histoire de la cité commence au **fort de Gwalior**, que l'on atteint après avoir franchi une série de portes fortifiées. En haut, dirigez-vous vers l'est pour voir les deux **temples de Sasbahu** du Xe siècle, peut-être édifiés par les Rajpouts Kachwaha qui firent bâtir le fort. Le **Man Mandir**, palais construit entre 1486 et 1517 par le plus grand des Tomara, Man Singh, est le point d'orgue de la visite et l'une des premières citadelles hindoues. Remarquez les deux cours donnant accès aux pièces intérieures, la décoration, la diversité des toits et les carreaux de faïence à l'extérieur.

En 1398, les Rajpouts de la dynastie des Tomara s'emparèrent du fort, alors aux mains du sultan de Delhi, et en gardèrent le contrôle jusqu'en 1516. Après les Tomara, la forteresse appartint successivement aux Moghols, aux Marathes et aux Jats. En 1858, elle fut le théâtre d'une bataille sanglante entre les Britanniques, dirigés par sir Hugh Rose, et les « combattants de la liberté » conduits par une femme à la réputation légendaire, la rani de Jhansi. Épouse du raja de Jhansi, elle défendit les lieux avec l'aide de son garde du corps lorsque son mari se rallia à l'ennemi durant la « mutinerie ». À la chute du fort, elle rejoignit les rebelles à Gwalior et se jeta au combat déguisée en homme, son bébé attaché dans le dos, avant d'être tuée. En 1886, Gwalior fut cédé aux Scindia.

Ce riche passé aide à comprendre la grande diversité des autres monuments de la ville. Dans l'enceinte du fort se dressent aussi quatre **palais** plus petits, deux hindous et deux musulmans. En redescendant, ne manquez pas les statues jaïnes (du VIIᵉ au XVᵉ siècle) sculptées dans la roche, qui furent endommagées par Babur.

D'autres sculptures hindoues et jaïnes sont exposées au **musée archéologique** de Gwalior. La ville abrite aussi une mosquée datant de 1661, la **Jami Masjid**, ainsi que les tombeaux de Mohammed Ghaus (fin du XVIᵉ siècle), saint musulman qui aida Babur à s'emparer du fort, et de Tansen (début du XVIIᵉ siècle), musicien de la cour d'Akbar, en l'honneur duquel un festival de musique se tient chaque année à Gwalior *(nov.-déc.)*.

Pour avoir un aperçu de l'extravagance dont firent preuve les princes indiens après leur alliance avec les Anglais, visitez le **Jai Vilas**, palais construit entre 1872 et 1874 par sir Michael Filose et partiellement transformé en musée. Ne manquez pas le train miniature en argent exposé sur une table, ni sa version authentique qui s'essouffle à travers la ville.

DATIA ET ORCHHA

Sur la route qui mène de Gwalior à Datia, faites une pause à **Sonagiri**, lieu de pèlerinage jaïn pour la secte des Digambara (voir p. 59), où vous admirerez le « temple de verre » et ses tombeaux blancs juchés sur une colline. À **Datia**, village fortifié, le **Govind Mandir** (1620) se dresse au sommet d'une colline. À l'intérieur, couloirs et escaliers obscurs se succèdent d'un étage à l'autre, révélant une conception symétrique et tout en hauteur. Les sculptures font de ce lieu l'un des plus beaux palais rajpouts.

Le Govind Mandir et les admirables palais d'Orchha ont été édifiés par Bir Singh Deo, du Bundelkhand, qui s'assura un avenir auprès de l'empereur Jahangir en assassinant Abul Fazl, historien de la cour de son père, l'empereur Akbar. L'historien désapprouvait en effet le comportement de Jahangir.

Orchha est une cité de palais médiévaux. La citadelle se compose du **Raja Mahal**, dont les peintures murales relatent des mythes hindous, et du **Jahangir Mahal**, édifié par Bir Singh Deo pour la visite officielle de Jahangir. Le **Sheesh Mahal** (devenu un hôtel) se dresse entre les deux. Les autres centres d'intérêt sont le **Rai Praveen Mahal**, le **temple de Lakshmi Narayan** et les berges de la rivière Betwa, d'où l'on peut admirer les *chhatri* (cénotaphes) royaux.

D'Orchha, vous pouvez vous rendre à Khajuraho (voir p. 112), Panna (voir p. 119), Shivpuri (voir p. 119) ou Bhopal (voir p. 114). ∎

Datia
- 95 C3
- 63 km au sud de Gwalior

Orchha
- 95 C3
- 16 km au sud de Datia

http://perso.wanadoo.fr/bharat/geographie/madhya/orchha.htm

Cette frise représentant des canards sur les murailles du fort de Gwalior a peut-être inspiré les artisans qui ont décoré la porte intérieure du fort Rouge d'Agra.

http://perso.wanadoo.fr/bharat/geographie/madhya/khajuraho.htm

Khajuraho
🗺 95 C3

Office de tourisme gouvernemental
✉ Près des temples du secteur ouest
☎ 0768-617 2347

Festival
Maha Shivratri, fév.-mars : danses

Khajuraho

LA VÉGÉTATION TOUFFUE ET L'ISOLEMENT DE KHAJURAHO ONT ÉVITÉ à ses remarquables temples hindous d'être détruits par les musulmans. Édifiés entre le Xᵉ et le XIIᵉ siècle par les rois de la dynastie des Chandella, clan rajpout qui résista à l'invasion musulmane, les temples furent oubliés pendant des siècles jusqu'à leur incroyable redécouverte en 1819.

Cette année-là, un géomètre de l'armée britannique les repéra au cœur d'une jungle épaisse. La carte de son relevé était ambiguë : fallait-il lire « mines » ou « ruines » ? Vingt ans plus tard, le capitaine T.S. Burt, qui voyageait en palanquin dans la région, eut vent de la rumeur et se mit en quête des temples. Voici son commentaire : « J'ai découvert sept temples hindous dont les sculptures sont les plus belles et les plus délicates de toutes les réa-

lisations à ce jour, mais le sculpteur a parfois traité son sujet de façon un peu plus chaleureuse que ce qui était strictement nécessaire. »

L'érotisme des sculptures attire en effet les visiteurs autant que la beauté du travail accompli. De nouvelles études révèlent que Khajuraho fut à une époque appelée Shivpuri (la « Cité de Shiva ») et que les sculptures des temples racontent et célèbrent l'union de Shiva, dieu de l'énergie

créatrice et destructrice, et de Parvati. Elles illustrent donc la consommation du mariage et, parallèlement, la plus grande expérience spirituelle possible. D'après la mythologie hindoue, l'amour exige la participation de tous les sens afin d'atteindre une totale union physique et mentale.

La structure de chaque temple va dans le sens de cette théorie du mariage et de la procréation. Le *jangha* (corps) du temple, entre la base et la flèche, est le royaume céleste. Les couples en train de s'unir sont donc les divinités Shiva et Parvati ; les nymphes expriment leur surprise en constatant que le dieu participe à la célébration du mariage. Chaque temple hindou symbolise la création de la vie : dans le sanctuaire ou *garbha griha* (matrice) est conservé le *lingam* (phallus) de Shiva, qui représente la créativité potentielle.

Khajuraho est facilement accessible par la route ou par avion. Sur place, vous pourrez utiliser un rickshaw ou louer une bicyclette pour explorer le site. Parmi les 25 temples de Khajuraho, les plus spectaculaires sont ceux du secteur ouest. Vous pouvez vous y rendre à partir du musée ou des hôtels situés à proximité.

LES TEMPLES DU SECTEUR OUEST

Découvrir ces temples dans la sérénité du lever ou du coucher du soleil rend l'expérience plus irréelle encore. Les neuf temples sont sublimes, mais en voici quelques-uns à admirer de plus près.

Dépassez le temple de Varaha et son sanglier en grès pour rejoindre le **temple de Lakshmana**, le plus ancien (vers 950) de ce secteur, dont les sculptures représentant des processions, des scènes quotidiennes, des musiciens et des danseurs allient vitalité et mouvement. Visitez ensuite le **temple de Kandariya Mahadeva**, construit au début du XIᵉ siècle, qui a peut-être l'architecture la plus abou-

tie avec sa silhouette monumentale et ses sculptures parfaitement fluides. Admirez à l'entrée la belle arche de pierre symbolisant la porte du mariage. À l'extérieur du sanctuaire, des niches abritent des sculptures des *sapta matrika* (les sept mères) qui ont habillé le futur marié, Shiva.

Dépassez ensuite les trois temples de Mahadeva, Devi Jagadambi et Chitragupta pour accéder au **temple de Vishvanatha**, bâti en 1002 par Dhangadeva (950-1002). À l'extérieur se trouve une statue du taureau Nandi, la monture sacrée de Shiva. Sur le *jangha* du temple, les sculptures de couples enlacés, de nymphes sensuelles et de femmes voluptueuses sont sans pareilles.

AILLEURS SUR LE SITE

Le **temple de Matangeshvara**, situé en dehors de l'enceinte, est encore en activité. Des vestiges de Khajuraho sont conservés au **musée archéologique**, dont une frise indiquant comment le grès destiné aux temples fut extrait de la rivière Ken, à 32 kilomètres de là, transporté dans cette région de granit puis taillé et sculpté – le grès mou de la rivière durcissait après avoir été travaillé. Les ensembles des secteurs est et sud sont moins spectaculaires, mais dignes d'intérêt. À l'est, voyez le **temple de Parshvanatha**, un des plus anciens. Au sud, le **temple de Duladeo** date du XIIᵉ siècle et illustre le déclin de la dynastie des Chandella. ∎

Les courbes voluptueuses de Lakshmi, blottie contre son époux Vishnou (ci-dessus), contrastent avec les formes simples de l'architecture (à droite).

Musée archéologique

✉ Près de l'entrée des temples du secteur ouest

🕐 Fermé le ven.

€ € (comprend l'entrée aux temples)

Les jeunes
garçons viennent
dans la cour de
la Taj ul-Masjid
boire un verre
d'eau ou disputer
une partie de
cricket.

Bhopal
95 B2

**Office de tourisme
du Madhya
Pradesh**
✉ 4ᵉ étage, bâtiment
Gangotri, T.T. Nagar,
New Market
☎ 0755-774 340

**Rashtriya Manava
Sanghralaya**
✉ Collines de Shamla,
surplombant le lac
supérieur
☎ 0755-661 319
🕐 Fermé le lun.

Bhopal et ses environs

CAPITALE DE L'ÉTAT DU MADHYA PRADESH, LA VILLE DE BHOPAL abrite de somptueux bâtiments publics. Jusqu'à présent épargnée par l'urbanisation galopante, c'est une ville de province agréable, qui commence seulement à se sentir à l'étroit dans cette mosaïque de palaces, de mosquées, de jardins et de lacs datant de l'époque coloniale.

Le souverain hindou Bhoja (1018-1085), un érudit de la dynastie Paramara, fonda Bhopal au XIᵉ siècle. Il installa la ville sur une corniche en forme de croissant et fit creuser deux lacs artificiels. Toutefois, la physionomie actuelle de Bhopal date de la fin du XVIIᵉ siècle. Dost Muhammad Khan, un ambitieux général de l'armée moghole de l'empereur Aurangzeb, s'empara de la ville alors désertée pour fonder son royaume. Grâce à leur loyauté envers les Britanniques, ses successeurs, dont trois *begam* (souveraines) auxquelles on doit de nombreux monuments, furent des souverains respectés qui régnèrent sur une culture où hindouisme et religion musulmane se mêlaient harmonieusement.

Bhopal est tristement célèbre depuis le 3 décembre 1984, date de l'explosion d'un réservoir de l'usine de pesticides Union Carbide qui provoqua l'intoxication et le décès de milliers de personnes. L'usine a été fermée et le site laissé à l'abandon, mais les effets de cette catastrophe continuent de hanter les habitants.

Les visiteurs peuvent loger à l'hôtel Noor us-Sabah, un ancien palais (voir p. 350). La **Taj ul-Masjid** (la « Mère de toutes les mosquées »), édifiée sous le règne de Shah Jahan Begam (1868-1901), est un bon point de départ pour découvrir la ville. L'immensité de ce lieu et d'**Imam Square**, jadis cœur royal de Bhopal, contraste avec les mosquées de moindre envergure et les ruelles de la **vieille ville**, où des femmes vendent des étoffes de soie (celles de Bilaspur et Chandheri sont somptueuses) et des bijoux.

Les collections des musées de Bhopal sont impressionnantes. Ne manquez pas les sculptures en pierre du **Birla Mandir Museum** *(près de Birla Mandir, fermé le mer., €)* et les huttes ornées de peintures murales du **Rashtriya Manava Sanghralaya** (musée de l'Habitat tribal). Parmi les imposants bâtiments modernes de Bhopal, citons le complexe dédié à la culture et aux arts construit par Charles Correa en 1982, le **Bharat Bhavan** *(Lake Drive Road, fermé le mat. et le lun.)*, qui propose de nombreuses expositions, ainsi que le majestueux bâtiment de l'assemblée de l'État, le **State Assembly**.

LES ENVIRONS DE BHOPAL

Au-delà des quartiers industriels, au sud de Bhopal, une route non goudronnée mène aux rochers de **Bhimbetka**, sur une corniche de 8 kilomètres de long dans laquelle des couches de grès rose, ocre et crème façonnées par l'érosion revêtent des formes fantastiques. Des centaines de peintures rupestres ont été découvertes dans les années 1950 sous des affleurements rocheux. Les dessins, rouges ou blancs, représentent des éléphants, des antilopes, des sangliers, ainsi que des personnages en train de pêcher, de se battre, de tirer à l'arc, de danser et de jouer du tambour. Ces peintures nous renseignent sur une civilisation que l'on situe entre le Xe et le IIe siècle avant J.-C., peut-être même avant.

À **Bhojpur**, le fondateur de Bhopal construisit un barrage sur la rivière Betwa pour y aménager un réservoir. Il entreprit également l'édification d'un temple colossal dédié à Shiva, le Bhojeshvara Mandir.

Pour admirer les prémices de la sculpture monumentale hindoue, allez au village d'**Udayagiri**, où des grottes de l'époque de la dynastie Gupta (Ve siècle) ont été creusées à même la roche. Il faut grimper un escalier assez raide avant d'arriver à

Udayagiri. Promenez-vous ensuite le long des grottes pour rejoindre la plus célèbre, la n° 5. À l'intérieur, une composition de 4 mètres de haut représente Varaha, l'incarnation de Vishnou sous sa forme de sanglier, sauvant Bhudevi, la déesse Terre, il s'agit sans doute d'une allégorie de l'unification du nord de l'Inde par Chandragupta II, souverain de la dynastie Gupta.

Non loin, à **Besnagar**, un étonnant vestige vous attend : la colonne d'Héliodore, un monument en pierre érigé en 113 avant J.-C. et dédié à Krishna par Héliodore, un ambassadeur grec de Taxila, capitale du royaume du Gandhara.

Un trajet difficile, mais indispensable pour les amateurs de temples, conduit au village d'**Udayapura**, centré sur le temple d'Udayeshvara (1080). Sa stature, la finesse de ses lignes et la richesse des sculptures témoignent de son patronage royal, ce qui est confirmé par une inscription. Son style, son culte dédié à Shiva et la présence d'une représentation de la déesse Parvati derrière le *lingam*, dans le sanctuaire, évoquent les temples de Khajuraho (voir p. 112-113). ∎

De délicats motifs de *mihrab* ornent un recoin de la Taj ul-Masjid.

Bhimbetka
- 95 U
- 5 km au sud-est de Bhopal

Bhojpur
- 16 km au sud-est de Bhopal

Grottes d'Udayagiri
- 95 C2
- 10 km au nord de Sanchi

Besnagar
- 6 km au nord de Sanchi

Udayapura
- 95 C2
- 132 km au nord-est de Bhopal via Sanchi

Le grand stupa de Sanchi : tout évoque le Bouddha (la roue, les empreintes de pas, le trône vide sous l'arbre de la *bodhi*, le cheval sans cavalier), sans qu'il soit représenté.

Sanchi

🗺 95 C2

Musée archéologique

✉ Sanchi

🕐 Fermé le ven.

💶 €

Rafraîchissements

Le Travellers Lodge (voir p. 351), administré par l'État, propose des collations et rafraîchissements. Mieux vaut appeler pour réserver avant la visite du site.

Sanchi

AVEC SES QUATRE PORTIQUES GIGANTESQUES REMARQUABLEMENT ajourés, le grand stupa de Sanchi est l'un des plus anciens monuments en pierre encore visibles en Inde et sans doute l'un des plus intéressants sites bouddhiques de l'Asie.

La colline qui s'élève au-dessus de la plaine regorge de monuments datant du IIIe siècle avant J.-C. au VIIe siècle de notre ère : stupas, monastères, balustrades, colonnes et temples. Malgré la taille et l'importance de ce site, les touristes sont peu nombreux. On imagine aisément l'émotion du général Taylor lorsqu'il redécouvrit l'endroit, totalement à l'abandon, en 1819, après avoir parcouru plus de 60 kilomètres depuis Bhopal.

Il n'existe aucune indication de la présence du Bouddha à Sanchi, mais le site renferme les reliques de deux de ses disciples et de ses derniers maîtres. Des inscriptions précisent que des marchands de Vidisha en furent les donateurs.

Commencez par le **stupa 1** (IIIe-Ier siècle avant J.-C. et Ier siècle de notre ère), en très bon état, notamment les sculptures des balustrades et des portiques. Principal monument de l'architecture et de l'art narratif de la dynastie Shunga, il mesure 36 mètres de diamètre et recouvre un stupa plus ancien. Sa terrasse élevée permet d'admirer les façades intérieures des portiques. La balustrade en pierre qui entoure le stupa et les portiques de l'entrée sont richement travaillés, un peu à la manière du bois. Les motifs extrêmement bien reproduits (fleurs, animaux, oiseaux, etc.) et l'iconographie sophistiquée des épisodes de la vie du Bouddha et des *jataka* (scènes de ses incarnations successives) évoquent plutôt le travail de l'ivoire. À l'époque de la construction du stupa, le Bouddha n'était pas représenté sous une forme humaine, par respect, mais par des symboles tels que la roue, les empreintes de pas, un trône vide sous l'arbre de la *bodhi* ou un cheval sans cavalier. ∎

Mandu

LES IMPRESSIONNANTS VESTIGES ISOLÉS DE CE QUI FUT AUTREFOIS
la capitale du royaume du Malwa, ancien nom de cette région du
centre de l'Inde, font de Mandu un lieu magique, particulièrement
pendant ou après la mousson. Plus de 70 monuments de toute beauté
de styles musulman et hindou, construits entre les XIᵉ et XVIᵉ siècles,
se dressent au milieu de villages ruraux au sommet d'une vaste colline fortifiée, avec les monts Vindhya en toile de fond.

Le puissant souverain Bhoja de la
dynastie Paramara (voir p. 114) est à
l'origine de la fortification de la colline.
En 1305, celle-ci tomba aux
mains du sultanat Khalji de Delhi. Par
la suite, un gouverneur afghan du
Malwa proclama son indépendance
vis-à-vis de Delhi et déplaça la capitale de Dhar à Mandu. Son fils,
Hoshang Shah, fit ériger de somptueux monuments (la Jama Masjid et
son propre mausolée). Après avoir
repris le contrôle de la ville en 1436,
les Khalji construisirent des temples
qui se distinguent par leur simplicité
élégante et un style éclectique.

Par la suite, les Moghols restaurè-
rent certaines constructions et, en
1617, Jahangir célébra son anniversaire dans la capitale.

Voici les sites à ne pas manquer.
À côté de l'entrée moderne du fort
se trouve **Delhi Gate**, édifiée sous
Hoshang Shah. Les maisons du village sont regroupées autour de la
Jama Masjid, une mosquée en grès
rose, et du **mausolée** en marbre blanc
de Hoshang Shah (vers 1440). Le
Jahaz Mahal (palais du Bateau) est
resplendissant au coucher du soleil.

LES ALENTOURS

À environ 90 kilomètres, **Indore** est
la deuxième ville du Madhya Pradesh
et un centre de l'acier et de l'automobile. À 60 kilomètres se trouve l'ancienne capitale du Malwa, **Dhar**, dont
les deux mosquées, la Bhojshala et la
Lat Masjid, présentent un avant-goût
de la grandeur de Mandu. ∎

À Rewakund, au
sud de Mandu, des
pavillons ont été
appelés **Rupmati**,
du nom de la
maîtresse de
Baz Bahadur,
le souverain
de Mandu au
XVIᵉ siècle.

Mandu
🄼 95 B2

**Office de tourisme
du Madhya
Pradesh**
✉ Derrière le centre
de congrès Ravindra
Natya Griha,
Rabindranath Tagore
Road
☎ 07 292-63 235

http://perso.wanadoo.fr/bharat/geographie/madhya/mandu.htm

**Parc national
de Bandhavgarh**

🅰 95 D2

🕐 Fermé de juil.
à nov.

🌐 €

❌ Aéroports les plus
proches : Varanasi,
Khajuraho ; loger
à Tala

**Parc national
de Kanha**

🅰 95 D2

🕐 Fermé de juil. à oct.

🌐 €

❌ Aéroport le plus
proche : Nagpur ;
loger à Khatia ou
dans les alentours

Les parcs naturels
du Madhya Pradesh

LES PARCS NATURELS SITUÉS AU CŒUR DE CETTE RÉGION DU CENTRE
de l'Inde sont spectaculaires, la beauté des paysages rivalisant avec la
variété des espèces de mammifères et d'oiseaux. Bandhavgarh et
Kanha disposent d'hôtels confortables, et vous aurez peut-être la
chance d'apercevoir un tigre au cours de votre visite.

LE PARC NATIONAL
DE BANDHAVGARH

Excursions à dos d'éléphant, vaste
population de tigres et hôtels confortables en bordure des parcs sont
autant de raison de faire le détour.
Vous pourrez observer des éléphants
en train de se baigner et de se nourrir, et découvrir la façon dont ils sont
élevés et dressés, dans le respect des
méthodes ancestrales.

Créé en 1968, le parc a été agrandi
depuis. Ses 437 kilomètres carrés de
terrain accidenté et vallonné s'étendent au cœur des monts Vindhya et
abritent actuellement la plus forte
densité de tigres de l'Inde ; viennent
ensuite les parcs de Kanha et de Ranthambhor (voir p. 133). Soyez à l'affût des tigres, singes *langur*, ours
lippus, gaurs (bisons indiens) et porcs-
épics. Il existe plusieurs variétés d'on-

À dos d'éléphant, à travers la jungle de Bandhavgarh.

Parc national de Panna
- 95 D3
- Fermé de juil. à oct.
- €
- Aéroport le plus proche : Khajuraho ; loger à Madla

Parc national de Shivpuri
- 95 C3
- Ouvert toute l'année, idéal de fév. à juin
- Aéroport le plus proche : Gwalior

gulés : le *chital* (cerf axis), le nilgaut (buffle bleu), le *sambar* et la *chowsingha* (tétracère), qui vivent dans les bosquets d'arbres *sal* des vallées et les forêts mixtes des zones supérieures.

Les ornithologues seront comblés par la présence de plus de 150 espèces d'oiseaux répertoriées, dont certaines espèces rares de calaos.

LE PARC NATIONAL DE KANHA

C'est l'un des principaux et des plus grands parcs de l'Inde, avec un territoire de plus de 2 000 kilomètres carrés, abritant une faune très riche et de nombreux cours d'eau qui serpentent dans la plaine du Banjar. *Le Livre de la Jungle* (1894) de Rudyard Kipling, adapté au cinéma par Walt Disney, s'inspire de ce parc et décrit la vie idyllique des habitants de cette jungle luxuriante.

Le parc a été créé en 1955 dans le cadre de la mise en place d'un projet réussi de protection du cerf de Duvaucel (ou *barasingha*). C'est également là que les premières études sérieuses sur les tigres ont été entreprises par le spécialiste américain George Schaller, en 1963-1965. Le parc bénéficie encore aujourd'hui du Project Tiger, une campagne nationale pour la préservation des tigres en Inde.

Vous aurez peut-être la chance d'apercevoir des cerfs de Duvaucel ou des panthères pendant votre séjour, aux côtés des cerfs axis, singes *langur*, gaurs, nilgauts, sangliers, chevrotains et *sambar*. Si vous arrivez à persuader le chauffeur de la Jeep de rester suffisamment longtemps sur place, vous pourrez observer aux jumelles des oiseaux, tels le guêpier d'Orient, l'ibis noir, le loriot doré et le serpentaire bacha.

LE PARC NATIONAL DE PANNA

Située non loin de Khajuraho, cette réserve naturelle bordant la rivière Ken se pare d'une végétation luxuriante après le passage de la mousson. Nilgauts, ours lippus, guépards, *sambar* et *chinkara* (gazelles indiennes) peuplent les forêts de tecks, et vous pourrez aussi observer le gavial du Gange ou le crocodile des marais dans les eaux de la Ken.

Mais ce parc d'une superficie de 543 kilomètres carrés est surtout célèbre pour ses félins, tigres et panthères, que vous apercevrez peut-être si la chance vous sourit. Pour guetter ces prédateurs, postez-vous notamment aux abords du lac alimenté par les chutes d'eau de Pandava.

LE PARC NATIONAL DE SHIVPURI

Ce parc plus petit, planté de forêts à feuilles caduques, constituait autrefois la résidence d'été de la famille Scindia de Gwalior (voir p. 110) ; plus de 150 personnes veillent sur leurs imposants mausolées, construits en marbre blanc et décorés d'idoles.

Ce parc fera les délices des ornithologues, qui pourront observer, entre autres espèces, des grues demoiselles. Une faune considérable peuple le parc, dont les *sambar*, *chital*, nilgauts et *chinkara*. ∎

Conseils

Mieux vaut réserver votre hôtel à l'avance. En général, le prix de la chambre comprend tous les repas, les services d'un guide et des excursions en Jeep, En option, vous pourrez faire un safari à dos d'éléphant.

Attention aux écarts de température. En hiver, il fait froid au lever du soleil et à la tombée de la nuit (avec parfois des gelées), mais le climat est torride après février. Les parcs proposent des excursions de qualité pour observer les animaux, notamment entre mars et juin lorsqu'il fait très chaud. ∎

Le jardin de pierres fourmille de créations surréalistes, telles ces statuettes de femmes ruisselantes sous une cascade.

Chandigarh
⛰ 95 B5

Office de tourisme de l'Himachal Pradesh
✉ Secteur 22
☎ 0172-704 570

Office de tourisme du Pendjab
✉ Secteur 22
☎ 0172-781 138

Chandigarh

LE TERRITOIRE FERTILE QUI S'ÉTEND DE DELHI À LA VALLÉE DE L'INDUS appartenait jadis à l'État du Pendjab. Lors de la partition de l'Inde, le Pakistan récupéra la moitié de ce territoire. Le reste fut divisé et donna naissance à un nouveau Pendjab et à deux autres États indiens : l'Haryana et l'Himachal Pradesh. Avec la Révolution verte des années 1960, qui permit de moderniser l'agriculture et d'améliorer le système d'irrigation, cette région est devenue le grenier de l'Inde. Elle fournit un quart de la production nationale de blé et un tiers de la production du lait et de ses dérivés. Les États de l'Haryana et du Pendjab ont la même capitale, Chandigarh, une ville originale.

Les plans de la première ville, créée au lendemain de l'indépendance, ont été conçus par Le Corbusier (voir p. 88). La construction a débuté en 1952 et s'est achevée 10 ans plus tard avec l'aide de Pierre Jeanneret (cousin de l'architecte), de Maxwell Fry et de Jane Drew. Son maillage de boulevards divisés en secteurs et ses imposants bâtiments administratifs peuvent laisser perplexe, bien que l'effet spectaculaire initial ait été atténué par l'aménagement de nombreux espaces verts.

Le Corbusier a conçu sa ville idéale comme un organisme vivant, avec une « tête », le **complexe gouvernemental** *(visites guidées, parfois annulées pour des raisons de sécurité ; mieux vaut téléphoner à l'avance)* et de vastes espaces verts en guise de « poumons ». Ce projet est sans doute l'un des plus novateurs de Le Corbusier. Se dressant devant les monts Siwalik, les bâtiments qui abritent la Haute Cour, l'Assemblée législative et le Secrétariat surplombent une place de 400 mètres carrés. En bas de l'avenue principale, Jan Marg, se trouve la **Museum and Art Gallery**, dont les collections reflètent la richesse de l'histoire et de la culture de la région, des bouddhas du Gandhara aux peintures sikhs.

Le **jardin de pierres**, à la périphérie de la ville, est à la fois un parc et un musée exposant des œuvres surprenantes. Il est composé d'une série de salles à ciel ouvert décorées chacune de manière différente, avec des mosaïques multicolores ou des sculptures surréalistes.

LES ENVIRONS

En direction du nord, vers les monts Siwalik, le long de la route qui mène à Simla, arrêtez-vous à **Pinjore** pour visiter les **jardins de Yadavindra**. Fidai Khan, le frère de l'empereur moghol Aurangzeb, réaménagea les anciens jardins en les dotant de trois agréables palais et de vastes terrasses recouvertes de gazon : c'est l'endroit idéal pour un pique-nique. À **Kalka**, 4 kilomètres plus loin, l'Himalayan Queen et d'autres trains rallient Simla en 5 h 30. À 60 kilomètres de Chandigarh, la pittoresque ville de **Nalagarh** offre de belles promenades et les vestiges du **fort de Ramgarh**.

Au sud-ouest de Chandigarh, **Patiala**, jadis capitale de l'État sikh du Patiala, est une charmante ville bien préservée et peu fréquentée par les touristes. Ne manquez pas le **palais de Motibagh** et ses salles peintes, ainsi que les marchés très animés.

Sur la Grand Trunk Road qui mène à Amritsar, **Sirhind** présente un ensemble de monuments de styles moghol et sikh. Passez les usines de laine de Ludhiana et la fabrique de bicyclettes de Jalandhar pour arriver à **Kapurthala**, qui abrite le palais Jalaukhana, construit dans les années 1890 sous le règne de Jagajit Singh Ahluwalia, un souverain influencé par son éducation française. ∎

Museum and Art Gallery
- ✉ Secteur 10, complexe gouvernemental
- ☎ 0172-725 568
- 🕐 Fermé le lun.
- 🎟 €

Jardin de pierres
- ✉ Derrière la Haute Cour
- 🕐 Fermé le mat. d'oct. à mars
- 🎟 €

Pinjore
- 🅰 95 B5
- ✉ 21 km au nord-est de Chandigarh sur la route de Kalka

Patiala
- 🅰 95 B5
- ✉ 68 km au sud-ouest de Chandigarh

Palais de Motibagh
- ✉ 3 km au sud de Patiala
- 🕐 Parfois fermé aux visiteurs

Sirhind
- 🅰 95 B5
- ✉ 48 km au nord-ouest d'Ambala

Kapurthala
- 🅰 95 B6
- ✉ 180 km à l'ouest de Chandigarh

La Grand Trunk Road

Célèbre grâce au roman de Rudyard Kipling *Kim*, la Grand Trunk Road (ou G. T. Road) est l'une des plus anciennes routes du monde. Longue de 2 000 kilomètres, elle traverse le sous-continent indien, des montagnes de Peshawar, à la frontière entre le Pakistan et l'Afghanistan, jusqu'à Calcutta (Kolkata), sur le golfe du Bengale.

Utilisée pour les échanges commerciaux depuis le IVe siècle av. J.-C., elle portait alors le nom de Uttar Path (Voie supérieure). Sous le règne de l'empereur Maurya Ashoka, elle fut pavée et dotée de tours de guet ; des vestiges de quelques-uns des piliers qu'il fit ériger (voir p. 31) subsistent sur le bas-côté de la route actuelle. Sher Shah Suri fit réaliser des travaux de maintenance et construire des relais (sortes d'hôtels) ; il en existe encore un à Sirhind. Le souverain payait des espions installés dans ces hôtels afin qu'ils lui rapportent les rumeurs circulant parmi la population. Sous l'empire Moghol, la route fut dotée de puits. Les Britanniques la firent goudronner et lui donnèrent son nom actuel. ∎

Amritsar

**Office de tourisme
du Pendjab**

✉ Mall Mandi,
G.T. Road

☎ 0183-231 452

Conseils

Tout le monde peut
pénétrer dans le temple
d'Or à condition d'ôter
ses chaussures, de se laver
les pieds, de ne pas
porter de chaussettes,
de se couvrir la tête, et
de laisser alcool et tabac
à l'extérieur de l'enceinte
(des casiers sont prévus
à cet effet).

AU CŒUR DE LA PLUS GRANDE VILLE DU PENDJAB, L'ANCIEN QUARTIER
fortifié, avec le lacis de ruelles animées de son bazar, abrite le magnifique temple d'Or et Jallianwalla Bagh (voir encadré p. 123), deux
joyaux empreints d'une sérénité étonnante qui furent pourtant le
théâtre d'événements politiques sanglants par le passé.

Amritsar est la ville sainte des sikhs.
Tous ont le devoir de s'y rendre une
fois dans leur vie, d'où la présence
constante de milliers de pèlerins.
Ram Das, le quatrième gourou, fonda
la ville en 1577 et fit agrandir l'Amrit Sarovar (lac de Nectar, d'où vient
le nom Amritsar) en souvenir d'un
pèlerin malade qui recouvra la santé
après s'y être baigné. Son fils et successeur, Arjun Dev, fit construire le
premier temple (1589-1601) sur le
lac : le Hari Mandir (temple d'Or).

Au XVIIIe siècle, la ville subit de
multiples attaques et persécutions
afghanes, puis Ranjit Singh, grand
dirigeant sikh, conquit à nouveau le
Pendjab. En 1830, il fournit 100 kilos
d'or pour restaurer le temple. Au
XXe siècle, les sikhs virent s'effondrer
leur rêve de Khalistan, un État indépendant sikh qui s'étendrait sur l'ensemble du royaume de Ranjit Singh.
Nehru leur avait fait des promesses,
qu'Indira Gandhi tenta de modérer
avant de les rejeter. S'ensuivirent de

nombreux conflits. Les sikhs fortifièrent le temple d'Or, auquel l'armée indienne donna l'assaut en juin 1984. Indira Gandhi fut assassinée la même année. Afin de calmer les esprits, son fils, Rajiv Gandhi, proposa la signature d'un accord en juillet 1985, mais la question n'a toujours pas été réglée.

Il faut 2 heures pour visiter le temple. Commencez par admirer le scintillant **Amrit Sarovar**, sur lequel le temple d'Or semble flotter. Puis marchez dans le sens des aiguilles d'une montre autour du bassin, en suivant les pèlerins qui s'arrêtent devant les petits autels dédiés aux gourous fondateurs. Le long de cette promenade, appelée Parikrama, se trouvent quatre alcôves où les fidèles attendent leur tour pour assurer la lecture continue du *Guru Granth Sahib*, le livre sacré des sikhs. Sur la rive est, près de 6 000 pèlerins déjeunent chaque jour au Guru ka-langar (salle à manger commune), au nom d'un principe d'égalité cher à la communauté sikh.

Le point d'orgue de cette visite se trouve sur la rive ouest : c'est l'**Akal Takht**, le deuxième lieu saint du temple. Construit par le gourou Magolind pour abriter les organes

religieux et politiques des sikhs, il a été reconstruit après sa destruction par l'armée indienne lors des conflits de 1984. Avant de le visiter, les fidèles rassemblent leurs *prasad* (offrandes) et s'avancent le long du pont du Gourou en direction du **temple d'Or**, qui recèle un exemplaire gigantesque du *Guru Granth Sahib*. Les visiteurs étrangers ont le droit d'y pénétrer par l'une des quatre portes ouvertes (symbole de bienvenue adressé aux quatre castes hindoues) afin d'assister aux lectures et aux chants. Le livre est placé sur un trône dans la journée. Le soir, lors d'une cérémonie émouvante, il est rapporté à l'intérieur de l'Akal Takht au son des chants et roulements de tambour. ■

Les pèlerins se fraient un passage le long du pont du Gourou (ci-dessus) en direction du temple d'Or pour écouter la lecture ininterrompue du *Guru Granth Sahib* (en haut, à droite).

http://www.herodote.net/histoire04130.htm

Le massacre de Jallianwalla Bagh

En 1919, des grèves avaient été organisées pour protester contre le Rowlatt Act, un décret qui permettait aux Britanniques d'emprisonner sans procès tout Indien suspecté d'indépendantisme. Ayant donné lieu à des pillages, les rassemblements publics furent interdits. Toutefois, Gandhi appela à une manifestation le 13 avril de la même année à Jallianwalla Bagh. Aucun discours, aucun geste agressif n'avait été proféré lorsque le général Dyer donna l'ordre de tirer sur la foule, sans sommation. Pendant un quart d'heure, les

150 soldats britanniques tirèrent sur 20 000 personnes non armées, pacifiquement rassemblées. Selon la version officielle, il y eut 400 morts et 1 200 blessés.

Aujourd'hui, cette place est devenue un parc commémoratif auquel on accède par une ruelle étroite. Une galerie relate les événements et présente des photographies et des articles de l'époque, ainsi qu'une lettre du poète Rabindranath Tagore dans laquelle il renonce au titre de chevalier que lui avaient remis les Britanniques. ■

Les stations de montagne

LORSQUE LA CHALEUR DES PLAINES DEVIENT SUFFOCANTE, IL FAIT
bon rejoindre la fraîcheur du moyen Himalaya et les stations de montagne fondées par les Britanniques (voir p. 278-281). À visiter de préférence au printemps et à l'automne, pour le climat et la flore.

SIMLA (HIMACHAL PRADESH)

La capitale de l'État récent de l'Himachal Pradesh est la première station de montagne de l'Inde. Située à
2 213 mètres d'altitude dans les monts
Siwalik, elle fut la capitale d'été des
Britanniques de 1864 à 1939. Chaque
année, un cortège de fonctionnaires
accompagnés de domestiques, coolies (porteurs hindous), chevaux de
bât, femmes et enfants effectuait ce
long voyage depuis Calcutta (et Delhi
par la suite), jusqu'à l'arrivée du chemin de fer entre Kalka et Simla en
1903. De là, au milieu des divertissements, parties de chasse et intrigues
diverses, les Britanniques gouvernaient environ un cinquième de la
population mondiale.

Avec son architecture héritée de
l'empire britannique, ses quartiers
indiens et la présence de riches touristes
indiens, Simla ne ressemble à aucune
autre ville du pays. Le centre-ville est
strictement réservé aux piétons.

Le **Ridge**, la grande place du
centre-ville, à côté de Christ Church
(une église dotée de beaux vitraux),
offre des vues magnifiques sur les collines environnantes. Promenez-vous
le long de l'avenue principale, The
Mall, afin d'admirer les bâtiments de
l'époque coloniale, dont l'architecture évoque ici la frivolité des stations
balnéaires du sud de l'Angleterre, là
l'austérité de la baronnie écossaise ;
passez ensuite le Cecil Hotel, luxueu-
sement rénové, pour arriver devant
Viceregal Lodge, la résidence du
vice-roi (*Observatory Road, partiellement ouvert au public, €*).

MUSSOORIE (UTTARANCHAL)

Perchée à 2 000 mètres d'altitude, à
277 kilomètres de Delhi, cette station
découverte en 1823 par les Britanniques doit sa popularité au panorama qu'elle offre sur l'Himalaya et
la vallée de Dehra Dun. La ville est
animée, mais vous trouverez le calme
dans la campagne environnante. Le
pic de **Childers Lodge**, situé au-dessus de Landour, offre une vue magnifique sur les sommets enneigés de
l'Himalaya. L'excursion vers le *gompa*
(monastère) de **Tchenchen Choling**
et ses jardins mérite aussi le détour.
Des randonnées plus ambitieuses, de
4 jours, sont organisées dans la vallée de Harki Dun.

HARDWAR ET RISHIKESH (UTTARANCHAL)

Hardwar (ou Haridvara), l'une des
sept cités saintes de l'hindouisme, est
un centre de pèlerinage très animé.
C'est ici, au cœur de montagnes escarpées, que le Gange prend sa source
avant de rejoindre les plaines vallon-
nées, au niveau des *ghat* (marches) de
Har-ki-Pairi. Toute la journée, les
fidèles visitent les *ghat*, les ponts et
les îles. Chaque soir, des centaines de

Simla
⚑ 95 B5
Office de tourisme
✉ The Mall
☎ 0177-255 279

Mussoorie
⚑ 95 C5
Office de tourisme
✉ The Mall
☎ 0135-632 863

Hardwar
⚑ 95 C5
Office de tourisme
✉ Upper Road
☎ 0133-424 240

**Le quartier
colonial de Simla
(à gauche) est
très typique.**

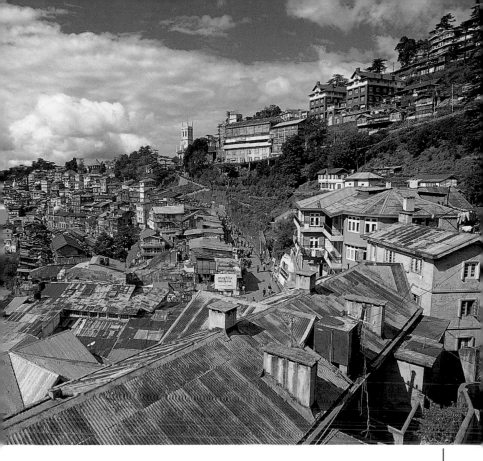

pèlerins se rassemblent pour la cérémonie de Ganga Arati, au son des gongs et des chants psalmodiés, alors que des dizaines de lumières miroltent sur le fleuve.

Rishikesh, dans la zone montagneuse du Garhwal, est célèbre depuis que les Beatles s'y sont arrêtés pour rendre visite à leur gourou Maharishi en février 1968. De nos jours, des ashrams de toutes sortes continuent de voir le jour, perpétuant la tradition de pèlerinage hindou dans cette ville. Les amateurs de yoga ont intérêt à réserver à l'avance à l'ashram de Shivananda (*Divine Life Society, Shivananda Nagar* ☎ *01 364-31 140; fax: 01 364-31 196, www.sivananda.org*). Si vous cherchez la tranquillité, venez plutôt en hiver ou au printemps : les temples sont fermés, et les pèlerins moins nombreux. Vous pourrez aussi suivre le Gange jusqu'à sa source, en partant de Rishikesh et en rejoignant le glacier de Gangotri (voir p. 321).

NAINITAL (UTTARANCHAL)

Perchée sur les collines de Kumaon à 1 938 mètres d'altitude, cette ville, qui surplombe un lac naturel, a été découverte par un marchand de sucre, M. Barron, en 1841. Une promenade (The Mall) longe le lac, du quartier colonial de Mallital à Tallital. Vous pourrez faire du bateau sur le lac, visiter un marché tibétain, rejoindre le promontoire de Snow View en téléphérique ou encore faire une randonnée jusqu'au pic de Naina ou au pic de Chine. De Nainital, on peut visiter le parc national de Corbett (voir p. 126) et loger dans de charmants hôtels le long de la route. ■

Simla s'étire à flanc de montagne.

Rishikesh
🅰 95 C5
Office de tourisme
✉ Nehru Park, Railway Road
☎ 01 364-430 209

Nainital
🅰 95 C5
Office de tourisme
✉ The Mall (du côté de Mallital)
☎ 05 942-35 337

Parc national de Corbett

🏔 95 C5

✉ Ramnagar

☎ 05 946-853 189

🕐 Ouvert de mi-nov. à mi-juin ; ensuite, les fleuves sont en crue à cause de la mousson et les routes deviennent impraticables

€ €

✈ Aéroport le plus proche : Pantnagar

Le parc national de Corbett

CRÉÉ EN 1936 PAR JIM CORBETT (1875-1955) DANS LES BASSES TERRES de l'Himalaya, le premier sanctuaire naturel de l'Inde abrite une faune et une flore très variées. Cette fabuleuse réserve naturelle de 520 kilomètres carrés qui s'étend sur les monts Kumaun offre des vallées et des rivières somptueuses après la mousson (de novembre à janvier), avec le renouveau de la végétation. Le centre du parc, d'une superficie de 330 kilomètres carrés, n'est pas accessible aux visiteurs.

Jim Corbett, ancien chasseur devenu naturaliste et écrivain, était né à Nainital et connaissait bien la région. Appelé régulièrement à la rescousse par les habitants de la région afin de tuer les panthères et tigres mangeurs d'hommes, Corbett comprit dans les années 1940 les menaces qui pesaient sur la vie sauvage et s'efforça de faire comprendre aux Indiens l'importance de la préservation des félins. Le

du Gange au museau allongé, les imposants crocodiles des marais et des tortues de rivière. Sur terre, vous pourrez observer des sangliers, des *sambar*, l'ours à collier de l'Himalaya, le frêle *chital*, le cerf-cochon, des porcs-épics, des macaques rhésus et *langur* communs. Le parc est un paradis pour les ornithologues, car il attire une grande diversité d'oiseaux de plaines et de collines. Il suffit de pas-

Vifs et intelligents, les macaques rhésus sont faciles à repérer dans le parc national de Corbett. Vous pourrez en apercevoir également dans les parcs, les bois et les taillis dans tout le pays.

Conseils

Vous pouvez loger à l'extérieur du parc à Ramnagar, sur le fleuve Kosi ; les hôtels de luxe proposent des séjours de deux ou trois nuits à l'intérieur du parc, avec leur propre personnel et nourriture. Les hôtels gérés par le gouvernement à Dikhala et ailleurs dans le parc sont très décevants.

parc a été choisi en 1973 comme point de départ du Project Tiger pour la préservation des tigres. Cette initiative a connu un succès tel que les tigres sont désormais en surnombre – et des rapports font régulièrement état d'incidents.

Vous avez de fortes chances d'apercevoir un tigre, surtout si vous faites une excursion à dos d'éléphant. Scrutez les rivières pour voir le gavial

ser une heure dans une *machan* (tour de guet) pour repérer la cigogne au cou noir (jabiru d'Asie), la bondrée apivore, le serpentaire bacha, le calao de Ceylan, le grand minivet, ainsi qu'une belle diversité d'oiseaux aquatiques, pigeons, perruches et martins-pêcheurs.

Prévoyez plutôt une visite entre novembre et mars, car la chaleur devient ensuite étouffante. ■

Avec leurs forteresses qui se dressent aux portes du désert et racontent maintes légendes héroïques, et leurs palais où les maharajas menaient grand train, ces deux États combleront vos rêves les plus exotiques.

Le Rajasthan et le Gujerat

Cette villageoise retourne chez elle après avoir puisé de l'eau.

Le Rajasthan et le Gujerat

CES DEUX ÉTATS SITUÉS AU NORD-OUEST DE L'INDE S'ÉTENDENT PAR-DELÀ LE DÉSERT hostile de Thar jusqu'à la frontière pakistanaise et jusqu'à la mer d'Oman. Ils sont séparés du bassin du Gange par les monts Aravalli, et de l'Inde péninsulaire par les monts Vindhya et Satpura. En raison de leur position géographique, ils se sont enrichis grâce au commerce, notamment le Gujerat, qui est situé sur la route que les princes musulmans de l'Inde du Nord et leur suite empruntaient lors de leur pèlerinage vers La Mecque. Cependant, les populations restent très dépendantes des moussons annuelles.

Le chameau est le moyen de transport le plus adapté dans le désert de Thar.

Le Rajasthan est sans doute l'État indien le plus apprécié des touristes, et pour cause : situé aux portes de Delhi et d'Agra, il offre au visiteur une vision romantique et pittoresque du pays, celle de l'Inde des maharajas. La plupart des dynasties guerrières rajpoutes (voir p. 37) durent se résoudre à une existence de pure oisiveté après s'être vu imposer le protectorat britannique. Une traversée du Rajasthan vous fera entrevoir la vie dorée des maharajas d'autrefois, d'autant que vous pourrez séjourner dans d'anciens palais reconvertis (parfois par d'anciennes familles régnantes) en hôtels de luxe plus somptueux les uns que les autres. Dans la journée, vous pourrez visiter des forteresses, déambuler dans des bazars bigarrés, vous promener à dos d'éléphant et découvrir la faune de la région dans les parcs nationaux.

Le Rajasthan est aussi une terre de contrastes. Les anciens États qui le composent aujourd'hui ont conservé leur caractère propre et leurs traditions. Conçue comme une plaque tournante du commerce pour l'État princier de Jaipur, la

ville du même nom est devenue la capitale quelque peu chaotique de l'ensemble du Rajasthan. Surnommée la « Venise de l'Orient », Udaipur est célèbre pour ses îles et ses guerriers Mewar, fiers et rebelles, qui consacrèrent leur énergie et leur esprit visionnaire à créer la plus idyllique des cités rajpoutes. À l'ouest, Jodhpur, ancienne cité du Marwar (le « Pays de la mort »), conserve son allure de ville frontière royale aux portes du désert. Ne vous étonnez pas de voir des caravanes de chameaux se profiler dans l'ombre de l'imposante forteresse.

Le Gujerat est le deuxième État le plus riche de l'Inde – et l'un des plus éduqués du pays, avec un taux d'alphabétisation de 61 % (38 % au Rajasthan). Ahmedabad, la capitale, offre un mélange d'édifices islamiques érigés par des souverains musulmans, d'élégants musées et de sièges d'associations qui perpétuent l'action de Gandhi (le Mahatma est né ici). Au départ de la capitale, les possibilités de visites ne manquent pas entre sites harappéens, monuments jaïns, temples hindous, palais Art déco et réserves naturelles. Les hôtels sont souvent simples, mais confortables. ■

Les femmes se retrouvent au puits du village pour bavarder.

Le souverain Pratap Singh fit ériger le Hawa Mahal (palais des Vents) en 1799 comme observatoire pour les femmes du palais.

Amber et Jaipur

UNE VISITE À LA FORTERESSE MÉDIÉVALE D'AMBER PUIS, NON LOIN, à la ville fortifiée de Jaipur, chacune à son tour capitale du puissant clan Kachwaha, constitue une excellente introduction au Rajasthan.

AMBER

Des 36 clans des fiers et belliqueux guerriers rajpouts, tous issus de la caste hindoue des *kshatriya*, les Kachwaha d'Amber sont devenus l'un des plus illustres. Descendants du soleil d'après la légende, ils entrèrent dans l'histoire après la conquête de la forteresse d'Amber au XIIᵉ siècle.

À l'époque où les envahisseurs musulmans balayaient la région en direction de Delhi, toute proche, la colline sur laquelle était érigée Amber et les montagnes environnantes ne suffirent pas à la protéger. De plus, la ville est située sur la route d'Ajmer, important lieu de pèlerinage musulman où se trouve le *dargarh* (tombeau) du célèbre Khwaja Muin ud-

Din Chishti. Les Rajpouts entamèrent donc une série d'alliances, d'abord avec les Chauhan de Delhi, puis avec les Moghols en 1562. La princesse d'Amber qui scella cette alliance donna naissance à Salim, qui devint l'empereur Jahangir (voir p. 41).

La **forteresse** et le palais témoignent du prestige de la ville. L'aile gauche du palais (lorsqu'on le regarde de la route) a été érigée par Man Singh Iᵉʳ (r. 1589-1614), commandant rajpout qui mena les troupes d'Akbar à la victoire à plusieurs reprises. L'aile droite, qui s'inspire des édifices moghols d'Agra et de Fatehpur Sikri, fut ajoutée par le maharaja Jai Singh Iᵉʳ (r. 1621-1667), qui combattit pour trois empereurs moghols.

Amber

🅰 129 E4

Office de tourisme

✉ Quartier des propriétaires d'éléphants

☎ 0141-530 264

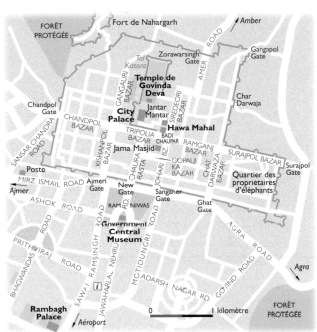

FORÊT PROTÉGÉE

Fort de Nahargarh

Amber
AMER ROAD

Tal Katora

Zorawarsingh Gate

Gangapol Gate

GANGAURI BAZAR

Temple de Govinda Deva

SIREDEORI BAZAR

Char Darwaja

Chandpol Gate

CHANDPOL BAZAR

City Palace

Jantar Mantar

Hawa Mahal

SANSAR CHANDRA ROAD

KISHANPOL BAZAR

TRIPOLIA BAZAR

BADI CHAUPAR

RAMGANJ BAZAR

SURAJPOL BAZAR

Jama Masjid

CHAURA RASTA

BZ

GOPALJI KA BAZAR

JOHARI

CHAT DARVAZA BAZAR

Surajpol Gate

Poste

Ajmer

MIRZ ISMAIL ROAD

Ajmeri Gate

New Gate

Sanganer Gate

Quartier des propriétaires d'éléphants

ASHOK ROAD

RAM NIWAS

Ghat Gate

PRITHVIRAJ ROAD

BHAGWANDAS ROAD

SAWAI RAMSINGH ROAD

JAWAHARLAL NEHRU ROAD

MOTIDUNGRI ROAD

Government Central Museum

ADARSH NAGAR RD.

GO VIND ROAD

AGRA ROAD

Agra

Rambagh Palace

Aéroport

[i]

0   1 kilomètre

FORÊT PROTÉGÉE

Rejoignez la forteresse d'Amber (à droite) à dos d'éléphant.

Jaipur
[M] 129 E4
Office de tourisme gouvernemental
[✉] State Hotel, Khasa Kothi
[☎] 0141-372 200

Office de tourisme du Rajasthan
[✉] Tourist Hotel
[☎] 0141-365 256

City Palace
[☎] 0141-608 055
[€] €
[⊕] Fermé les jours de festival religieux
[€] €, gratuit le mer.

On peut se rendre à pied au palais, mais le moyen de transport le plus insolite est sans conteste l'éléphant (location dans le village d'Amber). Sur place, ne manquez pas le **temple de Kali Mata**, avec les appartements de Jai Singh aux décorations raffinées et le dédale des appartements plus sobres de Man Singh.

JAIPUR

Au quatrième rang des successeurs de Jai Singh Ier, le précoce maharaja Jai Singh II (r. 1699-1743) monta sur le trône Kachwaha à 11 ans et reçut le titre de *sawai* (« un et un quart »), le plaçant au-dessus des autres Rajpouts. Après avoir rencontré Jai Singh II, qui n'avait alors que 7 ans, Auraugzeb fut si impressionné par le jeune prince qu'il lui prédit qu'il serait « une fois et un quart » plus puissant que son arrière-grand-père, d'où le titre de *sawai*. Après avoir brillé sur le champ de bataille, Jai Singh II se consacra à la science et aux arts. En 1727, il décida

Des femmes mangent ensemble dans une rue de Jaipur.

Temple de Govinda Deva
✉ Jaleb Chowk

Governement Central Museum
✉ Ram Niwas Bagh
☎ 0141-565 124
🕐 Fermé le ven.
€ €, gratuit le mer.

Rambagh Palace
✉ Bhawani Singh Road
☎ 0141-381 919

Vidyadhar ka-Bagh
✉ 6 km à l'est de Jaipur

Sisodia Rani ka-Bagh
✉ 6 km à l'est de Jaipur
☎ 0141-640 594
€ €

la construction d'une cité-palais et en confia la conception à un architecte bengali, Vidyadhar Bhattacharya.

Le **City Palace**, sur lequel flotte encore un drapeau aux armoiries du *sawai*, est un bon point de départ pour visiter la vieille ville rose ; près de l'entrée, le Jantar Mantar est un observatoire astronomique composé de gigantesques instruments pour la plupart destinés à mesurer le temps. C'est le plus grand des cinq observatoires érigés par Jai Singh.

Vous pourrez acheter bracelets, chaussures, poupées et parfums *(attar)* à Badi Chaupar Bazaar, devant le **Hawa Mahal** (palais des Vents), dont l'architecture ajourée permettait aux femmes du harem d'observer la rue principale sans être vues. Dans **Johari Bazaar**, on vend des tissus, ainsi que des bijoux et des pierres précieuses (allées Gopalji ka-Bazaar et Haldion ka-Rasta). Le **temple de Govinda Deva** abrite une effigie de Krishna qui fait l'objet de cérémonies à 18 puis à 20 heures. Elle fut rapportée d'un temple de Vrindavan au XVIIᵉ siècle pour échapper au zèle iconoclaste de l'empereur moghol Aurangzeb.

Au sud de la cité, dans les jardins de Ram Niwas, l'Albert Hall (1876) abrite le Durbar Hall *(souvent fermé)* et sa collection de tapis, ainsi que le **Government Central Museum**, qui expose poupées, costumes, instruments de musique, objets en laiton…

Plus au sud se trouve le **Rambagh Palace**, érigé par le maharaja Ram Singh II, qui s'en servait de pavillon de chasse. C'est aujourd'hui un hôtel de luxe (le public a accès aux jardins, aux fontaines Lalique et au Polo Bar).

À PROXIMITÉ DE JAIPUR

En quittant Jaipur par la route d'Agra, on aperçoit le jardin fortifié de **Vidyadhar ka-Bagh**, œuvre de l'architecte de Jaipur, Vidyadhar Bhattacharya. Sur la gauche se dresse le palais **Sisodia Rani ka-Bagh**, édifié pour l'épouse de Jai Singh II. Derrière, les singes entelles qui peuplent les lieux sont nourris chaque jour à 16 heures au **temple d'Hanuman**.

Sur la route Jaipur-Amber, à Gaitor, des portes mènent aux **cénotaphes royaux** *(chhatri)*. Sur celui de Jai Singh II, on peut admirer le dôme de marbre et les colonnes gravées de scènes mythologiques. ∎

Les environs de Jaipur

SI LA FOULE DES TOURISTES QUI SE PRESSE SUR LES SITES D'AMBER
et de Jaipur vous rebute, vous apprécierez quelques-uns des lieux plus
tranquilles qui émaillent la campagne dans les environs de Jaipur.

La ville de Jaipur est entourée par un cercle défensif de forteresses dont la plus imposante est **Nahargarh**, accessible par la route d'Amber ou après une bonne marche à partir de Nahargarh Fort Road.

Détour idéal après Amber, le fort de **Jaigarh**, au site spectaculaire, est le lieu où Man Singh Ier et ses succes seurs auraient dissimulé leurs trésors. Il fut agrandi par Jai Singh II en 1726. Outre le palais, on peut y voir un grand canon, l'arsenal et la fonderie. En cas de danger, c'était là que la famille royale d'Amber se réfugiait.

À 135 kilomètres de Jaipur, **Ajmer** abrite le Dargarh Sharif, tombeau du saint soufi Khwaja Muin ud-Din Chi shti (voir p. 70). Ce sanctuaire est un lieu de pèlerinage important pour les musulmans, qui y viennent chaque année au jour anniversaire de la mort du saint. On peut y entendre régulièrement des chants *qawwali*, Visitez aussi le palais d'Akbar aux allures de forteresse, la mosquée Arhai-Din ka-Jhonpra (1193) avec ses piliers et arcades ciselés et les pavillons de marbre de Shah Jahan. À une dizaine de kilomètres d'Ajmer, la petite ville hindoue de **Pushkar** vous enchantera par ses temples et par la beauté de son lac sacré. Si vous en avez l'occasion, ne manquez pas d'assister à la foire aux bestiaux (voir p. 382).

Le nord-est du Rajasthan, appelé **Shekhawati,** est émaillé de quelque 360 villages. Aux XIXe et XXe siècles, les familles Marwari, telles que les Birla, les Poddar et les Goenka, qui vivaient du commerce, décorèrent leurs maisons de fresques extérieures et intérieures. Les plus belles sont situées dans les villages de Fatehpur, Mahansar, Jhunjhunun et Nawalgarh.

À Samode (42 kilomètres au nord de Jaipur), les descendants du ministre des finances de Jai Singh II ont fait restaurer le **palais** du souverain, dont l'intérieur est couvert de fresques. Ils ont aussi redonné vie au jardin royal fortifié et à ses fontaines.

Le parc national de **Sariska** (environ 100 kilomètres au nord-est de Jaipur) est une réserve intégrée au Project Tiger, dont le but est la protection des tigres. Il s'étend sur 800 kilomètres carrés le long de l'autoroute Delhi-Jaipur. Une excursion organisée en Jeep au crépuscule vous donnera l'occasion d'apercevoir peut-être un tigre et en tout cas bon nombre d'oiseaux. Autrefois capitale de l'État d'Alwar, **Alwar** est dominée par le Moosi Vinai Vilas (1840), pittoresque cité-palais avec son musée en terrasse ; ne manquez pas le Maharani ki-Chatri ni le tombeau moghol de Fateh Jang.

Au centre de **Bharatpur**, sur une île artificielle, se dresse Lohargarh, citadelle des rois Jat, vainqueurs des Moghols. Une aile du palais est occupée par un musée. La résidence d'été du maharaja de Bharatpur (vers 1750) dans la ville voisine de **Deeg**, est intacte : certaines suites sont décorées avec du marbre pris au fort d'Agra et, dans les jardins, la balançoire en marbre fut rapportée de Delhi comme butin par le maharaja Suraj Mal.

Les 400 kilomètres carrés de forêt vierge et de brousse du **parc national de Ranthambhor**, également intégré au Project Tiger, s'étendent sur les monts Aravalli et Vindhya, ainsi qu'autour du fort de Ranthambhor. Cette réserve étant très fréquentée, il est indispensable de réserver son hébergement (voir p. 356). ∎

Nahargarh
- ⊠ 9 km au nord-ouest de Jaipur par la route d'Amber
- ☎ 0141-320 538
- € €

Jaigarh
- ⊠ Au nord de Jaipur par la route d'Amber
- ☎ 0141-630 848
- € €

Bharatpur
- ▲ 129 F4
- ⊠ 55 km à l'ouest d'Agra

Un temple de Pushkar.

Deeg
- ▲ 129 E5
- ⊠ 100 km au nord-ouest d'Agra
- € €

Parc national de Ranthambhor
- ▲ 129 E4
- ⊠ 180 km au sud-est de Jaipur

Les palais-hôtels

L'Inde regorge de palais. Il en existe des milliers, immenses et dépourvus de fonctions officielles, dans l'Inde démocratique d'aujourd'hui. Dominant des cités anciennes, surplombant des lacs, perchés sur une colline ou nichés au détour du plus improbable chemin de terre, ces palais ont, pour beaucoup d'entre eux, été transformés en hôtels.

Le Rambagh Palace Hotel et ses jardins anglais. Le maharaja Madho Singh II transforma ce pavillon de chasse en une résidence royale.

Avant l'indépendance, il était courant que ces immenses résidences emploient plusieurs centaines de domestiques. On y pratiquait le mécénat en accueillant musiciens, peintres, écrivains et tisserands. Après 1947, les anciens dirigeants et nobles furent contraints de renoncer à une partie de leurs biens : les États qu'ils gouvernaient de manière plus ou moins indépendante pendant la période coloniale furent intégrés à l'Inde et au tout nouveau Pakistan. Les plus grands palais et forts devinrent des monuments ouverts au public, tandis que d'autres demeuraient le lieu de résidence des descendants d'anciens maharajas. L'entretien de ce patrimoine familial étant de plus en plus lourd, des centaines de palais furent fermés, attendant en silence le moment de la renaissance.

Aujourd'hui, parce que les touristes préfèrent les palais pittoresques et féeriques aux hôtels modernes, ces anciennes bâtisses revivent. Le gouvernement a mis en place une politique d'exonération fiscale et, dans toute l'Inde, des palais sont remis en état et aménagés en hôtels. Certains sont spectaculaires, d'autres moins, mais tous possèdent un charme qui apporte un plus indéniable à un voyage en Inde. Fier de sa région, le personnel veille bien souvent à ce que la clientèle jouisse d'un séjour agréable.

Le maharaja de Jaipur fut le premier à comprendre le potentiel que représentait l'hôtellerie pour ces palais, en ouvrant le Rambagh Palace Hotel à Jaipur en 1957. En 1961, le maharana Bhagwat Singh d'Udaipur reconnut lui aussi la fin d'une époque et entreprit de transformer le Jag Niwas Palace en hôtel sous le nom de Lake Palace Hotel. Dynamique et visionnaire, son fils Arvind Singh poursuivit son œuvre avec un souci de qualité rare. Après avoir restauré ses palais (Shiv Niwas, Fateh Prakash et Dovecote à Udaipur), il a créé un réseau de palais-hôtels implanté à Jodhpur, Jaisalmer et Bikaner.

Ces «hôtels d'héritage», comme on les surnomme, ne se limitent pas au Rajasthan. On en trouve de l'Himalaya jusqu'au Tamil Nadu. Le Nalagarh Fort est niché au pied des contreforts de l'Himalaya près de Chandigarh. Parmi les établissements prestigieux de l'ouest du pays, citons le Nilambagh Palace à Bhavnagar dans le Gujerat, l'Orchard Palace à Gondal dans le Saurashtra et le Hingolgadh Castle à Jasden. Dans le Centre, on trouve le Jhira Bagh Palace et l'Ahilya Fort, tous deux pratiques pour visiter Mandu, le Bhanwar Vilas Palace à Karauli et le Kawardha Palace, idéal pour visiter le parc national de Kanha. Plus au sud, le Lalitha Mahal Palace Hotel de Mysore est une vaste bâtisse victorienne à l'architecture extravagante.

Le succès de ces hôtels est tel que des hommes d'affaires indiens avisés ont entrepris d'acheter d'anciennes propriétés pour les rénover à leur goût, dans un style sans doute moins ampoulé et plus démocratique que jadis. L'équipe du designer Aman Nath et l'homme d'affaires Francis Wacziac ont relevé le défi de restaurer le Neemrana Fort avec quelques amis, puis ont poursuivi l'aventure pour faire revivre d'autres forteresses, des bungalows et même une maison coloniale française à Pondichéry. Le vieux fort de Deogarh, à proximité d'Udaipur, a été restauré avec un goût parfait pour créer un hôtel contemporain de classe internationale. Pour plus de détails sur ces hébergements, consultez le guide des hôtels et restaurants (voir p. 343-372). ∎

Célèbre pour son école de miniatures, le Deogarh Palace Hotel (ci-dessus), à Deogarh, offre de magnifiques chambres. Ancienne résidence d'été royale, le Lake Palace Hotel (ci-dessous), géré par le Taj Group, s'enorgueillit lui aussi de suites peintes dont les motifs rappellent les arabesques des palais des *Mille et Une Nuits*.

Udaipur

UDAIPUR EST LA VILLE LA PLUS AGRÉABLE DU RAJASTHAN, AVEC SA lumière douce, ses lacs miroitants dans lesquels se reflètent les collines environnantes et ses palais bien restaurés. Située dans une région fertile, c'est une ville prospère. Loin de l'agressivité commerciale de Jaipur, Udaipur est le lieu idéal pour se reposer un jour ou deux.

Autrefois capitale du puissant État du Mewar, Udaipur possède le palais le plus grand et le mieux conservé du Rajasthan, le City Palace : long de plus de 800 mètres, il surplombe la ville et le lac.

Udaipur
🗺 129 D3
Office de tourisme
✉ Surajpole
☎ 0294-411 535

Pour l'hébergement, vous n'aurez que l'embarras du choix parmi les palais aménagés en hôtels et de majestueux *haveli* (demeures traditionnelles ouvragées) ; quel que soit votre choix, n'hésitez pas à en visiter d'autres.

Commencez votre visite par une promenade nocturne en bateau (les départs se font à la jetée principale du City Palace, le Bansi Ghat). Vous ferez un tour enchanteur du **lac Pichola**, creusé lorsque Udai Singh fonda la ville en 1567 après la destruction par les Moghols de Chittorgarh, l'ancienne capitale. Udai Singh régnait sur le clan rajpout des Sisodia, descendants directs du soleil par le dieu Rama. Il initia la construction de l'immense City Palace, d'architecture hindoue, et ses successeurs reprirent le flambeau. Le bateau passe devant le **Lake Palace Hotel** (1754,

voir p. 134-135 et p. 356), édifié par le maharana Jagat Singh comme résidence d'été, puis s'arrête au **Jag Mandir**, sur l'île où le fils de Jahangir, le futur Shah Jahan, trouva refuge lorsqu'il était un prince rebelle ; son petit palais (1623) préfigurait le style de ses constructions ultérieures.

Sur la berge, les curiosités ne manquent pas. La flotte rutilante des véhicules royaux est conservée près du **Garden Hotel**, qui propose une cuisine gujaratie savoureuse, face au **Gulab Bagh** (roseraie). Au **City Palace** *(fermé pendant les fêtes religieuses)*, qui présente des décorations murales en verre incrusté, aventurez-vous dans les escaliers étroits du *mardana* (l'aile des hommes), puis admirez le *zenana* (l'aile des femmes). Pour terminer, visitez la Crystal Gallery dans le palais-hôtel

Fateh Prakash Palace (☎ 0294-528 016), où est exposée une splendide collection de cristal britannique.

En ville, la rue principale descend vers les bazars animés. Elle passe devant le temple Jagdish et des échoppes qui vendent toile de coton, jouets en bois et bijoux en argent.

Le **Fateh Sagar** est un lac artificiel créé en 1678. La route qui longe la berge mène à **Saheliyon ki-Bari** (le jardin des Demoiselles d'honneur), très bien entretenu avec ses fontaines et statues en marbre ; le jardin aménagé sur l'île s'appelle **Nehru Park**. ■

Une mosaïque en verre du City Palace (à droite). Les rues de la ville (ci-dessus), dont les maisons sont dotées de *jharoka*, balcons sculptés en surplomb.

http://perso.wanadoo.fr/bharat/geographie/rajasthan/udaipur.htm

Les environs d'Udaipur

Shilpgram
- 129 D3
- 8 km à l'ouest d'Udaipur
- €

Sajjan Garh
- 15 km au sud-ouest d'Udaipur

Mont Abu
- 129 C3
- 185 km à l'ouest d'Udaipur

Kumbhalgarh
- 129 D3
- 85 km au nord d'Udaipur

Ranakpur
- 25 km au sud-ouest de Kumbhalgarh

Nagda
- 22 km au nord d'Udaipur

Eklingji
- 129 D3
- 23 km au nord-est d'Udaipur

Lac de Rajsamand
- 129 D3
- 65 km au sud-est d'Udaipur

APRÈS LE CHARME REPOSANT D'UDAIPUR, VOUS POURREZ FAIRE DE nombreuses visites dans la région. Longues ou courtes, il y en a pour tous les goûts dans les vallées et paysages boisés des monts Aravalli.

À l'ouest d'Udaipur, visitez le site artisanal de **Shilpgram**, créé pour préserver les traditions indiennes en matière d'architecture, de musique et d'artisanat. Vous pourrez y admirer une maison en bois sculpté typique du Gujerat et vous y verrez à l'œuvre des tisserands, des musiciens, des potiers… D'Udaipur, une randonnée part dans les collines jusqu'au **Sajjan Garh** (palais de la Mousson, 1880), abandonné.

Au nord de la ville se trouvent plusieurs sites facilement accessibles. Découvrez tout d'abord les hauteurs rocheuses du **mont Abu**, qui offre une oasis de fraîcheur l'été. Vous apprécierez les panoramas, les lacs, ainsi que deux ensembles de temples : les temples jaïns de Dilwara, aux décors de marbre finement ouvragés ; et les temples d'**Achalgarh** et de **Guru Shikar**. Visitez aussi le temple d'Adhar Devi, situé non loin au sommet d'une volée de marches : de là, la vue est imprenable.

Toujours au nord d'Udaipur, la forteresse de **Kumbhalgarh**, érigée au XVᵉ siècle, se dresse au sommet des monts déchiquetés de la chaîne des Aravalli. C'est la plus imposante des 32 forteresses édifiées par le maharana Kumbha. Les remparts abritent des temples jaïns, des cénotaphes et une citadelle accessible. Près de l'entrée, l'Aodhi Hotel propose un hébergement et une restauration de qualité.

À **Ranakpur**, un majestueux complexe jaïn est niché dans une vallée boisée des monts Aravalli, ce qui explique sans doute son bon état de conservation. Construit en marbre blanc et finement ouvragé, le temple d'Adinatha (1439), également appelé Chaumukh, en est le principal édifice ; il est dédié au saint jaïn Adinath. Déambulez dans les nombreuses chapelles et les diverses cours reliées entre elles et disposées autour du sanctuaire. Il existe deux autres temples plus petits à proximité. Vous pouvez clore votre visite par le **temple de Parshvanatha**, édifice du XVᵉ siècle très bien conservé.

La localité rurale de **Nagda** abrite les **temples Sasbahu**, datant des Xᵉ et XIᵉ siècles, qui, avec leurs sculptures délicatement ouvragées, témoignent de la richesse de l'architecture hindoue dans le nord du pays. Au village

Il est possible de se promener sur une grande partie des murailles massives de la forteresse de Kumbhalgarh, qui offrent une vue imprenable sur les monts Aravalli.

d'**Eklingji**, où les maharanas du Mewar avaient coutume de se faire couronner, vous pourrez assister aux *puja* (cultes d'adoration) dans deux temples, Lakulisha (972) et Ekalinga (XVᵉ siècle) ; les cérémonies les plus importantes ont lieu le lundi, jour dédié à Shiva.

Le **lac de Rajsamand** fut créé par le maharana Raj Singh pour aider à prévenir la sécheresse. Sur la berge, des pavillons (1660) sculptés de représentations de Shiva commémorent son mariage avec une princesse de Kishangarh, organisé dans le but de la sauver des griffes mogholes.

Le temple de Shri Nathji à **Nathdwara** est un lieu de pèlerinage pour les adeptes de Krishna, dont l'effigie provient de Mathura ; une *puja* y a lieu au coucher du soleil (seuls les croyants sont admis). Les *pichhwai* (tissus peints) qui sont en vente ont une valeur purement décorative. C'est à **Haldighati**, non loin, qu'en 1576 le héros d'Udaipur, le maharana Pratap Singh, ravit la victoire aux Moghols.

En partant d'Udaipur vers l'est, vous arrivez à **Ahat**, ancienne capitale du Mewar. On peut y admirer d'élégants cénotaphes, notamment celui de Rana Amar Singh Iᵉʳ (1621).

La ville-forteresse la plus spectaculaire du Rajasthan, **Chittorgarh**, fut fondée par Bappa Rawal en 728 sur une colline. Trois sièges sanglants marquèrent son histoire : celui d'Ala ud-Din Khalji de Dehli en 1303, celui de Bahadur Shah du Gujerat en 1535 et celui du Grand Moghol Akbar en 1567 (la capitale fut alors transférée à Udaipur). Une fois franchies les portes monumentales, vous découvrirez le palais de Rana Kumbha (1433-1468), en ruine, ainsi que les tours de la Gloire (XIIᵉ siècle) et de la Victoire (1457-1468), des temples, des pierres de *sati* et d'autres vestiges.

Dans la petite ville de **Bundi**, à l'atmosphère médiévale, ne manquez pas de monter au fort de Taragarh (1342), puis de visiter le City Palace (commencé en 1580), le Chatar Mahal Palace (1660) et les puits souterrains, dont le Raniji ki-Baoli (1699), tous creusés par le clan rajpout des Hara Chauhan. Admirez également les *haveli* de la rue principale (certains abritent des restaurants et boutiques d'artisanat).

La ville industrielle de **Kotah**, sur les rives de la rivière Chambal, possède une vieille ville charmante. Le City Palace (commencé en 1625) s'enorgueillit de superbes fresques et incrustations et abrite le Maharao Madho Singh Museum (*fermé le ven.*), qui expose une collection d'armes et des objets royaux. Vous pouvez terminer par le village de **Kaithoon**, célèbre pour ses tisserands, le temple de Jhalrapatan et celui de Badoli, situés dans les environs. ■

Vaches sacrées devant le fort de Nathdwara.

Nathdwara
▲ 129 D3

Haldighati
▲ 129 D3

Ahat
▲ 129 D3
✉ 3 km à l'est d'Udaipur
🕐 Fermé le ven.
€ €

Chittorgarh
▲ 129 D3
✉ 120 km à l'est d'Udaipur
€ €

Une promenade dans Jodhpur

Aux portes du désert de Thar, les remparts en grès de Jodhpur abritent un dédale
de bazars et de rues où se pressent hommes et chameaux. Les maisons sont nichées
au pied d'une colline sur laquelle se dresse le fort de Meherangarh. En 1459, Rao Jodha fit
de cette cité la capitale de l'État du Marwar (le « Pays de la mort »), royaume du puissant
clan guerrier des Rathor. Aujourd'hui, Jodhpur est la deuxième ville du Rajasthan.

Commencez la visite de Jodhpur en prenant un
rickshaw jusqu'à la vieille ville. Après avoir franchi **Nagauri Pol ❶**, une des sept portes des remparts de 10 kilomètres qui ceignent la ville,
empruntez le sentier abrupt et sinueux qui
monte jusqu'à l'entrée du fort. À mi-chemin,
vous apercevrez sur la droite le **Jaswant Tha-
don ❷**, l'emplacement des crémations royales ;
le mausolée de marbre blanc (1899) est dédié à
Jaswant Singh II. En traversant **Loha Pol ❸**, la
sixième porte percée dans la muraille, vous
remarquerez les empreintes de mains des veuves
du maharaja Man Singh qui s'immolèrent par
le feu sur son bûcher funéraire (rituel de la *sati*).

Le **fort de Meherangarh ❹** *(fermé de 13 h
à 14 h 30)* allie une forte structure défensive à
une architecture élégante et raffinée. Après avoir
franchi Suraj Pol, vous découvrez l'ensemble
palatial, qui abrite aujourd'hui le Meherangarh
Museum. Les cours qui se font suite permettent
d'admirer les murailles de grès dont les fenêtres

comportent de délicats *jali* (écrans en pierre
ajourés). À l'intérieur, un itinéraire conduit dans
les salles du **Moti Mahal** (palais de la Perle,
1581-1595) et du **Phool Mahal** (palais de la
Fleur, 1730-1750, décoré de 1873 à 1895). Tous
deux possèdent de superbes plafonds peints et
des fresques représentant danseuses, divinités et
portraits de souverains de Jodhpur. Le **Moti
Vilas** (1638-1678) abrite le trône en marbre sur

🅰	Voir aussi p. 128-129
▶	Nagauri Pol
↔	Environ 6 km
🕐	3-4 heures
▶	Umaid Bhawan Palace

À NE PAS MANQUER
- Le fort de Meherangarh
- Les bazars (vers la Clock Tower)
- L'Umaid Bhawan Palace

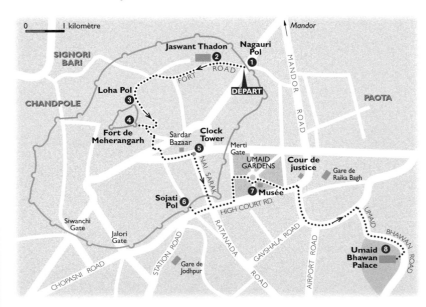

Érigé sur une colline, le fort de Meherangarh à Jodhpur se dresse dans la lumière du soir. Il offre aujourd'hui encore sa protection à la ville prospère qui s'étend au pied des remparts.

lequel tous les souverains à l'exception de Rao Jodha furent couronnés. Ce palais ainsi que le *zenana* (harem) adjacent comportent de beaux *jali*. Dans les palais du **Sheesh Mahal** (1707-1724) et du **Rang Mahal**, vous pouvez constater l'importance des incrustations et des miroirs dans la décoration. Les épées et boucliers présentés dans le **Sileh Khana** (l'armurerie) sont davantage des pièces de musée que de véritables armes de guerre. Terminez la visite du fort par le **Takhat Vilas** (1843-1873), dont l'intérieur abrite des fresques représentant de jeunes danseuses. Ne manquez pas la splendide tente moghole en soie, rapportée d'un raid sur Delhi, ni la terrasse sur laquelle d'anciens canons pointent leurs fûts vers la plaine.

Une fois redescendu en ville, flânez dans les ruelles jusqu'au Sardar Bazaar ; vous vous repérerez sans peine grâce à la **Clock Tower ❺**, la tour de l'Horloge. Profitez du spectacle qu'offrent les barbiers de rue et les marchands de pots à eau et ne manquez pas d'admirer le **Tulahti Mahal** (1638-1681), un palais reconverti en hôpital réservé aux femmes. Une large artère mène à **Sojati Pol ❻**, où l'on peut acheter des toiles de coton teint selon la technique du *bandhani*. De là, prenez un rickshaw pour traverser la ville nouvelle en faisant halte au **musée ❼**, dans les Umaid Gardens, pour sa collection d'objets de l'époque victorienne, et à l'insolite **Cour de justice** (Judicial Court, 1893-1896), de style anglo-rajpout *(fixez à l'avance le prix avec le conducteur du rickshaw, en convenant qu'il vous attende durant les visites, et ajoutez un pourboire).*

Pour terminer, gravissez la colline jusqu'à l'**Umaid Bhawan Palace ❽** (1929-1944) aux 347 pièces. Conçu par H.V. Lanchester, président du British Royal Institute of Architects, ce palais est désormais divisé en une aile privée habitée par le descendant du maharaja Umaid Singh, un musée et un hôtel de luxe. Les portes en bronze mènent à une vaste entrée dotée d'un escalier en marbre à révolution, d'une piscine et d'une terrasse à piliers idéale pour prendre un rafraîchissement. Un **musée** expose des miniatures, des armes et des pièces d'horlogerie. ■

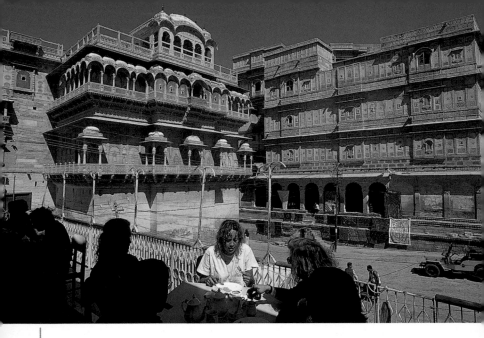

Les environs de Jodhpur

DU DÉSERT DE THAR, QUE L'ON PEUT PARCOURIR EN VOITURE, EN TRAIN, en Jeep ou à dos de chameau, semblent jaillir des villes dont la splendeur reflète la richesse accumulée grâce à une position de choix sur l'une des routes commerciales les plus fréquentées entre Orient et Occident.

LE NORD

Une dizaine de kilomètres au nord de Jodhpur, **Mandor** est l'ancienne capitale du Marwar, qui fut dirigé par le clan rajpout des Parihar du VIe siècle jusqu'à leur renversement par les Rathor en 1381. Le fort a disparu, mais les cénotaphes royaux des Rathor se dressent dans le parc de Mandor ; le plus grand mausolée est celui du maharaja Ajit Singh (1724).

Aux alentours de la ville d'**Osian**, dans le désert, se trouve le plus grand ensemble de temples de cultes jaïn et brahmanique du Rajasthan (VIIIe-XIe siècle).

Au nord-est de Jodhpur, **Nagaur** allie grandes mosquées et palais peints selon les traditions de ses souverains musulmans ou hindous. Chaque année *(janv.-fév.)* se tient une grande foire aux bestiaux qui rassemble des milliers de paysans venus

vendre leurs animaux, dont des chameaux et les bœufs de Nagaur, réputés pour leur force.

Le temple de Karni Mata à **Deshnoke**, une trentaine de kilomètres au sud de Bikaner, pourra rebuter certaines âmes sensibles : il grouille en effet de plusieurs centaines de rats sacrés, les *kaba*. Selon la croyance, les défunts peuvent échapper à la colère de Yama, dieu de la mort, en se réincarnant en rat. Le temple est dédié à Karni Mata, déesse de Bikaner et incarnation de Durga.

Au nord de l'État, **Bikaner** est moins pittoresque que Jodhpur ou Jaisalmer (voir p. 143), mais les touristes y sont moins nombreux et la ville dispose d'un large choix d'hébergements. Fondée en 1488 par Bhika, sixième fils de Rao Jodha de Jodhpur, Bikaner a profité de sa situation sur la route des caravanes. Érigé par Raja Rai Singh, un des généraux d'Akbar, le fort de Junagarh (1588-1593) abrite plusieurs palais regorgeant de trésors, dont le lit de Bhika (dans le Chandra Mahal) ou la salle de couronnement et son décor en laque (dans l'Anup Mahal). Prenez le temps de flâner dans la vieille ville, cernée d'une enceinte crénelée en grès rose. Rejoignez la place centrale bordée de boutiques ; dans l'angle sud-est se dressent deux temples jaïns ornés de fresques. Ne manquez pas les sculptures de pierre du **Ganga Golden Jubilee Museum** *(fermé le dim.)* ni le **Lallgarh Palace**, de style anglo-rajpout (1881), transformé en hôtel (voir p. 352).

Non loin, une ancienne chasse royale est devenue une réserve protégée, le **Gajner Wildlife Sanctuary**, où on peut admirer des antilopes *(nilgai)*, des gazelles *(chinkara)*, des sangliers et, en hiver, des oiseaux migrateurs tels que le tétras de Sibérie.

L'OUEST

À l'ouest de Jodhpur, surplombant le lac artificiel de Devi Kund Sagar, se dressent de magnifiques **cénotaphes** royaux en marbre et grès, souvent surmontés d'un dôme.

Au sud-ouest se trouve la petite ville de **Barmer**, renommée pour son artisanat. Des milliers de Rajasthanis s'y rassemblent chaque année en janvier à l'occasion de la foire aux bestiaux de Tilwara, la plus importante du Rajasthan, qui est jusqu'à présent moins commerciale que la foire annuelle de Pushkar.

Au nord-ouest, **Pokaran** mérite le détour pour sa forteresse de grès rouge et ses *haveli* (maisons traditionnelles ouvragées). La ville fortifiée de **Jaisalmer** est bâtie en grès jaune, d'où son nom de « Cité dorée ». Fondée en 1156 par Rawal Jaisal, un prince rajpout du clan des Bhatti, elle se dresse majestueusement au milieu du désert. En dépit de son histoire tumultueuse, elle a prospéré grâce à

sa situation sur les routes commerciales allant de l'Inde vers la Perse, l'Arabie, l'Égypte, l'Afrique et l'Europe. Aujourd'hui, la ville souffre d'inondations et d'affaissements de terrain dus au caractère rudimentaire de son réseau d'évacuation. De gros efforts sont entrepris pour réhabiliter la cité, et vous croiserez sans doute des zones de travaux en visitant les fortifications, le palais ou les *haveli*. La Fête du désert se tient chaque année *(janv. ou fév.)* à Jaisalmer : haute en couleur, elle est un peu trop visiblement destinée aux touristes.

Des safaris (de 1 à 4 jours) sont organisés à dos de dromadaire. Au départ de Jaisalmer, les destinations les plus courantes sont les **dunes de Sam**, le lac d'Amar Sagar et les

temples jaïns de Lodurva ou les cénotaphes royaux de Bada Bagh ; les plus enthousiastes pousseront jusqu'à Bikaner ou Jodhpur. Emportez une bonne crème solaire et des lainages pour les nuits fraîches du désert (vous dormirez peut-être à la belle étoile autour d'un feu). Certains hôtels organisent aussi des safaris en Jeep qui vous feront découvrir la faune du désert et la tribu des Bishnoi, dont vous pourrez admirer les huttes en chaume et les produits artisanaux. Vous pourrez également vous initier à leur médecine par les plantes. ■

Bikaner
- 129 D5
- 230 km au nord de Jodhpur

Gajner Wildlife Sanctuary
- 129 D5
- 260 km au nord de Jodhpur

Barmer
- 129 C4
- 230 km au sud-ouest de Jodhpur

Cénotaphes rajpouts de Jaisalmer.

Pokaran
- 129 C4
- 185 km au nord-ouest de Jodhpur

Jaisalmer
- 129 C4
- 300 km au nord-ouest de Jodhpur

Dunes de Sam
- 128 B4
- 335 km au nord-ouest de Jodhpur

Artisanat et traditions du Rajasthan

Les bazars du Rajasthan débordent de vie, surtout vers la fin de la journée quand la chaleur est moins accablante. S'y promener est un enchantement et l'on ne peut que s'émerveiller de la diversité des artisanats. Le visage tanné par le soleil, des hommes coiffés d'un turban magenta vendent les célèbres *jooti*, chaussures en cuir fabriquées à la main. Vous y croiserez peut-être des familles venues acheter un *pilo* (voile) brodé, un *choli* (sorte de haut porté sous le sari) et un *ghaghra* (jupe) pour une future mariée, ou bien des jeunes filles choisissant des bracelets laqués. Si vous jetez un coup d'œil derrière les échoppes, vous apercevrez peut-être un forgeron ou un peintre au travail. En levant la tête, vous découvrirez des mètres de tissus teints selon la technique du *bandhani* mis à sécher sur les toits. À la nuit tombante, des marionnettistes installent leur théâtre, certains de captiver l'attention de tous, enfants et adultes, le temps d'un spectacle haut en couleur.

Cette étoffe traditionnelle d'Udaipur est décorée de soldats de l'armée royale rajpoute.

Le tourisme a contribué à faire revivre bon nombre de traditions presque oubliées. À Jaipur, l'art de l'impression sur coton, qui avait connu son âge d'or au XVIIIᵉ siècle, est en pleine renaissance. Des recettes de teintures naturelles ont été redécouvertes, on grave à nouveau des blocs de teck de motifs traditionnels ou modernes, et les teinturiers peinent à satisfaire la demande. La poterie de Jaipur, décorée de motifs géométriques ou floraux bleu azur, connaît elle aussi un renouveau. À Jaipur et à Bikaner, vous admirerez la technique d'émaillage appelée *meenakari*, jadis placée sous le patronage de la cour. Des motifs délicats d'oiseaux et de fleurs de couleur rouge rubis, vert profond et bleu paon sont bien sou-

vent dissimulés sur l'envers de bijoux sertis de pierres précieuses. Jodhpur est célèbre pour le *bandhani*, technique ancestrale proche de l'ikat, consistant à nouer et à lier les fils avant de les teindre. Chaque communauté possède ses propres motifs. Jodhpur est aussi le fief des objets en bois laqué, bracelets et boîtes en particulier.

Soutenue par quelques mécènes de Delhi, la peinture de miniatures connaît actuellement un renouveau. Après avoir vu le nombre décliner au XIXᵉ siècle, les écoles du Rajasthan accueillent de nouveau des artistes qui reprennent les techniques très minutieuses en s'appuyant sur l'iconographie traditionnelle et sur de nouveaux motifs.

Autre plaisir du Rajasthan : la diversité des spectacles traditionnels. Chansons et histoires sont souvent si simples que le mime suffit à les faire comprendre. Dans un pays où les divertissements sont rares le soir, les hôtels emploient souvent des familles d'artistes pour présenter un spectacle à leur clientèle. Les *bhopa* (baladins), qui venaient à l'origine du Marwar, s'appuient sur un accessoire visuel, le *phad* (décor déroulant), pour raconter une histoire en chantant et en dansant. Les danses folkloriques rappellent celles que l'on exécute lors des fêtes de Holi, Gangaur et autres : le *gingad* est accompagné par le grand tambour *chang* ; le *teratali* se rapproche davantage de l'acrobatie que de la danse (il est exécuté par des femmes assises au sol, dont seuls le torse et les jambes ondulent) ; le *ghoomar-gair* est le pendant rajasthani de la très ancienne danse du bâton. Les spectacles de marionnettes remportent toujours un franc succès. Le *kathputli* est pratiqué par des familles itinérantes qui animent des marionnettes magnifiquement sculptées, peintes et costumées, en s'accompagnant de musique et de chants. ∎

Ce patchwork ouvragé de Jaisalmer
(ci-dessus) a peut-être été confectionné
pour entrer dans la dot d'une jeune fille.
Ce tailleur de rue de Fatehpur (ci-contre)
peut fabriquer plusieurs chemises et
pantalons très simples en quelques heures.
Ces danseurs de Jodhpur (ci-dessous) font
tournoyer leur longues robes blanches
en exécutant la célèbre danse du bâton,
au cours de laquelle ils frappent
alternativement leur bâton contre le sol
et contre le bâton de leur partenaire.

Ahmedabad

Certainement
impressionnante
autrefois,
la **Tin Darwaza**
(Tripolia Gate)
disparaît
aujourd'hui
au milieu de
la foule des
passants et des
embouteillages.

LE GUJERAT, DONT LA CAPITALE EST AHMEDABAD, COMPREND TROIS régions distinctes : la péninsule vallonnée de Saurashtra ; le Kutch aride formé d'un désert, le Rann ; et une partie centrale de plaines fertiles. Premier producteur de coton et d'huile d'arachide, deuxième producteur de tabac, c'est l'État le plus riche de l'Inde. Une visite à Ahmedabad, avec ses imposants monuments islamiques, ses sculptures ajourées *(jali)* et son beau musée consacré au textile, constitue le point de départ idéal pour sillonner cet État encore peu touristique.

LA VIEILLE VILLE

Commencez votre circuit par l'ancienne citadelle de **Bhadra**. Lorsqu'Ahmad Shah Ier devint sultan du Gujerat, en 1411, il transféra la capitale de Patan (voir p. 149) à Ahmedabad et fit ériger cette citadelle de pierres rouges *(fermée au public, mais on peut généralement monter jusqu'au* *toit par l'escalier situé à l'intérieur de la porte principale pour profiter du panorama sur la ville).* Devant la citadelle, vous pouvez admirer la mosquée verte et blanche d'Alif Shah ainsi que, près des Victoria Gardens, la petite mosquée privée d'Ahmad Shah dont les *mihrab* ornementés (niches indiquant la direction de La

Ahmedabad
🗺 129 C2
Office de tourisme
✉ H.K. House, au sud du Gandhi Bridge
☎ 079-658 9172

afin de tirer parti de ses richesses et de sa situation sur la route du *hajj* (pèlerinage) vers La Mecque. Même si le cadre n'est pas très agréable (au milieu de la circulation), elle mérite qu'on s'y attarde pour admirer ses dix fenêtres de marbre ouvragées *(jali)*, notamment celles qui s'ouvrent sur le mur ouest. Vous remarquerez que des artisans locaux des cultes hindou et jaïn ont été autorisés à sculpter des héros et animaux de la mythologie hindoue.

Empruntez Mahatma Gandhi Road, où plusieurs sites datent de l'époque d'Ahmad Shah. Vous verrez d'abord la **Tin Darwaza**, triple porte monumentale du Khas Bazaar, puis la magnifique **Jama Masjid** (1424) ; gravissez son perron monumental afin d'admirer la cour, la salle des prières et les fenêtres à écrans de pierre ajourés *(jali)* du *zenana* (quartier des femmes). Allez ensuite au **mausolée** de la famille d'Ahmad Shah (1442, fermé aux femmes) ; celui des reines, situé dans Manek Chowk, accueille aujourd'hui des échoppes de bijoutiers, teinturiers et marchands de tissus. Notez le style hindou de l'architecture et la finesse des incrustations.

Enfin, faites trois courts détours pour découvrir la **mosquée** à l'architecture hindoue de Rani Sipri (1514), le **temple de Swaminarayan**, en bois sculpté, et les *haveli* environnants, ces demeures ouvragées typiques du Gujerat.

Cette charmante mosaïque représentant deux colombes est exposée au Calico Museum of Textiles.

Mecque) contrastent avec les inscriptions en sanskrit gravées dans la pierre d'un ancien temple hindou.

Dans le même quartier, la **mosquée de Sidi Sayyid** (1573, fermée aux femmes) fut érigée peu après que l'empereur moghol Akbar eut inclus le Gujerat dans son empire (1572)

Le tremblement de terre de 2001

À 8 h 46, le 26 janvier 2001, l'Inde fut ébranlée par un séisme de 7,7 degrés sur l'échelle de Richter, dont l'épicentre était situé près de Bhuj, cité médiévale du Kutch, au Gujerat. Les secousses furent ressenties jusqu'à Chennai et au Népal. Plus de 300 villages furent rayés de la carte et l'État entier fut affecté. Ce tremblement de terre fit plus de 20 000 victimes, tandis que 1 016 villages et 8 villes étaient touchés. À Ahmedabad, 179 bâtiments furent endommagés, mais la vieille ville a en partie échappé aux destructions. Des projets de reconstruction visant à moderniser l'architecture de l'État du Gujerat, encore largement médiéval, ont été engagés. ∎

Calico Museum of Textiles

✉ Sarabhai Foundation, Shahibagh

🕐 Fermé le mer., visites de 10h30 à 11h30 et de 14h45 à 15h45

Ces immenses cerfs-volants peints sont les vedettes d'un festival annuel.

Shreyas Folk Art Museum
✉ Quartier d'Ambavadi
🕐 Fermé le lun.
💶 €

Tribal Museum
✉ Gujarat Vidyapith, Ashram Road
🕐 Fermé le dim.

N.C. Mehta Gallery
✉ Indology Institute, Radhakrishnan Road, près de l'université
🕐 Fermé le lun.

Vishalla Village
✉ Sarkhej Road, Vasana

Gandhi Smarak
✉ Sabarmati Ashram, Ashram Road
💶 €

Sardar Patel Memorial Museum
✉ Près de Shahibagh Road
🕐 Fermé le lun.
💶 €

Adalaj Vav
✉ 17 km au nord d'Ahmedabad vers Ajmer

AUTRES CURIOSITÉS D'AHMEDABAD

Ville prospère jusque vers 1630, Ahmedabad connut par la suite des revers, notamment après une série de famines qui amorcèrent une période de déclin. En 1817, sous l'influence britannique, la ville devint un centre industriel important en Orient. L'arrivée du Mahatma Gandhi, qui y fonda un ashram (voir p. 150), contribua à développer l'industrie textile. Ainsi, le musée le plus important d'Ahmedabad est le **Calico Museum of Textiles**, consacré aux techniques du tissage, de la broderie, de la teinture (dont le célèbre *bandhani*) et de l'impression. Vous y découvrirez aussi une superbe collection de tissus anciens et modernes, de costumes et de métiers à tisser réunis par les Sarabhai, des magnats du textile.

Parmi les autres musées de la ville, citons le **Shreyas Folk Art Museum,** qui présente l'artisanat du Gujerat (collection de tissus et de vêtements), le **Tribal Museum**, consacré aux peuples de l'État, le **Kite Museum**, musée du cerf-volant, et la **N.C. Mehta Gallery**, qui expose des miniatures indiennes. Aux abords de la ville, **Vishalla Village** regroupe des huttes traditionnelles, des boutiques d'artisans (potiers, tisserands, etc.), un musée du métal gujarati et un restaurant. Les admirateurs de Le Corbusier pourront y voir plusieurs de ses constructions (voir p. 88-89).

Ahmedabad a joué un rôle capital dans le mouvement pour l'indépendance de l'Inde (voir p. 150). Situé dans les jardins de l'ashram Sabarmati où Gandhi vécut de 1917 à 1930, le **Gandhi Smarak**, dû à Charles Correa, renferme des documents (lettres, photos) illustrant la lutte du Mahatma, tandis qu'un son et lumière retrace les grandes étapes de sa vie. Continuez par le **Sardar Patel Memorial Museum**, consacré à Sardar Patel (1875-1950), grand homme politique proche de Gandhi et de Jawaharlal Nehru.

Visitez enfin les trois *vav* (ou *baoli*), des puits souterrains à étages, symboles de la gloire musulmane et du savoir-faire des architectes hindous. Le **Dada Hari Vav** (XVe siècle) et le **Mata Bhavani Vav** (XIe siècle) sont en ville, mais le plus impressionnant, l'**Adalaj Vav** (XVe siècle), est situé sur la route de Gandhinagar. ■

Le nord d'Ahmedabad

EN DÉPIT DES DESTRUCTIONS DUES AU TREMBLEMENT DE TERRE DE janvier 2001, la vie a repris son cours dans la région et de nombreux sites du Gujerat sont aujourd'hui à nouveau accessibles.

Gandhinagar, qui doit son nom au Mahatma Gandhi, est la seconde ville indienne à avoir été planifiée dans les années 1960 : comme Chandigarh, elle fut conçue par Le Corbusier, assisté de B.V. Doshi. L'abondante végétation a contribué à adoucir l'aspect un peu froid de cette « cité idéale ».

Situé au nord-ouest d'Ahmedabad, le temple de **Modhera** est dédié à Surya, le dieu Soleil. Commencé en 1027 sous le règne de Bhimadeva Ier, ce fut l'une des premières réalisations des souverains Solanki (XIe-XIIIe siècle). Bien qu'il ait été pillé par Mahmud de Ghazni (voir p. 37), il reste l'un des plus beaux temples hindous du Gujerat. Son édification fut financée par souscription publique et menée à bien par des travailleurs bénévoles. Son architecture monumentale n'a d'égale que la richesse de ses ornementations. De l'immense réservoir flanqué d'une double volée de marches, deux *mandapa* (pavillons à piliers) mènent au sanctuaire ; remarquez notamment les sculptures d'Agni (au sud) et de Surya (au nord).

En continuant vers le nord, vous arrivez à **Anahilvada**, l'ancienne capitale des Solanki, qui fut plusieurs fois mise à sac par des pillards musulmans, puis abandonnée pour Ahmedabad. Parmi les vestiges des fortifications, des temples et du réservoir figure un *baoli* (puits souterrain) bien préservé, le Rani Vav de la reine Udaimati des Solanki (v. 1080). Dans le quartier Sadvi Wada de **Patan**, ville voisine fondée en 1796, vous pourrez observer le tissage de la soie selon la technique de l'ikat dans une de ses formes les plus raffinées, le sari en soie *patola* ; admirez aussi les *haveli* ouvragés, ainsi que les temples jaïns.

Au nord d'Ahmedabad, à **Taranga**, le temple jaïn (1166) est dédié à Ajitanatha, le second des 24 maîtres divinisés du jaïnisme, les *tirthankara*. Bien conservé, il a été construit par le souverain Solanki Kumarapala. Joignez-vous aux pèlerins jaïns qui gravissent la colline. À **Kumbharia** se trouvent cinq temples jaïns en marbre de la période des Solanki. ∎

Gandhinagar
- 129 C2 et D2
- ✉ 23 km au nord-est d'Ahmedabad

Modhera
- 129 C3
- ✉ 105 km au nord-ouest d'Ahmedabad

Anahilvada
- ✉ 170 km au nord d'Ahmedabad

Patan
- 129 C3
- ✉ 170 km au nord d'Ahmedabad

Taranga
- 129 C3
- ✉ 135 km au nord d'Ahmedabad

Kumbharia
- ✉ 190 km au nord-est d'Ahmedabad

Ce tisserand crée avec patience le motif d'une pièce en soie tissée selon la technique de l'ikat.

Le Mahatma Gandhi

Mohandas Karamchand Gandhi (1869-1948) est l'un des hommes qui ont le plus marqué le xxᵉ siècle. Il est né à Porbandar (voir p. 154), dans l'ouest du Gujerat, où son père et son grand-père étaient *diwan* (Premiers ministres) du maharaja. Après des études de droit à Londres, il travailla en Afrique du Sud, où sa résistance passive contre la politique d'apartheid du gouvernement lui valut le titre de Mahatma («Grande Âme») de la part du poète bengali Rabindranath Tagore.

Gandhi était adepte d'une vie simple.

De retour dans son pays en 1915, Gandhi participa au combat de l'Inde pour la liberté et fonda l'ashram Sabarmati à Ahmedabad, où il s'installa deux ans plus tard. Il se lança alors dans une forme de protestation morale non-violente contre l'oppression, connue des Indiens sous le nom de *satyagraha* («recherche de la vérité») et des Britanniques sous celui de désobéissance civile. Il s'agissait de défier pacifiquement les lois et d'accepter de plein gré le châtiment. Choqué par les massacres perpétrés à Amritsar par l'armée à la suite de la grève nationale pacifique dont il était l'instigateur en 1919, il lança une campagne de non-coopération (1920-1922).

Le but de Gandhi était de créer une Inde unifiée et indépendante par le biais de l'*ahimsa* (non-violence) et de la *satya* (vérité). Lorsqu'il filait le coton sur son rouet et tissait de la toile, il incarnait sa vision d'une Inde autonome. En 1921, il troqua les vêtements européens contre la *dhoti* en coton et le châle. Il s'engagea auprès des intouchables et s'efforça de leur conférer honneur et dignité en les rebaptisant *harijan* (enfants de Dieu). Gandhi mena campagne sur campagne, inspirant par exemple le *svadeshi*, mouvement nationaliste boycottant les produits britanniques, spécialement les cotonnades. Il soutint le président du parti du Congrès, Jawaharlal Nehru, lorsque la résolution exigeant l'indépendance complète fut adoptée le 26 janvier 1930. Cette année-là, Gandhi lança une campagne de désobéissance civile et défia le gouvernement britannique par son appel à la Marche du sel, protestant contre le monopole britannique sur la production du sel. Le 12 mars, la marche quitta Ahmedabad et, un mois plus tard, elle atteignit Dandi, sur la côte du Gujerat, où les milliers de manifestants entreprirent de faire bouillir de l'eau de mer afin d'en récolter le sel illégalement. Gandhi fut emprisonné le 5 mai, puis rapidement libéré. En janvier 1931, il signa avec le vice-roi britannique, lord Irwin, un pacte qui déboucha en 1935 sur une nouvelle Constitution : le Government of India Act.

Durant la Seconde Guerre mondiale, Gandhi lança le slogan «Quit India» et œuvra pour une Inde libre, ce qui lui valut à nouveau d'être incarcéré. Sous la conduite d'Ali Jinnah, les musulmans s'opposèrent à lui car ils redoutaient une Inde indépendante dans laquelle ils seraient minoritaires. Lorsque des émeutes éclatèrent en 1946 à Calcutta entre hindous et musulmans, Gandhi entreprit une grève de la faim pour faire cesser les violences. Il jeûna à nouveau en faveur de la paix quand, lors de la partition de 1947, l'arrivée d'hindous et de sikhs en Inde et le départ de musulmans pour le Pakistan se firent dans un bain de sang. C'est dans ce contexte de tensions communautaires que, le 30 janvier 1948, un fanatique hindou réprouvant sa tolérance à l'égard des musulmans l'assassina à Delhi à l'occasion d'une prière publique. Par un paradoxe de l'histoire, cet acte eut pour effet d'endiguer la violence qui ébranlait le pays. ∎

Le comte Mountbatten, dernier vice-roi des Indes, et son épouse lors d'une entrevue avec Gandhi à la résidence du vice-roi, à New Delhi, en 1947.

Sur l'île de Diu, les femmes trient les prises du jour avant de se rendre au marché.

Le Saurashtra

Cette région rurale du Gujerat s'étend sur la péninsule de Kathiawar, entre le golfe de Cambay et celui de Kutch. Les anciens ports, forts et temples témoignent des différentes cultures qui se développèrent ici, à commencer par la civilisation de l'Indus (voir p. 26). En 1807, la région morcelée en 220 petits États, dont bon nombre étaient dirigés par les Rajpouts, fut placée sous autorité britannique. Les sites sont présentés ici dans le sens des aiguilles d'une montre au départ d'Ahmedabad. L'idéal est de louer une voiture avec chauffeur.

Saurashtra

🅰 128 B1 et B2 et
129 C1 et C2

Office de tourisme d'Ahmedabad

✉ H.K. House, Ashram
Road, au sud du
Gandhi Bridge

☎ 079-658 9172

LE SUD

Sur la route qui descend vers Lothal, vous arrivez à **Sarkhej**, où se trouve le tombeau du maître spirituel d'Ahmad Shah Iᵉʳ, le cheikh Ahmad Khattu (1445). Dans la réserve ornithologique de **Nal Sarovar**, vous pourrez observer de nombreux oiseaux migrateurs aquatiques *(nov.-fév.)*. **Dholka** (45 kilomètres au sud d'Ahmedabad) se distingue par ses trois mosquées médiévales monumentales et son *haveli* en bois. Parmi les vestiges mis au jour à **Lothal**, un site harappéen, citons un port avec son quai et d'anciens bazars. Le musée du site expose une collection de bijoux, sceaux, poids et compas. Visitez le **Velavadar Black Buck Sanctuary** avec un guide pour mieux profiter de cette réserve naturelle. Vous verrez peut-être des antilopes indiennes *(black buck)*, traditionnellement protégées par la tribu des Bishnoi (voir p. 143).

Fondée en 1723 par le maharaja Bhavsinghji Gohil, la cité de **Bhavnagar**, un port spécialisé dans l'exportation du coton, possède des bazars animés où l'on vend de l'or, de l'argent, des tissus et des *bandhani*. Le Gandhi Smriti Museum expose des poteries allant de l'époque de la civilisation de l'Indus (harappéenne) à nos jours. De là, vous pouvez visiter **Palitana** et vous joindre aux pèlerins qui gravissent la colline sacrée de Shatrunjaya, dédiée au saint jaïn Adinatha ; avec un total de 900 petits édifices, ce sommet est le plus grand ensemble de temples de l'Inde.

L'île de **Diu** (13 kilomètres) était, avec Goa et Daman, une possession portugaise jusqu'en 1962. C'est le lieu idéal pour se détendre, profiter des plages et des cafés et louer une bicyclette afin de découvrir la vieille ville et le fort. Évitez les jours fériés car l'île attire les Gujaratis venus profiter de la libre consommation d'alcool (interdite sur le continent).

Le **temple de Somnath**, situé près de Veraval, a donné lieu à de multiples légendes dans la mythologie hindoue. L'édifice fut plusieurs fois détruit par des pillards musulmans et reconstruit à chaque fois par les hindous. Le temple actuel (1950) a été érigé à l'instigation de Sardar Patel, en respectant le plan du temple Solanki de Modhera (voir p. 149).

Dernier site d'importance dans le sud de la région, le **parc national de Sasan Gir** est l'ultime refuge du lion d'Asie qui peuplait les forêts du nord de l'Inde jusque vers 1880. Environ 300 lions vivent sur un territoire de 260 kilomètres carrés avec d'autres espèces, et la réserve tend à s'accroître aux dépens des éleveurs Maldhari locaux. Visitez le parc de préférence de novembre à mi-juin – le plus tard étant le mieux pour avoir la chance d'apercevoir les lions.

L'OUEST

Junagadh, ancienne capitale du Gujerat, est le point de départ des fidèles jaïns pour leur pèlerinage au sommet du mont Girnar. La vieille citadelle de Junagadh, Uparkot, jadis bastion Maurya et Gupta, est accessible par une triple porte ornementée percée dans la roche massive des remparts. À l'intérieur, on découvre des grottes des IIIe-IVe siècles aux piliers sculptés, ainsi que deux *baoli* ou *vav* (puits souterrains) datant du XIe siècle. En ville, les mausolées de notables de Junagadh comptent

Sarkhej
🏛 129 C2
✉ 8 km au sud-ouest d'Ahmedabad

Réserve ornithologique de Nal Sarovar
✉ 48 km au sud-ouest d'Ahmedabad

Lothal
🏛 129 C2
✉ 105 km au sud d'Ahmedabad
🎫 €

Velavadar Black Buck Sanctuary
🏛 129 C2
✉ 180 km au sud d'Ahmedabad

Bhavnagar
🏛 129 C2
✉ 200 km au sud d'Ahmedabad

Diu
🏛 129 C1

Somnath
🏛 128 B1

Parc national de Sasan Gir
🏛 129 C1
🕐 Fermé de juil. à oct.
🎫 €

Junagadh
🏛 128 B2

Porbandar
🏛 128 B2

Gravissez la colline de Palitana pour visiter les temples et profiter de la vue.

Daria Rajmahal
✉ 95 km de
l'aéroport de Diu
🕐 Fermé pendant les
vacances scolaires

**Anut Nivas
Khambala**
✉ 25 km à l'est
de Porbandar

Kirti Mandir
🕐 Fermé du coucher
au lever du soleil

Dvarka
⚠ 128 B2

Jamnagar
⚠ 128 B2
Fort de Lakhota
🕐 Fermé le mer.

€ €

Rajkot
⚠ 129 C2
Office de tourisme
✉ Jawahar Road, au
nord de Sanganwa
Chowk
☎ 0281-234 507

**Kaba Gandhi
no Delo**
✉ Ghitake Road, Rajkot

Watson Museum
🕐 Fermé le mer. et
le sam.

€ €

Morvi
⚠ 129 C2
**Dubargadh
Waghaji**
🕐 Visite des cours
uniquement

New Palace
✉ New Palace, Morvi
🕐 Demande de visite
par courrier

parmi les plus raffinés du Gujerat. À l'extérieur, sur le chemin menant aux temples du mont Girnar (XIIᵉ siècle), un bâtiment moderne renferme un rocher sur lequel sont gravés les édits d'Ashoka (voir p. 31 et 33).

Ville natale de Gandhi, le port de **Porbandar** entretenait jadis des relations commerciales avec l'Afrique et le golfe Persique. Sous le protectorat britannique, le commerce y était florissant. Des pierres de qualité étaient exportées vers Bombay et Karachi, les mêmes qui ont servi à construire deux palais sur le front de mer : le **Daria Rajmahal** et l'**Anut Nivas Khambala** (1927, musée dans la salle rajpoute). Le **Kirti Mandir** est la modeste maison natale de Gandhi *(visite gratuite)*. Le temple adjacent (1950) lui est dédié.

Selon ses adeptes, Krishna aurait fui Mathura pour faire de **Dvarka** sa capitale. Les pèlerins s'y rassemblent notamment à l'occasion des fêtes de Shivratri *(fév.-mars)* et de Janmashtami *(août-sept.)*, cette dernière célébrant l'anniversaire de Krishna.

Érigée sur la berge du lac Ranmal, la vieille ville de **Jamnagar** est protégée par les **forts de Lakhota et de Bhujia**. Dans l'enceinte se trouve le Chandni Bazaar, avec ses *haveli* anciens et ses temples aux ornementations spectaculaires dédiés à Adinatha et à Shantinatha. Voyez aussi la **mosquée de Ratan Bai**, avec ses portes incrustées, le Willingdon Crescent, une place en forme de croissant à Chelmsford Market où le maharaja Ranjit Singh donnait des audiences publiques. La spécialité artisanale de la ville est le *bandhani* (voir p. 144).

LE CENTRE

Ville industrielle animée, **Rajkot** fut autrefois le quartier général britannique des États de l'Ouest ; c'est ici que la famille de Gandhi s'installa après avoir quitté Porbandar en 1881. Leur demeure, la **Kaba Gandhi no Delo**, est située dans la vieille ville,

parmi les maisons traditionnelles gujaraties en bois avec leurs volets sculptés et leurs vitraux. Le **Watson Museum** (1988) recèle des trésors harappéens, médiévaux et rajpouts, ainsi qu'une statue de la reine Victoria (1899) due à Alfred Gilbert. L'Alfred High School (1875) et le Rajkumar College (1870), conçu pour être l'équivalent d'Eton au Gujerat, sont d'autres édifices de l'époque coloniale.

Wankaner était la capitale de l'ancien État, où le père de Gandhi était *diwan* (Premier ministre) du maharaja. Sous le protectorat britannique, le maharaja Amarshinhji (1881-1948) sut insuffler un grand élan à la ville. Son imposant palais, le Ranjit Vilas (1907-1914), allie les styles victorien, gothique, italien et moghol. À l'intérieur, on peut admirer un escalier en marbre à double révolution. Il est possible de résider dans les ailes extérieures du palais.

Dans cette région du Saurashtra, vous remarquerez dans le paysage des pierres tombales appelées *pallia*, commémorant un acte de bravoure. Des dessins décrivent la façon dont la personne est morte : une main gravée signale une *sati* (suicide par immolation) ; un barde à cheval transpercé d'une lance symbolise un poète qui s'est suicidé parce que son maître n'avait pas remboursé le prêt dont lui-même était la caution.

Contrôlant l'accès à la péninsule du Gujerat, le petit État de **Morvi** était menacé jusqu'à ce que Thakur Sahib Waghaji, dont la famille régna de 1879 à 1948, y apporte stabilité et progrès. Il fut aussi à l'origine, avec son fils, de la construction de deux palais : le **Dubargadh Waghaji** (1880), de style gothique vénitien, et le très Art déco **New Palace** (1931-1944). **Halvad** possède un palais et de nombreux *pallia*, tandis que **Dhrangadhra** abrite des troupeaux d'ânes sauvages qui vivent aussi dans le Rann (désert) de Kutch. ∎

Le Kutch

LES VASTES PLAINES SALINES DE CETTE RÉGION SAUVAGE ET ARIDE sont le plus grand site de reproduction du flamant rose et un refuge pour l'âne sauvage d'Asie. Au nord, les terres marécageuses du Petit Rann et du Grand Rann sont complètement inondées à l'époque de la mousson, et le Kutch devient alors une île. Cette barrière naturelle formait autrefois une protection efficace contre les tentatives d'invasion des musulmans. En dépit de ses appartenances à divers empires, la région a su préserver ses traditions et ses artisanats. Elle a été durement touché par le tremblement de terre qui a frappé le Gujerat en 2001, notamment sa ville principale, Bhuj.

Dans la région du Kutch, au Gujerat, renommée pour la qualité de ses textiles, les femmes portent au quotidien de superbes *bandhani* ou de somptueux châles brodés.

Deuxième ville du Kutch, **Mandvi** a su tirer sa richesse de son activité portuaire à l'époque des Moghols, qui s'en servaient comme tête de pont pour leurs pèlerinages annuels à La Mecque (plus de 800 navires y prirent la mer en 1819). Vous y verrez le palais Vijay Vilas et les demeures aux sculptures ouvragées des grands marchands, dont celle de Ram Singh avec sa façade de style hollandais.

Pour le voyageur aventureux, la découverte des **villages** du Kutch compensera largement le caractère rudimentaire de l'hébergement. Avec un guide (renseignez-vous à l'office de tourisme de **Bhuj**) et un permis si vous souhaitez vous rendre dans le Nord, vous pourrez visiter **Mundra**, près des temples jaïns de Bhadreshvar, **Bhujodi**, connu pour ses tisserands, ou **Anjar**, renommé pour ses broderies chatoyantes.

En chemin, vous rencontrerez diverses communautés tribales arborant des tenues distinctives : les Rabari, renommés pour leur artisanat textile, les Bharvad, venus de Mathura, les Ahir, nomades vivant de l'élevage, et les Charan, dont les femmes sont souvent vénérées car associées à la déesse Parvati. ■

Bhuj

⬛ 128 B2

Office de tourisme

✉ Aina Mahal

☎ 02 832-24 910

🕐 Fermé le jeu.

Festivals

Bhuj, janv.-fév. : célébration de cinq jours avec musique, danses et artisanat traditionnel du Kutch.

Vadodara

129 D2

Office de tourisme

Gare ferroviaire

0265-329 656

Fermé le dim.

Lakshmi Vilas

Nehru Road

Fermé le lun.

€

Maharaja Fateh Singh Museum

Dans l'enceinte du Lakshmi Vilas

Fermé le lun.

€

Vadodara et ses environs

Si importante lorsque les Britanniques y installèrent leur premier comptoir commercial à Surat en 1614, la région de Vadodara est aujourd'hui rarement visitée. Le voyageur aventureux en route pour Bombay appréciera cependant quelques étapes de choix.

Si vous traversez la campagne luxuriante au départ d'Ahmedabad, faites un détour avant Vadodara pour découvrir la ville musulmane oubliée de **Champaner**. Après la prise de ce bastion du clan rajpout des Chauhan par Muhammad Begada en 1484, ce dernier passa 23 ans à aménager la cité pour en faire sa capitale, avant de finalement l'abandonner. Visitez les remparts historiques, les mosquées et mausolées, puis gravissez la colline sacrée jaïne de Pavagadh, qui s'élève juste à côté de la cité.

jamais construit par un particulier au XIXᵉ siècle. Conçu par le major Charles Mant, qui perdit la raison, et terminé par Robert Fellowes Chisholm, le Lakshmi Vilas est un mélange de divers styles indiens avec des vitraux londoniens, des mosaïques vénitiennes et un jardin dessiné par les paysagistes des Kew Gardens de Londres. Soucieux de ses sujets, le maharaja Sayajirao veilla à développer les infrastructures de son État en faisant construire routes, voies de chemin de fer et hôpitaux ; il interdit également le mariage des enfants et rendit l'école obligatoire.

À proximité, le **Maharaja Fateh Singh Museum** abrite une collection d'art européen. Valent également une visite le Pratap Vilas (v. 1910), le Makarpura Palace, le Kalabahavan Technical Institute (1922), le Vadodara Museum, l'Art Gallery, l'université et les monuments bouddhiques de Devnimori. Ne manquez pas non plus le Naulakhi Baoli (puits souterrain), le mausolée royal de Kirti Mandir et le Tambekarwada, un *haveli* de quatre étages décoré de fresques.

Allez jusqu'à **Daman** (210 kilomètres au nord de Bombay), en évitant les jours fériés car, comme sur l'île de Diu, la population s'y presse pour consommer librement de l'alcool. Daman était possession portugaise (1531-1961), influence qui se reflète dans l'architecture : au sud de la rivière Damanganga, à **Moti Daman**, vous pourrez admirer les remparts, les demeures portugaises et quelques-unes des églises les mieux conservées de toute l'Asie. À Nani Daman, sur la rive nord, vous trouverez des hôtels et des marchés. ∎

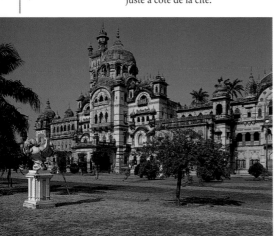

L'extravagant et luxueux palais de Lakshmi Vilas est un cocktail romantique d'architectures rajpoute, moghole et jaïne, mâtiné d'une touche de gothique et de classique.

Bien qu'industrielle, la ville de **Vadodara** (Baroda) offre d'indéniables attraits : *haveli*, bazars, parcs, bâtiments publics dus aux souverains éclairés de l'État de Baroda, surnommés Gaekwad (« protecteurs des vaches »). Commencez par le pittoresque **Lakshmi Vilas** (1880-1890), le palais du maharaja Gaekwad Sayajirao, aujourd'hui aménagé en hôtel ; il s'agirait de l'édifice le plus coûteux

Tandis que Bombay (Mumbai) bouillonne au rythme du marché boursier et des budgets de films bollywoodiens, le Maharashtra recèle de spectaculaires grottes bouddhiques, d'anciens temples hindous et des forteresses à l'histoire tumultueuse.

Bombay et le Maharashtra

Derrière cet habitant de Bombay, un détail d'une affiche de film hindi.

Bombay et le Maharashtra

LE MAHARASHTRA S'ÉTIRE À TRAVERS LES rizières côtières et les cocoteraies du Konkan, le long de la mer d'Oman, puis chevauche le relief rugueux des Ghats Occidentaux (Sahyadri) et pénètre jusqu'au cœur de l'Inde péninsulaire.

Sous cette diversité géographique, ce vaste État, le troisième de l'Inde en superficie et en population, offre une certaine unité. Ses habitants de langue marathie partagent une histoire commune, enrichie par des cultures distinctes établies au nord et au sud. Après avoir fait partie de l'empire Maurya (v. 320-v. 185 avant J.-C.), le Maharashtra vit des dynasties hindoues se succéder au pouvoir pendant 1 000 ans jusqu'en 1294, date à laquelle les Yadava se soumirent aux premiers d'une longue série de souverains musulmans. C'est vers la fin du XVIIᵉ siècle que la grande cité portuaire de Bombay, aujourd'hui rebaptisée Mumbai, prit son essor. À la même période, le héros guerrier Shivaji (voir p. 180) amenait le peuple marathe à former une puissante nation. En dépit de la défaite imposée par les Britanniques en 1817, l'esprit de Shivaji n'a pas disparu, ainsi qu'en témoignent les statues du fondateur du Maharashtra moderne qui ornent les places et les rues des villes de l'État.

Les visiteurs se contentent souvent d'un bref séjour à Bombay. Or la ville ne se résume pas à un centre commercial : on peut notamment y voir un ancien fort portugais et un des édifices publics néogothiques de l'époque victorienne.

Les sanctuaires rupestres d'Ellora (voir p. 176-177) et d'Ajanta (voir p. 178-179) constituent les destinations les plus prisées de l'intérieur des terres du Maharashtra. Elles renferment des peintures et sculptures considérées comme des chefs-d'œuvre du patrimoine artistique mondial. Si ces sites bouddhiques ont aiguisé votre curiosité, allez à Karla, Bhaja et Bedsa (voir p. 183), où d'autres grottes vous attendent. Ceux qui souhaitent goûter aux charmes de l'Inde des Anglais dans la fraîcheur des collines peuvent, après un court trajet en train, gravir les pentes jusqu'aux stations britanniques de Matheran, Mahabaleshvar ou Pune

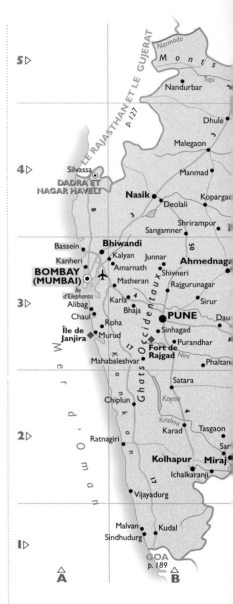

(Poona). Aujourd'hui très appréciées des habitants locaux, elles s'étendent au cœur de ce qui était autrefois la confédération marathe de Shivaji. La ligne ferroviaire du Konkan (voir p. 204-205) et l'aéroglisseur qui traverse le port de Bombay ouvrent les portes du sud de l'État avec, ensuite, la possibilité de prolonger son voyage vers Goa puis Kochi (Cochin, voir p. 207).

LES ALENTOURS DE DELHI
p. 93

Tapi

Bhusawal

Amalner

Jalgaon

achora

Akot

Achalpur

Katol

Gondia

Bhandara

NAGPUR

Amravati

Khamgaon

Akola

Murtajapur

Sevagram

Wardha

Ajanta

Buldana

Chalisgaon

Monts Sahyadriparvat

Yavatmal

Hinganghat

Wardha

Warora

Garhchiroli

Chikhli

Washim

Wani

Chandrapur

Ellora

Khuldabad

Pusad

Aurangabad

aulatabad

Jalna

Hingoli

Monts Satmala

LE DECCAN
p. 221

Paithan

Goduvari

Parbhani

Nanded

Bid

Parli

Monts Balaghat

Sironcha

Sina

Manjra

Latur

Udgir

Parenda

Barsi

Osmanabad

Naldurg

Bhima

Solapur

undharpur

Sangola

LE DECCAN
p. 221

L'EST DE L'INDE
p. 285

0   150 kilomètres

Delhi

Vue des chambres donnant sur la mer du Taj Mahal Hotel qui domine la Gateway of India, la porte de l'Inde.

Environ 70 % des habitants se consacrent à l'agriculture et le Maharashtra fournit une grande partie de la production nationale de mangues, raisin sans pépins, bananes, pamplemousses, sucre, noix de cajou et coton. Peut-être aurez-vous la chance, au détour d'une route, de contempler le spectacle émouvant d'une charrette à bœufs ramenant la récolte de coton au coucher du soleil. ∎

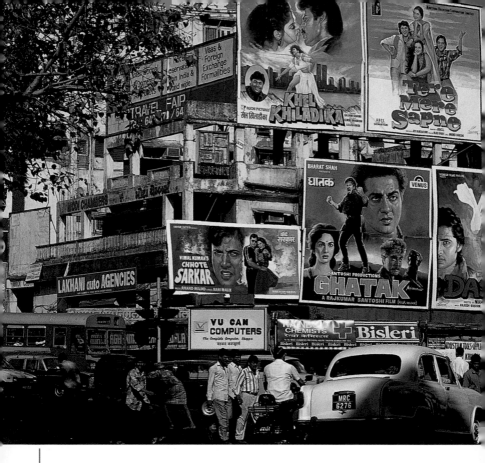

La ville de Bombay est hérissée d'affiches de film géantes. Certaines sont encore peintes à la main, tandis que d'autres apparaissent en trois dimensions.

Bombay (Mumbai)

BIEN QUE REBAPTISÉE MUMBAI EN 1995 – EN HOMMAGE À LA DÉESSE MUMBADEVI, à laquelle les premiers habitants du site vouaient un culte –, la ville répond encore à son ancien nom de Bombay. Forte de 12 millions d'habitants, elle accueille les sièges de la quasi-totalité des grandes banques, institutions financières et compagnies d'assurance de l'Inde. Bombay est également le centre le plus important de l'industrie du film (voir encadré p. 161) indien. Elle exhibe fièrement ses gratte-ciel, ses champs de pétrole off-shore et *Verve*, sa propre version du magazine de mode américain *Vanity Fair*.

Quand on pense que la ville a commencé sa carrière sous la forme de sept îles marécageuses infestées de malaria, on ne peut que s'incliner devant son parcours. Ces bouts de terre faisaient partie de la dot de la princesse portugaise Catherine de Bragance lorsqu'elle épousa Charles II, roi d'Angleterre, en 1662. En 1668, le gouvernement britannique les loua à la Compagnie des Indes orientales pour la somme de 10 livres sterling par an. La Compagnie, qui avait reçu sa charte commerciale de la reine Élisabeth Ire en 1600, jouissait du droit de légiférer et de collecter tout revenu inférieur ou égal à 3 000 £ par an (environ 480 000 € actuels). Cependant, le climat se révéla si malsain que, sur les 800 citoyens britanniques qui peuplaient le site en 1692,

Bania (commerçants hindous) fuyant l'oppression portugaise à Goa, les négociants arabes et d'autres à venir s'établir dans sa ville. En 1700, celle-ci comptait 120 000 habitants.

Le commerce connut une brusque hausse en s'ouvrant vers la Chine : coton et opium s'échangeaient contre du thé. Certains firent fortune. David Sassoon, dont la famille partit s'établir par la suite en Europe et aux États-Unis, débarqua à Bombay en 1833 et édifia un empire commercial géré par ses huit fils. L'un d'eux fut anobli sous le nom de sir Albert Sassoon de Kensington Gore en 1872.

Des bateaux à vapeur arrivaient avec, à leur bord, des femmes célibataires britanniques qui venaient ici trouver un époux. La voie ferrée de Bombay fut inaugurée en 1853 (elle n'atteindra les champs de coton de la plaine du Deccan que dix ans plus tard), le télégraphe fit son apparition en 1865 et la première filature ouvrit ses portes l'année suivante. Sir Bartle Frere, gouverneur de 1862 à 1867, dota la ville de son réseau de rues aérées et de ses splendides bâtiments victoriens. À la même période, la guerre civile américaine imposa la fermeture des ports de la Confédération aux États-Unis ; les négociants de Bombay en profitèrent pour renforcer leur position de fournisseurs de coton à la Grande-Bretagne. Lors de l'ouverture du canal de Suez, en 1869, Bombay occupait sur la côte occidentale la place que tenait Calcutta dans l'est de l'Inde. Cette ville cosmopolite a évolué avec son temps, devenant l'agglomération la plus moderne et la plus internationale du sous-continent. Mais, si les nantis de Bombay exhibent la richesse la plus ostentatoire de l'Inde, le quartier Dharavi de la capitale du Maharashtra est l'un des bidonvilles les plus misérables du pays. ∎

700 périrent cette seule année-là. Il reste que Bombay s'imposa rapidement en tant que pivot du commerce de la côte occidentale de l'Inde. Gerald Aungier, le « père de Bombay », fut gouverneur de 1672 à 1677. Il fonda les tribunaux de justice et créa l'unité militaire qui devint l'armée de la Compagnie des Indes orientales. Et surtout, il encouragea les parsis du Gujerat, les

Bollywood : l'industrie du film de Bombay

Bombay est la capitale du film hindi. Les productions y sont parfois complexes, et les tournages sont souvent suspendus pour trouver des fonds supplémentaires. Il n'est pas rare, d'ailleurs, que les mêmes comédiens tournent sur plusieurs plateaux à la fois. Mais les immenses placards promotionnels peints à la main attirent chaque semaine des millions de spectateurs qui s'y repaissent d'un mélange parfaitement minuté d'héroïsme, d'histoires à l'eau de rose et de bagarres, le tout enrobé d'une mise en scène excentrique où chansons et danses sont essentielles. Le public a le droit de huer le méchant, d'encourager le héros et de reprendre les chansons en chœur.

Pour vous immerger dans la plus populaire des cultures indiennes, allez au cinéma. Personne ne vous reprochera de sortir avant la fin du film, dont les trois heures de spectacle emportent les Indiens loin de leur quotidien. ∎

Colaba et le Maidan

Cette vue de la
Gateway of India,
la porte de l'Inde,
et du Taj Mahal
Hotel attendait
jadis ceux qui
arrivaient en
terre indienne
par bateau.

Bombay

🗺 158 A3

Office de tourisme gouvernemental

✉ 123 Maharshi Karve Road, en face de la gare de Churchgate

☎ 022-203 3144

e-mail mumbai@ tourismindia.com

🕐 Fermé le dim.

Prince of Wales Museum

✉ 159-161 M.G. Road

☎ 022-284 4519

🕐 Fermé le lun.

€ €

CE QUARTIER EST CERTAINEMENT LE PLUS PRESTIGIEUX ET LE PLUS empreint de l'atmosphère britannique de Bombay ; ses bâtiments publics sont autant de témoignages des fortunes issues du commerce entre l'Orient et l'Occident. Les architectes se sont plu à associer esthétique orientale et esthétique occidentale afin de créer certains des plus beaux monuments de style indo-musulman du pays.

Le meilleur point de départ est la **Gateway of India** (porte de l'Inde, 1927). De l'ouverture du canal de Suez à l'avènement de l'ère de l'aviation, cette pointe de la péninsule de Bombay a accueilli l'arrivée des paquebots et les premiers pas des passagers sur la terre indienne. C'est au Gujerat, et plus particulièrement à Ahmedabad (voir p. 146-148), que George Wittet puisa son inspiration pour cet arc de triomphe en pierre de couleur miel, orné de bas-reliefs décrivant la visite de George V et de la reine Mary en 1911.

Le 28 février 1948, le dernier soldat britannique quitta l'Inde en passant sous cette arche. Aujourd'hui, des bateaux de pêche et des ferries peuplent la rade s'ouvrant sur la mer d'Oman ; parmi ces derniers, des na-

vettes conduisent les visiteurs sur l'île d'Elephanta (voir p. 169), tandis que des aéroglisseurs assurent les liaisons avec Mandve (voir p. 186).

À côté de la Porte, tourné vers le port, se dresse l'édifice couronné d'un dôme rouge du **Taj Mahal Hotel** (1903). Construit par Jamshtji Nusserwanji Tata (1839-1904) et doté de bains turcs, l'établissement reste une institution au sein de la société aisée de Bombay. Membre de la communauté parsie et magnat du commerce, J.N. Tata étendit son empire du coton et se retrouva à la tête de filatures, d'usines hydroélectriques et d'une ligne de navigation maritime. Ce monument qu'il fit ériger à sa mémoire fut conçu par sir Charles Chambers. Les descendants de Tata ont suivi ses traces : ils ont fondé ce qui est aujourd'hui Air India et fait fortune dans le thé, les poids lourds et la recherche scientifique. Derrière l'hôtel, les ruelles conduisent à Colaba Causeway, un quartier commerçant offrant des articles de qualité.

C'est également Wittet, à nouveau inspiré par l'architecture du Gujerat, qui dessina les plans du **Prince of Wales Museum** (1905-1937). Ce musée commémore la première visite en Inde de George V, alors prince de Galles. Des statues le représentant, ainsi que son père, Édouard VII, ornent les jardins alentour. À l'intérieur, sous le dôme recouvert de tuiles, les collections sont placées sous le signe de la diversité : miniatures indiennes, châles brodés du Cachemire, objets en argent, verre, cuivre et jade, armes et armures, sculptures indiennes allant de la période harappéenne aux magnifiques pièces chrétiennes en ivoire du XVIIIe siècle façonnées à Goa.

Mais la palme revient à l'extravagance déployée par les édifices gothiques de la haute période victorienne qui se succèdent sur **Mayo Road** (K.B. Patil Marg), en face de l'espace verdoyant du Maidan. Beaucoup ont été construits en pierre ocre de Porbandar, et la plupart sont ornés de bas-reliefs inspirés du mouvement Arts and Crafts. C'est John Lockwood Kipling, le père de Rudyard, directeur de l'école d'art de Bombay, qui fut à l'origine de cette source d'inspiration inhabituelle.

Long de plus de 140 mètres, le **Secrétariat** (1874) du capitaine Wilkins évoque un palais vénitien. Ici, la pierre de Porbandar a été associée à du basalte bleu et rouge.

Les édifices nés du talent de sir George Gilbert Scott furent conçus en Angleterre, construits sous l'œil attentif du colonel James Fuller, ingénieur en bâtiment, et financés par le bienfaiteur parsi sir Cowasjee Jehangir Readymoney (on peut voir sa statue dans les jardins). Le **University**

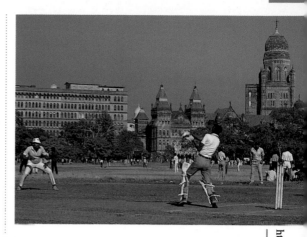

Convocation Hall (1874) est une version adaptée aux tropiques du style décoratif français du XVe siècle. Un de ses escaliers a été dessiné sur le modèle de celui du château de Blois. La **bibliothèque universitaire** et la **Rajabai Clocktower** (tour Rajabai, 1869-1878) qui la jouxte ont été pensées dans un style gothique italien et français du XIVe siècle. Leurs bas-reliefs et leurs vitraux sont d'une facture extrêmement délicate. La tour, inspirée par le campanile de Giotto à Florence, est ornée de personnages illustrant les castes de l'Inde. Au temps de l'empire, l'horloge sonnait les airs de *Home Sweet Home* et de *God Save the Queen*.

C'est à Fuller que l'on doit la conception de la **Cour suprême**, l'immense High Court (1871-1879), remarquable par son toit en pente raide recouvert de tuiles rouges, les silhouettes de la Justice et de la Miséricorde qui se détachent sur le ciel et les carreaux Minton des sols intérieurs. De là, rejoignez le **Public Works Office** (1869-1872), dû à Wilkins, avant d'admirer le **General Post Office** (1909). Achevez votre circuit à la **gare de Churchgate** (1894-1896), conçue par Stevens sur un mode byzantin, dont vous admirerez les dômes orientaux et les pierres polychromes. ∎

Partie de cricket sur le Maidan de Bombay.

Conseil

Les offices de tourisme et certains hôtels tiennent à la disposition des visiteurs le magazine *What's On* (en anglais), consacré à la vie culturelle de Bombay.

Secrétariat

✉ Mayo Road
🕐 Fermé le sam.
et le dim.

Université

✉ M.G. Road, Fort
☎ 022-265 2832

Cour suprême

✉ Bhaurao Patil Marg
(entrée sur Eldon Road)

General Post Office

✉ St. George's Road
☎ 022-262 0956
🕐 Fermé le sam
et le dim.

Gare de Churchgate

✉ Maharishi Karve Road
☎ 022-203 8016
ou 4577

EN VOITURE DANS LA BOMBAY COLONIALE

En voiture dans la Bombay coloniale

Essayez de réserver une voiture le samedi ou le dimanche (la circulation est moins dense) pour explorer les élégants bâtiments coloniaux de Bombay. Donnez la liste des sites que vous souhaitez voir à votre chauffeur, et il décidera du parcours le plus rationnel. Il patientera pendant vos visites.

La **Gateway of India** ❶ (1927), porte édifiée en souvenir de la visite en Inde du roi-empereur George V et de la reine-impératrice Mary en 1911, domine le port à Apollo Bunder. En vous tenant devant le monument, vous jouirez d'une magnifique vue sur le **Taj Mahal Hotel** (voir p. 162), l'un des plus prestigieux établissements hôteliers d'Asie, construit par l'industriel parsi J.N. Tata. À droite, une statue du héros de Bombay, Shivaji (1961), se dresse devant l'ancien Yacht Club (1898). Dépassez ce dernier pour atteindre Wellington Circle (1865). Sur la gauche se trouve une boutique d'antiquités, Phillip's Antiques, véritable caverne d'Ali-Baba.

Sur la droite, le Council Hall, de style indo-gothique, est le premier de plusieurs édifices conçus à Bombay par l'architecte britannique F.W. Stevens (1870-1876). Le **Prince of Wales Museum** ❷ (voir p. 163) se trouve juste en face, serti dans des jardins à la végétation luxuriante. La **synagogue Kennesseth Eliyahoo** (voir p. 168) se dresse derrière Rhythm House.

Sur Mayo Road (K.B. Patil Marg), en face de l'espace vert du Maidan, on peut admirer une succession d'édifices néogothiques de l'époque victorienne. En premier se dresse le **Secrétariat** du capitaine Wilkins (voir p. 163), suivi du **University Convocation Hall** ❸ (voir p. 163), doté d'escaliers en colimaçon, puis de la **bibliothèque universitaire** et de la **Rajabai Clocktower** (tour Rajabai, voir p. 163). L'ensemble s'achève avec la **Cour suprême** (High Court), conçue par le colonel Fuller (voir p. 163), le **Public Works Office**, édifié par Wilkins (voir p. 163), et, sur Veer Nariman Road (jadis Churchgate Street), le **Telegraph Office** de James Trubshawe. Avant de partir, profitez de la vue sur la **gare de Churchgate**, de style byzantin, d'où des trains partent à destination des grottes de Kanheri et de la baie de Bassein (voir p. 170-171).

En descendant Veer Nariman Road, vous parviendrez à la **Flora Fountain** ❹ (1869), une fontaine qui a donné son nom à l'ensemble du quartier. Sur la gauche, l'édifice couronné d'un

Des femmes font du yoga sur Marine Drive, avec en toile de fond la silhouette hérissée de gratte-ciel de Malagar Hills.

dôme abritait jadis les éditions Macmillan et, sur la droite, Handloom House fut construite pour abriter la demeure du parsi sir Jamsetjee Jeejeebhoy. D'autres constructions anciennes se dressent sur Mahatma Gandhi Road.

Derrière **Horniman Circle** ❺ (1860), flanqué du palais vénitien des Elphinstone Buildings sur la gauche, s'étend le vieux quartier du Fort. Ici se tiennent deux édifices coloniaux dignes d'intérêt : **St. Thomas's Cathedral** (cathédrale commencée en 1672) et l'**hôtel de ville** ❻ (Town Hall, 1820-1823) dessiné par le colonel Thomas Cowper, un des plus beaux exemples d'architecture classique de l'Inde, qui abrite aujourd'hui la bibliothèque de l'Asiatic Society of Bombay.

Engagez-vous dans Frere Road, dépassez les bastions du vieux fort et le General Post Office inspiré de l'architecture de Bijapur (1909), puis pénétrez dans la grande et belle gare néo-

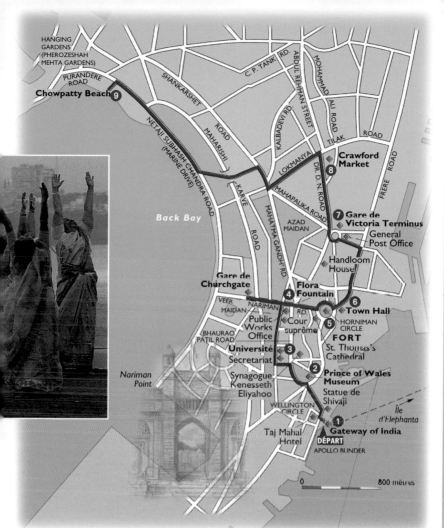

HANGING GARDENS (PHEROZESHAH MEHTA GARDENS)

Chowpatty Beach 9

PURANDERE ROAD

C. P. TANK RD.

ABDUL REHMAN STREET

MOHAMMAD ALI ROAD

SHANKARSHET

ROAD

MAHARISHI

KALBADEVI RD.

TILAK ROAD

NETAJI SUBHASH CHANDRA ROAD (MARINE DRIVE)

KARVE

LOKMANYA

DR. D. N. ROAD

FRERE ROAD

Crawford Market 8

Back Bay

MAHAPALIKA ROAD

AZAD MAIDAN

MAHATMA GANDHI RD.

7 Gare de Victoria Terminus

General Post Office

Handloom House

Gare de Churchgate

Flora 4 Fountain

6 Town Hall

VEER MAIDAN

NARIMAN RD.

Public Works Office

Cour 5 HORNIMAN CIRCLE suprême

BHAURAO PATIL ROAD

Université Secretariat 3

FORT

St. Thomas's Cathedral

Nariman Point

Synagogue Kenesseth Eliyahoo

2 Prince of Wales Museum

Statue de Shivaji

WELLINGTON CIRCLE

Île d'Elephanta

Taj Mahal Hotel

1 Gateway of India

DÉPART

APOLLO BUNDER

0   800 mètres

---

gothique de **Victoria Terminus** **7** (que les habitants de Bombay désignent par ses initiales, V.T.), conçue par Stevens (1878-1887, voir p. 166-167). Les immenses Municipal Buildings (1888-1893) couronnés d'un dôme de Stevens se dressent en face ; la statue du gâble (fronton) représente *Urbs prima in Indis* (la « Première ville en Inde »).

Pour finir, rejoignez le **Crawford Market** **8** (1865-1871, voir p. 167), un marché de style médiéval français où les stands croulent sous les mangues et les piments. Dirigez-vous vers Marine Drive pour flâner le long de la plage, **Chowpatty Beach** **9**, où les habitants se pressent autour d'échoppes de nourriture, de spectacles de rue et de sculpteurs de sable. ∎

⊠ Voir aussi p. 158-159

➤ Gateway of India

⬌ 13 km

⏱ 2-4 heures, selon la durée des arrêts

➤ Chowpatty Beach

À NE PAS MANQUER

- La Gateway of India
- Le University Convocation Hall et la bibliothèque universitaire
- Saint-Thomas's Cathedral
- La gare de Victoria Terminus
- Chowpatty Beach

Gare de Victoria Terminus

 Dr. D. Naoroji Road, Nagar Chowk

☎ 022-265 9512

€ €

La gare de Victoria Terminus

LE TRAIN EST LE SYMBOLE DU PROGRÈS : C'EST À BOMBAY QUE LES Britanniques posèrent les premiers rails d'une ligne ferroviaire indienne, afin de favoriser le déplacement des marchandises en provenance ou à destination de leur capitale commerciale. Le 16 avril 1853, le premier train démarra dans un jet de vapeur (voir p. 108-109). La gare ne fut construite que plus tard. Avec la Gateway of India, la porte de l'Inde, c'est sans doute l'édifice le plus connu de la ville.

En 1876, F.W. Stevens, un architecte du gouvernement, fut chargé de bâtir un nouveau terminus pour la compagnie ferroviaire Great Indian Peninsula Railway ; à l'époque, ce projet était le plus grand chantier de construction en Inde. Stevens s'inspira de la gare St. Pancras de Londres, conçue par George Gilbert Scott. Mais ce qu'il a accompli dépasse de loin son modèle : sa gare peut être comparée à une cathédrale dédiée au progrès symbolisé par la voie ferrée. Édifié en neuf ans à peine, de 1878 à 1887, le monument coûta une somme considérable pour l'époque (environ 250 000 £, soit près de 20 millions d'euros actuels).

Commencez par observer la gare à partir de l'entrée principale : l'effet est renversant. Les ailes de l'immense façade sont couronnées d'un gigan-

À Bombay, passé et présent se côtoient sans complexes : ici, une charrette à bœuf partage le bitume avec un bus devant la magnifique façade gothique de la gare de Victoria Terminus.

tesque dôme peu en accord avec le style gothique de l'ensemble. Au sommet se dresse une fière statue du Progrès, œuvre de Thomas Earp, à qui l'on doit également les médaillons de pierre portant les noms des grands personnages de l'empire qui ornent la façade (dont celui de sir Bartle Frere, gouverneur de la ville de 1862 à 1867) et les magnifiques lion impérial et tigre indien trônant au sommet de piliers. L'ensemble compose une véritable symphonie associant pierres de différentes teintes, ferronnerie décorative, marbres, céramiques incrustées et sculptures exubérantes. La majeure partie du travail de ferronnerie et de sculpture décorative fut réalisée par les étudiants indiens de l'école d'art de Bombay.

Dans l'aile gauche, à l'intérieur du hall des réservations, qui se caractérise par des voûtes élevées évoquant une nef d'église, on a un autre aperçu du style décoratif victorien. Les plafonds exhibent des étoiles d'or se détachant sur fond azur, tandis que la corniche est recouverte de céramique vernissée ornée de motifs végétaux. Des vitraux et des fenêtres habillées de ferronnerie d'art forment les ouvertures. Le mobilier a été fabriqué dans différents bois de la région,

les rambardes sont en cuivre, le sol est carrelé et les murs sont sculptés de feuilles, d'animaux et d'oiseaux.

La municipalité a rebaptisé la gare du nom de Chatrapati Shivaji Terminus (C.S.T.), l'associant ainsi au héros marathe Shivaji, mais la plupart des habitants continuent à l'appeler Victoria Terminus, ou V.T. Pour effectuer un voyage à l'indienne, prenez la ligne Punjab Mail, qui vous mènera à Agra en 24 heures, ou la Konkan Line, qui assure la liaison avec Goa (voir p. 204-205).

Fort du succès de sa gare, Stevens fut ensuite chargé d'édifier les Municipal Buildings (1888-1893) qui se dressent en face. Mêlant les styles gothique vénitien et indo-musulman, il parvint à exprimer les notions de souveraineté et de fierté civique imprégnant l'apogée de l'empire. Romantique et ingénieux, le dernier grand édifice conçu par Stevens fut une autre gare, celle de Churchgate, à laquelle il donna un style byzantin en utilisant de la pierre rouge de Bassein (voir p. 171) contrastant avec d'autres pierres bleues et blanches. La statue qui domine l'entrée, personnification du Génie technique, tient les symboles du Progrès (une locomotive et une roue) dans les mains. ∎

Les marchés de Bombay

Vous pouvez faire vos achats dans les grands hôtels ou, ce qui est plus amusant, dans le dédale des rues envahies par les stands et les boutiques. À Colaba Causeway, derrière le Taj Mahal Hotel, vous trouverez des boutiques de mode, mais il est des lieux plus pittoresques. Commencez par le Crawford Market, un marché où la fontaine de John Lockwood Kipling sert de cadre à des piles de fruits exotiques, d'épices et de légumes. Dans le même quartier, flânez dans les rues situées au nord de

Carnac Road, autour de l'axe Abdul Rehman Street. Comme souvent en Inde, les boutiques sont regroupées par types de produits. Le coin des tissus se trouve sur Mangaldas Lane, celui des bijoux dans le Zaveri Bazaar de Memon Street, près du temple de Mumbadevi (consacré à la déesse tutélaire de Bombay), tandis que les boutiques de cuivre et le laiton se concentrent à Baiduni Chowk. Plus loin, Mutton Road est bordée de magasins d'objets anciens – dont beaucoup de faux. ∎

Town Hall

✉ Horniman Circle

🕐 Fermé le sam. et
le dim.

**St. Thomas's
Cathedral**

✉ Veer Nariman Road

☎ 022-283 9783

**Synagogue
Kenesseth
Eliyahoo**

✉ 68 Worli Hill Road

☎ 022-283 1502

**Les bâtiments
municipaux de
F.W. Stevens
incarnent la
fierté impériale
et victorienne.**

Le Fort

LE QUARTIER DU FORT, DANS LE SUD DE BOMBAY, MARQUE LA LIMITE
de la partie européenne de la ville. Ici se dressait jadis un fort entouré
de remparts faisant face au port. Les Portugais avaient conclu un
accord avec Bahadur Shah du Gujerat pour exercer une activité commerciale dans la ville et dans la localité voisine de Bassein (Vasai, voir
p. 171). Lorsque les îles de Bombay passèrent aux mains des Britanniques et furent louées à la Compagnie des Indes orientales, les Anglais
érigèrent une structure défensive composée de hauts murs et d'imposantes portes. La plus grande partie de cet ensemble a été détruite
en 1862, mais on peut encore en relever des traces le long de Mahatma
Gandhi Road et de Dr. Dadabhai Naoroji Road.

Débutez votre parcours à l'**hôtel de
ville** (1833), sur Horniman Circle,
près des quais. Cet hôtel de ville dû
au colonel Thomas Cowper est l'un
des plus beaux édifices néoclassiques
de l'Inde. En majeure partie financé
par la Compagnie des Indes orientales, il exprime la confiance en soi
d'un empire britannique en pleine
expansion. Les fenêtres, dotées de
volets en bois et de pare-soleil incli-

nés, sont d'origine. Gravissez les
hautes marches puis passez devant les
colonnes doriques expédiées d'Angleterre par bateau avant de découvrir les statues de marbre ornant le
hall d'entrée et la cage d'escalier, qui
représentent les gouverneurs de
Bombay. Le bâtiment abrite aujour-
d'hui diverses sociétés savantes, dont
l'Asiatic Society of Bombay.

La construction des quais débuta
en 1860 sous l'impulsion de la famille
Wadia de Bombay. Ici, les grands
navires de l'East Indiamen étaient
fabriqués en teck, un bois dont la
durée de vie dépassait de cinq ans
celle du chêne anglais.

De l'autre côté de Horniman
Circle, Gerald Aungier posa les fon-
dations de **St. Thomas's Cathedral**
en 1672. À l'intérieur se dressent des
monuments funéraires, dont trois
ont été conçus par John Bacon : celui
du gouverneur John Duncan, celui de
Katharine Kirkpatrick, dont les fils
assurèrent la suprématie britannique
en Inde centrale, et celui du major
Eldred Pottinger.

En descendant Apollo Street, où
s'alignent des bâtiments anciens, vous
trouverez l'église néoclassique **Saint
Andrew's Kirk** (1819) sur Marine
Street. Derrière Rhythm House, se
dresse la **synagogue Kenesseth
Eliyahoo** (1884). Fondée par David
Sassoon, c'est la plus belle des
quelques synagogues de Bombay. ∎

L'île d'Elephanta

UNE EXCURSION EN BATEAU SUR CETTE ÎLE, À DESTINATION DE L'UN des plus beaux ensembles de grottes hindoues de l'Inde, est un enchantement. Par mer calme, le trajet en lui-même est un grand bonheur.

Ce sont les Portugais qui, après y avoir trouvé un immense éléphant sculpté en pierre, rebaptisèrent l'île, dont le nom d'origine était Gharapuri. Aujourd'hui, cette pièce est exposée au Dr. Bhau Daji Lad Museum, à Bombay (voir p. 172). Gravissez les marches en longeant les stands de souvenirs tenus par les habitants des trois villages environnants pour rejoindre le bungalow du gardien où un petit musée de site a été aménagé.

La **grotte** principale, dédiée à Shiva, se trouve un peu plus loin. Ce sont probablement les chefs de la dynastie Kalachuri qui, au VIe siècle, façonnèrent le lieu dans un escarpement qui se détachait de la haute falaise de basalte. L'ouverture centrale mène à une salle sobre, dont les colonnes sont ornées de chapiteaux sphériques aplatis. Au centre du mur du fond, une gigantesque sculpture en pierre d'un Shiva à trois têtes domine plusieurs autres œuvres représentant le dieu sous différents aspects. La statue principale associe avec subtilité les principes masculin et féminin ; la tête de droite offre un aspect doux et féminin, celle de gauche un côté redoutable et masculin. Placés de part et d'autre, des panneaux dépeignent Shiva androgyne sur la gauche et Shiva recevant le Gange dans sa chevelure sur la droite.

Dépassez le sanctuaire du *lingam*. Vous découvrirez le panneau du mariage de Shiva avec Parvati, puis celui de Shiva transperçant Andhaka d'une lance. De chaque côté de l'entrée principale, de grands hauts-reliefs figurent Shiva sous la forme du Yogi et sous celle de Nataraja (seigneur de la danse). D'autres panneaux, enfin, montrent le démon Ravana ébranlant le Kailasa (mont Kailash), ainsi que Shiva et Parvati jouant aux dés sur la montagne. ■

Cette sculpture présente Brahma (à gauche), Shiva (au centre) et Vishnou (à droite).

http://perso.club-internet.fr/ganapati/voyage/maharashtra/mumbay.html

Île d'Elephanta

- 🗺 158 A3
- 🕐 Fermé le lun.
- 💲 €

Conseils

Des navettes partent à intervalles réguliers de la Gateway of India, de 9 h jusqu'à 14 h 30 environ. Le trajet dure une heure. Vérifiez l'heure du dernier bateau de retour ; si la mer est agitée, renoncez à cette visite. Ceux qui souhaitent éviter de gravir les marches menant au temple peuvent prendre un train jusqu'au site ou louer une sorte de chaise à porteurs. Un agréable restaurant vous attend au sommet.

Les grottes de Kanheri offrent un havre de tranquillité après l'agitation de Bombay.

Grottes de Kanheri

 158 A3

 Prenez le train jusqu'à la gare de Borifili, puis un taxi ou un rickshaw jusqu'au parc national de Sanjay Gandhi (Krishnagiri Upavan). Les grottes sont à 5 km de l'entrée nord

€ €

Kanheri et Bassein

LES GROTTES DE KANHERI ET LES RUINES DU FORT DE BASSEIN constituent deux magnifiques excursions d'une journée qui vous mèneront au cœur de zones rurales, loin du bruit et de la foule de Bombay. Préférez le train local à la voiture. De la gare (Churchgate), vous traverserez la péninsule urbaine sans vous en rendre compte ; les arrêts sont affichés au-dessus des portes de chaque wagon. À l'arrivée, empruntez un taxi ou un rickshaw jusqu'au site.

LES GROTTES DE KANHERI

Kanheri recèle plus d'une centaine de monuments taillés dans un promontoire de granit surplombant la mer d'Oman. Inauguré par les Satavahana (Ier siècle), ce lieu accueillit une communauté bouddhiste (et peut-être une université) pendant près de 1 000 ans. Celle-ci s'était établie sur les routes commerciales reliant

Nasik, Paithan, Ujjain, Aurangabad et d'autres villes à des ports maritimes comme Sopara, situé non loin. Cette position lui valait des donations de la part de marchands, d'orfèvres et de forgerons, ainsi que le révèlent des inscriptions trouvées sur le site. Ces grottes étaient sans doute des refuges pour les moines bouddhistes itinérants durant les périodes de mousson. Elles devaient servir de logement, de

lieu d'étude et de méditation. Leurs vestiges révèlent qu'elles accueillaient à la fois des bouddhistes Hinayana et Mahayana (voir p. 58).

Les **grottes 2** et **3** sont les plus impressionnantes : la première est un *vihara* (monastère) flanqué de deux stupas, la seconde est un *chaitya* (sanctuaire) orné de sculptures du Bouddha et de couples de donateurs. La **grotte 11** était peut-être une salle d'assemblée ; la **grotte 14** abrite une sculpture du bodhisattva Avalokiteshvara à 11 têtes, et la **grotte 67** est décorée de sculptures du Bouddha. En haut de la colline, les **grottes 84 à 87** faisaient partie d'un vaste ensemble funéraire. Dans d'autres, on peut voir des citernes à eau ou des fours de cuisine.

Un petit café attend les visiteurs en haut de la pente tapissée de forêt.

BASSEIN (VASAI)

Les ruines de ce fort portugais, aux murailles et aux portes massives, sont envahies par la végétation. Peu visitée, cette vaste cité – seuls des chrétiens vivaient à l'intérieur des murs – resta sous domination portugaise de 1534 à 1739, date à laquelle les Marathes s'en emparèrent. La ville reçut la visite de saint François Xavier à quatre reprises (voir p. 193), signe qu'elle était alors importante. Elle fut abandonnée en 1818, au moment de son intégration à la Présidence britannique de Bombay. Aujourd'hui, la citadelle accueille des pêcheurs qui viennent y démêler leurs filets.

La Sea Gate (Porte maritime), est encadrée d'épaisses murailles, tandis que les bastions sont percés de meurtrières à canon. À l'intérieur, suivez le sentier en ligne droite qui mène à la haute tour à trois niveaux (1601) de la **Matriz of St. Joseph**, la cathédrale de Bassein. Plus loin, sur la droite, la **citadelle** à présent désertée conserve sa porte de pierre, sculptée d'armoiries portugaises ; au dessous s'étire un labyrinthe de salles. À 5 minutes à pied, toujours sur le même sentier, se dressent la **Church of St. Anthony** (1548), église fondée par saint François Xavier lors de sa troisième visite et, sur le côté, un cloître plein de charme. Mais le fleuron du site demeure la **Church of St. Paul**, une institution franciscaine dont le portail à colonnes conduit vers une vaste nef, un chœur, un cloître et une galerie offrant une belle vue sur l'ensemble. Des plaques tombales portugaises sont scellées au sol.

Pour aller au fort de Bassein, prenez le train jusqu'à la gare de Vasai, puis empruntez un rickshaw pour parcourir les 20 minutes de trajet jusqu'à l'entrée maritime *(sea entrance)*, où se trouve un café. Demandez au chauffeur de vous attendre ou mettez-vous d'accord sur un horaire pour qu'il vous retrouve à l'autre porte. ■

Bassein
⬛ 158 A3
✉ 60 km au nord de Bombay
€ €

À Kanheri, un stupa hémisphérique tout simple se dresse au fond de la grotte 2, dont les parois sont abondamment sculptées.

La fête de Ganapati

Ganesh, le dieu de la prospérité et de la chance à tête d'éléphant, est la divinité favorite des hommes d'affaires hindous de Bombay qui, chaque mois de septembre, célèbrent son anniversaire. Pendant 10 jours, d'immenses représentations en argile du dieu peintes en rose et décorées apparaissent dans les rues, les usines, les maisons. Chaque statue contient un morceau d'argile ayant servi à façonner celles de l'année d'avant. Le jour de la pleine lune, ces Ganesh sont promenés dans la ville, puis conduits à Chowpatty Beach, où des danses et des jets de poudre rose les accueillent. Les statues sont alors plongées dans la mer, où elles se dissolvent. ■

Autres sites à visiter

BHULESHVAR MARKET

Ce marché est situé au sud de C.P. Tank Road, vers le temple de Mumbadevi. Le marché aux légumes, très fréquenté, se tient sur Kumbhar Tukda. Vous trouverez aussi des boutiques fournissant les costumes pour les films hindis et les idoles pour les temples. À Phool Galli (la « ruelle aux fleurs »), on élabore des arrangements floraux destinés aux temples et aux mariages.

BYCULLA

Dans cette partie de Bombay située au nord du centre-ville, vous pourrez passer un moment divertissant au **Mahalaxmi Race Course**. Fondé en 1878, cet hippodrome a encouragé l'élevage de chevaux en Inde. De mai à novembre, de vieux messieurs à la mise élégante, des stars de cinéma à l'allure tapageuse et des habitants de toutes classes sociales viennent assister aux courses, chaque mercredi ou presque, ainsi que le week-end. En flânant dans le quartier parmi les hautes cheminées des filatures de coton du XIXᵉ siècle, dont certaines sont encore en activité, vous découvrirez la **synagogue Maghan David** (1861), fondée par David Sassoon sur Sir Jamsetji Jeejeebhoy Road. Au nord de cette synagogue, le charmant **Dr. Bhau Daji Lad Museum** est consacré à l'artisanat local et à l'histoire de la ville. La sculpture d'Elephanta (voir p. 169) se trouve dans le jardin. La tour de l'horloge (1865) est un don de David Sassoon.

Dr. Bhau Daji Lad Museum (Victoria and Albert Museum) ✉ Dr. Babasaheb Ambedkar Byculla ☎ 022-725 799 ⏰ Fermé le mer.

KONDVITE

Si vous souhaitez visiter d'autres temples, prenez un train à destination d'Andheri à la gare de Churchgate. Là, 18 grottes sacrées entourent une petite colline. La **grotte 9** (IIᵉ siècle) est une imitation d'une hutte au toit de palme ; la **grotte 13** (Vᵉ-VIᵉ siècle) abritait jadis un monastère qui comprenait des cellules et même des lits taillés dans la roche.

MARINE DRIVE ET CHOWPATTY BEACH

La plage de Chowpatty et la zone située à l'extrémité nord de Marine Drive (aujourd'hui appelée Netaji Subhash Chandra Road) sont des endroits très agréables pour se détendre. Les habitants de Bombay effectuent de longues promenades le matin et le soir le long de la mer, tandis que les enfants jouent au cricket dans la journée. Chowpatty Beach est également le centre des loisirs de la capitale. Allez-y plutôt en fin d'après-midi. Vous pourrez grignoter les *chaat* (en-cas) locaux, qui sont proposés sur des stands, et flâner parmi les sculpteurs de sable, les musiciens, les astrologues et autres amuseurs. Cette plage est le centre de la populaire Ganesha Chaturti ou fête de Ganapati (voir encadré). ■

La grotte 8 de Karla, qui date du Iᵉʳ siècle, renferme des chapiteaux magnifiquement sculptés, de fausses poutres de plafond et un impressionnant stupa.

http://love.in.peace.free.fr/maharashtra_info.htm

Le Maharashtra

NE VOUS LAISSEZ PAS EFFRAYER PAR LA TAILLE DE CET ÉTAT. EN EFFET, LES PRINCIPAUX sites du Maharashtra se concentrent dans quelques zones, chacune étant proche d'une ville importante offrant des structures d'hébergement satisfaisantes. Pour circuler, le mode de transport le plus agréable est la voiture avec chauffeur. Mais vous pouvez aussi bien choisir le train (recommandé pour aller à Matheran) ou l'avion.

Aurangabad, qui accueille les sites industriels de grandes sociétés, recèle de magnifiques sculptures rupestres et un cratère de météorite vieux de 50 000 ans. À partir de là, vous pouvez visiter Daulatabad, Ellora et, plus loin, Ajanta.

Pune (Poona) sert de base pour explorer les reliefs accidentés des Ghats Occidentaux, où se dressent plusieurs forts associés à la vie de Shivaji (voir p. 180). De Mahabaleshvar, des excursions empruntent de petites routes de campagne qui offrent de belles vues sur le mont Shivaji et passent par des forts côtiers. À partir de la modeste station de Lonavala, vous pourrez découvrir les anciennes grottes sacrées bouddhiques de Karla, Bhaja et Bedsa.

La portion du littoral qui s'étire entre Bombay et Goa vaut d'être explorée par étapes. Avec la récente voie ferrée du Konkan et les liaisons maritimes entre Bombay et Mandve, la côte du Maharashtra est en passe de s'ouvrir au tourisme. Les structures d'hébergement demeurent simples, exception faite du merveilleux hôtel de charme de Chiplun, entouré de jardins en terrasse. L'île fortifiée de Janjira et les deux forts côtiers de Vijayadurg et Sindhudurg méritent que l'on sacrifie quelque peu à son confort. ■

À Ajanta, des guides locaux se chargent d'éclairer les sculptures et peintures des grottes taillées dans la roche. Ici, le haut-relief d'un immense bouddha prêchant, à l'expression sereine et en position assise, domine le sanctuaire.

Aurangabad

159 C4

Office de tourisme

✉ Krishna Villas, Station Road

☎ 0240-331 217

🕐 Fermé le dim.

Office de tourisme du Maharashtra

✉ Holiday Resort Hotel

☎ 0240-331 513

Purwar Museum

🕐 Fermé le dim. et pendant les vacances scolaires

💶 €

Grottes bouddhiques

💶 €

Fort de Daulatabad

159 C4

💶 €

Aurangabad et ses environs

LA VISITE DES GROTTES SCULPTÉES ET PEINTES D'AURANGABAD, d'Ellora et d'Ajanta permet d'admirer quelques-unes des merveilles du monde. Si, lors de votre séjour en Inde, vous passez par Bombay, prenez l'avion jusqu'à Aurangabad, et restez-y deux ou trois nuits afin de rayonner jusqu'à Ellora et Ajanta.

Aurangabad a conservé une grande partie de son passé musulman et divers témoignages de son histoire plus ancienne, du temps où la ville s'épanouissait au carrefour des grandes routes commerciales. C'est en 1610 que Malik Amber, ancien ministre abyssinien au service des souverains d'Ahmednagar, fonda la cité sur la rivière Khan. Il favorisa si bien son essor que l'empereur moghol Shah Jahan pilla la ville (1621) avant de s'en emparer (1633).

Son fils, le prince Aurangzeb, s'installa ici à l'époque où il était gouverneur du Deccan (1652-1658). Il rebaptisa la ville et édifia de nouveaux murs. Devenu empereur, il transféra la cour moghole en ces lieux en 1682, sacrant Aurangabad ville impériale. Après sa mort (1707), la ville ne fut plus qu'une vaste bourgade oubliée du grand royaume d'Hyderabad.

Pour découvrir Aurangabad, commencez par le quartier du bazar, où les rues convergent vers Gulmandi

Square. Parmi les boutiques se trouvent la mosquée **Shah Ganj Masjid** (v. 1720), le **Purwar Museum**, installé dans un bel *haveli* ancien, et des **tombes mogholes** comme celle de Hazrat Qadar Auliya, près de la porte de Jaffa. Au nord de la ville, le **Bibi ka-Maqbara** (1679) est une pâle imitation du Taj Mahal construite par le fils d'Aurangzeb, Azam Shah, pour offrir une tombe à sa mère, Begum Rabia Durani.

Aurangabad est renommé pour ses **grottes bouddhiques** taillées dans la roche des collines situées au nord de la ville. La fin de l'après-midi est le meilleur moment pour les visiter. Les groupes de grottes, qui remontent aux périodes Vakataka et Kalachuri des Vᵉ et VIᵉ siècles, sont peu éloignés les uns des autres. Le guide attaché au site se charge d'éclairer les sculptures, mais prévoyez quand même d'apporter une lampe torche.

Trois grottes sortent du lot par la beauté de leurs ornements. Dans le groupe ouest, la **grotte 3** (Vᵉ siècle) possède de remarquables colonnes, chapiteaux et poutres ; à l'intérieur du sanctuaire, vous admirerez une composition de fidèles agenouillés devant un bouddha prédicateur. Dans le groupe est, la **grotte 6** (VIᵉ siècle) offre un tableau similaire, ainsi que des vestiges de fresques au plafond. La **grotte 7** (VIIᵉ siècle) donne à voir d'impressionnantes statues, dont celles représentant Panchika (le gardien au ventre rond des trésors de la Terre) et son épouse Hariti, ainsi que des bouddhas, des nains, des danseurs et des musiciens.

DAULATABAD

Sur l'immense rocher de Balakot, situé au nord-ouest d'Aurangabad, sur la route d'Ellora, se dresse un **fort** spectaculaire qui fait corps avec le roc. Capitale des Yadava, Deogiri (la « colline des dieux »), ancien nom du site, tomba aux mains des sultans Khalji de Delhi en 1294. Rebaptisée Daulatabad (« siège de la prospérité »), la ville devint capitale des Tughluq de 1327 à 1347, date à laquelle les gouverneurs Bahmani proclamèrent leur indépendance.

Des fortifications massives ceignent **Ambarkot**, le fort extérieur. Des remparts, bastions, corps de garde et fossés protègent **Kataka**, le fort intérieur. À travers les immenses portes, une rue dessert les bâtiments en ruines, dont la mosquée **Jama Masjid** (1318) et les vestiges d'un **palais moghol**. En face des restes du palais Bahmani, une porte marque la limite de **Balakot**, la citadelle, ou une succession de chambres, tunnels et ruelles aboutit au sommet du site.

KHULDABAD

Très pieux, Aurangzeb, le dernier des Grands Moghols, choisit de se faire enterrer sobrement dans un village où vivaient des maîtres soufis. Sa tombe (1707) se trouve à l'intérieur du **dargah de Sayyid Zain ud-Din** (mort en 1334), dans une cour entourée d'une paroi en marbre qui fut ajoutée plus tard. ∎

Conseils
Pour visiter les grottes d'Aurangabad, d'Ellora et d'Ajanta, prévoyez un séjour de 2 jours minimum à Aurangabad. L'excursion d'une journée à Ajanta, où il n'existe aucun hébergement confortable, est longue. Des vols desservent Aurangabad à partir de Bombay et Udaipur.

Khuldabad
🅰 159 C4

À Daulatabad, des visiteurs examinent un canon avant de gravir l'édifice taillé dans un promontoire de granit.

Grottes d'Ellora

⬛ 159 C4

✉ 30 km au nord-ouest d'Aurangabad

🕐 Fermé le lun.

€ €

Ellora

C'est ici, à Ellora, que l'architecture rupestre des Ghats Occidentaux atteint son apogée. Vous pourrez y admirer des sculptures figuratives monumentales, des compositions complexes et une très riche gamme de motifs. Flânez tranquillement à l'ombre des longues parois de basalte pour vous imprégner à votre rythme de l'atmosphère de ce lieu, considéré pendant des siècles comme sacré par les bouddhistes, les jaïns et les hindous.

Conseils

Les grottes s'ouvrent vers l'ouest, ce qui signifie que l'après-midi est le meilleur moment de la journée pour les visiter. Un café très simple mais agréable vous attend en face de la grotte 16.

Les grottes datent du VIᵉ au IXᵉ siècle et se divisent en trois groupes : les **grottes 1 à 12**, à l'extrémité sud, sont bouddhiques ; les **grottes 13 à 29**, au centre, sont hindoues ; et les **grottes 30 à 33** sont jaïnes. Commencez votre parcours par la partie sud, et prévoyez de visiter la **grotte 16** en fin d'après-midi, au moment où la lumière déclinante la met pleinement en valeur.

Les **grottes 21, 28 et 29**, qui remontent à la dynastie des Kalachuri (VIᵉ siècle), précèdent les **grottes 10 à 12**, datées du VIIᵉ-VIIIᵉ siècle. Les **grottes 15 et 16**, fleurons architecturaux d'Ellora, furent créées sous le règne des Rashtrakuta, au cours du VIIIᵉ siècle. Les **grottes 30 à 33** sont les plus tardives (VIIIᵉ-IXᵉ siècle), et des inscriptions mentionnent des donations au XIIIᵉ siècle.

Les neuf premières **grottes bouddhiques** s'inspirent de la forme monastique classique : vestibule à colonnes, hall central, cellules sur les côtés et sanctuaire renfermant une représentation du Bouddha au fond. Cette conception est très nette dans la **grotte 2**. La **grotte 10**, un beau *chaitya* (salle de culte), porte le nom de Vishvakarma en hommage à l'architecte mythique des dieux. Elle se trouve au fond d'une cour, ses deux étages reposant sur un soubassement orné de représentations d'animaux. À gauche, des marches mènent à un balcon au premier étage. La **grotte 12** (Tin Thal) possède trois étages. Les parois latérales du niveau supérieur (les marches sont sur la droite) sont ornées de gigantesques bouddhas assis sur des trônes, auxquels viennent s'ajouter des rangées de bouddhas méditant disposées de part et d'autre du sanctuaire.

Les **grottes hindoues** sont encore plus impressionnantes. À l'origine monastère bouddhique, la **grotte 15**, baptisée Dashavatara, fut transformée en un lieu de culte hindou, partiellement financé par le roi Dantigurga de la dynastie Rashtrakuta (*r.* v. 730-755). Des marches conduisent à un *mandapa* (salle à piliers) sculpté de représentations de Vishnou et de Shiva. Dans le sens des aiguilles d'une montre, la série débute par Shiva tuant le démon Andhaka et se termine par Vishnou sous la forme de l'homme-lion Narasimha.

La **grotte 16**, la plus spectaculaire des grottes d'Ellora, est un temple monolithique dédié à Shiva appelé temple du Kailasa. Commanditée par le roi Rashtrakuta Krishna Ier (*r.* 756-773), le monument fut achevé par ses successeurs. En gravissant la falaise sur la droite, vous jouirez d'une vue panoramique sur l'ensemble du complexe : l'entrée, le pavillon de Nandi, le temple couronné d'une tour pyramidale et le parvis qui l'entoure, doté de sanctuaires. Descendez ensuite

pour visiter le temple. Des gardiens et des représentations des déesses fluviales Ganga et Yamuna flanquent l'entrée et annoncent le style des sculptures intérieures. Parmi la profusion d'éléments décoratifs, remarquez les éléphants qui décorent le soubassement du temple, les compositions inspirées du *Ramayana* et du *Mahabharata* (de part et d'autre des marches) et la scène de l'ébranlement du Kailasa (au centre du côté sud). Ne manquez pas la petite salle nichée dans le coin sud-ouest, avec ses personnages presque tridimensionnels se prélassant sur un siège.

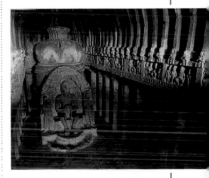

Les **grottes 21 et 29** sont plus anciennes que les autres (fin du VIe siècle). La première offre des sculptures très sensuelles : observez les figures féminines en console de chaque côté des piliers de la véranda et les déesses fluviales Ganga et Yamuna. Par sa disposition et ses panneaux muraux représentant Shiva, la grotte 29 rappelle le style de la grotte principale d'Elephanta (voir p. 169).

Une agréable promenade vous rapprochera du groupe de **grottes jaïnes**. La plus belle est sans conteste la **grotte 32**, qui porte le nom d'Indra Sabha. Traversez la petite cour en prenant le temps d'admirer les sculptures de saints jaïns, puis montez au niveau supérieur pour trouver des colonnes sculptées de motifs exubérants et de grandes représentations d'Ambika (déesse mère) et d'Indra. ∎

Une promenade sur la falaise surplombant la grotte 16 (ci-dessus) offre une vue plongeante sur le temple du Kailasa.

Un grand bouddha dispensant son enseignement trône dans la grotte 10 d'Ellora (à droite).

Ajanta

Dans une splendide gorge en forme de croissant se dissimulent 30 grottes exceptionnelles ; sur leurs parois, des peintures et des sculptures miraculeusement préservées offrent l'aperçu le plus complet des premières traditions artistiques bouddhiques de l'Inde, qui ont inspiré l'art bouddhique en Asie centrale et en Extrême-Orient.

Grottes d'Ajanta

🅰 159 C4

✉ 100 km au nord d'Aurangabad

🕐 Fermé le lun.

💶 €

La plupart des grottes remontent à deux époques : le IIe- Ier siècle av. J.-C. d'une part, la fin du Ve siècle de notre ère d'autre part, lorsque les souverains de la dynastie Vakataka, et surtout Harisena (r. 460-478), étaient des mécènes très actifs. Ce sont les grottes de cette seconde époque qui contiennent les sculptures les plus impressionnantes, des images votives aux tableaux narratifs dotés de nombreux personnages et de motifs décoratifs élaborés.

Nulle part en Inde ne se trouvent de séries aussi complètes de peintures bouddhiques. Ces œuvres décrivent la vie du Bouddha et les histoires tirées des *jataka* (vies antérieures du Bouddha). Les scènes sont exposées au sein de compositions immenses et

Les grottes sont nichées au cœur de falaises rocheuses.

très denses, qui retracent la vie de la cour, des campagnes et des cités au Ve siècle. Les artistes avaient recours à la technique de la peinture *a tempera* pour tracer des lignes sinueuses et obtenir des teintes harmonieuses.

Après avoir apprêté la pierre, ils l'enduisaient d'une couche de chaux blanche sur laquelle le contour de l'œuvre était esquissé au cinabre rouge. Ils utilisaient alors du lapis-lazuli pour le bleu, de la glauconite pour le vert, de la suie pour le noir, de l'ocre pour le jaune et de la craie de kaolin pour le blanc, en l'épaississant avec de la colle. Enfin, les peintures étaient polies à l'aide d'une pierre douce.

Abandonnées au VIIe siècle et redécouvertes en 1819, la plupart des grottes sont en bon état de conservation. Sélectionnez celles que vous voulez visiter, car vous ne pourrez pas tout voir. Nous vous proposons un choix de huit grottes qui datent de la fin du Ve siècle, sauf les grottes 9 et 10. Peu importe l'ordre de la visite.

Parmi les belles sculptures ornant la **grotte 1** figurent des couples volants sur les colonnes et le grand Bouddha du sanctuaire, représenté en train de prêcher son premier sermon à Sarnath, avec la roue, le daim et des moines sur un piédestal. Deux bodhisattvas peints flanquent le saint des saints. Des scènes des *jataka* couvrent les murs, tandis qu'à droite de la porte extérieure des étrangers portant chapeau et barbe offrent des cadeaux à un personnage que la tradition locale identifie à Harisena, le roi de la dynastie Vakataka, associé au site.

La **grotte 2** se distingue par l'abondance de ses sculptures. Des *yaksha* (demi-dieux) bien portants et leurs assistants occupent le sanctuaire de gauche, adossé aux parois du fond. Dans le sanctuaire de droite, on peut voir des peintures de processions de

fidèles féminines ainsi que des scènes des *jataka* et de la vie du Bouddha sur les murs. Remarquez également le plafond décoré.

La **grotte 9** (Ier siècle avant J.-C.) est un *chaitya* doté de colonnes octogonales et d'une voûte incurvée. L'élément central de dévotion est un stupa placé sur un haut tambour. Deux couches de fresques tapissent les murs (la première est contemporaine de la construction). Dans la **grotte 10** (IIe siècle avant J.-C.), les fresques sont plus lisibles. Sur le mur de gauche, un personnage royal effectue ses dévotions devant l'arbre de la *bodhi*.

La **grotte 16** abrite l'un des plus beaux monastères d'Ajanta et porte une inscription datant du règne d'Harisena. Son plafond est décoré de manière à imiter le bois et elle recèle une image du Bouddha dispensant son enseignement. Sur le mur de gauche, une fresque décrit la conversion de Nanda, le cousin du Bouddha. Dans la **grotte 17**, la décoration de la porte du sanctuaire est particulièrement élaborée. Parmi les plus belles peintures, citons les bouddhas assis au-dessus de la porte, la roue de la Vie représentée sur la gauche du vestibule et les scènes des *jataka* qui ornent les murs intérieurs.

La **grotte 19** est un *chaitya* dont les sculptures sont à la fois sobres et raffinées. Avant d'entrer, remarquez le couple sur le mur de gauche ; à l'intérieur, le stupa votif est orné d'une image du Bouddha à l'avant. La **grotte 26**, un grand *chaitya*, abrite un splendide Parinirvana : un bouddha de 7 mètres de long repose allongé sur un lit, les yeux clos ; des disciples en deuil sont à ses pieds. ■

Cette peinture de la grotte 1 illustre une histoire tirée d'un *Jataka* (à gauche) et le « beau bodhisattva » (à droite).

Conseils

À l'heure actuelle, les grottes sont fermées le lundi pour aider à leur conservation. Les jours de fermeture pourraient devenir plus fréquents. Emportez de l'eau et des en-cas car il n'y a pas de restaurant convenable sur le site.

Shivaji, le héros marathe

Ce meneur d'hommes charismatique créa un État et une identité marathes et joua un rôle décisif dans l'histoire de l'Inde.

C'est dans un Maharashtra déchiré par la guerre et dévasté par la famine que Shivaji (1627-1680) vit le jour. En 1647, à l'âge de 20 ans, il commença à défier les autorités locales de Bijapur. Le jeune homme pénétrait dans les forts des *deshmuk* (nobles propriétaires terriens) par la force ou par la ruse, son but étant de

créer un territoire hindou marathe indépendant autour de Pune (Poona). Il sema ainsi la confusion parmi les seigneurs de Bijapur et les Moghols, les deux forces musulmanes qui dominaient la région. Shivaji avait recours à des tactiques de guérilla pour lutter contre ses deux ennemis. Parmi ses nombreux exploits, il tua le général en chef de Bijapur au fort de Pratapgarh en 1659, puis s'empara du fort de Panhala ainsi que d'une portion de la côte du Konkan, entre Bombay et Goa, où il forma une unité militaire maritime. En 1660, Aurangzeb chargea le frère de Mumtaz Mahal, Shayista Khan, de mettre fin à l'expansion du rebelle. Shivaji perdit alors nombre de places fortes, ainsi que son fief de Pune. Mais il ne fut pas long à contre-attaquer et, en 1664, il mit Surat à sac. Aurangzeb confia à Jai Singh Iᵉʳ de Jaipur le commandement d'une armée de 15 000 hommes. À Purandhar, Shivaji accepta de restituer une vingtaine de forts et, un an après, il se rendit à Agra pour faire allégeance à Aurangzeb. Ce dernier le fit mettre aux arrêts, mais le guerrier marathe put s'évader et devint alors un véritable héros populaire.

En 1674, Shivaji le rebelle se soumit à une série de rituels brahmaniques afin de pouvoir revendiquer le titre de roi hindou. Il se proclama souverain des Marathes et, de retour sur les champs de bataille, il s'empara des forts de Vellore et de Gingee, près de Madras, avant de succomber à la dysenterie en 1680. L'année suivante, son fils Shambhaji accorda refuge au fils rebelle

d'Aurangzeb, Akbar. Ce geste, ajouté à la crainte de voir les Marathes et les Rajpouts s'allier contre le trône moghol, poussa l'empereur Aurangzeb à transférer sa cour et son administration (180 000 personnes) à Aurangabad en 1682. Le monarque caressait aussi l'espoir de convertir la péninsule indienne à l'islam. Avant sa mort, en 1707, il était parvenu à faire tuer Shambhaji, à imposer un siège de huit ans à son frère et successeur Rajaram enfermé dans le fort de Gingee, et à gagner un nombre incalculable de forts marathes – qu'il reperdit aussitôt.

C'est à cette époque que les chefs marathes, inspirés par Shivaji, commencèrent à affirmer leur indépendance. Des assaillants marathes atteignirent le Malwa, dans le centre de l'Inde, et pillèrent les cités d'Hyderabad et de Masulipatnam, s'assurant le contrôle de la quasi-totalité de la péninsule. En 1714, Shivaji II, le fils de Shambhaji, nomma Kanhoji Angria, amiral de la flotte marathe de la côte occidentale, au poste de *peshwa* (Premier ministre). Et bientôt ce furent les *peshwa* et non plus les rois – dont le rôle devint honorifique – qui, de Pune, établirent leur autorité sur les Marathes.

Les Marathes cherchèrent à devenir puissants par leurs richesses plus que par la conquête de territoires. De cet opportunisme naquirent les familles princières marathes des XIXᵉ et XXᵉ siècles : les Gaekwar de Baroda, les Scindia de Gwalior, les Holkar d'Indore, les Bhonsla de Nagpur et les Tarabai de Kolhapur. À la même époque, des nationalistes tel Bal Gangadhar Tilak reprirent à leur compte l'histoire de Shivaji pour ébranler le joug britannique. Préparée à Pune, la première conférence du Congrès national indien se tint à Bombay en 1885. Elle devait se montrer décisive dans le processus d'indépendance. ■

L'image du héros Shivaji se perpétue au fil des siècles. Ici, une sculpture moderne (en haut) et une miniature (page ci-contre).

Pune
- 🗺 158 B3

Office de tourisme du Maharashtra
- ✉ I Block, Central Building
- ☎ 020-668 867
- ⏱ Fermé le dim.

Raja Dinkar Kelkar Museum
- ✉ 1378 Shukrawar Peth
- ☎ 0212-444 466
- ⏱ Fermé du 26 janv. au 15 août
- 💶 €

Viddhant Bhavan
- ☎ 0212-565 3413
- ⏱ Fermé le sam. et le dim.

Synagogue Ohel David
- ✉ 9 Dr. Anbedekan Road
- ☎ 0212-632 048

Sassoon Hospital
- ⏱ Contacter la réception

Osho Commune International
- ✉ 17 Koregaon Park
- ☎ 0212-628 561
- ⏱ Visites guidées de 10h30 à 14h30
- 💶 €

L'ashram du Bhagwan Rajneesh (en haut) attire davantage d'Occidentaux que d'Indiens.

Pune (Poona)

PERCHÉE DANS LES GHATS OCCIDENTAUX, AU BORD DU PLATEAU DU Deccan, Pune est la deuxième ville du Maharashtra. La vieille ville côtoie une partie moderne construite par les Britanniques et un ashram qui tient plus du centre de vacances que de l'école religieuse.

Ce n'est pas Shivaji mais les *peshwa* qui, à partir de 1750, firent de Pune le centre du pouvoir marathe. Les Britanniques prirent la suite en 1818, à l'issue de la bataille de Khadki (Kirkee). Dans la vieille ville, visitez les vestiges du **fort Shanwar Wada**, puis déambulez au hasard des ruelles bordées de maisons traditionnelles en briques et ponctuées de temples hindous aux couleurs vives. Vous parviendrez ainsi aux allées très animées du marché, le **Mahatma Phule Market** (1886), en face du temple Bel Bagh. Quelques rues plus au sud, une magnifique demeure de l'époque des *peshwa* abrite le **Raja Dinkar Kelkar Museum**, qui expose des objets d'artisanat rassemblés par le poète Kelkar (1896-1990) lors de ses voyages aux quatre coins de l'Inde.

Après 1818, les Britanniques, qui donnèrent le nom de Poona à la ville, fondèrent le plus important cantonnement de l'Inde du Sud, attirant des marchands, des parsis et des Juifs de Bombay. À partir de 1820, Pune accueillit les quartiers d'été de la Présidence de Bombay. C'est l'armée indienne qui entretient désormais les maisons coloniales. Voyez **Viddhant**

Bhavan (l'ancienne salle du conseil, 1870), sur Manekli Mehta Road, et, non loin, **St. Paul's Church** (1867). David Sassoon fonda la synagogue de Laxmi Road, la **Synagogue Ohel David** (1867), où se trouve sa tombe. Et sir Jacob Sassoon fit construire un hôpital de style gothique anglais, le **Sassoon Hospital** (1867).

La ville de Pune est aussi célèbre pour le fondateur de la **Osho Commune International**, le Bhagwan Rajneesh, connu sous le nom de Osho (1931-1990). Au grand étonnement des habitants, des milliers de hippies étrangers affluèrent ici pour rejoindre l'ashram ouvert en 1974. Loin de promouvoir les objectifs traditionnels des ashrams hindous (non-matérialisme, sérénité et méditation), le lieu met en avant la libération sexuelle, la fête perpétuelle et les plaisirs du matérialisme, du moins pour les propriétaires des lieux. Après avoir tenté de créer Rajneeshpuram, une cité idéale, dans l'Oregon, aux États-Unis, le Bhagwan revint à Pune, où il décéda. Son ashram, que le *Wall Street Journal* a comparé à un Disneyland spirituel, attire hélas plus de visiteurs que le Taj Mahal. ∎

Les Ghats Occidentaux

Coucher de soleil à Matheran, un lieu de villégiature pour échapper à la chaleur estivale de Bombay.

DES GROTTES TAILLÉES DANS LA ROCHE, DES FORTS ET DES STATIONS d'altitude : tels sont les attraits des Ghats Occidentaux, qui s'élèvent de la côte du Konkan jusqu'au plateau du Deccan. Pour découvrir ces paysages, vous pouvez séjourner à Pune et effectuer une série d'excursions d'une journée.

Amarnath, non loin de Kalyan, est aisément accessible. Le temple d'Ambaranatha (v. 1060) possède une tour incurvée et, à l'intérieur, de gracieuses figures féminines installées dans des niches. Avec le temple de Sinnar (voir p. 188), d'accès moins facile, cet édifice est l'un des plus beaux monuments de la dynastie des Yadava, qui a précédé l'arrivée des musulmans dans le Sud.

En fin de semaine, les visiteurs se rendent en masse à **Matheran**, la station d'altitude la plus proche de Bombay, perchée à 750 mètres au-dessus du niveau de la mer, pour profiter de l'air pur. Le trajet en train est des plus agréables. Prenez le Pune Express à partir de Bombay, puis la ligne à voie étroite qui part à l'assaut de la colline. Si vous y allez en voiture, vous devrez vous garer à 5 kilo-

mètres du centre (les véhicules ne sont pas autorisés dans la ville). C'est un certain Hugh Malet qui popularisa ce lieu, en y construisant la première maison européenne en 1851. En 1858, lord Elphinstone, gouverneur de Bombay, fit ouvrir une route pour pouvoir rejoindre son chalet. Depuis, Matheran occupe une place de choix au sein de la bonne société de Bombay. Le site se prête à de nombreuses randonnées conduisant à des points de vue splendides, tels Panorama Point, Duke's Nose ou Porcupine Point. En marchant jusqu'à Louise Point, vous bénéficierez d'une belle vue sur les vestiges des forts de Prebal et de Vishlagar, au-delà du plateau.

Vous pouvez visiter d'anciennes grottes bouddhiques à **Karla**, **Bhaja** et **Bedsa**, situées non loin de la station de montagne prisée de Lonavala,

Un train miniature relie Neral à Matheran.

Amarnath
 158 B3

Matheran
158 B3

Karla
158 B3

Bhaja
158 B3

Rajgurunagar
158 B3

Purandhar
158 B3

qui propose un vaste choix de restaurants. Évitez les fins de semaine, très prisées des touristes.

Pour une visite chronologique des temples, commencez à Bhaja, où se trouvent 20 grottes du début de l'époque Satavahana (IIe siècle avant J.-C.). La **grotte 12**, probablement le plus ancien *chaitya* absidal taillé dans la roche du Deccan occidental, était jadis fermée par une façade en bois ; la **grotte 19** offre des compositions figuratives très anciennes, décrivant certainement Surya (à gauche) et Indra (à droite). À Bedsa, à environ 10 kilomètres, le *chaitya* de la **grotte 7** (Ier siècle) est doté d'une façade extérieure abondamment sculptée. À 6 kilomètres au nord de Bhaja, les grottes et les citernes de Karla entourent la **grotte 8**, qui est le plus grand et le mieux préservé des *chaitya* bouddhiques de la région. Aménagée durant le bref règne des Kshatrapa, au Ier siècle, la grotte est précédée d'une colonne monolithique couronnée d'un chapiteau représentant quatre lions, tandis que ses portes sont ornées des six couples de donateurs (les images du Bouddha ont été rajoutées par la suite) ; les parois latérales portent de magnifiques sculptures d'éléphant. À l'intérieur, ne manquez pas les colonnes superbement sculptées et le stupa.

Si vous continuez vers Nasik (voir p. 188), arrêtez-vous à **Rajgurunagar** (Khed) pour admirer la mosquée et la tombe de Dilawar Khan (1613), qui avait établi son quartier général ici lorsqu'il commandait les forces d'Ahmednagar contre les Moghols. En continuant la route, un détour sur la gauche mène à **Junnar**, célèbre car Shivaji y a vu le jour. La ville est entourée de fortifications, mosquées et tombes des XVe et XVIe siècles. La position qu'occupait Junnar sur la route commerciale menant au Gujerat lui valut les faveurs de mécènes qui fondèrent un centre bouddhiste durant les époques Satavahana et Kshatrapa (du IIe siècle avant J.-C. au IIIe siècle de notre ère). Quelque 50 grottes bouddhiques percent **Shivneri Hill**, 11 ont été aménagées dans **Tulja Hill**, 26 dans **Lenyadri Hill** et 50 autres dans **Manmodi Hill**. Elles sont peu décorées, mais la randonnée dans les collines est agréable.

Hors des sentiers battus se trouvent trois sites accessibles lors d'une excursion d'une journée au départ de Pune : **Purandhar**, **Sasvad** et **Jejuri**. Commencez par le **fort de Purandhar**, perché à 1 475 mètres. En parcourant à pied les 350 derniers mètres, essayez d'imaginer les efforts qu'il fallait déployer pour s'emparer de ce lieu comme le firent Shivaji en

Les voitures ne sont pas autorisées à Matheran. On s'y déplace donc à pied, en rickshaw ou à cheval, un mode de transport pratique pour circuler en ville ou explorer les crêtes étroites.

1670 et Aurangzeb en 1705. Après avoir franchi la porte, longez les épais murs de l'époque Bahmani (XVe siècle), puis continuez en gravissant trois niveaux jusqu'à atteindre les bâtiments en ruine. De là, vous pourrez profiter de vues sur Wazirgad, la colline fortifiée située à l'est.

La jolie ville de **Sasvad** possède des palais fortifiés construits par les *peshwa*, dont certains ont conservé une partie de leurs structures en bois sculpté. Les temples de **Sangameshvara** et de **Changla Vateshvara**, à l'ouest de la ville, présentent un style hybride hindou et moghol, et possèdent des sols ornés de tortues.

Jejuri est un centre de pèlerinage pour les marchands et les agriculteurs du Maharashtra adeptes du culte de Khandoba. La ville est très animée lors des foires d'avril et de décembre. Au sommet du temple, quatre colonnes à luminaire se dressent près d'une grande tortue en cuivre.

Jadis appelé Kondhana, le **fort de Sinhagad** domine la plaine à 700 mètres d'altitude. La route de Pune s'arrête un peu avant le site et l'on peut alors voir les murailles du fort surgir des falaises à pic. Suivez le sentier raide qui franchit trois portes. Il reste peu de vestiges, mais on imagine sans peine Muhammad Tughluq de Delhi assiégeant le fort en 1340 ou Malik Armad de Golconde s'en emparant en 1486. Shivaji parvint à le conquérir en 1647 et le rebaptisa du nom de Sinhagad (le « fort du lion »). Par la suite, Marathes et Moghols s'affrontèrent pour gagner son contrôle.

L'ascension de 2 heures à partir de Vajeghar vaut la peine pour visiter le **fort de Rajgad**. Cette forteresse se dresse à flanc de colline et, une fois arrivé, on peut embrasser la vue jusqu'à Sinhagad, Torna et Purandhar. Des magasins, greniers et salles en ruine occupent l'éperon nord. Continuez à gravir la pente jusqu'à la Bala Kila (enceinte intérieure), à 1 317 mètres. Vous y trouverez les vestiges du palais de Shivaji. Après s'être emparé du fort de Torna (1646), Shivaji utilisa son trésor pour acheter des armes et en équiper Rajgad (le « fort du roi »), qui devint le siège de son gouvernement jusqu'en 1672. À cette date, il partit s'installer plus à l'ouest, au fort de Raigarh. C'est de ce dernier bastion qu'il partit faire campagne sur la côte du Konkan. ∎

Conquis par Shivaji en 1656, le fort de Rajgad lui ouvrit les routes du Konkan ; il en fit le siège de son gouvernement jusqu'en 1672.

Sinhagad
🅰 158 B3
✉ 30 km de Pune

Rajgad
🅰 158 B3

De Bombay à Goa

CETTE PORTION DE CÔTE EST DEVENUE PLUS ACCESSIBLE GRÂCE À DE nouvelles lignes ferroviaires et à des liaisons maritimes plus rapides. Aéroglisseurs et catamarans font la navette de la Gateway of India jusqu'à Mandve ; le billet comprend le trajet en bus jusqu'à Alibag, où se trouvent des stations de taxi. Vous pouvez aussi louer une voiture avec chauffeur à Mandve ou emprunter le Konkan Railway (voir p. 204-205). L'essentiel est d'éviter de sortir de Bombay par la route.

Alibag a accueilli les quartiers généraux de la flotte marathe de Shivaji à partir de 1662. Plus tard, les Angria, à la fois commerçants et pirates, en firent une base pour semer la zizanie au sein de la navigation européenne, jusqu'à ce que les Britanniques s'en emparent en 1840. Vous pouvez visiter l'île du **fort de Colaba** (1820) à

d'armes. Les Sidi, amiraux abyssiniens au service des Adil Shah de Bijapur, le construisirent en 1511 et affirmèrent leur indépendance en 1618. Pirates, mais aussi pourvoyeurs d'escortes pour les musulmans effectuant leur pèlerinage à La Mecque, les Sidi ne plièrent ni devant Shivaji ni devant les Britanniques. Aujourd'hui, les membres de l'ex-famille royale vivent dans le palais situé au sommet de la colline. En raison de la situation isolée de Janjira, prévoyez de passer la nuit précédant votre visite à **Chiplun**, une ville installée sur les rives de la Vashishti.

Presque aussi impressionnant que Janjira, le magnifique fort de **Vijayadurg** domine l'embouchure de Vaghotan Creek. Ce sont encore les Adil Shah de Bijapur qui l'édifièrent, mais c'est Shivaji qui s'en empara. Il baptisa le site Vijayadurg (le « fort de la victoire ») et le consolida. C'est de cette forteresse, et non d'Alibag, qu'il partit pour attaquer Janjira. Plus tard, Vijayadurg fut utilisé comme repaire par les Angria pour leurs activités de piraterie. On peut explorer les trois enceintes fortifiées concentriques, les résidences, les baraquements et le grenier. Ensuite, vous pouvez continuer jusqu'à **Malvan**. Les structures d'hébergement y sont très simples, mais la ville est charmante.

Partez en excursion par bateau au **fort de Sindhudurg** : vous aurez l'occasion de parcourir les 3 kilomètres de fortifications édifiées par Shivaji lorsqu'il y établit ses quartiers généraux vers 1665. ■

Si vous manquez le passage à marée basse qui permet de rejoindre le fort de Colaba à partir d'Alibag, vous pourrez emprunter un bateau.

marée basse ou l'admirer du littoral en longeant la plage. **Janjira**, accessible en barque à partir de la ville de Murud, est l'une des plus spectaculaires îles fortifiées du pays. En déambulant parmi les imposantes fortifications, les salles de garde, les canons et la salle d'audience à quatre niveaux, essayez d'imaginer l'histoire de l'île, composée d'audacieux faits

Visiter les marchés de fruits et légumes est aussi une façon de découvrir le pays.

Autres sites à visiter

AHMEDNAGAR

Fondée en 1494 par Ahmad Nizam Shah, qui affirma son indépendance par rapport aux Bahmani de Bidar (voir p. 241), Ahmednagar fut la capitale des puissants souverains de cette dynastie, en conflit avec Bijapur et Golconde. Les guerres qui les opposaient parvinrent à leur terme en 1565 lorsque, avec Bidar, ils formèrent une alliance musulmane en vue de renverser le royaume hindou de Vijayanagar (voir p. 236-239). En dépit d'un accord avec Goa, Ahmednagar dut se rendre aux Moghols en 1599, avant de passer sous l'autorité des Marathes en 1760 et, à partir de 1803, sous celle des Britanniques. C'est dans le splendide **fort circulaire** (1559), entouré de douves et doté de 22 bastions, que Jawaharlal Nehru rédigea la plus grande partie de son livre *La Découverte de l'Inde*, alors qu'il purgeait une peine en tant que « combattant pour la liberté ». Ne manquez pas de visiter la **mosquée Damadi** (1568), la **Jami Masjid** et la **mosquée de La Mecque**, situées au cœur de la ville, la **mosquée Husaini** et sa **medersa** (1537), ainsi que la **tombe de Nizam Shah** (1509) dans les jardins de Bagh Rauza. À la sortie de la ville, le **dargah d'Alamgir** (1707) marque l'endroit où l'empereur moghol Aurangzeb rendit son

dernier souffle (voir p. 175). Non loin se dressent deux palais entourés de jardins : le **Fahr Bagh** et l'**Hayat Behisht Bagh**.

🚆 158 B3 ✉ 120 km au nord-est de Pune, 110 km au sud-ouest d'Aurangabad, 145 km au sud-est de Nasik

KOLHAPUR

L'histoire de cette ville commerciale située au sud du Maharashtra remonte à l'époque de la dynastie des Satavahana, alors qu'elle entretenait des liens de négoce avec la Méditerranée. Plus récemment, elle accueillit la capitale des maharajas marathes dissidents de Kolhapur, qui financèrent la construction d'édifices indo-musulmans par le major Charles Mant, plus connu pour les bâtiments qu'il conçut à Chennai (voir p. 256-257). Dans la vieille ville, allez au **Rajwada** (vieux palais) et au **temple de Mahalakshmi**. Continuez par la visite des splendides réalisations de Mant : le **Kolhapur Museum** (1872-1876, *fermé le lun.*), jadis hôtel de ville, et l'hôpital Chhatrapati Pramila Raja (1881-1884). Le fleuron de ces œuvres architecturales demeure le **New Palace** (1884, *fermé le lun.*), palais qui abrite encore des membres de l'ex-famille royale. Le bâtiment en basalte et en grès est doté d'arcades néomogholes et d'une salle d'audience ornée de vitraux illustrant la vie de Shivaji. On peut y voir une série d'objets hétéroclites allant d'une selle d'éléphant en argent à une collection d'animaux empaillés – l'un des maharajas était un taxidermiste chevronné. Faites un tour au **Shalini Palace** (1931-1934), palais transformé en hôtel qui surplombe le lac de Rankala. Vous pourrez aussi assister à un entraînement de *kusti* (lutte) près du Rajwada et visiter le **fort de Panhala**, qui gardait les routes commerciales reliant la côte. La ville est un bon point de chute pour visiter Vijayadurg et Sindhudurg (voir p. 186), et a l'avantage d'être sur la route de Bijapur (voir p. 240) et de Belgaum.

📍 158 B2   **Office de tourisme**   ✉ Kedar Complex, Station Road   ☎ 0231-652 935

MAHABALESHVAR

C'est ici que naît la rivière sacrée Krishna, ce qui fait de cette ville un lieu de pèlerinage pour les fidèles. Les Britanniques, après avoir conclu un traité avec le souverain local en 1829, exploitè-

A Kolhapur, ne manquez pas d'acheter les fameux *chappal* (des sandales de cuir).

rent ce site boisé sis dans les monts Sahyadri pour y fonder une station d'altitude. Mahabaleshvar est une base de départ idéale pour visiter le fort de **Pratapgarh** (1656), où Shivaji assassina le commandant de Bijapur, et celui de **Raigarh**, dont il s'empara en 1636 et où il installa sa capitale en 1672. C'est ici que lui puis son fils furent couronnés. Vous pouvez vous rendre

en excursion aux îles fortifiées de Janjira (voir p. 180) et de Suvarnadurg, par Harnai. D'autres sites liés à Shivaji se trouvent à Pune.

📍 158 B3   ✉ 120 km au sud-ouest de Pune

NASIK

La rivière sacrée Godavari qui traverse cette ancienne ville religieuse attire les pèlerins, surtout à l'occasion de la Kumbha Mela qui se tient tous les 12 ans (la prochaine aura lieu en 2013, voir p. 304). Pour les hindous, Rama aurait passé une partie de son exil ici, avec Sita et Lakshmana. Joignez-vous aux pèlerins pour visiter les temples bordant la rivière, dont celui de **Rameshvara** (XVIIIe siècle), et prévoyez du temps pour découvrir trois sites à l'extérieur de la ville. **Pandu Lena** possède des grottes bouddhiques (du IIe siècle avant J.-C. au IIIe siècle de notre ère), les grottes 3, 10 et 18 étant les plus intéressantes. Au cœur des falaises de Trimbak, la source de la rivière Godavari attire une foule de visiteurs à l'occasion de deux foires annuelles *(oct.-nov. et fév.-mars)*. À Sinnar, sur la route de Pune, le **temple de Gondeshvara** (XIe siècle), édifié par les souverains de la dynastie Yadava, est l'un des plus vastes et des mieux préservés du Maharashtra.

📍 158 B4   ✉ 130 km au nord-est de Bombay ; 210 km au nord de Pune   **Office de tourisme**   ✉ Golf Club, Old Agra Road   ☎ 0253-570 059

PAITHAN

Ce site ravira les amateurs d'archéologie et de tissage. À Nag Ghat, des vestiges de la ville fondée par les souverains de la dynastie des Satavahana ont été mis au jour. Des tisserands locaux produisent de magnifiques brocarts.

📍 159 C3   ✉ 50 km au sud d'Aurangabad

SOLAPUR

Situé dans le sud-est du Maharashtra, sur la route de Bijapur et de Gulbarga, Solapur occupait une position stratégique. Le **fort** fut édifié par les Bahmani au XIVe siècle, puis modifié par les Adil Shah de Bijapur. **Naldurg**, 45 kilomètres à l'ouest, possède également une forteresse (XVIe siècle) bâtie par les Adil Shah sur un escarpement dominant la rivière Bori. Si vous êtes sur le chemin aller ou retour d'Ahmednagar, effectuez un détour jusqu'à **Parenda** pour découvrir un des premiers forts militaires du Maharashtra, construit vers 1500 pour les sultans de Bidar.

📍 159 C2 ■

Entre montagnes à l'est et anciennes routes de commerce maritime à l'ouest, ce ruban côtier se distingue nettement du reste du sous-continent avec ses plages, ses villages de pêcheurs, ses petits ports et ses anciennes forteresses.

Goa et le Kerala

Sur le marché de Mapusa, à Goa, une jeune femme s'abrite du soleil sous un parapluie.

Des adolescentes en tenue traditionnelle sur une plage de l'État de Goa.

Goa et le Kerala

UNE ÉTROITE BANDE CÔTIÈRE À LA VÉGÉTATION LUXURIANTE SE DÉROULE LE LONG DE LA côte ouest de la péninsule indienne, enclavée entre la mer d'Oman et les Ghats Occidentaux. Du nord de Goa au sud du Kerala, il fait bon se ressourcer sur les plages ou pratiquer des sports nautiques. Dans une atmosphère détendue, à mi-chemin entre l'Orient et l'Occident, tous les visiteurs y trouvent leur bonheur.

Il suffit d'observer une carte pour que le rôle des montagnes et de la mer dans le développement de la côte ouest de l'Inde apparaisse dans toute son évidence. Les sommets formaient une barrière plus souvent franchie par les marchands que par les bâtisseurs d'empire, tandis que les mers s'ouvraient sur les richesses, les cultures, les peuples et les religions venus d'ailleurs. Les Arabes, les Romains et plus tard les Européens ont débarqué ici, introduisant le judaïsme, l'islam et diverses formes de christianisme. Les habitants de la côte se sont toujours plutôt tournés vers le large que vers les grands empires du Deccan et du Tamil Nadu, à l'intérieur des terres. Le rivage est jalonné de forts anciens et de ports modernes – Panaji (Panjim), Mangalore, Kannur (Cannanore), Kozhikode (Calicut), Kochi (Cochin) et bien d'autres encore, qui sont autant de grands centres de construction navale.

Sur cette partie de la côte ouest, aucun des grands fleuves du sous-continent ne vient se jeter dans l'océan. Cependant, la grande mousson du sud-ouest, qui commence au Kerala en juillet, se déverse sur les Ghats Occidentaux en juillet-août, formant une foule de petits cours d'eau qui dévalent vers la côte, dégringolant les versants escarpés des Ghats Occidentaux jusqu'à la côte du Konkan, à Goa, et la côte du Kanara, dans le Karnataka. Ils s'écoulent des hauts sommets des monts des Cardamomes jusqu'à la côte de Malabar, au Kerala, venant se mêler à une myriade de lagons et de rivières pour former un paysage unique où terre et eau ne font qu'un.

La navigation reste dense sur ces cours d'eau acheminant jusqu'aux ports de la côte les marchandises qui ont fait la fortune des commerçants locaux (poivre, cardamome et autres épices, riz). Le thé récolté sur les versants des

BOMBAY ET LE
MAHARASHTRA
p. 157

monts Nilgiri, le café des plantations du Karnataka, le caoutchouc et le curcuma (voir p. 214-215) empruntent le même chemin.

Ce rivage qui des siècles durant est resté tributaire de la mer est désormais desservi par une liaison terrestre : la ligne de chemin de fer du Konkan (voir p. 204-205). Inaugurée en 1998, elle relie Bombay (Mumbai) à Kochi (Cochin).

Goa et le Kerala se sont dotés d'hôtels haut de gamme afin de proposer aux touristes un point de chute confortable pour explorer cette région en grande partie épargnée par l'homme, tout en profitant des plages et de la cuisine locale. Pour se détendre et rompre avec l'agitation des grands itinéraires touristiques, rien de tel qu'un séjour d'une semaine à Goa et dans le Kerala. ■

Goa est parsemée d'églises coloniales de style baroque aux façades blanchies à la chaux, fréquentées par une importante communauté de confession catholique romaine.

Old Goa
🗺 191 B5
Office de tourisme de Goa
✉ Trionara Apartments, Dr Alvares Costa Road
☎ 0832-225 583

Office de tourisme gouvernemental
✉ Communidade Building, Church Square
☎ 0832-243 412

Basilique du Bom Jesus
€ €

Cathédrale Sainte-Catherine
€ €

Couvent et église Saint-François-d'Assise
€ €

Église San Cajetan
€ €

Old Goa et Panaji

PETITE VILLE À L'ATMOSPHÈRE DÉTENDUE, PANAJI (PANJIM) EST LA capitale de Goa, minuscule État de 3 702 kilomètres carrés qui n'a été fondé qu'en 1987. Découvrez Panaji après une visite à Old Goa (Velha Goa), l'ancienne capitale goanaise, accessible par la route ou par bateau.

OLD GOA

De la cité prospère du XVIᵉ siècle il subsiste quelques églises et monastères environnés de palmiers. Le port fluvial de Goa était déjà florissant sous les empires d'Ashoka, des Satavahana et des Chalukya. Aux XIᵉ et XIIᵉ siècles, les Kadamba établirent non loin de là leur capitale, qui fut bientôt assaillie par les armées de Khalji puis de Tughluq venues de la lointaine Delhi. Par la suite, Goa fut enlevée aux Bahmani par le royaume de Vijayanagar, puis reconquise avant d'être définitivement perdue au profit des Adil Shahi de Bijapur.

En 1488, le navigateur portugais Bartolomeu Dias doublait pour la première fois le cap de Bonne-Espérance. Onze ans plus tard, Vasco da Gama contournait l'Afrique et traversait l'océan Indien jusqu'à Calicut. En 1503, Afonso de Albuquerque participait à la construction du fort de Cochin. En 1510, il remontait le fleuve Mandovi pour s'emparer le 25 novembre de la ville de Goa, qu'il érigea au rang de capitale d'un empire colonial portugais en plein essor.

Goa devint alors une étape de transit incontournable du commerce côtier, des échanges entre l'Inde et l'outre-mer, et du commerce entre le golfe Persique et la presqu'île de Malacca. Les Portugais prélevaient des taxes sur toutes les marchandises : indigo, coton, cannelle, macis, muscade, porcelaine et soie de Chine, mais aussi sur le très précieux poivre.

Pendant un siècle, la ville de Goa fut surnommée Goa Dourada («Goa la Dorée»). Cette cité cosmopolite grouillait d'activité et abritait d'innombrables églises, couvents et monastères, palais et résidences, entrepôts et marchés. Le zèle com-

merçant des Portugais s'accompagnant d'un prosélytisme acharné, Goa devint un grand centre de l'Église catholique romaine. Les missionnaires ne tardèrent pas à débarquer, suivis des jésuites, puis des représentants de l'Inquisition (1560).

La décadence de l'empire portugais s'explique par une conjonction de facteurs : le déclin du commerce après la chute du royaume de Vijayanagar, le prosélytisme des Portugais à l'égard des hindous, les taxes imposées aux musulmans sur le pèlerinage à La Mecque, les épidémies de peste et de choléra, les pratiques commerciales douteuses des marchands portugais, l'arrivée des commerçants anglais et des Hollandais en 1595 et en 1600. Tout cela fit que Goa sombra peu à peu dans l'oubli. Les Portugais conservèrent leur colonie jusqu'au 19 décembre 1961, jour de sa libération par les forces indiennes de Nehru.

Aujourd'hui il fait bon flâner parmi les églises de Old Goa, dont les trois principales sont la **basilique du Bom Jesus** (1594-1605), la **cathédrale Sainte-Catherine** (1562-1619) ainsi que le **couvent** et l'**église Saint-François-d'Assise** (1521 et 1661), qui abrite le musée municipal (voir p. 194).

PANAJI (PANJIM)

À l'embouchure de la Mandovi, cette petite ville à l'atmosphère portugaise fut érigée au rang de capitale après l'envasement du port de Goa. Au sommet de la colline, l'église paroissiale **Notre-Dame-de-l'Immaculée-Conception** (1619), de style baroque, se distingue par ses tours jumelles.

En vous promenant au hasard des ruelles de Fontainhas, vous découvrirez d'anciens édifices publics tels que la **case Modea** (l'hôtel de la monnaie) et le **palais Idalcao**, ancienne résidence du gouverneur. À l'ouest, un marché municipal haut en couleur se tient sur les rives de la Mandovi, où se dresse la **Kala Academy** de Charles Correa (1973-1983), décorée de fresques monochromes de Mario Miranda. ∎

Église Saint-Augustin
🈺 €

Fêtes
Carnaval, la semaine précédant le carême : festivités dans tout l'État de Goa. Semaine sainte, Pâques et Noël, dates variables : grandes processions dans plusieurs églises ; contactez l'office de tourisme local pour plus d'informations.

Église Notre-Dame-du-Rosaire
🈺 €

Panaji
🅰 191 A5

Notre-Dame-de-l'Immaculée-Conception
🈺 €

Kala Academy
🈺 €

Saint François Xavier

Goencha Saiba (le « seigneur de Goa ») : c'est ainsi que les Goanais, chrétiens, hindous et musulmans, surnomment affectueusement en konkani (la langue locale) le saint patron de la région. Né en Espagne en 1506, Francisco de Jaso rencontra Ignace de Loyola à Paris, fit vœu de convertir les infidèles et rejoignit la Compagnie de Jésus. Envoyé par le roi du Portugal Jean III, il s'établit en 1542 à Goa, d'où il effectua cinq voyages en Extrême-Orient. Il mourut en 1552 sur l'île de Sancian, au large de la Chine. Sa dépouille fut rapatriée à Goa en 1553, et il fut canonisé en 1662. ∎

Une excursion à Old Goa, Ponda et Margao

Cette excursion d'une journée permet de visiter à une cadence modérée monuments et édifices coloniaux portugais, ainsi que certains des plus beaux temples de Ponda.

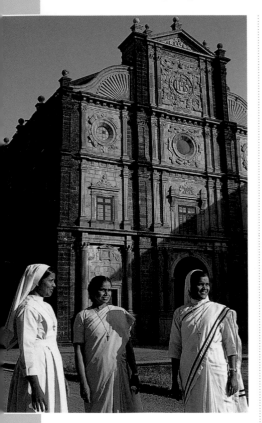

La basilique du Bom Jesus est le point de ralliement de la communauté catholique.

La route de **Old Goa** ❶ grimpe au sommet d'une colline qui offre un aperçu de la cité envahie par la végétation, dominée par la tour élancée de l'église Saint-Augustin. Les plus grandes églises sont regroupées dans le centre. La **basilique du Bom Jesus** (1594-1605), érigée par les jésuites près de leur monastère, Professed House (1589 et 1633), abrite le mausolée délicatement décoré de saint François Xavier, offert par le duc de Toscane. La dépouille du saint gît dans un cercueil de verre illuminé.

En face s'élèvent la **cathédrale Sainte-Catherine** (1562-1619), bâtie pour les dominicains, ainsi que le **couvent** et l'**église Saint-François-d'Assise** (1521 et 1661), qui abrite le musée municipal, le plus beau musée de Goa – on peut y voir des sculptures et des portraits des gouverneurs portugais. À l'ouest de la cathédrale s'élance l'**église San Cajetan** (1655-1700), dont le dôme reproduit celui de Saint-Pierre de Rome. Dans la même direction, l'arc de triomphe du Vice-Roi, **Viceroy's Arch**, édifié par Francisco de Gama (vice-roi de 1597 à 1600), précède les entrepôts des quais, aujourd'hui désaffectés ; jadis, plus d'un millier de bateaux y étaient chargés et déchargés chaque année.

De là, on peut gravir la colline jusqu'à l'**église Saint-Augustin** (1602). Avec son clocher de 46 mètres de haut, ses huit chapelles, ses tombes en granit sculpté et ses édifices monastiques, cet ensemble témoigne de l'existence d'une importante communauté. En face, un sentier mène à l'**église Notre-Dame-du-Rosaire** (1544-1549), qui domine la Mandovi – c'est ici que saint François venait prêcher le soir.

Après celle des églises de Old Goa, l'architecture des temples de Ponda offre un vif contraste (voir p. 198). La route qui conduit vers le sud serpente sur les versants tapissés de jaquiers et d'anacardiers (qui donnent les noix de cajou). Parmi ces collines se dressent trois temples de styles différents. Le **temple de Shri Mangesh** ❷ à Priol possède toutes les caractéristiques des lieux de culte hindous du Sud-Ouest. En haut de l'escalier s'ouvre une vaste cour où un pot de *tulsi* (basilic), un *dipastambha* (pilier à lanterne) et un éléphant monté sur roulettes précèdent le temple à proprement parler, encadré de murs jaunes et coiffé d'un dôme blanc. À l'intérieur, remarquez les carreaux de céramique et la verrerie belge.

Dédié à Vishnou et à Lakshmi, le **temple de Shri Narasimha Devashtan** ❸, probablement le plus beau de Goa, se dresse à Velinga, au sein d'un parc boisé. Enfin, le **temple de**

Shri Shantadurga ❹, près de Queula, est probablement le plus fréquenté des temples goanais. Les fidèles y affluent chargés de fleurs pour la grande *puja* qui se tient à 13 heures dans un *mandapa* (pavillon à l'entrée du temple) de style baroque.

De là, une route conduit au village de Borim puis traverse la Zuari. Après Camurlim, un détour sur la gauche permet de rejoindre les sentiers menant au **séminaire de Rachol** (voir p. 202) ❺, qui abrite un vestibule, une chapelle et un musée remarquables.

Cette maison indo-portugaise est précédée d'un *balcao* (véranda).

À **Margao** ❻ (voir p. 196), la principale ville du sud de Goa, le **largo de Igreja** (place de l'Église) est cerné de vieilles maisons qui dominent l'**église du Saint-Esprit** (1564, reconstruite en 1675), dont la façade blanche dissimule un intérieur baroque et rococo. Promenez-vous dans le **marché couvert**, parmi les étals d'épices, de légumes, d'articles ménagers et de poissons. Du largo de Igreja, prenez la rue Agostinho Lourenço pour rejoindre Borda, un faubourg de Margao où l'on peut visiter le palais de **Sat Burnzam Gor.** ◼

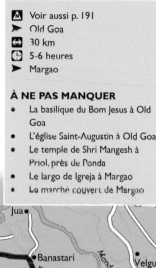

🅰 Voir aussi p. 191
➤ Old Goa
🔁 30 km
🕐 5-6 heures
➤ Margao

À NE PAS MANQUER

- La basilique du Bom Jesus à Old Goa
- L'église Saint-Augustin à Old Goa
- Le temple de Shri Mangesh à Priol, près de Ponda
- Le largo de Igreja à Margao
- Le marché couvert de Margao

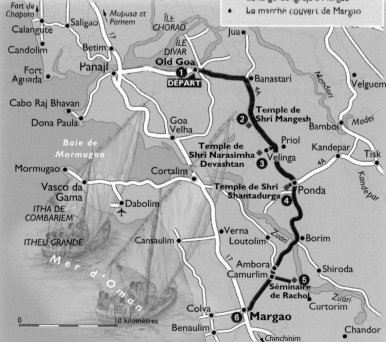

Margao et ses environs

LA DEUXIÈME VILLE DE GOA OFFRE AU VISITEUR UN CADRE IDÉAL
pour véritablement ressentir l'influence de 450 ans de souveraineté
portugaise, car elle fait partie de ses plus anciennes conquêtes – le
reste de Goa ne tomba dans l'escarcelle portugaise qu'au XVIIIᵉ siècle.

Margao
🅜 191 A5
**Office de
tourisme**
✉ Tourist Hotel
☎ 0834-722 513

Avant d'arriver à Margao, remarquez
dans le paysage les façades de style
baroque des églises catholiques qui
bordent rizières et cours d'eau. Ici, les
femmes arborent plus souvent des
robes à manches bouffantes que des
saris, tandis que les veuves portent le
noir comme en Europe et non le blanc
des hindous. On les voit faire du cro-
chet, installées sur les *balcaos* (vérandas) qui précèdent les maisons aux
murs peints en bleu, jaune et terre de
Sienne, percés de grandes fenêtres sou-
lignées de blanc. La cuisine locale réa-
lise la synthèse des traditions portugaise et indienne. Le sport local est le
football, pas le cricket. La *siesta* portugaise, elle aussi, est ancrée dans les
mœurs : entre 14 et 16 heures, tout est
fermé.

Au cours du XVIIIᵉ siècle, les Vieilles
Conquêtes (anciennes possessions
portugaises) ne se trouvèrent guère

affectées par le déclin de Old Goa. Ici,
commerce et administration restè-
rent aux mains des chrétiens goanais
lusophones, qui constituaient l'aristocratie locale de Margao et des villages alentour. La prospérité de la
région atteignit son apogée aux XVIIIᵉ
et XIXᵉ siècles, époque où furent bâties
les grandes résidences.

Du sommet du **Mount Church**
(mont de l'Église), admirez le panorama sur Margao et la mer d'Oman.
En ville, pêcheurs et cultivateurs viennent de tout le sud de Goa vendre
leurs produits sur les marchés. Derrière l'hôtel de ville à la façade rouge
et blanc, des femmes accroupies près
de leurs paniers proposent crevettes,
silures, saumon et autres produits de
la pêche du matin. Non loin de là, les
vendeurs de fruits disposent des
monceaux de bananes, sapotilles,
ananas, jaques et mangues. À l'inté-

rieur du vieux marché couvert, vous trouverez des mangues séchées, des fleurs, du pain frais, des feuilles de tabac et des sacs entiers de curcuma, d'ail, de piments rouges de Goa et de tamarin séché, un fruit qui confère aux plats locaux une riche amertume. Des boutiques en dur proposant vins, bijoux et quincaillerie s'alignent le long des murs du marché couvert.

Les amateurs d'architecture ancienne pourront admirer les vieilles maisons du quartier d'**Aquerim**. Les deux grands axes à sens unique qui mènent hors de la ville passent par le largo de Igreja (place de l'Église). Là, de somptueuses maisons de ville aux murs peints, agrémentées de balcons en fer forgé et de balustrades sculptées, encadrent l'**église du Saint-Esprit** (1564, reconstruite en 1675) et sa façade blanche, l'une des plus belles églises de style baroque tardif de Goa. Si vous la trouvez ouverte, jetez un coup d'œil au plafond à caissons, à la chaire ornée de dorures, à l'autel rococo ainsi qu'aux retables baroques du transept.

Derrière l'église, en direction de Curtorim, la rue Agostinho Lourenço recèle elle aussi quelques joyaux de l'architecture coloniale. À 800 mètres de l'église, l'immense palais de **Sat Burnzam Gor** fut érigé vers 1790 par Inacio Silva, dont les descendants occupent encore les lieux. Il abrite une enfilade de salons grandioses, mais aussi l'une des premières chapelles privées de Goa.

Un itinéraire permet de découvrir quelques villages de la région de **Salcete**. Commencez par **Loutolim**, l'ancien siège de l'administration portugaise ; pour vous y rendre, bifurquez vers le nord à Camurlim sur la route Margao-Ponda. Le village abrite d'anciennes maisons, dont la **case dos Mirandos** (*contactez l'office de tourisme pour la visiter*), encore occupée par la famille Miranda. Érigée au début du XVIIIᵉ siècle, elle possède une chapelle, des chambres, un salon, une

vaste véranda au premier étage, une salle à manger et une bibliothèque. Deux autres résidences de Loutolim méritent une visite (*contactez l'office de tourisme pour les visiter*) : la maison de campagne de **Roque Caetan Miranda** (1815), typiquement goanaise, et la maison de **Salvador Costa**, qui recèle une très belle chapelle.

Notre itinéraire mène ensuite à Chandor, à travers des paysages vallonnés parsemés de vieilles maisons et de constructions récentes et tape-à-l'œil bâties par les nouveaux riches avec l'argent amassé au Moyen-Orient. Faites une halte au **séminaire de Rachol** (voir p. 202) ou à Curtorim pour admirer la façade de l'église. La ville de Chandor est dominée par l'immense **résidence Menezes-Braganza**, dont les pièces du second étage foisonnent de miroirs dorés, de lits à baldaquin et de chaises sculptées. La salle de bal est impressionnante avec ses plafonds en zinc peints en blanc, ses chandeliers italiens et ses miroirs belges ; c'est là que trône le portrait du bâtisseur des lieux, Anton Francesco Santana Pereira. Pour en voir plus, continuez vers Chinchinim (voir p. 202). ■

La résidence Menezes-Braganza, dont une partie date du XVIᵉ siècle, recèle une belle collection de meubles anciens.

Sat Burnzam Gor
✉ Borda
☎ 0834-235 728
🕐 Visite sur rendez-vous, par téléphone ou par courrier

Résidence Menezes-Braganza
✉ Chandor
🕐 Contactez l'office de tourisme pour organiser une visite
€ €

Les temples de Ponda

LORSQU'EN 1540, DANS UN ÉLAN DE PROSÉLYTISME, LES MISSIONNAIRES portugais firent publier un édit imposant la destruction des temples hindous, les prêtres s'enfuirent en emportant les déités de leur temple. Ils se réfugièrent dans les collines autour de Ponda, hors du territoire dominé par les Portugais. Nombre d'hindous continuèrent ainsi à pratiquer leur culte dans la clandestinité. Aujourd'hui, une cinquantaine de temples goanais abritent encore ces divinités.

Le temple de Shri Mangesh, flanqué d'un haut *dipastambha*, est le temple goanais par excellence.

Ponda

 191 B5

L'hindouisme connut un nouvel essor à la fin du XVIIIe siècle, lorsque les Portugais assouplirent leur joug. Malgré les nombreuses églises qui jalonnent le territoire goanais, Goa reste hindou à 60 %, sans compter que les chrétiens se joignent parfois aux hindous pour témoigner leur respect aux divinités de leurs ancêtres.

Les temples de Goa se distinguent par un style particulier. Les murs en latérite, souvent plâtrés et peints, sont en général surmontés d'un dôme central flanqué de toits latéraux coiffés de tuiles rouges, ainsi que d'un haut *dipastambha*. Certains recèlent des colonnes d'inspiration grecque et d'imposants chandeliers.

Le fleuron des temples goanais, le **Shri Mangesh** à Priol, renferme un *lingam* (symbole phallique de Shiva) qui fut transféré de Cortalim

à Ponda pour des raisons de sécurité. Il demeura caché jusqu'à la construction du temple, au XVIIIe siècle. Le *dipastambha* à sept niveaux, le portail ouvragé et la verrerie belge témoignent de la richesse du temple.

Le **temple de Shri Mahalasa**, dans le village de Mardol, entre Priol et Ponda, recèle un remarquable pilier en cuivre fiché dans le dos d'une tortue et surmonté d'un Garuda, signe que le temple est dédié à Vishnou.

À Velinga, le **temple de Shri Narasimha Devashtan**, dédié à Vishnou et à son épouse Lakshmi, se dresse dans un paisible cadre boisé. L'éblouissante représentation de Narasimha, quatrième avatar de Vishnou, vient de Sancoale ; elle fut mise à l'abri à Velinga vers 1560. L'entréc date de la construction du temple, de même que le réservoir, à l'arrière de l'édifice. ∎

Les plages de Goa

À VOUS LES PREMIERS RAYONS DU SOLEIL, PIEDS NUS DANS LE SABLE, à regarder les pêcheurs s'éloigner vers le large ! Sous le ciel bleu des plages goanaises, dégustez un petit déjeuner dans une paillote et piquez une tête avant de lézarder à l'ombre jusqu'au déjeuner et de vous régaler de gambas grillées. Après la sieste, il fait bon nager ou flâner sur le rivage – Goa est bordé de plus de 100 kilomètres de plages – en attendant d'admirer le coucher de soleil sur l'océan.

Goa

191 A5 et B5

Le sable fin de Goa est sombre, mais propre. Certaines plages s'étirent à l'infini, telle **Uba Dando** (la « baguette droite »), l'immense bande sableuse de 21 kilomètres qui s'étend de Velsao à Mobor, dans le sud de Goa. Chaque plage porte le nom du village de pêcheurs niché en retrait parmi les cocotiers – ainsi les différents tronçons de Uba Dando ont-ils plusieurs noms. Toutes possèdent leur caractère particulier, de la plage calme et isolée d'Agonda à la très populaire Calangute en passant par les criques quasi privées, telle Vainguinim. À chaque plage sa population : Sinquerim est située près de deux hôtels haut de gamme, tandis qu'Anjuna reste un repaire de hippies et que les Indiens débarquent par bus entiers à Calangute et à Colva. Rien de plus facile que de passer d'une plage à une autre, à pied, en taxi ou en louant une moto ou une bicyclette. Lorsqu'une rivière vous barre la route, le seul problème reste d'attendre le bac – mais à Goa, on a toujours le temps d'attendre.

À Goa, l'écologie n'est pas un vain mot. De houleux débats entre les élus locaux ont engendré des lois sévères : tout nouvel édifice doit être bâti à 200 mètres au moins de la ligne de marée haute. Les dunes de sable et leur végétation halophyte sont protégées et régulièrement nettoyées. Ces lois visent avant tout les propriétaires des paillotes où les vacanciers aiment à lézarder en sirotant un café. Goûtez le *feni* local (voir p. 201) ou son équivalent plus doux, l'*urrak*. Détendez-vous en regardant les vagues et en écoutant les vieux tubes des Beatles et autres stars de la musique pop.

Goa offre un immense choix de plages, de la petite crique sableuse, comme celle-ci, à l'immense ruban côtier de Uba Dando, au sud de Panaji, qui s'étire sur 21 kilomètres.

Après une nuit en mer, les pêcheurs vident leurs filets sur la plage de Colva.

Il faut savoir que, sur les plages goanaises, la nudité est proscrite, les drogues sont illégales et les courants dangereux à certains endroits. Pour éloigner les colporteurs, un « no, thank you » poli s'impose ; si des articles vous intéressent, n'hésitez pas à négocier. Les informations suivantes devraient vous aider à trouver la plage qui convient le mieux à vos attentes.

LES PLAGES PAISIBLES DU NORD DE GOA

Au nord de la Chapora, les coins tranquilles du district de Pernem sont accessibles en prenant le bac à Siolim. La plage de **Querim** est un agréable but de promenade à partir de la plage d'Arambol (Harmal). Du débarcadère de la Chapora, prenez à droite et longez la rive du fleuve pour gagner la plage de **Morgim** (Morji), en général très calme, sauf lorsqu'un bus de vacanciers indiens débarque ; c'est également un site privilégié pour observer les oiseaux.

LES PLAGES ANIMÉES DU NORD DE GOA

Entre Baga et Sinquerim, une longue plage s'étire sur une dizaine de kilomètres le long de la côte du district de Bardez. Ici on vit la nuit, de rave party en bar et de fête en restaurant. En retrait des plages, de vieilles maisons et églises portugaises se dressent parmi les rizières. **Anjuna** reste le fief des hippies, qui se retrouvent dans les cafés et sur la plage pour faire la fête ou se baigner. Le mercredi après-midi, le marché d'Anjuna rassemble des vendeurs venus du Rajasthan, du Gujerat et du Karnataka ; non loin, le vendredi, un autre marché se tient à Mapusa, à l'intérieur des terres (voir p. 202). Hébergements confortables,

restaurants accueillants et animation conviviale sont les atouts de la plage de **Baga**, dotée d'une charmante crique, et de la plage voisine de **Calangute**. Dans le prolongement, **Candolim** est jalonnée d'agréables auberges et cafés. Enfin, **Sinquerim**, bordée de palmiers, mène à Fort Aguada, où l'on trouve cafés, hôtels haut de gamme et clubs de sports aquatiques.

LES PLAGES DES ENVIRONS DE PANAJI

Panaji est entouré de petites plages au sable chargé de métal, d'où sa couleur argentée. Certaines sont privées (les colporteurs n'y ont pas accès). **Dona Paula** est réservée aux clients des hôtels qui surplombent la plage. Quant à **Vainguinim**, enclavée dans les jardins de l'hôtel, elle est accessible du Cidade de Goa.

LES LONGUES PLAGES DU SUD DE GOA

Uba Dando, qui s'étire sur une vingtaine de kilomètres, est moins fréquentée que les grandes plages du nord de Goa. Le sable y est plus propre et la mer est calme. On peut y accéder depuis Margao, Ponda, Panaji et Old Goa (voir p. 192-198). Évitez Bogmalo, située sur la trajec-

Le marché aux puces d'Anjuna (à droite), toujours très animé, offre un mélange de produits issus de toute l'Inde. On y trouve aussi de petits restaurants et, bien sûr, une plage.

toire des couloirs aériens. Plusieurs plages s'égrènent de Velsao à **Colva**, localité animée avec ses pêcheurs, ses paillotes, ses restaurants et ses marchés villageois. **Sernabatim**, **Benaulim** et **Varca** sont paisibles et plutôt peu fréquentées par les clients des hôtels haut de gamme voisins. **Cavelossim** borde le joli village de Carmona, tandis que **Mobor** est dominée par un hôtel de luxe.

LES PLAGES DÉSERTES DU SUD DE GOA

Une excursion d'une journée permet de découvrir des plages quasi désertes et des paysages sauvages. **Agonda** est assez calme, alors que **Palolem** est déjà menacée par le développement. Au sud, vous trouverez les plages de **Rajbag** et de **Galgibaga**. ■

Le cocotier

Ce palmier joue un rôle primordial dans la vie des Goanais. Les cocoteraies protègent les villageois du soleil, du vent et des tempêtes de mousson. Plus de la moitié des surfaces cultivées à Goa sont dédiées à la culture du cocotier et de l'anacardier, que les jésuites s'attachèrent à promouvoir. Irrigué et fertilisé, un demi-hectare de cocotiers produit 7 000 noix par an contre 1 000 dans la nature. Une fois parvenues à maturité, les noix fournissent des fibres qui, tressées ou tissées, font de solides cordes, filets, gréements et nattes, tandis que les coques servent de bols ou de combustible. Le lait de coco et l'amande sont utilisés en cuisine ; séchés et pressés, ils fournissent de l'huile de coco. Le bois est utilisé en construction et les palmes pour garnir les toits, fabriquer des pièges à poissons, des nattes et paniers. La sève est prélevée pour obtenir du sirop de palme ou un alcool, le *feni*, que l'on distille aussi à partir des noix de cajou. ■

Autres sites à visiter

FORT AGUADA

Érigé en 1612, le plus imposant des forts goanais défend la baie d'Aguada et l'embouchure de la Mandovi. Ses bâtisseurs mirent en œuvre les techniques de construction italiennes les plus avancées : murs bas et épais, larges douves et tou-

Les épices odorantes de l'Inde du Sud se vendent sur les marchés villageois.

relles cylindriques. Équipé de 79 canons, Fort Aguada cernait les villages de Sinquerim et de Candolim. Il est accessible des villages de pêcheurs de Betin, Verim ou Nerul. Les passages voûtés mènent à l'église, au phare et à la citadelle, laquelle donne sur le promontoire de Cabo et sur la résidence du gouverneur de Goa. ✉ Nord de Panaji

FORT CHAPORA

C'est ici que les habitants des environs se réfugièrent lorsque Shambhaji, fils de Shivaji, déferla sur la région en 1739. Ils reprirent possession du district de Bardez lorsque les Portugais l'échan-

gèrent avec les Marathes contre Bassein (voir p. 171). Une promenade parmi les manguiers et les anacardiers mène aux bastions et remparts en latérite (1617), au sommet d'une colline qui offre une belle vue sur l'estuaire de la Chapora. ✉ Nord de Panaji

COLVA, BENAULIM ET CHINCHINIM

Ces trois villages du district de Salcete sont situés à l'ouest de Margao. Colva se distingue par son église baroque, **Notre-Dame-de-la-Miséricorde** (1630, reconstruite au XVIIIᵉ siècle), et par de belles maisons anciennes. À Benaulim, l'**église Saint-Jean-Baptiste** se dresse parmi de charmants édifices, tel le **Vincent Correia Fonsecos** (divisé en appartements). Des routes sinueuses conduisent à Chinchinim à travers des rizières et des plantations d'anacardiers. Au bord d'une jolie place, la **résidence** du docteur Alvaro Loyola Furtado côtoie une église aux murs verts. ✉ Ouest de Margao

L'ÎLE DE DIVA

Intégrée au district de Tiswadi Nord, cette île est accessible en bac à partir de Old Goa. C'est ici qu'Albuquerque établit ses quartiers en 1510. On peut y voir de belles maisons, notamment celle de l'écrivain goanais Mario Cabral e Sas. Au sommet de la colline, l'église **Nossa Senhora de Piedade** (1700-1724) est ouverte aux visiteurs. ✉ Sud de Panaji

LE MARCHÉ DE MAPUSA

Chaque vendredi, les Goanais affluent sur la grande place pour acheter fruits et légumes, poissons et objets de quincaillerie, comme les boîtes à déjeuner *(tiffin cans)*. Les visiteurs s'intéressent surtout aux poteries goanaises, ainsi qu'aux objets présentés par les artisans d'autres régions. On y trouve également des noix de cajou et différents articles importés de Bombay (Mumbai). ✉ Nord de Panaji

LE SÉMINAIRE DE RACHOL

Il fallait bien des prêtres pour servir les 500 églises de Goa ! Le séminaire de Rachol est l'une des quatre institutions où étaient formés les prélats. Fondé en 1574, cet édifice aux allures de forteresse abrite une chapelle recelant un autel orné de dorures, une imposante chaire, des reliques et des fresques. Le petit **musée d'Art chrétien** présente de belles pièces, dont une statuette de sainte Ursule, des fanions processionnaires et le palanquin des prêtres de Loutolim.

✉ 7 km à l'est de Margao

LES CROISIÈRES EN MER ET EN RIVIÈRE

Une promenade en bateau au fil de l'une des nombreuses rivières de Goa est l'occasion d'observer des oiseaux comme le gravelot, l'hirondelle de mer, le balbuzard et l'orfraie. D'autres excursions mènent vers le large, à la rencontre de bancs de dauphins à bosse.

✉ Sud de Panaji

LES PLANTATIONS D'ÉPICES

Si la réputation des épices goanaises n'est pas à la hauteur de celles du Kerala, Goa possède néanmoins deux plantations d'épices à Khandepar, près de Ponda : le **Savoi Verem Spice Garden** et le **Garden of Eden**, que l'on peut visiter. Vous y verrez de minuscules piments, les fruits du muscadier dont la coque, une fois brisée, révèle l'entrelacs de fibres du macis qui entoure la noix, des clous de girofle séchant au soleil, des sarments de poivrier et bien d'autres épices.

✉ Est de Panaji

LE TEMPLE DE TAMBDI SURLA

Une escapade d'une journée au départ de Panaji permet de découvrir le plus bel édifice de Goa. Niché dans une clairière au creux de collines tapissées de forêts, ce temple en basalte est paré de décorations aux contours nets et profonds, sous des toits massifs de style primitif. C'est l'un des rares vestiges de l'empire Kadamba, qui dominait Goa aux XIe et XIIe siècles et gouvernait le principal port de la côte ouest, s'imposant comme la première puissance maritime d'Inde.

✉ Est de Ponda

TEMPLES AU NORD DE GOA

Vous pouvez visiter le **temple de Mauli** à Sarmalem, près de Pernem, ainsi que le **temple de Shri Bhagavati** à Parcem. À l'est, dans le district de Bicholim, le **temple de Shri Saptakoteshvar** à Naroa abrite une divinité réfugiée que Shivaji rapporta de l'île de Diva en 1668.

✉ Nord de Panaji

TEMPLES AU SUD DE GOA

Près de Ponda, deux temples se nichent dans les vallées luxuriantes voisines de Bandora. C'est ici que fut érigé le **temple de Shri Nagesh**, orné de frises représentant des scènes de l'épopée hindoue. Non loin de là, à Queula, le **temple de Shri Shantadurga** (1738) fut en partie fondé par Shambhaji, petit-fils de Shivaji (voir Fort

Les vendeurs de fruits proposent des boissons, en général du lait de coco ou du jus de pastèque préparés sur place.

Chapora, p. 202). La principale *puja* de la journée se tient à 13 heures, hommes à droite et femmes à gauche sous le plafond orné de dorures. Des miroirs placés à l'extérieur reflètent la divinité pour les fidèles qui n'ont pas réussi à entrer. Dans le sud du district de Salcete, deux temples se dressent au sommet d'une colline : dans le **temple de Shri Chandranath**, le *lingam* est sculpté à même la colline ; le **temple de Shri Chandreshvar Bhutnath**, sanctuaire shivaïte dédié au dieu de la Lune, possède un taureau Nandi lui aussi taillé dans la roche.

✉ Sud de Panaji ∎

Le chemin de fer du Konkan

Tandis que d'autres pays délaissent leurs transports ferroviaires, l'Inde s'attache avec sagesse à développer ce moyen de transport peu polluant et n'hésite pas à mettre en service de nouvelles lignes. Le chemin de fer du Konkan (Konkan Railway), véritable prouesse technique, s'étire sur 1 000 kilomètres et traverse trois États – le Maharashtra, Goa et le Karnataka. Partant de Bombay (Mumbai), il longe la côte jusqu'à Mangalore, où il rejoint l'ancienne voie de Kochi (Cochin).

Conçu en 1984, lancé en 1990 puis inauguré en 1997, c'est le plus grand projet ferroviaire de tout le XXᵉ siècle. Affublé du slogan « Du rêve à la réalité », il offre une infrastructure de transport nord-sud appelée à stimuler l'économie et l'emploi dans une région défavorisée où la mousson détruit régulièrement les routes et bloque l'accès aux ports fluviaux et maritimes.

Le train du Konkan franchit 143 grands ponts et 1 670 ouvrages de moindre importance. Il s'engouffre dans 75 tunnels, dont le plus long mesure plus de 6 kilomètres. Il croise le viaduc le plus haut d'Inde, à 64 mètres d'altitude, roule sur plus de 85 630 tonnes de rails et 1,2 million de traverses, et dessert 53 gares.

Le chemin de fer a changé la vie des habitants de la côte, en brisant leur isolement ; les voyages sont moins coûteux et surtout moins longs – il ne faut plus que 10 heures pour rejoindre Goa à partir de Bombay, alors qu'il en fallait 20 avant la mise en service du Konkan.

Même s'ils ne peuvent qu'applaudir à la baisse de la pollution due à la réduction du trafic routier, les écologistes redoutent le pillage des richesses minérales de la région (minerai de fer, bauxite, chromite, manganèse et silice), le déboisement de vastes zones de forêt ainsi que les conséquences de l'urbanisation et de l'industrialisation sur le fragile écosystème de la côte.

Le minerai de fer est déjà exploité à Goa. Des centrales thermiques, une raffinerie de pétrole et une fonderie de cuivre sont en projet, tandis que le nombre de passagers devrait atteindre 21 millions de personnes par an en 2014.

Le chemin de fer du Konkan ouvre la côte sud aux visiteurs à partir de Bombay. Le départ de Victoria Terminus permet d'éviter les affres de la circulation à la sortie de la métropole. Roha est une étape intéressante pour les visiteurs qui souhaitent s'attarder à Janjira, tandis qu'une halte à Chiplun permet d'explorer la Vashishti et sa vallée tout en séjournant dans un hôtel pittoresque. Pour découvrir les forts de Malvan et de Vijayadurg, il faut descendre à Sawantwadi, plus au sud. À Goa, le train du Konkan s'arrête à Pernem, à Old Goa, à Margao et à Canacona. Puis il poursuit son itinéraire le long de la côte jusqu'au Karnataka, via Karwar, Kundapura et Mangalore (voir p. 206). C'est ici qu'il rejoint l'ancienne voie ferrée du Sud, aménagée jadis jusqu'à Cochin pour servir les intérêts britanniques. Le train dessert plusieurs villes, telles Kozhikode et Thrissur.

Selon les horaires actuels, le train qui part de Bombay à 16 h 40 (un express qui ne s'arrête pas à toutes les stations) arrive à Kochi le lendemain à 21 heures – soit une bonne nuit de sommeil, quelques repas à bord et une journée à admirer le paysage qui défile. ∎

Sur la ligne du Konkan (page ci-contre, en bas), le train chemine lentement à travers les paysages goanais, faisant halte dans des gares dotées de panneaux bilingues, comme à Chandor (en haut). Le nouveau chemin de fer traverse plusieurs cours d'eau, dont la large Zuari, près de Cortalim, où les familles de pêcheurs, imperturbables, continuent à réparer leurs filets (page ci-contre, en haut).

Côte du Karnataka

 191 B4

Les villages de la côte fêtent les dieux du temple.

La côte du Karnataka

LA BANDE CÔTIÈRE DE L'ÉTAT VOISIN DE GOA, LE KARNATAKA, EST appelée Kanara. Ses paysages sont spectaculaires. Les falaises de latérite alternent avec des plages désertes et des estuaires bordés de mangrove. Les touristes sont rares et les hébergements sans fioritures.

à la belle étoile. En descendant sur la côte, un détour à l'intérieur des terres à partir de Bhatkal rejoint les **chutes de Jog**, les plus hautes d'Inde. Une piste mène jusqu'au bord de l'eau, mais prenez un guide pour éviter de vous perdre. À Barkur, faites une boucle jusqu'au complexe religieux de Nandikeshvara à **Mekkekattu,** pour admirer les quelque 170 images rouge vif des *bhuta*, les esprits (voir aussi le musée du folklore de Mysore, p. 231).

Plus au sud, **Udupi** (Udipi) est célèbre en Inde pour être à l'origine des *masala dosa*, des galettes de riz farcies aux légumes dont les toutes premières sortirent des fourneaux des restaurants des brahmanes. Après en avoir dégusté au café de l'hôtel Sharada International ou au Kediyoor, rejoignez sur la grande place les pèlerins en visite au temple en bois de Krishna, fondé par un saint hindou du nom de Madhva (1238-1317). L'hiver, vous pourrez admirer un chariot de procession multicolore.

L'itinéraire se termine à **Mangalore**, ville portuaire depuis le VIᵉ siècle. Elle passa successivement aux mains des rois de Vijayanagar, des Portugais, de Tipu Sultan et des Britanniques. De là partaient le poivre, le gingembre et les autres épices échangées avec le Moyen-Orient. Aujourd'hui, les principales marchandises expédiées sont le café, le cacao, les noix de cajou et le granit. Les vestiges les plus remarquables sont le **temple de Manjunatha** (Xᵉ siècle), qui recèle de beaux bronzes, et la **St. Aloysius College Chapel** (chapelle du collège Saint Aloysius, 1885), décorée de fresques et de peintures italiennes. ∎

Offices de tourisme

Gokarn

☎ 08 386-58 236

Mekkekattu

☎ 0811-29 303

Mangalore

✉ Hotel Indraprestha, Lighthouse Hill Road

☎ 0824-442 926

Chutes de Jog

☎ 08 186-44 732

🕐 Éviter l'époque de la mousson (de nov. à janv.)

De Goa, dirigez-vous vers Mangalore en suivant la côte. Vous traverserez d'abord **Gokarn** – un ancien lieu de pèlerinage qui s'est développé autour des **temples de Shri Mahabaleshvar** et **Shri Mahaganapati**. Les pèlerins commencent par se raser la tête, puis ils se baignent dans les eaux sacrées de la mer et se rendent dans les deux temples pour y effectuer leurs *puja* (dévotions) et *darshan* (visite rituelle à la divinité) ; le splendide *ratha* (char de procession) est encore utilisé pour célébrer Shivratri, la fête de Shiva *(fév.)*.

Vous découvrirez ensuite des plages idylliques, dont certaines sont investies par les routards qui dorment

Kochi (Cochin) et Ernakulam

AU CENTRE DE KOCHI, LES QUARTIERS HISTORIQUES ET PAISIBLES DE Fort Cochin et du palais de Mattancherry recouvrent plusieurs îles, là où le lac Vembanad se confond avec la mer d'Oman. Sur le continent, la ville jumelle de Kochi, Ernakulam, s'étend vers l'est.

On dit que l'apôtre saint Thomas fit halte dans l'isthme de **Cochin** en l'an 50 pour y instaurer la première communauté chrétienne d'Inde. Puis vinrent les juifs, les chrétiens de Syrie, les Chinois et les voyageurs persans. En 1502, Vasco de Gama y fonda une manufacture de traitement des épices pour le compte de la Couronne portugaise. L'année suivante, Albuquerque débarqua avec une communauté de moines pour entamer l'édification d'un fort et d'une église.

En 1635, les Anglais installèrent leur propre manufacture d'épices, qu'ils perdirent en 1663 au profit des Hollandais. Ceux-ci convertirent l'église catholique en chapelle protestante et la cathédrale en entrepôt. En 1795, lorsque les Provinces Unies tombèrent aux mains des Français,

les Britanniques s'emparèrent immédiatement de Cochin et de son port, aussi stratégique que lucratif.

Kochi reste un port animé. La vieille ville a préservé son caractère, car la croissance urbaine se concentre à Ernakulam, sur le continent. La vraie richesse de Cochin reste son port de commerce, où transite la majeure partie de la production de caoutchouc, noix de coco, tapioca, bananes, gingembre, coir (fibre de coco) et noix de cajou du Karnataka.

Ernakulam est une ville en plein essor, où les joailleries et autres boutiques de luxe prospèrent grâce aux fortunes accumulées par les cultivateurs d'épices, les barons du caoutchouc et tous les Kéralites de retour du Moyen-Orient au terme de contrats lucratifs. ∎

Kochi et Ernakulam

🗺 191 C2

Offices de tourisme
Kochi
✉ Willingdon Island, près de l'hôtel Taj Malabar
☎ 0484-668 352

Kerala
✉ Shanmugham Raod, Ernakulam (annexe devant l'embarcadère principal)
☎ 0484 353 234

Kathakali
Voir p. 376 pour les informations sur les spectacles.

Pour un danseur de Kathakali, le maquillage s'inscrit dans le rituel religieux.

http://www.chez.com/indereunion/grosplans/musidans/kathakali.htm

Le Kathakali

D ans la culture du Kerala, la danse, le théâtre et les rituels religieux jouissent d'une longue tradition. Le Kathakali, dont le nom signifie « histoire jouée », est un théâtre dansé dérivé d'une forme de yoga. Le rituel du spectacle, qui peut durer toute une nuit, débute par un maquillage sophistiqué et la présentation de costumes aux couleurs symboliques. La danse à proprement parler consiste en un mime stylisé racontant les épisodes des grandes épopées. Fait rare en Inde, les représentations abrégées, destinées aux touristes, sont de bonne qualité ; elles font l'objet d'explications claires et reflètent bien le spectacle complet. ∎

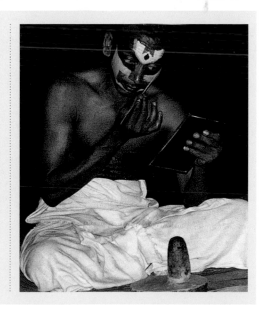

Poulies et poids soulèvent et abaissent les cadres en teck des filets de pêche chinois.

Une promenade dans Kochi

Kochi est plus facilement accessible en bac, à partir d'Ernakulam et de l'île Willingdon, qu'en voiture. Vous pouvez aussi négocier la location d'un bateau privé. Une fois sur place, si vous souhaitez éviter la fatigue d'une longue marche, vous pouvez louer une bicyclette ou circuler en pousse-pousse.

http://www.chez.com/bharat/geographie/kerala/kochi.htm

La promenade commence à l'**embarcadère (Jetty) de Mattancherry ❶**, où le front de mer est bordé de beaux édifices anciens au toit de tuiles et aux murs pastel qui abritent encore des entrepôts. Suivez l'axe principal pour pénétrer au cœur de Mattancherry, où se dresse le **Dutch Palace ❷** (1557). Contrairement à ce que suggère son nom (« palais hollandais »), il fut construit par les Portugais, qui l'offrirent au raja de Cochin, Veera Karalavaram (r. 1537-1561), afin d'en obtenir des conditions commerciales plus avantageuses. En 1663, les Hollandais ne firent que le rénover. Des robes portées par les dames de la Cour, des tableaux et des palanquins sont exposés dans la salle du Couronnement, tandis que d'autres salles renferment des peintures murales datant du XVIᵉ au XVIIIᵉ siècle. À l'étage, les murs arborent une riche palette de couleurs illustrant le *Ramayana* ; au rez-de-chaussée, des tableaux plus récents représentent Shiva et Mohini, ainsi que Krishna tenant le mont Govardhana et jouant avec des *gopi* (vachères).

À la sortie du palais, tournez à droite pour découvrir Jew Town, le quartier juif, parsemé de magasins d'épices et d'entrepôts de négociants. Au bout de la rue, prenez à droite en longeant l'édifice portant l'enseigne **Indian Pepper & Spice Trade** (jetez un œil à l'intérieur). Vous trouverez Synagogue Lane, au bout de laquelle s'élève la **synagogue Pardesi ❸** *(du dim. au ven., 10h-12h et 14h-15h).* Fondée en 1598, puis détruite par les Portugais, cette synagogue fut reconstruite en 1664 avec la bénédiction des Hollandais. C'est au milieu du XVIIIᵉ siècle que furent posées au sol les céramiques de Canton au motif de saule offertes par Ezekial Rahabi, qui fit éga-

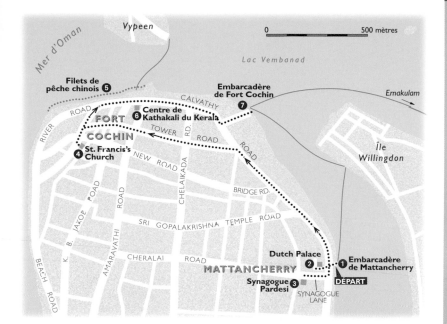

Vypeen

Mer d'Oman

Lac Vembanad

0   500 mètres

Filets de
pêche chinois **5**

CALVATHY

Embarcadère
de Fort Cochin
7

Ernakulam

RIVER ROAD

FORT
COCHIN

Centre de
6 Kathakali du Kerala

TOWER RD.
ROAD

ROAD

Île
Willingdon

St. Francis's
4 Church

NEW ROAD

CHELAIKADA ROAD

BRIDGE RD.

K. B. JAKOB ROAD

ROAD

AMARAVATHI

SRI GOPALAKRISHNA TEMPLE ROAD

BEACH ROAD

CHERALAI ROAD

MATTANCHERRY

Dutch Palace
2

1 Embarcadère
de Mattancherry

Synagogue **3**
Pardesi

SYNAGOGUE
LANE

DÉPART

lement don du clocher. La plupart des juifs de
Cochin ayant émigré en Israël, la communauté
est aujourd'hui si réduite que les services religieux doivent parfois être annulés (le rabbin
compte sur les touristes juifs pour atteindre le
minimum requis de fidèles).

Pour rejoindre Fort Cochin à pied, rebrous-
sez chemin à travers Jew Town, puis suivez Calvathy Road (rue du Bazar) et tournez à gauche
sur Tower Road, bordée de vieilles maisons. Vous
déboucherez dans une sorte de village anglais,
avec une pelouse pour le match de cricket du
dimanche entourée de maisons de marchands
de fibres de coco dominées par **St. Francis's
Church 4** (église Saint-François, 1546). Les
franciscains portugais érigèrent cette structure
massive et sans fioritures pour remplacer l'ancienne construction en bois, qui fut probablement la première église européenne d'Inde. A
l'intérieur, le monument qui se dresse au fond à
droite est dédié à Vasco de Gama (vice-roi en
1524), qui mourut à Cochin le jour de Noël
1524 ; sa dépouille fut par la suite transférée à
Lisbonne. L'église recèle d'autres sépultures de
commerçants portugais, hollandais et britanniques. Le dimanche, alors que les fidèles
affluent, l'édifice est rafraîchi par des *punka*, un
système manuel d'air conditionné.

🏛 Voir aussi p. 191
⛴ Embarcadère de Mattancherry
🔁 3 km
🕐 2-3 heures
⛴ Embarcadère de Fort Cochin

A NE PAS MANQUER

- Le Dutch Palace à Mattancherry
- La synagogue Pardesi
- St. Francis's Church à Fort Cochin
- Les filets de pêche chinois

En sortant de l'église, tournez à droite et descendez la rue, bordée de résidences coloniales,
jusqu'à la pointe de Fort Cochin. Les **filets de
pêche chinois 5** tendus au bord de l'eau furent
introduits par des marchands venus de la Cour
de Kubilay Khan. Un système complexe de poulies et de poids permet de soulever et d'abaisser
les immenses cadres de teck. Vous arrivez près
du **centre de Kathakali du Kerala 6**, où sont
organisées des représentations de cette forme de
théâtre (voir p. 207). Plus loin, en marge de Calvathy Road, les bateaux de l'**embarcadère de
Fort Cochin 7** conduisent à Willingdon et à
Ernakulam ; certains proposent des excursions
au clair de lune. ■

Une croisière en bateau au hasard des backwaters, que les Kéralites appellent Kuttanadu, permet de découvrir tout un univers secret où la vie simple des villageois est en parfaite harmonie avec la nature.

Les backwaters

LES PROMENADES EN BATEAU AU FIL DES EAUX SCINTILLANTES SONT l'un des grands attraits du Kerala. Regardez les bateliers débarquer leurs marchandises, les enfants grimper dans les bateaux-bus pour se rendre à l'école et les femmes préparer les spécialités de poisson épicées à l'ombre d'immenses cocotiers.

À certains endroits, la côte du Kerala est plus eau que terre. Alimentés par d'innombrables affluents, 44 cours d'eau serpentent jusqu'à la mer d'Oman. Rivières, estuaires, lagunes et canaux artificiels s'entrelacent en un réseau labyrinthique de navigation fluviale utilisé depuis très longtemps. Aujourd'hui encore, les bateaux l'empruntent pour acheminer riz, épices et caoutchouc. Le canal le plus long s'étire sur 367 kilomètres de la capitale, Thiruvananthapuram, à Tirur.

LA CULTURE DES BACKWATERS

Les backwaters (« eaux stagnantes ») les plus étendus se situent entre Kochi (Cochin) et Kollam, où le **lac Vembanad** s'étend sur plus de 200 kilomètres carrés. Dans cette région, baptisée Kuttanadu, la vie s'écoule sur l'eau, au bord de l'eau ou sur d'étroites bandes de terre. Au milieu de la végétation tropicale, les familles vivent dans des maisons peintes de couleurs vives qui semblent littéralement flotter, parmi lesquelles se glissent de minuscules épiceries et échoppes de tailleur. On trouve même des vergers plantés de jaquiers, de palmiers et de manguiers où évoluent canards et poulets, sans oublier quelques vaches.

Tout, du journal du matin au costume, est transporté sur l'eau. Les modes de propulsion sont variés. Certains habitants se déplacent rapidement à l'aide d'une grosse rame, d'autres semblent flâner en plongeant négligemment leur perche dans l'eau, d'autres enfin possèdent des bateaux à moteur ou à voile. Sur les grandes embarcations vouées au transport du coir (fibre de coco), du coprah (amande de coco séchée), des noix de coco et des noix de cajou, des huttes en palme font office d'habitation.

La pêche et le traitement du coir sont les principales activités de la région. Vous verrez des hommes plonger pour récolter des moules d'eau douce, et d'autres simplement installés près d'une canne pourvue d'un fil. Les cultivateurs récoltent le riz avant la mousson qui submerge toute la région. Rien d'étonnant à cela, puisque le niveau des canaux s'élève souvent plus haut que celui des terres alentour. À la fin de la mousson, en août, les Kéralites célèbrent la fête d'Onam afin de marquer le retour du roi mythique, Mahabali, de son exil aux enfers. C'est l'occasion de spectacles sur l'eau et de grandes régates qui, jadis, opposaient les princes rivaux. Aujourd'hui, les plus beaux spectacles sont les courses des bateaux-serpents qui se tiennent près d'Alappuzha (Alleppey). Huilées avec une matière spéciale pour limiter la résistance de la coque dans l'eau, les *chandan wallam* (pirogues de course), propulsées par une centaine de rameurs, filent à toute allure au rythme des cris de la foule. Ces régates, de même que le Puram de Thrissur (voir p. 220), ont lieu deux fois par an, pour les touristes.

Lors des régates (en haut à droite), des équipages pouvant compter jusqu'à une centaine de rameurs propulsent les bateaux-serpents ornés d'une haute proue décorée.

QUESTION D'ÉCOLOGIE

Aujourd'hui, la prolifération d'une algue menace la vie du Kuttanadu. Introduite dans la région il y a une trentaine d'années, cette plante qui développe un épais entrelacs de racines a déjà bouleversé l'écosystème. Il n'est plus possible de boire l'eau des canaux ou de l'utiliser pour se laver. Privées de la lumière du soleil, la faune et la flore aquatiques se raréfient et l'algue forme des barrages sur les rivières et canaux, bloquant la navigation.

VISITER LES BACKWATERS

Plusieurs approches sont possibles pour visiter les backwaters. L'une consiste à louer un *kettu wallam*, un bateau conçu pour le transport du riz converti en bateau de croisière. Loués avec équipage, les *kettu wallam* permettent de se plonger dans la « vraie vie » des backwaters.

Si cette formule vous paraît trop exotique, vous pouvez opter pour une excursion d'une journée en bateau privé piloté par son propriétaire, de préférence à partir d'Alappuzha ou de Kottayam (le paysage autour de Kochi n'est pas passionnant pendant les deux premières heures). Vous pouvez aussi faire halte à Kumarakom, pour passer la nuit dans l'un des deux hôtels haut de gamme situés sur le lac Vembanad. Une autre solution consiste tout simplement à emprunter les transports en commun et à circuler en bateau-bus. ∎

Thiruvananthapuram (Trivandrum)

LA CAPITALE DU KERALA S'ÉTEND SUR SEPT COLLINES, AU BORD DE la mer. Parcs arborés et maisons coiffées de tuiles rouges s'alignent le long d'avenues paisibles et spacieuses dans une atmosphère simple et décontractée, bien différente de celle des grands centres urbains.

Lorsque l'Inde accéda à l'indépendance, en 1947, les principautés de Travancore et de Cochin, ainsi que le Malabar sous administration britannique, furent réunis en un État, le Kerala, dont la langue officielle est le malayalam. En 1957, cet État fut le premier à élire démocratiquement un gouvernement communiste. Si le développement industriel passa au second plan, les réformes permirent une amélioration sensible de l'enseignement et de la protection médicale. Aujourd'hui, le taux de natalité du Kerala est le plus bas du pays et le taux d'alphabétisation atteint 93 %.

Trivandrum, ancienne capitale du Travancore, fut rebaptisée Thiruvananthapuram en l'honneur du dieu Vishnou. Son nom signifie « cité sainte d'Anantha », Anantha (ou Ananta) étant le serpent sur lequel Vishnou est couché dans l'océan cosmique. C'est sous cette forme, nommée Padmanabha, que la famille royale du Travancore vénérait sa déité de prédilection. Quand le raja Matanda Varma (*r.* 1729-1758) transféra sa capitale à Trivandrum en 1750, il voua la principauté de Travancore tout entière à Vishnou et fit bâtir le **temple de Shri Padmanabhasvamy**. Situé au cœur de la ville, ce lieu de culte est encore dirigé par les descendants du raja. Seuls les hindous y ont accès, mais vous pouvez faire le tour du temple pour voir les fidèles se baigner dans le bassin ou acheter des souvenirs et des offrandes de *puja*. Au petit matin, c'est ici que les étudiants s'entraînent au Kalarippayat, l'art martial du Kerala.

Lorsqu'ils quittèrent Padmanabhapuram, les rajas du Travancore s'installèrent au **palais de Puttan Malika**, dont certaines salles sont ouvertes aux visiteurs. Ils y vivent encore et, chaque jour, ils commencent leur matinée en faisant leurs dévotions au temple. Les sols polis, les paravents en bois sculptés et les cristaux royaux sont admirables, mais remarquez surtout les peintures murales et les colonnes sculptées représentant des chevaux cabrés.

Derrière le quartier historique, à l'extrémité de M. G. Road, un **jardin public** recouvre 26 hectares plantés d'arbres et de pelouses. Il renferme un **musée d'art et d'artisanat**, autrefois appelé Napier Museum (1874-1880). Bâti par R. F. Chisholm, cet édifice aux murs de brique peints de couleurs vives et percés de fenêtres ornées de vitraux abrite les bronzes de la dynastie Chola, des sculptures sur bois du Kerala, des masques et des marionnettes, des bijoux en or et des instruments de musique, ainsi que divers objets royaux. Dans les jardins, vous pouvez visiter la **galerie d'art Shri Chitra** et un **musée d'histoire naturelle** (*fermé le mer. mat. et du ven. au lun.*), qui expose notamment des maquettes de *taravad* (manoirs) kéralites et de *nalekettu* traditionnels (bâtiments agencés autour d'une cour rectangulaire).

LE PALAIS DE PADMANABHAPURAM

Padmanabhapuram se trouve dans le Tamil Nadu, mais il est plus pratique de visiter cette ancienne capitale des

---

Ce recoin du temple de Shri Padmanabhasvamy est orné d'un exemple éloquent des superbes sculptures sur bois du Kerala.

Thiruvananthapuram

🗺 191 C1

Office de tourisme

✉ Bureau de l'aéroport

☎ 0471-451 498

Office de tourisme du Kerala

✉ Station de bus de Thampanoor

☎ 0471-330 031

Palais de Puttan Malika

✉ Chalai Bazaar Road

Les visiteurs peuvent assister à une démonstration de Kalarippayat, l'art martial du Kerala, qui exige un entraînement rigoureux.

Musée d'art et d'artisanat (anciennement Napier Museum)
🕐 Fermé le lun.
🎫 €

Galerie d'art Shri Chitra
🕐 Fermé le lun.
🎫 €

Musée d'histoire naturelle
☎ 0471-62 275
🕐 Fermé le lun.
🎫 €

Fêtes
Fêtes de l'Arat, de mars à avr. et d'oct. à nov. :
animations et processions pendant ces deux festivals de 10 jours.

Conseil
L'entrée de la plupart des temples kéralites est interdite aux visiteurs non hindous.

Palais de Padmanabhapuram
🗺 191 C1
✉ 55 km au sud-est de Thiruvananthapuram
🕐 Fermé le lun. ; évitez le week-end
🎫 €

---

seigneurs du Travancore à partir de Thiruvananthapuram. Le palais (assurez-vous qu'il n'est pas fermé pour des raisons de conservation) fut édifié en 1550, puis remodelé par le raja Matanda Varma. Les salles s'or donnent autour de quatre cours intérieures. Elles sont décorées de sculptures et de peintures murales qui surpassent celles du Dutch Palace de Mattancherry (voir p. 208). Leurs meubles en bois de rose trahissent l'influence des marchands chinois.

La visite s'effectue sous l'égide de guides très compétents. Admirez les paravents délicatement ajourés, les consoles à motifs végétaux et les pendentifs représentant des fleurs de datura. Parmi les nombreuses salles du palais, citons le vestibule ouvert, orné de sculptures, d'où le souverain s'adressait à son peuple. À l'étage, dans la salle du conseil, remarquez l'ingénieux système de climatisation à base d'herbes détrempées, les

chaises à fond large permettant aux ministres de s'asseoir en tailleur et le sol poli avec un mélange à base de noix de coco brûlée, d'extrait de canne à sucre, de blanc d'œuf, de chaux et de sable. Au sommet de la tour, la chambre ornée de peintures murales et dotée d'un lit est réservée aux dieux. Dans l'aile la plus ancienne, le palais recèle un **ekanda-mandapam** («endroit solitaire»), destiné aux rites dédiés à la déesse Durga. L'édifice comprend en outre une salle de bal aux colonnes en pierre et la chambre du raja, renfermant un lit de bois aux vertus médicinales.

L'ensemble fait de ce palais de la famille royale du Travancore un lieu très vivant. Selon le système de succession matriarcale, le trône revenait au fils aîné de la sœur aînée. Le souverain n'avait pas le droit de se marier, afin que tout son amour se porte sur sa principauté et que ses enfants ne risquent pas de l'en distraire. ■

La boîte à épices indienne

La cuisine indienne ne se conçoit pas sans épices, les *masala* (mélanges) variant selon les régions. Ce sont les épices qui donnent à chaque plat sa saveur et son caractère. Viande, poisson ou légumes sont ajoutés dans le récipient de cuisson après les épices, que l'on fait légèrement revenir au préalable.

Dans l'Antiquité, les Grecs, Romains, Arabes et Chinois étaient prêts à payer des fortunes pour acquérir des épices avec lesquelles ils se parfumaient, se soignaient, conservaient les aliments ou masquaient l'odeur âcre de la viande rance. L'Inde du Sud était alors le principal fournisseur et leur prix rivalisait avec celui de l'or.

Au XVᵉ siècle, c'est la volonté des souverains d'Espagne de briser le monopole arabe et vénitien sur le commerce des épices qui conduisit Christophe Colomb aux Amériques, alors qu'il était à la recherche d'une route des Indes par l'ouest. Mû par le même objectif, Vasco de Gama contourna la pointe australe de l'Afrique. Dès lors, Portugais, Hollandais, Français et Britanniques négocièrent directement avec l'Inde.

Jadis appelé or noir, le poivre est l'épice reine. Dans tout le Kerala (l'État assure 95 % de la production de poivre indien), les sarments de poivrier grimpent sur les arbres, tandis que les grains sèchent au soleil. Le poivrier est souvent cultivé à côté de l'anacardier, du caféier, du cocotier, de l'aréquier, du manioc, du bananier et du riz, dans des fermes situées entre la côte et les montagnes. La plupart des épices indiennes sont cultivées dans les petites plantations du Sud. Plus de 60 % de la cardamome indienne pousse sur les hauteurs du Kerala, parmi les théiers, les caféiers et les plantes à caoutchouc, ainsi que dans les forêts de montagne. Les graines poussent à la base d'un arbuste à larges feuilles. Elles sont récoltées par des femmes qui les font sécher et qui en conservent quelques-unes pour leurs vertus aphrodisiaques. Environ 70 % de la demande mondiale de gingembre, une plante utilisée en cuisine mais aussi pour ses vertus digestives, est couverte par la production indienne. Le curcuma *(haldi)* est surtout cultivé dans l'État de l'Andhra Pradesh. Employé en cuisine, il est également prisé pour ses vertus antiseptiques, et on en frictionne la peau des bébés et des femmes pour l'adoucir et l'éclaircir. Le marché intérieur absorbe 98 % des quelque 350 000 tonnes de curcuma produites en Inde chaque année.

Les piments rouges sont triés, puis vendus entiers ou pilés sur les marchés ou aux fabricants de produits alimentaires.

Il fait bon flâner sur les marchés en quête de ces épices et de bien d'autres encore, parmi lesquelles la noix muscade, un fruit dont nous utilisons le noyau en cuisine et dont on extrait le macis. Prélevée sur l'écorce interne de certaines pousses du cannelier, la cannelle se présente en bâtonnets sous forme de rouleaux serrés. Les piments quant à eux se présentent sous plusieurs formes : les plus gros sont consommés en guise de légumes ou pilés pour obtenir du paprika doux, tandis que les plus petits sont servis tels quels et mettent littéralement le feu aux papilles.

Les noix de cajou, en général pilées, entrent dans la composition des sauces douces qui accompagnent les plats moghols. Une fois récoltées, elles doivent être décortiquées et mondées à la main puis triées par taille, un traitement complexe qui explique leur prix élevé. ■

Les grains de poivre (ci-dessus) étaient jadis si précieux que les commerçants les utilisaient comme monnaie d'échange.

Au marché aux épices de Jew Town (ci-dessus), à Kochi, il règne la même activité aujourd'hui que voici des siècles. Les sacs de graines, gousses et écorces sont vendus aux grossistes avant d'être proposés sur le marché (à droite), où les cuisiniers font leurs provisions.

La côte de l'Inde est jalonnée de villages de pêcheurs traditionnels. Ici, des Kéralites hissent leur embarcation sur la plage.

Les plages du Kerala et les îles Laquedives

LA MAJEURE PARTIE DE LA LONGUE BANDE SABLEUSE DE LA CÔTE DE Malabar, qui s'étire sur 550 kilomètres entre Goa et Kanya Kumari, n'est pas équipée d'infrastructures de type occidental. Contrairement à Goa, le Kerala ne possède que peu d'hôtels de plage, et les bikinis risquent de choquer la population. Pour un dépaysement total, rendez-vous à Bangaram, l'une des îles Laquedives.

Kovalam
191 C1

Varkala
191 C2
50 km au nord de Thiruvananthapuram, 20 km de Kollam

Temple de Danardhana Svamy
Varkala

Îles Laquedives
191 A2 et A3

Il fait bon flâner et nager sur les plages désertes du Kerala, ponctuées de falaises et de villages de pêcheurs. Une certaine activité, toutefois, s'est développée autour de deux pôles : Kovalam et dans une moindre mesure Varkala, tous deux accessibles à partir de Thiruvananthapuram.

C'est sur la plage paisible de **Samudra** que **Kovalam** s'offre sous son plus beau jour. À **Hawah**, observez les bateaux de pêcheurs, puis découvrez les restaurants de la plage de **Lighthouse** (belle promenade au crépuscule jusqu'au village de Vishinjam), avant de lézarder sur le sable de **Poshikkara**. Encore très différent de Kovalam, **Varkala** est certainement appelé à changer. Pour l'heure, ce

centre de pèlerinage est surtout fréquenté par les hindous qui convergent vers le **temple de Danardhana Svamy**, surplombant la mer, pour vénérer leurs ancêtres (les non-hindous sont admis après 17 heures). Le sentier qui longe le temple mène à une plage de sable blond ponctuée de promontoires où il fait bon se promener. Profitez de votre séjour pour faire un détour par les sources chaudes et découvrir la forêt voisine à dos d'éléphant.

LES ÎLES LAQUEDIVES (LAKSHADWEEP)

Dépaysement total assuré dans ces îles où le tourisme étranger est sévèrement contrôlé. Afin de préserver la

La médecine ayurvédique

Voici près de 5 000 ans que les Indiens, et les Kéralites en particulier, pratiquent l'ayurveda, une philosophie médicinale millénaire. Alors que la médecine occidentale s'attache à éliminer les causes de la maladie, l'ayurveda part du principe que la maladie révèle un déséquilibre de l'organisme qu'il faut traiter plus que la maladie elle-même. Selon l'ayurveda, le corps est contrôlé par trois forces : *pitta* (la force du Soleil qui agit sur la digestion et le métabolisme) ; *kapha* (la force de la Lune qui apaise les organes) ; *vata* (l'effet du vent sur le mouvement et le système nerveux). Le diagnostic s'effectue en tenant compte à la fois des troubles physiques, des émotions, du cadre familial et du mode de vie. Les traitements allient préparations à base d'herbes et exercices de yoga. Si vous souffrez d'un trouble chronique du type asthme ou migraine et que vous souhaitez avoir l'avis d'un praticien, adressez-vous à l'un des nombreux centres ayurvédiques d'Inde, comme le C.V.N. Karlari Sangam, près du temple de Shri Padmanabhasvamy, à Thiruvananthapuram. ■

Comment se rendre aux Laquedives

Pour visiter les îles, prenez l'avion à Cochin ou réservez une croisière chez un voyagiste.

---

culture insulaire, le gouvernement en interdit l'accès aux non-Indiens ; seule Bangaram est ouverte aux touristes étrangers. Le nombre de visiteurs est limité, les prix sont élevés et il n'y a pas grand-chose à faire, à part se détendre et se baigner !

L'avion qui dessert l'aéroport d'Agatti survole les 36 îlots coralliens qui parsèment les eaux azurs de la mer d'Oman, entre 220 et 440 kilomètres au large de la côte du Kerala. Ils constituent le plus petit des sept territoires de l'Inde ; 52 000 personnes seulement peuplent les dix îles habitables, Kavaratti étant la capitale et Agatti l'aéroport. La majorité des habitants sont musulmans sunnites et parlent le malayalam. Ils vivent de la pêche et de la culture du cocotier.

L'île de Bangaram, 61 habitants, se trouve à deux heures de bateau d'Agatti ; observez les bateliers qui évitent prudemment les coraux lorsqu'ils naviguent sur les hauts-fonds. Cette île en forme de larme est bordée de sable blond léché par des eaux calmes et chaudes (environ 26 °C). Un endroit idéal pour observer la vie des fonds marins. ■

Les voyageurs qui font l'effort de se rendre aux Laquedives seront récompensés par de splendides paysages, paisibles et naturels.

Autres sites à visiter

Ces suggestions pour visiter le Kerala sont classées en deux parties : Kozhikode et le nord du Kerala ; les environs de Kochi et d'Ernakulam.

KOZHIKODE ET LE NORD DU KERALA

Bekal

Le **fort** côtier très bien préservé offre d'impressionnants murs, bastions et remparts datant du XVIIe siècle. Érigé par Shivappa Nayaka de Nagar, il tomba en 1763 aux mains d'Haider Ali.

▲ 191 B3   ✉ 80 km au nord de Kannur ; 60 km au sud de Mangalore

Kannur (Cannanore)

Kannur fut la capitale des puissants rajas Ali, la seule dynastie royale du Kerala de confession musulmane. Ils utilisèrent le fort Saint-Angelo, un ouvrage triangulaire massif édifié par les Portugais (1505), lorsqu'ils s'allièrent à Tipu Sultan contre les Britanniques.

▲ 191 B3   ✉ 125 km au nord de Thalassery ; 90 km au nord de Kozhikode

Kozhikode (Calicut)

Excellente base pour partir à la découverte du nord du Kerala, Kozhikode est une ville moderne et prospère qui vit du commerce des épices, du bois, du café et du thé. Elle fut jadis la capitale des seigneurs Samutiri, plus connus sous le nom de Zamorin. Ceux-ci entretenaient des liens étroits avec les marchands arabes musulmans, qui leur fournissaient des armes, et furent tour à tour menacés par les Portugais, les Anglais, les Français et les Danois. Ne manquez pas le **temple de Tali** et les mosquées aux toits de tuiles caractéristiques, à plusieurs niveaux : **Mithqalpalli** (XVIe siècle), **Jama Masjid** et **Mucchandipalli** (toutes deux du XVe siècle).

▲ 191 B3

Taliparamba

On peut voir à Taliparamba deux beaux temples fondés au IXe siècle, et en grande partie reconstruits aux XVIe et XVIIe siècles. Le **temple de Rajarajeshvara** se dresse dans la ville, tandis que le **temple de Krushan**, qui possède de splendides peintures relatant l'histoire de Krishna, est situé 1,5 kilomètre au sud.

▲ 191 B3   ✉ 20 km au nord de Kannur

Thalassery (Tellicherry)

C'est dans cette charmante ville côtière que les Britanniques fondèrent une manufacture en 1683. Visitez l'impressionnant **fort** (1708) et le **cimetière** envahi par la végétation, les **maisons** et les **entrepôts** traditionnels des marchands Mappila, ainsi que la **mosquée Odothilpalli**, de style kéralite (XVIIe-XVIIIe siècle).

▲ 191 B3   ✉ 55 km au nord de Kozhikode

LES ENVIRONS DE KOCHI ET D'ERNAKULAM

Alappuzha (Alleppey)

Cette jolie ville prospère, véritable Venise des Indes, est jalonnée d'innombrables ponts. Elle doit son essor aux princes du Travancore, qui s'en emparèrent en 1762. Les marchands y affluèrent, attirés par les nouveaux entrepôts, tandis que les chantiers navals stimulaient le commerce avec Bombay (Mumbai) et Calcutta. Aujourd'hui comme hier, les marchandises venues des collines arrivent par voie fluviale, y compris d'énormes quantités de coir (fibre de coco) destinées à la sparterie (corderie).

▲ 191 C2   ✉ 55 km au sud de Kochi, 85 km au nord de Kollam

Angamali

Angamali recèle d'étonnants monuments baroques chrétiens des XVIIe et XVIIIe siècles : **Saint-Georges**, **Sainte-Marie**, dont les fresques de la nef représentent le Jugement dernier et le Christ enjoignant à saint Thomas de partir pour l'Inde, ainsi qu'une autre **Sainte-Marie**, dans le village voisin de Kanjoor, dont les fresques représentent entre autres une surprenante défaite de Tipu Sultan (voir p. 226).

▲ 191 C2   ✉ 30 km au nord d'Ernakulam

Cheruthuruthi

C'est ici qu'est installé le **Kalamandalam du Kerala**, la plus prestigieuse académie kéralite de Kathakali classique et autres arts du spectacle, tel le Kutiyattam (forme archaïque de Kathakali). Fondée en 1927 par le poète malayali Vallathol, elle admet les visiteurs qui souhaitent assister à des séances d'entraînement et à des représentations (la salle est splendide).

▲ 191 C2   ✉ 30 km au nord de Thrissur   ☎ 0492-622 418

Guruvayur

Dans cette ville de pèlerinage, l'une des plus fréquentées du Kerala, les visiteurs peuvent se joindre aux fidèles pour visiter le **temple de Krishna** (mais ils n'ont pas accès au sanctuaire). À 3 kilomètres, ils pourront ensuite rendre visite aux éléphants du temple dans le domaine du manoir de **Punnathoor Kotta**.

🏔 191 C2 ✉ 30 km au nord de Thrissur

Kayankulam

S'il est moins orné que celui de Padmanabhapuram (voir p. 212), le **palais de Krishnapuram** à Kayankulam n'en est pas moins intéressant. Il fut probablement édifié par Ramayya Dalawa, gouverneur du nord du Travancore sous Rama Varma (1758-1798) ; l'une des salles qui donnent sur les petites cours intérieures recèle une splendide composition représentant Vishnou chevauchant Garuda.

🏔 191 C2 ✉ 50 km au sud d'Alappuzha ⏲ Fermé le lun.

Kodungallur (Cranganore)

Cette ville offre peu de sites intéressants, mais elle a joué un rôle historique essentiel. C'est d'ici que les Arabes et les Romains importaient les épices vers Alexandrie et Oman ; c'est aussi à Cranganore que des juifs, chrétiens et musulmans fondèrent leurs premières communautés en Inde. Les chrétiens affirment que saint Thomas a débarqué à Pallipuram, près de Cranganore, tandis que les musulmans sont convaincus que Malik bin Dinar, un missionnaire arabe, a fondé ici la mosquée de Cheraman en l'an 630.

🏔 191 C2 ✉ 50 km au nord d'Ernakulam

Kollam (Quilon)

Cette petite ville animée s'étend entre la mer et le lac d'Ashtamudi, qui marque l'extrémité méridionale des backwaters. Au XVIIᵉ siècle, Kollam était déjà un port d'escale pour les marchands chinois. Elle fut successivement sous la coupe des Portugais, des Hollandais, des souverains du Travancore et des Britanniques ; tous ont laissé des traces de leur passage, attestant l'histoire cosmopolite du Kerala. Le **temple de Ganapati** se dresse en face de l'ancien **entrepôt de tabac** (Old Tobacco Godown), tandis que la **cathédrale** baroque rappelle que Kollam est l'un des plus vieux diocèses catholiques de l'Inde du Sud (1328). Citons également l'**église syriaque**

Les anciens canaux du Kerala furent creusés par les souverains locaux. L'un d'eux s'étire sur 367 kilomètres, de Thiruvananthapuram jusqu'à Tirur.

(1519), qui renferme des fresques du XVIIIᵉ siècle, la **mosquée Valiakada Arikade** et le **Travelers Bungalow**, l'ancienne résidence de l'administration britannique.

🏔 191 C2 ✉ 85 km au sud d'Alappuzha, 70 km au nord de Thiruvananthapuram

Kottayam

Cette charmante cité prospère s'étend au bord de la Minachil, qui relie la ville au lac de Vembanad. La plus grande partie de la production des montagnes du Kerala transite par Kottayam, avant d'être acheminée vers Kochi et Alappuzha, en général par voie fluviale. Il fait bon flâner dans la ville pendant quelques heures, prendre un bateau-bus avec les riverains, observer la vie de la cité et peut-être visiter l'**église syriaque** dans le quartier Puthenangadi. Kottayam est le siège des communautés syriaque orthodoxe et catholique romaine du Kerala.

🏔 191 C2 ✉ 70 km au sud d'Ernakulam

Munnar

La route qui mène à Munnar suit les crêtes des hauts massifs, offrant un panorama splendide sur les plantations de thé qui s'étendent sur les versants. Cette station perchée à 1 524 mètres d'altitude fut fondée par les planteurs de thé, café et cardamome britanniques. La vie de la petite ville est axée sur le **High Range Club** et l'**église protestante** (1910), où le temps semble s'être arrêté. De Munnar, vous pouvez vous rendre à **Lockhart Gap** pour admirer la vue sur les Annamalai. Les randonneurs aguerris pourront s'attaquer à l'**Anai Mudi**, le point culminant de l'Inde du Sud (2 695 mètres). De là, découvrez le parc naturel du Periyar ou continuez jusqu'à Kodaikanal (voir p. 281).

⛰ 191 C2   ✉ 220 km à l'est d'Ernakulam

Palai
Palai, diocèse de l'Église catholique syriaque, abrite une très ancienne et importante cathédrale, la **Cathedral of St. Thomas** (1002), qui recèle de magnifiques autels ornés de dorures.

✉ 15 km à l'est d'Ettumanur

Le parc national du Periyar
Au bout d'une splendide route à travers les monts des Cardamomes, ce parc invite à explorer 700 kilomètres carrés de forêts de feuillus

Le clou de la fête de Puram : les *mahout* et leurs assistants dansent sur le dos des pachydermes.

d'altitude, entourant un lac artificiel. Fondé en 1934, ce paradis des randonneurs et des ornithologues est l'un des principaux sanctuaires d'éléphants sauvages, que l'on peut notamment observer à l'aube et au crépuscule.

⛰ 191 C2   ✉ 120 km à l'est de Kottayam, 160 km à l'ouest de Madurai, au Tamil Nadu

Thiruvalla, Kaviyur et Chengannur
Le **temple de Vallabha** à Thiruvalla est l'un des plus grands complexes religieux du Kerala : remarquez notamment ses pignons alambiqués à plusieurs niveaux, ses porches et ses sculptures sur bois. C'est ici que se dresse **St. John's Cathedral** (la cathédrale Saint-Jean), inspirée à l'architecte contemporain Laurie Baker par les traditions kéralites. Le **temple de Mahadeva** à Kaviyur possède de belles sculptures sur bois. Non loin de là, un **temple rupestre** (VIIIᵉ-IXᵉ siècle) recèle des personnages aux formes généreuses. Le **temple de Narasimha** à Chengannur se distingue également par de magnifiques sculptures sur bois.

⛰ 191 C2   **Thiruvalla**   ✉ 25 km au sud de Kottayam

Thrissur (Trichur)
Thrissur est connue pour sa fête de Puram, qui se tient en avril-mai, à l'occasion de laquelle des éléphants richement parés défilent dans les rues envahies par la foule au rythme de la musique et des feux d'artifice. Ils se dirigent vers le **temple de Vadakkunnatha** (XVIᵉ-XVIIᵉ siècle), coiffé de toits étagés, qui renferme des cours fermées, une salle de danse et plusieurs sanctuaires. Un complexe muséologique retrace la riche histoire de Thrissur, qui fut la deuxième cité des seigneurs de Cochin. Le **musée d'art** renferme de superbes bronzes, tandis que d'autres pièces sont exposées au **musée archéologique** et dans les **musées régionaux**.

⛰ 191 C2   ✉ 70 km au nord d'Ernakulam

Vaikam, Kaduthuruthi et Ettumanur
Ces trois sites jalonnent la route d'Ernakulam à Kottayam. C'est à Vaikam que, en 1925, le mouvement *satyagraha* du Mahatma Gandhi (voir p. 150) obtint l'ouverture à tous des routes des temples, à une époque où le système des castes était encore très rigide au Kerala. À Kaduthuruthi, vous pourrez visiter deux églises chrétiennes syriaques : **Sainte-Marie**, de style baroque (reconstruite en 1599), qui renferme un autel orné de dorures élaborées (XVIIIᵉ siècle), et l'**église du Saint-Esprit**, à 1,6 kilomètre de la première. À Ettumanur, 10 kilomètres au nord de Kottayam, le **temple de Mahadava** (1542) se distingue par un porche traditionnel dont l'intérieur est orné de peintures de couleurs vives.

⛰ 191 C2   **Vaikam**   ✉ 40 km au sud d'Ernakulam ■

C'est ici, sur le plateau du Deccan, que les grands royaumes hindous et musulmans ont connu gloire et décadence. Ils se sont battus pour le pouvoir et nous ont légué de splendides monuments disséminés à travers des paysages spectaculaires.

Le Deccan

Les couleurs vives des pyramides d'épices moulues animent le marché de Devaraja à Mysore.

Le Deccan

LE DECCAN, QUI RECOUVRE LA MAJEURE PARTIE DES ÉTATS DU KARNATAKA ET DE L'ANDHRA Pradesh, n'est pas la région la plus accessible pour les touristes, mais ses monuments et ses paysages splendides méritent largement quelques efforts. Vous y découvrirez une profusion de sites aussi magnifiques que variés.

Les deux grands pôles de la région sont Bangalore, capitale du Karnataka, où l'on parle le kannada, et Hyderabad, capitale de l'Andhra Pradesh, dont la langue est le telugu. L'élégante Bangalore coloniale est devenue une capitale régionale dynamique, au cœur de la « Silicon Valley » indienne. Quant à Hyderabad, qui foisonne de vestiges légués par les seigneurs musulmans (Qutb Shahi et *nizam*), elle se met au pas de l'économie mondiale dans le sillage de Bangalore.

En dehors de ces métropoles s'étendent de riches campagnes. La Godavari, la Krishna et la Kaveri, qui se jettent toutes dans le golfe du Bengale, ainsi que leurs affluents irriguent les sols fertiles du plateau du Deccan, où l'agriculture représente 70 % des emplois. Les rizières alternent avec les cultures de piments et de fruits secs, les champs de coton et les plantations de canne à sucre, auxquels viennent s'ajouter les mûriers destinés à l'industrie de la soie dans le Karnataka et le tabac dans l'Andhra Pradesh.

Vers l'ouest, plongez-vous dans l'atmosphère coloniale des stations d'altitude fondées par les Britanniques et découvrez la flore et la faune de trois parcs nationaux contigus. Non loin, les visiteurs épris de romantisme trouveront leur bonheur dans les palais de Mysore.

Les empires oubliés du nord de la région nous ont légué des temples qui comptent parmi les plus beaux de l'Inde, des premières constructions d'Aihole aux prestigieux édifices de Vijayanagar. Au nord et à l'est, les puissants souverains Bahmani, rivaux des rois de Vijayanagar, érigèrent les citadelles de Gulbarga et de Bidar. Puis leur royaume se morcela en une multitude de sultanats dont les souverains firent édifier des tombeaux et des mosquées coiffées de bulbes avant de succomber à l'inexorable progression des Grands Moghols venus du nord.

Enfin, découvrez les sites qui jalonnent la splendide côte de l'Andhra Pradesh (1 000 kilomètres), dont Tirupati, les environs du port de Vishakhapatnam, les deltas de la Godavari et de la Krishna.

L'ombre des héros plane encore sur la région : suivez l'épopée de Vikramaditya, un seigneur Chalukya du VIIIᵉ siècle, et de Krishnadevaraya, qui régna sur le royaume de Vijayanagar. Découvrez aussi l'histoire de Haider Ali et de son fils, Tipu Sultan (XVIIIᵉ siècle), que leur volonté d'hégémonie sur la région conduisit à affronter les Britanniques. ■

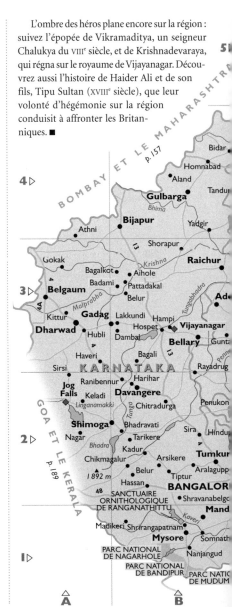

Après la chaleur écrasante du plateau du Deccan, la fraîcheur des monts Nilgiri offre un agréable contraste.

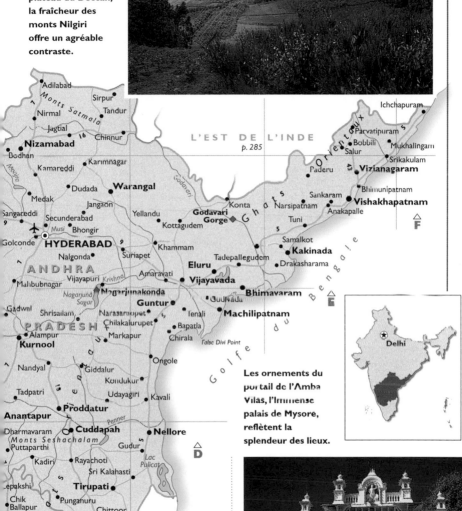

Monts Satmala

Adilabad
Sirpur
Tandur
Nirmal
Jagtial
Chinnur
16
Nizamabad
Bodhan
Kamareddi
Karimnagar
Dudada
Medak
Jangaon
Sangareddi
Secunderabad
Golconde
HYDERABAD
Nalgonda
Suriapet
ANDHRA
Vijayapuri
Mahbubnagar
Nagarjuno
Sagar
Nagarjunakonda
Gadwal
Shrisailam
Narasaraopet
PRADESH
Chilakalurepet
Alampur
Markapur
Kurnool
Nandyal
Giddalur
Kondukur
Tadpatri
Udayagiri
Proddatur
Anantapur
Penner
Dharmavaram
Cuddapah
Monts Seshachalam
Puttaparthi
Gudur
Kadiri
Rayachoti
Sri Kalahasti
Lepakshi
Tirupati
Chik
Ballapur
Pungunuru
Kolar
Chittoor
4

Warangal
Yellandu
Godavari
Gorge
Kottagudem
Khammam
Eluru
Amaravati
Vijayavada
Guntur
Gudivada
Tenali
Machilipatnam
Bapatla
Chirala
False Divi Point
Ongole
Udayagiri
Kavali
Nellore
Gudur
Lac
Pulicat

L'EST DE L'INDE
p. 285

Ghats Orientaux

Ichchapuram
Parvatipuram
Bobbili
Mukhalingam
Salur
Srikakulam
Paderu
Vizianagaram
Bhimunipatnam
Sankaram
Vishakhapatnam
Konta
Narsipatnam
Anakapalle
Tuni
Samalkot
Kakinada
Tadepallegudem
Drakasharama
Bhimavaram

Golfe du Bengale

△ F

△ E

△ D

LE TAMIL NADU
p. 253
△ C

0   200 kilomètres

L'EST DE L'INDE p. 285

LE TAMIL NADU p. 253

Les ornements du portail de l'Amba Vilas, l'immense palais de Mysore, reflètent la splendeur des lieux.

Delhi

Le Karnataka

DE RIZIÈRES EN COLLINES ARIDES, EN PASSANT PAR LES LUXURIANTES PLANTATIONS DE café des environs vallonnés de Kodagu, les paysages du Karnataka sont à la fois specta-culaires et contrastés. Dans ce cadre somptueux se dressent de splendides monuments qui sont autant de témoins muets de l'épopée des dynasties hindoues et musulmanes, dont les rivalités survivent dans les légendes locales. Entre le VIIe et le XVIIIe siècle, les empires qui régnèrent sur la région connurent grandeur et décadence, au fil d'une his-toire dont les tournants restent la défaite du royaume de Vijayanagar, le dernier grand empire hindou, et la mort en 1799 du héros éclairé que fut Tipu Sultan.

Dans les rues de Bangalore, la capitale du Karnataka, vous entendrez parler l'anglais aussi souvent que le kannada, la langue officielle de l'État. Les immeubles modernes, les hôtels de luxe et les boutiques haut de gamme de Bangalore, où se concentre l'industrie informatique de l'Inde, contrastent avec la paisible cité historique de Mysore, à 3 heures de route. Bangalore et Mysore sont d'excellents points de chute pour visiter les parcs nationaux de Nagarhole, de Bandipur et de Mudumalai.

Les murs de la grande terrasse de Mahanavami, à Vijayanagar, sont ornés de frises représentant danseuses, marchands de chevaux et scènes de chasse.

Les villes regroupent à peine 30 % de la population du Karnataka. En traversant le haut plateau du Deccan, arrosé par le réseau fluvial de la Kaveri et de la Krishna, vous découvrirez les campagnes qui ont donné son nom à la région : Karnataka signifie « haut pays » en kannada. ■

Bangalore

JADIS RÉPUTÉE POUR SON AIR PUR ET VIVIFIANT, SES PARCS ET SES RUES arborées où les habitants des plaines écrasées de chaleur venaient se ressourcer, la capitale du Karnataka est devenue une ville commerciale bouillonnant d'activité.

Au centre de Bangalore, comme dans toutes les villes indiennes, des immeubles envahis d'affiches publicitaires et souvent mal entretenus s'entassent pêle-mêle.

Bangalore
🗺 222 B2
Office de tourisme gouvernemental
✉ K.F.C. Building, 48 Church Street
☎ 080-558 5417

Office de tourisme du Karnataka
✉ Mitra Towers, 10/4 Kasturba Road, Queen's Circle
☎ 080-221 2901

Parc Cubbon
✉ M.G. Road

Bangalore a été fondée par Kempe Gowda, un seigneur du royaume de Vijayanagar (voir p. 236-239) qui, en 1537, édifia une forteresse sur ce site. Les Wodeyar de Mysore (voir p. 230-231) s'en emparèrent en 1687, puis Haider Ali (*r.* 1761-1782) prit Bangalore en 1758, avant d'usurper le trône des Wodeyar trois ans plus tard. Il établit ses quartiers à Mysore et à Shrirangapatnam, faisant de Bangalore un centre de commerce. C'est ici que transitaient le coton et les autres produits agricoles de la région. Haider Ali et Tipu Sultan (*r.* 1782-1799), son fils, purent ainsi prélever d'énormes taxes qui leur permirent de faire bâtir les somptueux palais dont il subsiste de beaux vestiges.

Ils mirent également sur pied la fameuse armée de Mysore, avec ses 60 000 hommes, sa cavalerie légère et ses tireurs d'élite telugus. Cette armée, qui s'empara des ports du Kerala, avait pour mission d'écraser les *peshwa* de Pune (voir p. 182) et les *nizam* d'Hyderabad (voir p. 248-249), ainsi que de procéder à des échanges commerciaux avec la Perse et l'Arabie. Dépeint comme un despote par les Britanniques, Tipu Sultan ne faisait qu'appliquer la même politique mercantile et expansionniste. Aussi Arthur Wellesley (futur duc de Wellington) entreprit-il de stopper son rival dans son élan.

À la mort de Tipu Sultan, en 1799, Bangalore devint une ville de garnison britannique et continua à tenir son rang jusqu'à l'indépendance. Le quartier militaire *(cantonment)* britannique offrait tout ce que pouvait désirer un soldat nostalgique du pays : champ de courses, courts de tennis, parcs, résidences de style gothique victorien entourées de jar-

dins soignés, l'incontournable statue de l'impératrice des Indes et de prestigieux clubs pour disputer parties de cartes, de croquet ou de billard.

Avec ses édifices coloniaux et ses espaces verts, notamment le **parc Cubbon** et le **Race Course** (champ de courses), Bangalore reste une ville élégante. Malgré ses tours, sa population de près de 8 millions d'habitants et ses boutiques de luxe, elle évoque encore l'époque où les domestiques en livrée blanche servaient d'une main gantée des sandwichs au concombre et des toasts au fromage aux *memsahibs* (les dames de la bonne société coloniale) en robe à fleurs. Traversez le parc Cubbon et visitez High Court (la Haute Cour) ou l'une des nombreuses églises de la ville, à moins que vous ne préfériez flâner dans les **Lalbagh Botanical Gardens**.

Fondés en 1760 par Haider Ali et enrichis par Tipu Sultan, ces jardins botaniques de 97 hectares sont ponctués de serres et de pavillons coloniaux. En février et en août, les floralies – dont la tradition remonte à l'époque britannique – sont l'occasion d'exposer les plus beaux dahlias, chrysanthèmes et rosiers. Ce n'est pas un hasard si le gouvernement du Karnataka a choisi d'édifier le vaste **Vidhana Soudha** (qui abrite l'administration et l'assemblée législative) de style néodravidien en plein quartier britannique, en face de High Court.

Winston Churchill, qui s'opposa à l'indépendance de l'Inde, n'aurait sans doute pas apprécié. Jeune soldat, il vécut à Bangalore, d'où il écrivait à sa famille des lettres décrivant l'immense « bungalow » entouré d'un hectare de jardins où, avec deux de ses amis, il s'occupait d'une trentaine de chevaux et se consacrait à un passe-temps essentiel dans la vie d'un Britannique : le polo. ∎

Ce splendide pavillon victorien, installé dans les Lalbagh Botanical Gardens, accueille les floralies de Bangalore deux fois par an.

L'informatique en Inde

Bangalore est le premier centre d'informatique de l'Inde et le troisième au monde ; ses exportations, déjà très importantes à l'échelon national, doublent chaque année. Grâce à l'informatique, Bangalore est devenue une ville encore plus internationale que Bombay (Mumbai). Les gratte-ciel de verre qui dominent ses espaces verts et ses immeubles de briques attestent cette prospérité spectaculaire. Les génies de l'informatique qui s'expatriaient en Californie et mettaient leur savoir-faire au service d'entreprises américaines sont revenus au pays pour créer leurs propres sociétés… et rachètent parfois les compagnies américaines en difficulté. Nombre de multinationales ont fait construire à Bangalore des bureaux qu'elles font équiper de matériel informatique local, dont les performances sont comparables à celles du matériel américain. Appuyée par un gouvernement local éclairé, Hyderabad est en train d'emboîter le pas à Bangalore. ∎

Race Course
 Race Course Road
☎ 080-560 001

En voiture dans la Bangalore coloniale

Pendant quelques heures, faites revivre le passé de cette élégante cité de l'Inde du Sud. Réservez un taxi pour une matinée ou un après-midi afin d'explorer la Bangalore des Britanniques. Choisissez plutôt un samedi ou un dimanche pour éviter la circulation.

Commencez par **High Court** ❶, ou Attara Kacheri (la Haute Cour), un édifice classique en pierre bordé d'arcades. Peinte en rouge foncé, la Haute Cour fut érigée en 1868 pour le gouvernement colonial. La statue de sir Mark Cubbon, qui administra Bangalore de 1834 à 1861, trône devant l'édifice.

De l'autre côté de l'avenue s'élève l'imposant **Vidhana Soudha** (1956) en granit poli (voir p. 227), qui symbolise la réalisation des vœux des Indiens de la région : leur unification en un État. « Ce palais du peuple, déclara K. Hanumanthaiah, le chef du gouvernement, à l'occasion de son inauguration, reflète la puissance et la dignité du peuple. » Il s'agit sans conteste du plus vaste bâtiment public de toute l'Inde. Son architecture s'inspire de celle des temples du Karnataka, avec ses balcons en saillie, ses avant-toits incurvés et les tours aux lignes arrondies qui flanquent ses ailes immenses.

Demandez ensuite au chauffeur de vous conduire au **parc Cubbon**, dont les 121 hectares furent aménagés sur l'ordre de sir Mark Cubbon en 1864. Vous pouvez descendre de voiture et vous promener aux alentours du **Sheshadri Iyer Memorial Hall** ❷ (1913), la bibliothèque municipale, qui porte le nom de l'un des Pre-

miers ministres de l'État de Mysore. Quittez le parc par l'angle sud et prenez R. R. M. Roy Road. Là, remontez le temps en découvrant l'édifice orné de stucs du **Bangalore Club** ❸ (accès réservé aux membres) et les belles maisons anciennes qui l'entourent.

De retour sur Kasturba Gandhi Road, remarquez les trois édifices publics qui se dressent sur la gauche. Le bâtiment central abrite un musée, le **Government Museum** ❹ (1876), qui mérite

---

> 🄰   Voir aussi p. 222-223
> ➤   High Court
> 🄲   8 km
> 🄸   2-3 heures
> ➤   Kempe Gowda Road
>
> **À NE PAS MANQUER**
> - Le Vidhana Soudha
> - Le parc Cubbon
> - Le marché Russell

Les rues animées de la Bangalore coloniale.

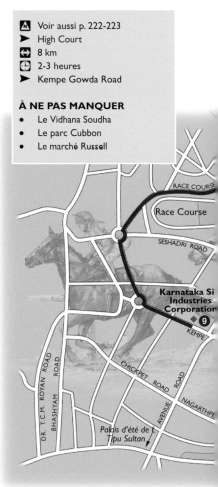

RACE COURSE

Race Course

SESHADRI ROAD

Karnataka Si
Industries
Corporation
❾

KEMPE

DR. T.C.M. ROYAN ROAD

BHASHYAM ROAD

CHICKPET ROAD

AVENUE ROAD

NAGARTHPE

Palais d'été de L.
Tipu Sultan

qu'on s'y attarde pour sa galerie de sculptures et ses miniatures de l'école de Mysore. À l'extrémité de Kasturba Gandhi Road, un curieux trio de **statues** ❺ se dresse devant l'entrée principale du parc Cubbon : elles représentent la reine Victoria (1906), Édouard VII et le Mahatma Gandhi.

À droite, engagez-vous dans Mahatma Gandhi Road en direction de **St. Mark's Cathedral** (1812), une cathédrale néoclassique coiffée d'une coupole. Puis tournez à gauche pour découvrir dans Cubbon Road **St. Andrew's**

Church ❻ (1867), une église de style gothique victorien. Au-delà, le **marché Russell** ❼ fut construit afin que les *memsahibs* britanniques puissent faire leurs emplettes dans un cadre parfaitement sûr.

Remontez vers Cubbon Road, où vous découvrirez la façade chaulée du **Raj Bhavan** ❽ (1831), l'ancienne résidence du gouverneur britannique. Prenez ensuite Race Course Road jusqu'au bout, puis tournez à gauche dans **Kempe Gowda Road**, où sont regroupés les magasins vendant de la soie à prix fixes, notamment la **Karnataka Silk Industries Corporation (KSIC)** ❾. Des vendeurs avisés vous conseilleront sur la longueur et la qualité de tissu adaptées à vos besoins – crêpe de Chine ou crêpe georgette, lassis ou soie sauvage, soie tissée ou délavée.

Si cette promenade vous inspire, vous pouvez la poursuivre agréablement en visitant le palais d'été de Tipu Sultan et les Lalbagh Botanical Gardens (voir p. 227). ∎

La façade de High Court, la Haute Cour.

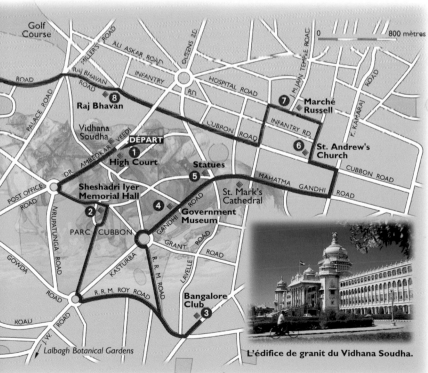

L'édifice de granit du Vidhana Soudha.

Mysore

Au petit matin, avant que la circulation n'envahisse ses rues, Mysore offre le visage d'une élégante cité peuplée de palais.

LES WODEYAR, QUI N'ÉTAIENT QUE LES GOUVERNEURS DU SUD DU Karnataka sous le royaume de Vijayanagar (voir p. 236-239), renforcèrent peu à peu leur pouvoir et montèrent sur le trône de Mysore. Les descendants de la famille royale occupent encore une aile de l'Amba Vilas, au centre-ville, point de départ de la découverte de Mysore.

Mysore
🗺 222 B1
Office de tourisme du Karnataka et de Mysore
✉ Yatri Niwas, J.L.B. Road
☎ 0821-423 652

Amba Vilas
✉ Accès par l'aile sud uniquement ; chaussures et appareils photo doivent être déposés à l'entrée (chaussettes tolérées)
🕐 Ouvert tous les jours

Conçu par Henry Irwin, l'**Amba Vilas** (1897-1912), ou palais du Maharaja, éclipse par son extravagance bien des palais du Rajasthan. Réservez au moins une matinée pour voir les principaux bâtiments. En 1524, les Wodeyar, qui n'étaient encore que gouverneurs, érigèrent sur ce site une forteresse qu'ils délaissèrent en montant sur le trône. Par la suite, Tipu Sultan fit raser puis reconstruire Mysore. Lorsqu'en 1801 les Britanniques rétablirent un Wodeyar sur le trône de Mysore – en réalité un pantin en la personne de Krishnaraja III –, Mysore était encore inachevée.

À la suite d'un incendie, en 1897, Henry Irwin releva le défi et s'attela à la reconstruction de la cité. Il créa un palais de style indo-musulman, à la fois traditionnel et progressiste. Au cours de la visite, remarquez le *howdah* incrusté d'or massif des maharajas (siège pour voyager à dos d'éléphant), ainsi que les huit tigres en bronze de Robert William Colton. Dans la salle des mariages, admirez la frise illustrant la procession de la Dussehra (fête religieuse dédiée à Durga) de 1930, les piliers en fonte coulés à Glasgow et les vitraux de Belgique représentant des paons.

Dans la salle d'audience (Durbar Hall), vous verrez des rangées de colonnes sculptées, d'immenses portes en marqueterie, des murs couverts d'arabesques et un sol de style moghol. Avant de quitter l'Amba Vilas, voyez les quelques salles rescapées du palais d'origine, qui abritent désormais un musée, et attardez-vous dans certains de ses anciens temples. Le dimanche et pendant les fêtes, le palais est illuminé de centaines d'ampoules.

Non loin de là, une aile du **palais de Jaganmohan** (1900) fut transformée en musée d'instruments de musique et de miniatures en 1915 par Krishnaraja IV, souverain qui resta loyal envers les Anglais. À l'arrière se trouve l'entrée de la **Shri Chamarajendra Art Gallery**, un musée qui expose des peintures murales illustrant les loisirs du souverain. C'est ici que lord Curzon assista au couronnement de Krishnaraja IV.

Près de l'Amba Vilas, remarquez les bâtiments de l'administration municipale et des services publics. Le long de Siyaji Rao Road se succèdent écoles et hôpitaux, au milieu desquels se dresse le **palais du gouvernement**. Sur Kalidasa Road, le **musée du folklore Manasa Gangotri** recèle de magnifiques *bhuta* (démons) de Mekkekattu (voir p. 206). Au **marché de Devaraja**, flânez parmi les sacs de fleurs, les pyramides d'épices, les monceaux d'herbes aromatiques et les étals de fruits et légumes.

L'après-midi, promenez-vous à **Chamundi Hill**. En haut de la colline se dresse un **temple** (XIIe siècle) dédié à la divinité de Mysore, Chamundeshvari (Durga), représentée par une statuette en or massif En

descendant les marches, remarquez le **taureau Nandi** taillé à même le granit noir (1659). Pour finir la journée, allez au **Lalitha Mahal Palace**, un palais bâti en 1931 par les maharajas (strictement végétariens) pour leurs hôtes étrangers afin qu'ils puissent y consommer de la viande. Admirez le double escalier et le bar d'époque ; vous pouvez dîner dans l'ancienne salle de bal. ∎

Le temple de Shvetavarahasvamy, dans l'enceinte de l'Amba Vilas.

Shri Chamarajendra Art Gallery
📧 Arrière du palais de Jaganmohan
☎ 0821-423 693
🕐 Fermé le mer. Interdiction de photographier

Musée du folklore Manasa Gangotri
📧 Résidence Jayalakshmi Vilas
☎ 0821-515 525
🕐 Fermé le sam. a.-m. et le dim. toute la journée

Lalitha Mahal Palace Hotel
📧 Siddharth Nagar
☎ 0821-571 265

Les fêtes de Dussehra

En septembre-octobre, pendant 10 jours, Mysore fête le triomphe du Bien sur le Mal et rivalise avec les festivités qui ont lieu chaque année à Vijayanagar (Hampi). Ici, l'événement est symbolisé par la victoire de la déesse Chamundeshvari (Durga) sur le démon buffle Mahishasura, alors que la version qui prévaut dans le Nord met en scène Rama triomphant de Ravana. Les festivités culminent avec le Vijayadashami : une procession qui défile vers le Banni Mantap avant de s'achever par un feu d'artifice. Parallèlement se tient un festival culturel dédié à Sarasvati, la déesse des arts, au cours duquel on peut découvrir la musique et la danse du Karnataka ainsi que le Yakshagana (théâtre dansé) dans le cadre du Durbar Hall, la salle d'audience du palais du Maharaja, et des dépendances de ce même palais. C'est aussi à cette époque que se tient la « semaine de Mysore » : au programme, des courses sur l'hippodrome et une folle équipée dans la forêt de Nagarhole (voir p. 232-233) pour assister à la *khedda*, la battue d'éléphants. ∎

Nagarhole

⚐ 222 B1

✉ 95 km au sud-ouest
de Mysore

☎ 0821-480 901

€ € ; supplément
pour observer
les animaux

Bandipur

⚐ 222 B1

✉ 80 km au sud
de Mysore

☎ 080-334 1993

€ € ; supplément
pour observer
les animaux

Mudumalai

⚐ 222 B1

€ € ; supplément
pour observer
les animaux

Les parcs nationaux de Nagarhole, Bandipur et Mudumalai

MÊME SI MUDUMALAI SE TROUVE DANS LE TAMIL NADU, CES TROIS parcs contigus sont ici traités ensemble puisque la faune évolue librement de l'un à l'autre, notamment les éléphants. L'ensemble forme désormais la réserve de biosphère des monts Nilgiri, la plus vaste réserve forestière d'Inde. Pour protéger la vie sauvage, l'accès est limité et les visites ne sont autorisées qu'à certaines heures de la journée.

Ces trois parcs sont relativement faciles d'accès à partir de Bangalore (voir p. 226-229), de Mysore (voir p. 230-231) ou d'Ooty (voir p. 280-281). Les routes sont en bon état et les paysages sont spectaculaires, notamment vers Ooty. Il est recommandé de réserver un hébergement, car la visite des parcs s'inscrit dans la plupart des voyages organisés en Inde du Sud. Des forfaits comprennent

nature et apprendre à repérer les animaux. Outre les éléphants, vous rencontrerez des gaurs (buffles sauvages), des *sambar* et autres daims, cerfs et antilopes, des crocodiles et une riche avifaune. Avec un peu de chance, peut-être apercevrez-vous aussi un tigre ou un léopard…

NAGARHOLE

Centré sur la Kabini et le lac artificiel aménagé sur son cours grâce à un barrage, ce parc permet d'observer les animaux dans des cadres variés. Conduits par une excellente équipe de naturalistes, les visiteurs sont à peu près certains de croiser des éléphants sauvages pendant leur séjour. Ajoutez une note romantique à votre escapade en logeant dans le pavillon de chasse du maharaja de Mysore ou dans les quartiers du vice-roi.

Des centaines d'éléphants évoluent parmi les feuillus, les marécages, les cours d'eau et les bambous qui recouvrent les 284 kilomètres carrés du parc. C'est ici que se tenait la *khedda* (battue) annuelle du maharaja, événement retracé le soir par des projections vidéo. Au crépuscule, suivez un troupeau d'éléphants pendant 1 à 2 heures, regardez-les se déplacer parmi les hautes herbes au bord du cours d'eau et observez les éléphanteaux qui s'ébattent sous l'œil attentif de leur « nounou » – un spectacle inoubliable ! Plus le temps est sec, plus les animaux se regroupent au

Une aigrette perchée sur le dos d'un *sambar*.

repas, guide, sorties en Jeep, excursions à dos d'éléphant et en bateau à certains endroits. La période idéale pour visiter les réserves s'étend d'octobre à mai – en juin la chaleur est déjà écrasante, tandis qu'en septembre, après la mousson, il devient difficile de repérer les animaux dans la végétation luxuriante ; restez au moins trois nuits pour profiter de la

bord de l'eau. Pendant une excursion en bateau, vous verrez peut-être des crocodiles repus se prélasser sur la berge, tandis que bisons, éléphants et daims convergent vers ce jardin d'Éden.

Dès votre arrivée, planifiez votre itinéraire avec un guide naturaliste : excursions en Jeep, sorties sur le lac au lever du soleil en *coracle* (petite embarcation garnie de peau de buffle), observation d'un trou d'eau à partir d'un *machan* (affût) ou croisière sur la Kabini au crépuscule. Au camp des éléphants, vous assisterez au bain des pachydermes et pourrez leur servir un petit déjeuner de lentilles et de foin de riz. Tous les programmes se terminent par un dîner autour d'un feu de camp près du lac.

BANDIPUR

Fondé dans les années 1930 par le maharaja de Mysore, puis agrandi dans les années 1940 pour rejoindre les parcs de Nagarhole et de Mudu-malai, ce parc couvert d'une forêt sèche de feuillus s'étend sur 888 kilomètres carrés, au sud de la Kabini. La forêt est peuplée d'oiseaux et d'éléphants. Des Rolling Rocks, admirez la vue sur le fossé de Mysore, un ravin profond et escarpé. Gopalswamy Betta, une crête surplombant le plateau de Mysore, domine aussi de superbes panoramas.

MUDUMALAI (TAMIL NADU)

Dans ce parc de 400 kilomètres carrés qui s'étend au pied et sur les contreforts des monts Nilgiri, vous pourrez rencontrer des écureuils géants, des macaques bonnets et des langurs (petits singes), ainsi que des gaurs, *sambar* et autres daims, cerfs et antilopes. Au printemps, les oiseaux des plaines et des collines viennent en nombre, attirés par les arbres fruitiers. Le parc propose d'excellents hébergements et la possibilité de visiter le camp des éléphants de Kargudi. ■

Au sein d'une harde de pachydermes, les mères sont assistées par des éléphantes « nounous » pour veiller sur leurs petits.

Badami
🅜 222 B3
€

**Galerie de
sculptures
médiévales
de Badami**
🕒 Fermée le ven.

Pattadakal
🅜 222 B3
€

**Des bas-reliefs
sensuels ornent
le temple de
Sangameshvara
à Mahakuta, où
avaient lieu les
cérémonies et les
couronnements
des premiers
souverains
Chalukya.**

Badami, Pattadakal et Aihole

Isolés au creux de la vallée aride de la Malprabha, ces trois ensembles de grottes et de temples du Karnataka rivalisent avec ceux de Mahabalipuram, dans le Tamil Nadu (voir p. 260-261). Ils sont en quelque sorte l'ébauche des admirables réalisations qui leur ont succédé dans les cités médiévales aux quatre coins du sous-continent, et qui méritent largement le voyage à travers les plaines du Deccan à partir de Vijayanagar, Bijapur ou Hubli.

BADAMI

Pulakeshin Ier (r. 543-566) transféra sa capitale à Badami, sans doute séduit par les hautes falaises protectrices qui se dressent à pic autour d'un lac magnifique. Par la suite, c'est ici que s'installa Pulakeshin II (r. 610-642). Il vainquit Harsha de Kanauj, le souverain le plus puissant du nord de l'Inde, et repoussa vers le sud les frontières du royaume Chalukya lorsqu'il entra en conflit avec les Pallava de Kanchipuram. En représailles après les assauts répétés des Chalukya sur Kanchipuram, en 612, les Pallava s'emparèrent de Badami en 654. Pulakeshin perdit la vie, mais son successeur, Vikramaditya Ier, chassa les Pallava, assurant ainsi à son fils Vinayaditya un long règne (696-733) placé sous le signe de la paix. Les affrontements avec les Pallava reprirent sous le règne de Vikramaditya II (733-744), dont le fils capitula devant les Rashtrakuta.

Afin de profiter de la luminosité idéale pour admirer les trésors de Badami, il faut en voir certains le matin et d'autres dans la soirée. Le matin, les temples rupestres des falaises sud se présentent sous leur plus beau jour, alors que les rayons du soleil illuminent à la fois les sculptures et le grès aux nuances roses et violettes des versants.

Réalisées au VIᵉ siècle, ces sculptures audacieuses aux lignes courbes dégagent une étonnante impression de robustesse, tandis que la décoration des colonnes, des chapiteaux et des plafonds allie des personnages, des motifs végétaux, des guirlandes et des pierres précieuses. La **grotte 1** abrite des représentations de Harihara (à gauche), ainsi que de Shiva et Nandi (à droite) ; non loin de là, remarquez un splendide Shiva dansant à 18 bras. La **grotte 2** recèle des avatars de Vishnou : Varaha (à gauche) et Trivikrama (à droite). Quant à la **grotte 3**, qui porte la date de 578, elle est encore plus riche et révèle même quelques vestiges de peintures murales : remarquez notamment Vishnou sur son serpent lové et le panneau de Narasimha. Dédiée à des divinités jaïnes, la **grotte 4** est décorée de représentations de *tirthankara*.

Dans la soirée, parcourez en carriole les ruelles étroites de Badami, avant de vous promener le long du lac jusqu'au **temple de Bhutanatha** (VIIᵉ-XIᵉ siècle) pour y admirer le coucher du soleil. Dans la ville même, deux temples se dressent au bord de l'eau. Derrière, un sentier grimpe vers trois autres temples perchés au sommet de la falaise, qui offrent de magnifiques vues sur les environs.

À **Mahakuta**, un village voisin, vous pourrez visiter quatre temples datant de la période intermédiaire entre Badami et Pattadakal.

PATTADAKAL

À Pattadakal, montrez-vous sélectif, sauf si vous êtes un passionné de temples hindous. Érigés au VIIIᵉ siècle, ces temples trônent aujourd'hui à l'extérieur du village, au milieu de pelouses impeccables sur les rives de la Malprabha. Réalisant la synthèse de plusieurs styles, ils symbolisent la perfection de l'architecture des premiers Chalukya.

Sur le site, vous passerez devant des temples anciens aux lignes simples avant de découvrir deux édifices plus grands et plus raffinés dédiés à Virupaksha et à Mallikarjuna, deux aspects de Shiva. Construits par deux épouses de Vikramaditya II vers 745 en l'honneur de la victoire du roi sur les Pallava, ils sont décorés d'imposantes sculptures dégageant une forte impression de vitalité.

Remarquez les panneaux qui flanquent le porche est du temple de Virupaksha. À l'intérieur, des couples enlacés côtoient les délicates frises narratives qui ornent les colonnes.

AIHOLE

Les nombreux temples hindous, bouddhiques et jaïns d'Aihole, dont certains sont taillés à même la roche, illustrent la période qui s'étend des premiers aux derniers Chalukya, en passant par les Rashtrakuta. Installés à Basavakalyan, les derniers souverains Chalukya (Xᵉ-XIIIᵉ siècle), qui régnaient sur le nord du Karnataka, érigèrent des temples splendides à Ittagi (voir p. 244) et à Dambal. Aihole étant un centre de commerce, ses temples étaient financés par les rois et les marchands. Pour visiter le site, l'idéal est de séjourner dans l'auberge gérée par le gouvernement ; le personnel peut préparer vos repas si vous le demandez à votre arrivée. ■

Aihole

🅜 222 B3

Musée archéologique d'Aihole

🕐 Fermé le ven.

Les falaises à pic qui cernent Badami et son lac offrent au temple de Bhutanatha un cadre à la fois paisible et spectaculaire.

Vijayanagar (Hampi)

Vijayanagar

 222 B3

Hampi

 10 km au nord-est
d'Hospet

€ €

Souvent comparée à Petra, en Jordanie, Vijayanagar a conservé d'impressionnants vestiges parmi les rochers massifs qui se dressent au bord de la Tungabhadra. Ses ruines gisaient à l'abandon lorsque des travaux furent entrepris par une équipe d'archéologues dans les années 1960. Les puissants souverains hindous de cette cité, jadis immense, dominaient tout le sud de l'Inde et opposèrent un pouvoir unifié face à la menace musulmane jusqu'en 1565. Aujourd'hui, Vijayanagar est jalonnée de ruines d'édifices publics, royaux et religieux.

La puissance des souverains de Vijayanagar s'accrut parallèlement à celle de leurs rivaux, les Bahmani musulmans, établis à Gulbarga et à Bidar (voir p. 240-241). Ils s'installèrent à Vijayanagar («Cité de la victoire») en 1336, après avoir arraché aux Hoysala moribonds les territoires du sud du Karnataka. Puis ils regagnèrent la plupart des terres conquises par les sultans de Delhi, vassalisant les princes de la région jusqu'à la pointe du Tamil Nadu, à l'exception de la côte de Malabar.

Dès lors, les souverains – Bukka Ier (r. 1354-1377), Devaraya II (r. 1423-1446), puis Krishnadevaraya (r. 1510-1529) et son beau-frère Achyutadevaraya (r. 1529-1542) – consacrèrent les divers impôts et tributs à la construction d'une capitale impériale. Cette dernière était si vaste et si

Les sculptures raffinées qui ornent le char de pierre du temple de Vitthala, ainsi que le splendide *mandapa*, contrastent avec la rudesse du paysage rocheux.

Cet édifice grandiose devait abriter les éléphants royaux.

Conseils

Pour atteindre Vijayanagar, à 340 kilomètres au nord de Bangalore, comptez environ 5 heures et attendez-vous à un voyage assez pénible ; il est préférable de partir très tôt. Il est également possible de prendre un train de nuit jusqu'à Hospet. Vijayanagar est accessible de Badami (150 kilomètres) ou de Bijapur (210 kilomètres). L'idéal consiste à passer la nuit à Hospet et à explorer les différents sites à pied ou en voiture. Munissez-vous d'un pique-nique si vous avez l'intention de passer la journée entière sur le site.

riche, ses édifices étaient si somptueux et ses princes si grandioses que les visiteurs la comparaient à Rome.

À la mort d'Achyutadevaraya, le commandant des forces impériales, Ramaraya, évinça l'héritier du trône pour s'emparer du pouvoir. Le despotisme de Ramaraya à l'égard des princes des sultanats issus du morcellement de l'empire des Bahmani dégénéra en guerre. En janvier 1565, à Talikota, près d'Aihole, les forces alliées de Bijapur, Bidar, Golconde et Ahmednagar écrasèrent l'armée de Vijayanagar et passèrent les quatre années suivantes à piller les richesses de la capitale, brûlant les constructions pour fondre les objets en or.

Des édifices en pierre, toutefois, il reste encore d'importants vestiges. Le site s'ordonne autour de deux grands axes : la cité royale et la cité religieuse, auxquelles viennent s'ajouter des monuments de moindre importance.

Le village d'Hampi est un bon point de départ. De là, vous pouvez visiter le **temple de Virupaksha** (XIIIe-XVIIe siècle, €), l'un des rares édifices religieux du site qui soient ouverts au culte – il possède même des éléphants qui participent aux

puja. La colline d'Hemakuta, un versant de granit constellé de temples et de sanctuaires, domine le village et offre de belles vues sur l'amont du fleuve. Parmi les rochers d'Hemakuta, vous pourrez voir deux représentations monolithiques de Ganesha ainsi que le **temple de Krishna**, bâti en 1513 par Krishnadevaraya à la suite d'une campagne militaire dans l'Orissa. Derrière, un sentier partant sur la droite traverse une bananeraie et mène à un immense Narasimha taillé dans un seul bloc.

À Hampi, vous pouvez aussi remonter la rue principale, bordée d'échoppes et de cafés, puis bifurquer vers la gauche sur un sentier qui longe le temple de Kodandarama, où les fidèles affluent par bus entiers pour présenter leurs dévotions à Rama. Après un détour par le vaste bazar de

l'ancienne capitale – admirez le **temple d'Achyutaraya** *(au pied de la colline de Matanga)*, datant du XVIe siècle –, vous passerez devant une grotte où, dit-on, Sugriva aurait dissimulé les joyaux de Sita. Le sentier qui longe le fleuve mène au **temple de Vitthala** *(€)*, bâti au XVIe siècle par Krishnadevaraya, et aux marchés qui l'entouraient. Dans le temple, vous verrez des colonnes sculptées de cavaliers et d'animaux cabrés, un char de pierre et une frise représentant les maquignons portugais qui firent fortune en traitant avec les dirigeants de Vijayanagar.

Un troisième itinéraire commence à la cité royale. Visitez le pavillon du **Lotus Mahal** *(dans le zenana, le quartier des femmes, €)*, avant de découvrir les étables des éléphants. Puis revenez sur vos pas, contournez les murs d'enceinte de la cité et suivez la route qui mène au **temple de Ramachandra** (XVe siècle). Ses murs extérieurs sont ornés d'un incroyable relief représentant la procession de Mahanavami. À l'intérieur, d'autres reliefs illustrent l'épopée de Rama. Au-delà du temple s'étendait une esplanade réservée aux prestations royales. Remarquez la plate-forme de la cour de justice, le bassin pourvu de marches et la **terrasse de Mahanavami**, couverte de frises représentant des scènes de chasse, de fêtes et de défilés militaires. C'est de cette terrasse, dit-on, que le roi assistait aux fêtes de Mahanavami.

Pour couronner votre visite, gravissez la colline de Matanga à l'aube ou au crépuscule. Les marches sont hautes et nombreuses, mais vous serez récompensé de vos efforts. ∎

Le village d'Hampi et l'imposant *gopura* du temple de Virupaksha vus du sommet de la colline d'Hemakuta. Au fond coule la Tungabhadra.

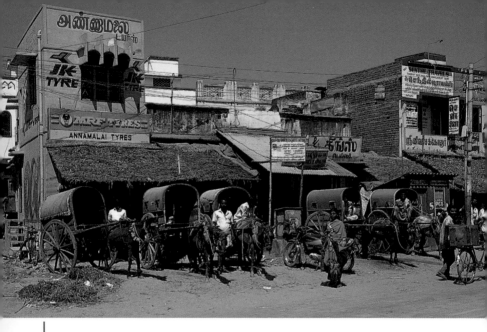

Les sultanats du Sud

À Bijapur, à
Badami et dans
d'autres villes
rurales du
Deccan, on peut
explorer les rues
bordées d'édifices
anciens à bord
d'une carriole
tirée par un petit
cheval.

Bijapur

🗺 222 B4

**Office de
tourisme**

✉ Hotel Mayura
Adil Shahi

☎ 08 352-20 359

Conseil

L'office de tourisme de
Bijapur est l'unique source
d'information de la région.
Pensez à y recueillir tous
les renseignements dont
vous avez besoin avant
de continuer votre voyage.

AUJOURD'HUI MODESTES, LES CAPITALES DES ANCIENS SULTANATS DE
Bijapur, Gulbarga, Bidar et Golconde furent au Moyen Âge de pres-
tigieuses cités fortifiées, suffisamment puissantes pour repousser les
invasions mogholes. Toutes nous ont légué des monuments dont l'architecture reflète la diversité des peuples établis dans la région, à commencer par Gulbarga. Les souverains n'ont laissé que peu de traces
écrites sur leur règne, mais certains objets témoignent de leur culture,
notamment d'étonnantes miniatures aux couleurs vives et aux lignes
gracieuses attestant les liens qui unissaient les sultans indiens à l'Iran
des Séfévides, tout en présentant une sensualité caractéristique de
l'art du sud de la péninsule.

BIJAPUR

De la grandeur de cette cité historique, il ne reste que les monuments
anciens qui jalonnent ses rues. Bijapur n'est plus qu'une petite ville de
province isolée, où la carriole reste un
moyen de transport courant. Elle fut
pourtant la capitale prospère de la
dynastie des Adil Shahi (1490-1686),
fondée par Yusuf Adil Khan (*r.* 1490-
1510). D'une prodigalité qui frisait
l'extravagance, les souverains de Bijapur se rachetaient par un sens aigu
de l'esthétique, mais les guerres oné-
reuses et prolongées qu'ils engagè-

rent, suivies d'une période de déclin
sous la domination des Moghols,
eurent raison de leur trône.

GULBARGA

Même s'il ne reste que de rares témoignages de cette époque, Gulbarga,
165 kilomètres au nord-est de Bijapur, est le berceau du sultanat du
même nom. Les faits méritent un
rappel, car l'histoire de cette partie de
l'Inde où le Nord rencontre le Sud est
parfois confuse.

En 1296, les sultans de Delhi lancèrent plusieurs incursions en Inde

du Sud et éliminèrent les dynasties Yadava, Kakatiya, Hoysala et Pandya. En 1327, Muhammad Tughluq transféra sa capitale à Daulatabad (voir p. 175) afin de consolider sa victoire. Cependant, à son retour à Delhi en 1334, les gouverneurs musulmans de Madurai et de Daulatabad proclamèrent leur indépendance, tandis que les rois de Vijayanagar commençaient à affranchir leurs pairs hindous du joug musulman. De plus en plus influents, les gouverneurs de Daulatabad devinrent les puissants Bahmani. Ils s'installèrent à Gulbarga en 1347, puis transférèrent leur capitale à Bidar en 1424. Leur territoire s'étendait sur le Maharashtra, le nord du Karnataka et l'Andhra Pradesh. Gulbarga attira d'autres musulmans (Perses, Arabes, Turcs et Abyssiniens), dont l'influence transparaît à travers la décoration persane des bâtiments.

Mosquées et palais peuplaient la vaste **citadelle** circulaire, dont les remparts crénelés de 16 mètres d'épaisseur et les 15 tours de guet n'entourent plus qu'une mosquée (1367). Hors des murs, les Bahmani érigèrent leurs tombeaux et ceux des saints qui servirent leur image : visitez le **dargah d'Hazrat Gesu Nawaz** (mort en 1422), aux couleurs vives ; avec son voisin de style persan, lui aussi peint, il attire de nombreux pèlerins (uniquement accessible aux hommes). Constructions massives de plan cubique coiffées de dômes, les sépultures des premiers souverains se dressent dans les champs, à l'ouest de la forteresse. Quant aux tombeaux ultérieurs, ils se trouvent près du *dargah*.

Gulbarga accéda à l'indépendance pour la perdre à nouveau au profit tout d'abord des Adil Shahi de Bijapur, puis des Moghols.

BIDAR

Après le transfert de sa capitale sur le site de Bidar, en 1424, le royaume des Bahmani atteignit son apogée sous Ahmad Ier (r. 1422-1436) et sous Muhammad Bahmani III (r. 1463-1482), et ce grâce à l'excellent Premier ministre que fut Mahmud Gawan. Le territoire des Bahmani s'étendait alors de la mer d'Oman au golfe du Bengale. Les rivalités internes, toutefois, ne tardèrent pas à déchirer le royaume, d'où émergèrent cinq sultanats. Qasim Barid (r. 1488-1504) monta sur le trône d'un sultanat de Bidar considérablement amoindri, que ses successeurs, décadents et dépensiers, achevèrent d'affaiblir. Trois autres sultanats – Golconde, Bijapur et Ahmednagar, dans le Maharashtra – étaient dirigés par des souverains musulmans chiites, qui ne firent qu'ajouter de l'eau au moulin des antagonismes avec les Grands Moghols sunnites.

Gulbarga
🗺 222 B4

Bidar
🗺 222 B4

Les remparts de la **forteresse** entourent des vestiges de palais royaux, dont des pans de murs sont marquetés et ornés de carreaux de céramique, la mosquée Solah Khamba (1327), le *diwan-i-am* (salle des audiences publiques) et la salle du trône. Remarquez la **Takht-i-Kirmani**, une porte de l'époque de Shihab ud-Din Ahmad Ier, et la **medersa** (école) fondée par Mahmud Gawan en 1472 pour promouvoir les études chiites. Son minaret et ses arcades sont décorés de motifs calligraphiques. ∎

Muhammad Ali Shah II fit ériger son propre mausolée à Bijapur. L'immense dôme du Gol Gumbaz, qui atteint 44 mètres de diamètre, est l'un des plus grands au monde.

À l'extérieur des remparts de Bijapur, les premiers rayons du soleil illuminent l'Ibrahim Rauza.

En carriole dans Bijapur

C'est à l'aube ou en fin d'après-midi que la pierre noire des tombeaux, remparts et mosquées s'offre sous son jour le plus impressionnant. Prenez une carriole pour aller à la découverte de ces trésors. Convenez du prix avec le cocher avant de partir. Demandez-lui de patienter à chaque halte et attendez la fin de la promenade pour payer, sans oublier un pourboire. Les femmes doivent se couvrir la tête, les bras et les jambes.

Cette promenade vous permettra d'imaginer une Cour exotique, dirigée par des monarques énergiques et dont la richesse provenait du pillage de Vijayanagar, jusqu'à ce que l'assaut final du Grand Moghol Aurangzeb, en 1686, n'amorce leur déclin.

Pour commencer, mettez le cap sur le **Gol Gumbaz** ❶ (1655), le tombeau simple et majestueux de Muhammad Ali Shah II. De plan cubique, il est coiffé d'un dôme hémisphérique. L'intérieur est dépouillé, presque austère. Grimpez à bord de votre carriole pour sortir du Gol Gumbaz, puis tournez à droite dans Jama Masjid Road

pour rejoindre **trois édifices** ❷ : la **Jama Masjid** (1596), monumentale mais inachevée, l'**ancienne Jama Masjid de Yusuf** (1513) et, au bout d'une rue perpendiculaire, la petite **Ali Shahid Pir Masjid**, décorée de belles moulures.

Dirigez-vous maintenant vers la citadelle. À l'entrée se dresse l'**Asar Mahal** ❸, l'ancienne cour de justice convertie en reliquaire pour recevoir deux cheveux du Prophète. Cet édifice d'origine civile donne une idée assez précise de la physionomie que devaient offrir les palais de Bijapur. Comme l'Asar Mahal, ces derniers étaient sans doute décorés de fines colonnes en

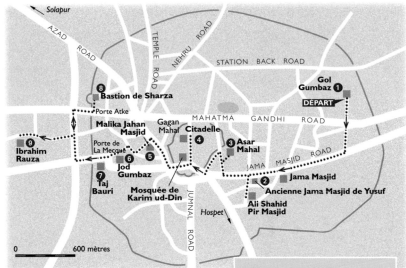

bois, de panneaux de bois marquetés ainsi que de peintures représentant des scènes de cour et des motifs floraux. Comme le montrent les miniatures, ils devaient aussi être entourés de jardins soignés.

Au sein de la **citadelle** ❹, protégée par des murs, se dresse la **mosquée de Karim ud-Din** (1310), dont la construction commença sous les sultans de Delhi avec les pierres de temples détruits. Le Gagan Mahal, la salle d'audience d'Ali Adil Shah Ier, se reconnaît à l'arche triple qui fait face à l'espace où le public prenait place.

À l'extérieur du mur ouest de la citadelle, découvrez la **Malika Jahan Masjid** ❺, un édifice aux décorations raffinées probablement réservé aux femmes. Non loin de là, le **Jod Gumbaz** ❻ se compose de deux tombeaux aux élégantes façades coiffés de dômes aux lignes vaguement bulbeuses, qui renferment les dépouilles de Khan Muhammad, commandant des troupes d'Adil Shah, et d'Abdul Razzaq, son conseiller spirituel. Le **Taj Bauri** ❼ est un grand réservoir de plan carré aux parois en escaliers flanqué d'arcades, dont les marches conduisent à un grand porche surmonté d'une arche.

Sortez de la ville par la porte de La Mecque, tournez à droite et rentrez par la porte suivante, la porte Atke. D'ici, vous pouvez grimper au sommet des fortifications pour découvrir le Malik-i-Maidan, le fameux grand canon de Bijapur, qui trône sur le **bastion de Sharza** ❽.

Ⓜ Voir aussi p. 222-223
▶ Gol Gumbaz
🔄 Environ 3 km
🕐 2 heures
▶ Ibrahim Rauza

À NE PAS MANQUER

- Le Gol Gumbaz
- L'Asar Mahal
- La promenade sur les remparts
- L'Ibrahim Rauza

Admirez les **remparts** bâtis par Yusuf Adil Khan. Renforcés de 96 bastions ronds, ils mesurent 10 mètres de haut et sont jalonnés de salles de garde et de parapets. Un sentier aménagé au sommet permet de faire le tour de la ville.

Enfin, le clou de la promenade est l'**Ibrahim Rauza** ❾ (1628). À la fois tombeau et mosquée, il fut érigé par Ibrahim Adil Shah II pour la reine Taj Sultana, puis converti en mausolée pour lui-même et sa famille. Un portail donne accès aux jardins qui précèdent les deux édifices, bâtis sur un seul socle. Observez l'extérieur du tombeau, avec ses murs étagés coiffés d'un bulbe reposant sur une couronne de pétales. Entrez sous la véranda pour admirer les ornements calligraphiques et géométriques qui décorent portes, fenêtres et murs extérieurs. Certains sont découpés comme dans un paravent ajouré, tandis que d'autres sont légèrement sculptés en relief. ∎

Autres sites à visiter

ARSIKERE ET ARALAGUPPE

Les temples du XIIIᵉ siècle des villes d'Arsikere et d'Aralaguppe reflètent l'élégance et la richesse du style des Hoysala. À Aralaguppe, un autre **temple** du IXᵉ siècle abrite notamment un splendide panneau au plafond.

🔺 222 B2 **Arsikere** ✉ 45 km au nord-est d'Hassan

BAGALI, KURUVATTI ET HARIHAR

Les villages de Bagali et de Kuruvatti possèdent l'un et l'autre des temples Chalukya. À Bagali, le temple **Kalleshvara** (Xᵉ siècle) est décoré de sculptures étonnamment provocatrices. À Kuruvatti, l'entrée est du temple **Chalukya** (XIᵉ siècle) est flanquée de statues magistrales soutenant l'ouvrage. À Harihar, vous pourrez admirer le magnifique temple **Harihareshvara** (1224), de style Hoysala.

🔺 222 B3 **Bagali** ✉ 55 km au sud-ouest d'Hospet

BELUR ET HALEBID

Le grand souverain Hoysala Vishnuvardhana, qui régna de 1108 à 1142, fit bâtir le temple de Chennakeshava dans sa capitale, **Belur**, en l'honneur de sa victoire sur les Chola, en 1116. Des bas-reliefs denses et fluides courent tout autour de l'édifice, dont la silhouette trapue n'entame pas le raffinement. Remarquez le socle surélevé, le plan en étoile, les piliers sculptés et les surfaces polies. Non loin de là, à **Halebid**, le double temple de Hoysaleshvara fut conçu par Kedaroja, qui en lança la construction. Bâti pour Narasimha Iᵉʳ, le souverain Hoysala qui régna de 1141 à 1182, l'édifice est resté inachevé. En haut du socle, des frises décoratives sculptées avec une remarquable précision représentent des éléphants, des épisodes d'épopées, des rinceaux et des scènes de cour. Au-dessus, de grandes sculptures représentent notamment Shiva dansant avec la peau du démon-éléphant écorché et Brahma assis sur une oie. Remarquez les gardiens du temple parés de joyaux et le Ganesha grassouillet. Si vous souhaitez vous attarder dans les environs des temples Hoysala, vous pouvez séjourner à Hassan.

🔺 222 B3 **Belur** ✉ 35 km au nord-ouest d'Hassan
Halebid ✉ 30 km au nord d'Hassan

CHITRADURGA

À mi-chemin entre Bangalore et Hospet, c'est l'endroit idéal pour se dégourdir les jambes. Plusieurs portes monumentales mènent à deux temples Hoysala et à plusieurs bassins, palais et colonnes aux lanternes.

🔺 222 B2 ✉ 200 km au nord-ouest de Bangalore

ITTAGI ET AUTRES TEMPLES

La route d'Hospet à Hubli est jalonnée de villages, dont Ittagi, qui constitue une étape idéale pour pique-niquer. En chemin, vous pouvez visiter les temples de **Kukkanur** (IXᵉ-Xᵉ siècle), dont le **temple de Mahadeva** (1112), surchargé de décorations. En direction d'Hubli, remarquez les temples richement ornés de Lakkundi, en

Un pèlerin jaïn au pied de la statue géante de Gomateshvara (18 mètres de haut), à Shravanabelgola.

La soie, une industrie d'État

Le Karnataka produit 85 % de la soie brute indienne. La sériciculture est une industrie contrôlée par le gouvernement. Les vers mâles, importés du Japon, sont croisés avec les femelles de Mysore, après un examen vétérinaire afin d'éviter tout risque de contagion. Une fois écloses, les chenilles sont vendues à prix fixe aux propriétaires de plantations de mûriers ou à des fermiers qui les élèvent jusqu'à ce qu'elles tissent leur cocon. À l'extérieur de petites fermes, sur des nattes placées au soleil dès le matin, les chenilles se gavent de feuilles de mûriers pendant 26 à 28 jours. Durant cette période, elles muent quatre fois et atteignent 10 à 15 centimètres de long. Puis elles virent du blanc au jaune et, pendant environ 4 jours, tissent leur cocon en sécrétant une substance visqueuse. Chacun de ces cocons donne environ 1 200 mètres de fils de soie, qui sont vendus, bouillis, filés, teints et tissés. Les manufactures de soie qui jalonnent les routes accueillent volontiers les visiteurs, et les responsables se font un plaisir d'expliquer chaque étape du processus. ∎

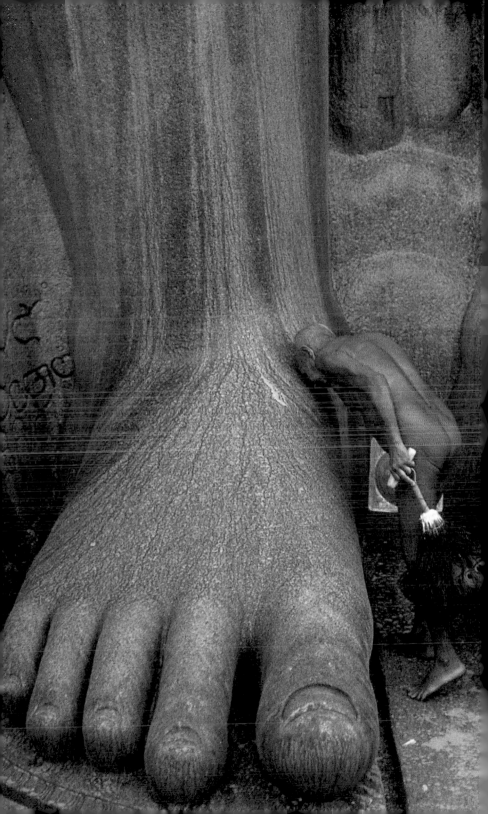

schiste vert grisâtre, qui datent de la fin de la période Chalukya. Il fait bon flâner dans le village de **Lakkundi**. Enfin, le **temple de Dodda Basappa** (XIIᵉ siècle) à **Dambal** présente des bas-reliefs qui en font l'un des plus beaux lieux de culte de la fin de la période Chalukya.

Ittagi ✉ 55 km à l'ouest de Hospet

KODAGU (COORG)

Dans cette région magnifique, les montagnes escarpées alternent avec de luxuriantes plantations de cardamome, des rizières et des plantations de café tirées au cordeau, fondées par les Britanniques. Ses habitants, appelés Kodava ou Coorgi, ont conservé une culture caractéristique, avec leur propre religion (culte des ancêtres), leur cuisine, leur artisanat... Faites halte à **Madikeri** (Mercara) pour admirer le palais fortifié et à **Talakaveri**, où la Kaveri jaillit des versants boisés de la colline de Brahmagiri.

222 B1 **Madikeri** ✉ 100 km à l'ouest de Mysore

MALNAD

Cette région boisée, ponctuée de chutes d'eau (voir p. 206 pour les chutes de Jog) et de pics escarpés, est jalonnée de monuments édifiés par les souverains Nayaka aux XVIᵉ et XVIIᵉ siècles. Les Nayaka, qui prospérèrent dès l'époque de Vijayanagar, accédèrent à l'indépendance et établirent leur capitale à Keladi, puis à Ikkeri. Vous pouvez rayonner à partir de **Shimoga**, dont le **palais Shivappa Nayaka**, qui domine la Tunga, mérite une visite. Une excursion vous conduira aux **temples de Keladi** et d'**Ikkeri** ; une autre à **Nagar**, aux temples et aux pavillons de **Devaganga**, ainsi qu'à la citadelle de **Kavaledurga**. Au nord, vous pouvez visiter **Balligave** et **Banavasi** pour leurs temples Hoysala et de la fin de l'époque Chalukya. Au sud, vous découvrirez le temple Hoysala d'**Amritpur** (1196).

222 A2 et B2 **Shimoga** ✉ 150 km au nord-ouest d'Hassan, 190 km au sud-ouest d'Hospet

LE SANCTUAIRE ORNITHOLOGIQUE DE RANGANATHITTU

Situé près de Shrirangapatnam, ce paradis des oiseaux est particulièrement agréable à visiter au petit matin ou dans la soirée. Embarquez en compagnie d'un ornithologue pour une promenade sur le lac, où vous pourrez observer les oiseaux en toute quiétude. Regardez évoluer le

martin-pêcheur au plumage bleu électrique, le héron à la silhouette dégingandée, la spatule et la petite cigogne d'Asie appelée bec-ouvert. De temps à autre, vous verrez aussi un crocodile émerger des eaux.

222 B1 ✉ 20 km au nord de Mysore

SOMNATHPUR

Même si vous avez déjà vu des dizaines de temples, ne manquez pas ce joyau niché au bout d'une route de campagne à 35 kilomètres de Mysore. Édifié en 1268 et dédié à Vishnou, le **temple de Keshava** est le dernier et le plus achevé des trois grands temples Hoysala (voir aussi Belur et Halebid, p. 244). Demandez au gardien l'autorisation de monter sur les remparts pour mieux voir le plan en étoile de l'édifice et les toits sculptés qui coiffent chacun des sanctuaires.

222 B1 ✉ 35 km à l'est de Mysore

SHRIRANGAPATNAM (SERINGAPATAM)

La forteresse qui se dresse sur une île au milieu de la Kaveri évoque Tipu Sultan (voir p. 226), mort ici en 1799, lors de l'attaque de la citadelle par le général Harris – une victoire qui confirma la suprématie des Britanniques sur les royaumes du sud de l'Inde. En longeant les puissants remparts, vous retrouverez l'endroit présumé de la brèche où s'engouffrèrent les assaillants, ainsi que celui où tomba Tipu. Partez ensuite à la découverte de l'élégant **Dariya Daulat Bagh** (1784), le palais d'été de Tipu Sultan, orné de peintures raffinées et de portraits de ses fils. Un petit jardin bien entretenu précède le mausolée où reposent Tipu et son père, Haider Ali.

222 B1 ✉ 15 km au nord de Mysore

SHRAVANABELGOLA

C'est sur ce site jaïn, le plus vénéré de l'Inde du Sud, que, dit-on, l'empereur Maurya Chandragupta trouva la mort vers 300 avant J.-C. Les sportifs pourront gravir la colline d'Indragiri pour voir la statue géante de Gomateshvara (981) taillée dans un seul bloc à même la roche et visiter la demeure du prêtre aux murs peints.

Si les danses du pays vous intéressent, allez au village de **Nritgram** (☎ 080-846 6312), fondé par la danseuse d'*odissi* Protima Gauri Bedi, afin de vous documenter sur les différentes danses indiennes et assister à des représentations.

222 B2 ✉ 90 km au nord de Mysore ■

L'Andhra Pradesh

PEU FRÉQUENTÉ PAR LES TOURISTES, L'ANDHRA PRADESH RECÈLE POURTANT DE TRÈS beaux sites et monuments. Peuplée de palais délabrés, Hyderabad est une ville dynamique qui s'inspire de Bangalore et se métamorphose à une vitesse surprenante : échangeurs, nouveaux terminaux aéroportuaires, quartier high-tech et parcs de loisirs surgissent de toutes parts, tandis que la cité du cinéma est déjà opérationnelle.

Si vous vous sentez d'humeur aventurière, quittez la capitale pour découvrir les campagnes au relief accidenté. Hors des sentiers battus, vous y découvrirez des sites à l'atmosphère magique, mais il faut vous attendre à un hébergement rudimentaire. Non loin d'Hyderabad s'étendent notamment les vestiges des forts et des remparts de Nagarjunakonda et de Warangal.

À Tirupati, dans le sud-est de l'Andhra Pradesh, rejoignez le flot des pèlerins hindous à l'occasion des *puja* quotidiennes du temple de Venkateshvara, que d'aucuns considèrent comme le plus riche du monde. Dans la région de Vishakhapatnam, vous découvrirez la chaîne des Kailasha, des temples de style oriya, ainsi que des ruines bouddhiques et hollandaises. ■

Au fort de Golconde, n'hésitez pas à grimper au sommet des remparts pour admirer le panorama sur la ville et la campagne alentour.

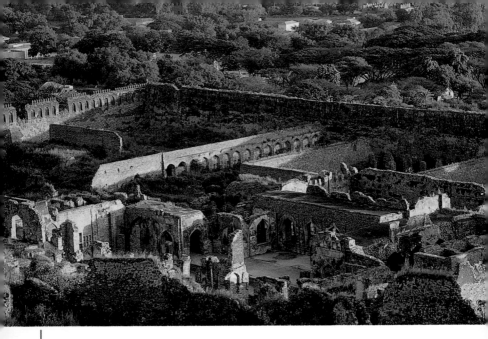

Golconde et Hyderabad

LE FORT DE GOLCONDE N'EST PEUT-ÊTRE PAS LE PLUS GRAND D'INDE, mais c'est l'un des plus spectaculaires, entouré d'un austère paysage jonché de blocs rocheux. Ses remparts crénelés, ponctués de bastions circulaires, s'étirent sur 5 kilomètres, suivant les contours d'une falaise à pic. À l'intérieur, de nombreux vestiges parsèment les versants. La cité limitrophe d'Hyderabad est née de l'expansion de Golconde.

GOLCONDE

Dès le XIIᵉ siècle, Golconde fut une cité fortifiée prospère. Elle devint par la suite un important avant-poste du royaume Bahmani. Puis son gouverneur turc, Quli Qutb al-Mulk (*r.* 1494-1543), fit sécession pour fonder son propre royaume et la dynastie des Qutb Shahi. Militaire de génie, il consolida ses conquêtes face à ses rivaux, dont les rois de Vijayanagar et de l'Orissa, plaçant Golconde sur un pied d'égalité avec Bijapur.

Près du fort, la nécropole royale reflète la magnificence des souverains. Les sept **tombeaux** se composent chacun d'un mausolée de plan carré surmonté d'un bulbe et entouré d'arcades ornementales ponctuées de minarets. Essayez de les visiter au petit matin ou au crépuscule.

Le règne d'Ibrahim Qutb Shah (1550-1580) marqua l'apogée de Golconde. Son successeur, Muhammad Quli Qutb Shah (*r.* 1580-1612), nourrissait encore des visées expansionnistes malgré les menaces externes ; en 1591, il fit aménager la ville d'Hyderabad le long de la Musi.

HYDERABAD

Il s'ensuivit une période de paix relative – Moghols et Marathes attendaient toujours l'occasion de fondre sur les richesses d'Hyderabad, surtout ses mines de diamants. Puis les Grands Moghols conquirent la ville en 1687. Par la suite, le *nizam* (gouverneur) Ul-Mulk d'Aurangabad, représentant du souverain moghol Muhammad Shah, déclara l'indépendance, prit le titre d'Asaf Jah Iᵉʳ et régna de 1724 à 1748.

Hyderabad, qui était alors le plus vaste État de l'Inde, résista aux menaces britannique, française, et à celles des Marathes. Il fallut attendre 1956 pour voir le *nizam* d'Hyderabad se résoudre à intégrer l'Union indienne.

Aujourd'hui sixième ville du pays, Hyderabad est une agglomération urbaine tentaculaire qui tend à négliger son héritage culturel. Elle englobe une vieille et une nouvelle ville, ainsi que Secunderabad, un ancien quartier militaire fondé par les Britanniques en 1853. Commencez par visiter le **musée Salar Jang**, qui abrite une vaste collection éclectique rassemblée par Salar Jang (1899-1949), Premier ministre du *nizam*. Dirigez-vous ensuite vers l'édifice rose de **High Court** (1916), l'un des grands points de repère de la ville. Conçue par Vincent Esch et bâtie en grès d'Agra sculpté, la Haute Cour est coiffée de dômes bleus vernissés et décorée de fleurons dorés. À côté se trouve l'école de garçons d'Esch. Sur Mahboob Shahi Road, vous trouverez un des rares vestiges de la période

de Quli Qutb Shah, la **Badshahi Ashurkhana** (1592-1596), la maison royale du deuil, ornée de carreaux de mosaïque émaillés (1611). Les Premiers ministres du *nizam* vivaient en face, dans le **Diwan Deorhi**, dont il subsiste des murs habillés de mosaïque. En remontant cette même rue, vous découvrirez le **Charkaman** («quatre arches», 1594), ainsi que la mosquée du **Char Minar** («quatre minarets», 1591), le clou de la visite de l'Hyderabad historique. Aujourd'hui menacé par les promoteurs, le Char Minar était jadis une porte du palais réservée aux grandes occasions.

Dans le même quartier, observez les artisans travaillant le *bidri* et les échoppes de perles (voir encadré). La **Mecca Masjid** (1598), l'une des plus grandes mosquées d'Inde, possède dans son arche centrale quelques pierres rouges faites avec de la terre de La Mecque. Le quartier qui s'étend au sud de la mosquée est jalonné de palais délabrés, tels **Palgarh** et **Chaumhalla**, très proches, ou **Jahannuma** et **Falaknuma**, à 1,5 kilomètre. ∎

http://perso.wanadoo.fr/bharat/geographie/andhra/

Hyderabad

🅰 223 C4

Office de tourisme

✉ 2ᵉ étage, Sandozi Building, 26 Himayat Nagar

☎ 040-763 0037

Musée Salar Jang

✉ Sardar Patel Road

🕐 Fermé le ven.

€ €

Badshahi Ashurkhana

✉ Mahboob Shahi Road

🕐 Parfois fermé aux visiteurs

Diwan Deorhi

✉ Sardar Patel Road

🕐 Parfois fermé aux visiteurs

Mecca Masjid

✉ Sardar Patel Road

Perles et *bidri*

Les *nizam* d'Hyderabad étaient réputés pour leur goût des perles – ils s'en paraient, s'en frottaient le corps et les consommaient sous forme de poudre. Hyderabad reste la capitale indienne de la perle. C'est ici que les fiancées issues de milieux aisés aspirent à venir faire leurs

emplettes pour le grand jour. Récoltées au Japon, les perles sont triées et percées dans les ateliers du quartier du Char Minar, avant d'être vendues sur place ou exportées. Près de là, dans les échoppes de Pertheghatty Road, les perles classées par couleurs, tailles et qualités sont vendues au poids puis enfilées sur un fil de soie. Dans le même quartier, les artisans de *bidri*, un art musulman, décorent divers objets en métal d'une fine incrustation d'argent ou de cuivre représentant des arabesques, des motifs floraux, géométriques ou calligraphiques. ∎

Un artisan d'Hyderabad décore un bracelet avec des perles.

L'est et le sud de l'Andhra Pradesh

À PARTIR D'HYDERABAD, LE VOYAGE À TRAVERS LES PAYSAGES ARIDES du Nord permet de découvrir les splendeurs léguées par les seigneurs Kakatiya des XIIIᵉ et XIVᵉ siècles, dont les territoires empiétèrent sur ceux des Ganga de l'Orissa au nord et des Chola du Tamil Nadu au sud. Il est indispensable de louer une voiture avec chauffeur.

L'EST DE L'ANDHRA PRADESH

Warangal est la première étape. Seconde capitale des Kakatiya, elle fut fondée par Ganapatideva (r. 1199-1262) et sa fille Rudramadeva, reine de 1262 à 1289. Remarquez les vestiges circulaires des doubles murs externes en terre, les porches monumentaux, les imposants murs intérieurs fortifiés en granit, ainsi que le portail du temple. À 3 kilomètres de là, à Hanamkonda, première capitale Kakatiya, vous découvrirez l'élégant édifice en basalte vert grisâtre du **temple aux Mille Piliers** (1163). Les passionnés pourront continuer jusqu'à **Palampet**, à 68 kilomètres, pour voir le temple de Ramappa (1213) et, non loin de là, les sanctuaires de Ghanapur. Les deux lacs furent aménagés par les ingénieurs des Kakatiya.

À Vijayapuri, au sud-est d'Hyderabad, prenez le premier bac de la journée (en général à 9 h 30) pour atteindre l'île de la Krishna où se dressent des sculptures en calcaire qui témoignent de la splendeur révolue de **Nagarjunakonda**. Aux IIIᵉ et IVᵉ siècles, les Ikshvaku, les souverains les plus puissants de l'Andhra Pradesh à l'époque, établirent leur capitale sur ce site et érigèrent un ensemble d'édifices laïcs et religieux sur 20 kilomètres carrés. Les monuments furent redécouverts par des archéologues dans les années 1950, mais toute la région se trouva submergée lors de la mise en service du barrage de Nagarjuna Sagar, dans les années 1960. Cette île n'est en réalité que le som-met de la colline de Nagarjunakonda. Elle vaut néanmoins le détour, pour admirer les vestiges du fort et les reconstitutions du monastère et du stade, ainsi que du *maha chaitya* (le « grand stupa », IIIᵉ siècle) et d'autres stupas ; ne manquez pas les sculptures exposées au musée.

En remontant la Krishna jusqu'à son delta, vous atteindrez **Vijayavada**, une cité isolée qu'il vaut mieux rejoindre en avion ou en train pour éviter un pénible voyage en voiture. Dès le Vᵉ siècle, voire avant, Vijayavada était un important centre de commerce. Au **Victoria Jubilee Museum**, vous découvrirez d'impressionnants objets bouddhiques retrouvés dans la région. Plus loin, ne manquez pas le fort de **Kondapalle** et les sanctuaires rupestres d'**Undavalli**. Continuez vers le sud à travers rizières, plantations de tabac et de coton jusqu'à **Guntur** pour visiter le **musée archéologique de Boudhashri**, qui recèle des objets bouddhiques.

C'est à **Amaravati**, jadis surnommée *maha chaitya*, que se dressait le plus grand stupa de toute l'Inde (IIIᵉ siècle avant J.-C. - IVᵉ siècle de notre ère). Si la plupart de ses sculptures sont aujourd'hui exposées au Government Museum Complex de Chennai (voir p. 259) et au British Museum de Londres, le site, niché au bord de la Krishna, a préservé toute sa magie. Le **musée** local abrite des objets exhumés plus récemment.

Le verdoyant delta de la Godavari fut jadis une région prospère. Parsemé de rizières et de plantations de canne à sucre, il offre des sites fascinants. Séjournez à **Rajahmundry** pour visiter les temples de **Biccavolu** et de **Drakasharama** ; **Samalkot**, un temple du XIᵉ siècle, est le plus grand monument Chalukya de la région. Si vous traversez la Godavari, vous pourrez voir les vestiges bouddhiques de **Guntupalle**, au creux d'un ravin boisé. Enfin, remontez la Godavari en bateau et explorez les **gorges** du fleuve, parmi les hauteurs boisées des Ghats Orientaux.

Vishakhapatnam, immense port fondé par les Anglais en 1689, s'étend sur une vaste baie ouvrant sur le golfe du Bengale. Principal port, base navale et centre industriel de la côte est, il est équipé d'hôtels confortables d'où vous pourrez rayonner pour découvrir les campagnes alentour. Non loin, le temple de Varaha Narasimha (1268) est perché sur un sommet des Kailasha, à **Simhachalam**, au bout d'une route sinueuse. Cet édifice fut érigé dans le plus pur style de l'Orissa par le commandant des armées des Ganga orientaux, rois de l'Orissa (voir p. 294). L'intérieur du temple de granit est orné de sculptures représentant des lions, des frises et des guirlandes, des princes royaux, des dieux et des chevaux caracolant grandeur nature.

Les paysages vallonnés du **Sankaram** sont réputés pour leurs vestiges bouddhiques. À **Bhimunipatnam**, colonie fondée sur la côte par les Hollandais, vous trouverez des plages de sable, des maisons et une forteresse hollandaises, ainsi que des tombeaux grandioses. Plus haut sur la côte, **Ramatirtham** et **Salihundram** sont entourées de ruines bouddhiques. **Mukhalingam**, première capitale des Ganga orientaux, possède aussi son lot de temples, dont le **Madhukeshvara** (IXᵉ siècle), qui a conservé ses tours aux lignes courbes et de très belles sculptures.

LE SUD-OUEST DE L'ANDHRA PRADESH

Cette région peu visitée recèle bon nombre de monuments isolés, mais remarquables. Sur la route n° 7, qui

Environ 1,5 kilomètre à l'est de Lepakshi, cet immense monolithe représente Nandi, la monture de Shiva, couvert de cloches et de guirlandes.

Anantapur
🅰 223 C3

Penukonda
🅰 222 B2

Lepakshi
🅰 223 C2

Alampur
🅰 223 C3

Puttaparthi
🅰 223 C2

**Ashram de
Prasanthi Nilaya**
☎ 08555-8758 ;
pas de réservation
à l'avance

Tirupati
🅰 223 C2

relie Hyderabad à Bangalore, vous pouvez faire halte pour en visiter un ou deux. Vous pouvez aussi passer une nuit à **Anantapur**. Grimpez jusqu'au **fort de Gooty**, perché sur un affleurement de granit au bord de la route. À l'est de Gooty, les deux principaux **temples Vijayanagar** de Tadpatri, l'un dans la ville et l'autre surplombant la Penner, ont conservé des sculptures surchargées d'ornements et quelques peintures au plafond.

En continuant sur la route n° 7 au-delà d'Anantapur, arrêtez-vous à **Penukonda**. Après la défaite de 1565, c'est ici que les souverains de Vijayanagar se réfugièrent avant de partir pour Chandragiri. Parmi les ruines, vous découvrirez le **temple de Parshvanatha**, qui date de la période Hoysala, ainsi que les **temples de Rama et de Sita**, dont les façades sculptées représentent des épisodes des épopées de Rama et de Krishna.

Au sud, **Lepakshi** se trouve 10 kilomètres à l'ouest de la route. Au-delà de l'immense taureau Nandi monolithique se dresse le **temple de Virabhadra** (XVIᵉ siècle), bâti pour deux frères qui furent gouverneurs de Penukonda à l'époque de Vijayanagar. Il renferme d'admirables sculptures et peintures (au plafond). Remarquez les costumes, les visages et la richesse des couleurs, ainsi que les deux hommes qui financèrent la construction du temple présentant leurs dévotions à Shiva et à Parvati (côté est).

Alampur, le plus ancien des grands ensembles de temples hindous de l'Andhra Pradesh, a échappé à la catastrophe lors de la mise en service du barrage de Shrisailam. Bâtis par les premiers Chalukya de Badami, aux VIIᵉ et VIIIᵉ siècles, les temples surplombaient la Tungabhadra. Ils sont aujourd'hui protégés des eaux par un barrage, tandis que d'autres temples menacés ont été démantelés puis reconstruits sur ce site. Tous sont ornés de somptueuses sculptures, notamment le **temple de Svarga**

Brahma (689). Si vous venez d'Hyderabad, vous pouvez faire halte à Shrisailam, où le **temple de Mallikarjuna** (XVᵉ siècle), décoré de magnifiques reliefs, surplombe les gorges de la Krishna.

Puttaparthi est un village paisible isolé dans les collines rocheuses et arides du sud-ouest de l'Andhra Pradesh. C'est ici que naquit, et que réside de juillet à mars, l'un des plus grands hommes saints encore vivants d'Inde : Shri Sathya Sai Baba. Chaque année, des milliers de disciples viennent lui rendre hommage. Ils séjournent à l'**ashram de Prasanthi Nilaya**, une sorte de village modèle récent. Né en 1926, le saint homme posséderait des pouvoirs surnaturels. Son portrait est connu de tous aux quatre coins de l'Inde. À l'ashram, le *darshan* qui a lieu deux fois par jour est ouvert à tous.

LE SUD-EST DE L'ANDHRA PRADESH

Cette région se visite de préférence à partir de Chennai (voir p. 256-259). Vous y trouverez surtout la cité de Tirupati, qui attire de nombreux pèlerins. Si vous faites le voyage à partir d'Hyderabad, prévoyez plusieurs jours car de nombreux sites parsèment le trajet.

Après le calme des campagnes de l'Andhra Pradesh, attendez-vous à subir un choc en arrivant à **Tirupati**. Chaque jour, des bus bondés venant de Chennai déversent leur cargaison de pèlerins. En ville, les fidèles se dirigent à travers bois vers le **temple de Venkateshvara** (Xᵉ siècle et postérieur), au bout d'une petite route en lacets qui grimpe au sommet de la colline de Tirumala, dans les monts Seshachalam.

Le temple étant ouvert au public, profitez-en pour observer les rites hindous, de la cérémonie purificatrice du rasage de crâne à l'arrivée jusqu'aux scènes d'extase spirituelle des fidèles dans le sanctuaire. ■

Cette terre luxuriante, abreuvée par deux moussons annuelles, est émaillée de quelques-uns des plus jolis villages d'Inde. On peut y voir notamment d'anciens temples en pierre dont les tours percent de loin en loin le tapis vert des rizières.

Le Tamil Nadu

Vache sacrée aux cornes peintes de couleurs vives.

Création d'un *kolam*, dessin rituel réalisé à l'aide de *muggu* (farine de riz) coloré.

Le Tamil Nadu

LE TAMIL NADU EST UN ÉTAT DÉBORDANT D'ÉNERGIE ET DE VITALITÉ. LES IMMENSES temples dravidiens (voir p. 262-263) drainent une foule ininterrompue. Vous pourrez également visiter la Cour suprême de Chennai (Madras), construite par les Britanniques et fourmillant d'activité. Le Tamil Nadu offre des contrastes saisissants. Si le grand temple de Madurai revêt des allures de cité médiévale, la station d'altitude d'Ooty restitue une part de son atmosphère originelle de villégiature britannique et Thanjavur, ancienne capitale des rois Chola, a conservé l'empreinte de sa majesté passée.

Le Tamil Nadu est un État facile à visiter : la relative brièveté des trajets, le caractère accueillant des campagnes, tout concourt à rendre les déplacements agréables. En quelques heures, on peut passer de l'élégance toute victorienne de Chennai (l'ancienne Madras) à la la simplicité d'un atelier de fonte du bronze, de l'intensité formelle d'un spectacle de danse Bharata Natyam au tumulte d'un temple hindou.

Le Tamil Nadu constitue indéniablement une bonne introduction à la richesse du sous-continent indien. Cet État occupe la quasi-totalité de la pointe sud du pays. À l'est, le ressac du golfe du Bengale vient se briser sur les plages de sable de la côte de Coromandel. Durant des siècles, ses rivages ont été le théâtre d'échanges commerciaux et culturels entre l'Occident et l'Orient. À l'ouest, la barrière escarpée des Ghats Occidentaux se dresse entre le Tamil Nadu, le Kerala et le Karnataka. Des stations d'altitude britanniques nichent dans la partie septentrionale des monts Nilgiri. Au sud de ceux-ci, les monts Anamalai («Éléphant») associent forêts et plantations de thé. Plus au sud encore, la station d'altitude de Kodaikanal domine les monts Palani. En raison de cette configuration du relief, l'ensemble des cours d'eau, dont la formidable Kaveri, le grand fleuve sacré du sud de l'Inde (voir p. 265), se dirigent vers l'est.

Aux Ve et VIe siècles, la dynastie Gupta qui régnait dans l'Inde du Nord fut renversée par des invasions. Des intellectuels, poètes, artistes

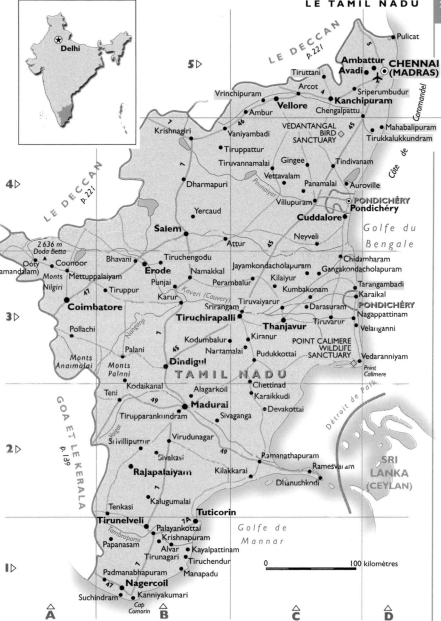

et hommes politiques fuirent alors vers le sud de l'Inde, où ils suscitèrent un renouveau de la culture tamoule, qui s'épanouit sous les dynasties Pallava, Chola et Pandya. La région n'ayant été que peu exposée aux influences moghole ou britannique, le patrimoine de ces civilisations a survécu au sein de cet État florissant.

Chennai est la capitale du Tamil Nadu. Son économie repose sur le riz (voir p. 266), la canne à sucre et le coton, mais aussi sur le commerce extérieur et l'industrie. Le tamoul est la langue officielle de l'État, et le taux d'alphabétisation est satisfaisant. La plupart des habitants possèdent des notions d'anglais. ■

**Une vue
du centre de
Chennai, avec ses
larges avenues
et la Cour
suprême.
Au loin, on
aperçoit les
grues du port.**

Chennai
255 D5

**Office de tourisme
gouvernemental**
154 Anna Salai
044-852 4295 ou
044-851 9459
Fermé le sam. a.-m.
et le dim.

Conseils
En raison de la violence
des courants, il est
imprudent de se baigner
à Chennai.

Chennai (Madras)

LA CAPITALE TENTACULAIRE DU TAMIL NADU EST SITUÉE SUR LA CÔTE,
au nord de l'État. Forte d'une population approchant les 6 millions
d'habitants, Chennai est la quatrième ville de l'Inde. Toutefois, grâce
à sa situation sur le littoral et à son aménagement relativement aéré,
le centre demeure plaisant à explorer.

Il y a beaucoup à voir dans les rues
de Chennai et sur le bord de mer, toujours très animé. La capitale offre par
exemple l'occasion d'assister à une
représentation de Bharata Natyam
(voir p. 257) et de découvrir des
musées d'importance modeste mais
de qualité exceptionnelle. Si vous avez
prévu de rejoindre au plus vite les
hôtels du bord de mer plus au sud,
consacrez au moins une journée à la
visite de la capitale du Tamil Nadu.

C'est en 1639 que le marchand
britannique Francis Day choisit de
fonder la ville sur les rivières Cooum
et Adyar, attiré par le coût très bas du
coton local. En dépit de l'absence de
port et d'un redoutable ressac, qui
entraînait la perte d'une partie des
marchandises lors de leur débarque-
ment à bord de chaloupes, Madras
connut un essor rapide. En 1644, la

Compagnie anglaise des Indes orientales employait environ 400 tisserands répartis dans les villages environnants. Aujourd'hui, le commerce
du textile demeure une activité vitale,
au même titre que les industries du
cuir ou de l'automobile.

En 1688, le roi d'Angleterre
Jacques II (r. 1685-1688) octroya une
charte municipale – la première
en Inde – à une ville qui comptait
déjà 300 000 habitants. (La population de Londres, qui était la ville la
plus importante d'Europe, atteignait
575 000 personnes). Bientôt, deux
cités jumelles virent le jour sur le site :
Fort St. George, fief des Européens,
et Chennaipatnam (« Ville noire »),
où vivaient les Indiens. Cette partie
de la ville fut rebaptisée Georgetown
à l'occasion de la visite du roi-
empereur George V, en 1911.

En 1740, les échanges commerciaux britanniques avec l'Inde avaient pris une ampleur telle qu'ils représentaient 10 % de l'ensemble des revenus de l'Angleterre et apportaient une contribution essentielle à la richesse de la capitale anglaise. Une grande partie de ces échanges passaient par Madras, qui conserva le rôle de centre nerveux de la présence britannique en Inde jusqu'à ce que Calcutta prenne la relève en 1772 (voir p. 289). Les grands négociants de la ville se faisaient construire de vastes maisons au-delà des murs du fort de la Compagnie anglaise des Indes orientales, et tenaient à assurer à leurs proches une sépulture digne de leur rang dans St. Mary's Church, l'église située à l'intérieur de la forteresse.

Embellie de nombreux jardins et caressée par les brises marines, Madras bénéficiait d'une atmosphère détendue et élégante. De 1746 à 1749, elle passa aux mains des Français. En 1751, le jeune général Robert Clive leur imposa une défaite cuisante lors de la bataille d'Arcot. Il consolida ainsi la suprématie de l'Angleterre dans le sud de l'Inde, tandis que la position de l'empire au Bengale était affirmée à Plassey en 1757 (voir p. 315). Le transfert à Calcutta des

intérêts britanniques ne diminua que peu l'importance de Madras. Soucieux de donner à la capitale une promenade à la hauteur de son statut, le gouverneur Grant Duff (1881-1886) perça la magnifique **marina** qui, sur 5 kilomètres, épouse les contours du bord de mer. Les habitants de Chennai s'y rendent en général à la tombée du jour, et profitent de la brise de mer pour flâner, bavarder et grignoter un poisson grillé sur place. ∎

Nombre d'habitants n'ont pas l'eau courante. Un homme se lave à une pompe municipale, tandis que des femmes attendent leur tour pour remplir des seaux ou des pots à eau.

http://www.lebacausoleil.com/SPIP/article.php3?id_article=56

Le Bharata Natyam

Cette danse classique exécutée par des femmes en solo (les *devadasi*) est née dans les temples du Tamil Nadu. Ses règles ont été rédigées par Bharata dans son traité de la danse, le *Natya shastra*. Le cycle débute par une prière à Ganesha destinée à écarter les obstacles. Il se poursuit par l'*alarippu* (la danseuse invoque les déités par une série de syllabes tout en dépliant doucement son corps) et le *nritta* (elle « dialogue » avec le musicien en frappant le sol de ses pieds et en faisant tinter les clochettes de ses bracelets de chevilles). Elle exécute ensuite des mouvements complexes pour raconter une histoire chantée par le *natuvangari* (conducteur). En principe, la première performance d'une danseuse doit être donnée pour les dieux, dans un temple important tel celui de Chidambaram (voir p. 265). Des spectacles ont lieu dans les *sabba* (sociétés artistiques) de Chennai. Pendant le festival de la ville *(déc.-janv.)* se déroulent plus de 500 spectacles de danse et de musique. Renseignez-vous auprès des offices de tourisme. ∎

Office de tourisme du Tamil Nadu
✉ 143 Anna Salai
☎ 044-830 752
🕐 Fermé le sam. a.-m. et le dim.

En voiture dans Chennai

Ce circuit, qui se faufile à travers le dédale des rues à sens unique de Chennai, constitue une excellente manière de découvrir la ville. N'hésitez pas à longer à pied le très beau front de mer avant de monter en voiture, et à y retourner à la fin du parcours.

Commencez par une visite de la **cathédrale San Thome ❶** (1547, reconstruite en 1896), dans le quartier de Mylapore, où seraient conservées les reliques de saint Thomas, venu en 52 pour prêcher la bonne parole. Non loin, dans un quartier de bazars, le **temple de Kapalishvara** est un lieu de culte très animé, qui accueille divers festivals, de musique notamment.

Vous pouvez faire un détour vers le sud-ouest jusqu'au **mont Saint-Thomas**, où le saint aurait été lapidé à mort. Non loin de là, l'**Old Cantonment**, le vieux quartier, renferme d'anciennes villas à toit plat typiques de Madras. Revenez sur vos pas en passant par le champ de courses et le **Raj Bhavan** (1817), l'ancienne résidence du gouverneur, construite pour sir Thomas Munro (1761-1827).

Poursuivez la promenade sur la **marina**, rebaptisée **Kamaraj Road**, où se dressent plusieurs bâtiments victoriens formant un ensemble comparable à ce que l'on peut voir à Bombay (Mumbai). Un peu plus haut, arrêtez-vous pour contempler **Vivekananda House ❷** (1842), de forme circulaire, jadis connue sous le nom de Ice House (entrepôt de glace) car la Tudor Ice Company y stockait des blocs de glace importés d'Amérique. Le circuit passe devant les premiers bâtiments de l'université de Madras : l'**University Examination Hall**, de style Lutyens, et le **Presidency College,** dont la partie la plus ancienne fut conçue par R.F. Chisholm (1882), un architecte qui s'illustra dans le style éclectique dit indo-musulman.

Plus loin, vous verrez le **Public Water Works** (1870) et le **Chepauk Palace** (1768), palais construit pour le nabab anglophile Wala Jah Muhammad Ali (la tour fut ajoutée vers 1870 par Chisholm). **Senate House** (1873), également œuvre de Chisholm, est un mélange de styles gothique et musulman, avec des pierres polychromes et des arcades. À l'extérieur se dresse une statue de la reine-impératrice Victoria érigée à l'occasion du jubilé de son règne (1887). À l'instar de la statue équestre en bronze du populaire sir Thomas Munro dessinée par Chantry (1839), que l'on peut voir sur la droite après avoir traversé la

Un groupe de futurs avocats devant la Cour suprême (High Courts) de Chennai.

Coum, elle a survécu au mouvement d'éradication des symboles de l'empire britannique qui s'est produit au lendemain de l'indépendance.

Continuez vers le nord jusqu'au **Fort St. George ❸**, dont la première pierre fut posée en 1644. Traversez-le pour découvrir **St. Mary's Church ❹** (1678-1680), cœur spirituel de la vieille ville et plus ancienne église anglicane d'Asie encore debout. À l'intérieur, ne manquez pas la galerie à balustrade en teck et les fonts en granit noir de Pallavaram où Job Charnock, le fondateur de Calcutta, fit baptiser ses filles. Plusieurs stèles funéraires sont dues à John Flaxman et à John Bacon.

La **Cour suprême ❺**, High Courts (1888-1892), est un véritable dédale architectural de style indo-musulman. En haut de l'escalier, de part et d'autre de la statue de Shri T. Muthasamy Iyer, le premier juge indien, s'ouvrent des salles d'audience ornées de magnifiques vitraux.

Dépassez les arcades gothiques de la gare, **Chennai Central Station ❻** (1868-1872), pour rejoindre **St. Andrew's Kirk ❼** (1821), dont on dit qu'elle est la plus belle église néoclassique de l'Inde ; l'intérieur circulaire a conservé ses portes-persiennes et ses bancs en rotin d'origine.

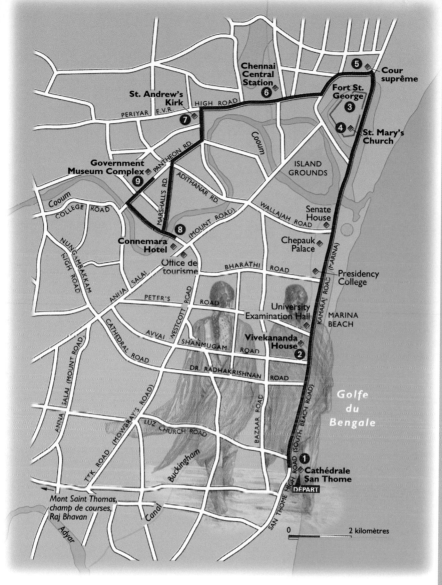

Map labels:

Chennai Central Station 6

Cour suprême 5

St. Andrew's Kirk

HIGH ROAD

PERIYAR E.V.R.

Fort St. George 3

7

St. Mary's Church 4

Cooum

Government Museum Complex 9

PANTHEON RD.

ADITHANAR RD.

MARSHALL'S RD.

ISLAND GROUNDS

WALLAJAH ROAD

Senate House

Cooum

COLLEGE ROAD

NUNGAMBAKKAM

HIGH ROAD

8

(MOUNT ROAD)

Connemara Hotel

Office de tourisme

Chepauk Palace

ANNA SALAI

PETER'S ROAD

BHARATHI ROAD

Presidency College

(MARINA)

KAMARAJ ROAD

CATHEDRAL ROAD

WESTCOTT ROAD

AVVAI

SHANMUGAM ROAD

University Examination Hall

MARINA BEACH

Vivekananda House 2

ANNA SALAI (MOUNT ROAD)

DR. RADHAKRISHNAN ROAD

Golfe du Bengale

TTK ROAD (MOWBRAY'S ROAD)

LUZ CHURCH ROAD

BAZAAR ROAD

Buckingham

SOUTH BEACH ROAD

SAN THOME HIGH ROAD (SOUTH BEACH ROAD)

1 Cathédrale San Thome

DÉPART

Mont Saint Thomas, champ de courses, Raj Bhavan

Canal

Adyar

0   2 kilomètres

Le **Connemara Hotel** ❽ propose un buffet de spécialités locales à l'heure du déjeuner. Près de là, sur Anna Salai, l'office du tourisme vous renseignera sur les représentations de danse.

Le **Government Museum Complex** ❾ *(fermé le ven.)*, connu sous le nom prestigieux de The Pantheon, mérite qu'on lui consacre une après-midi. Fondé en 1851, il comprend des sculptures sur pierre (dont des œuvres du site bouddhique d'Amaravati), des bronzes de temples Chola, des sculptures sur bois provenant de chars de procession, des instruments de musique, des photographies et sculptures de Chettinad… ■

🅼 Voir aussi p. 255

▶ Cathédrale San Thome

↔ Environ 6 km

🕒 Une journée entière, avec pause déjeuner

▶ Government Museum Complex

À NE PAS MANQUER

- La promenade sur la marina
- St. Mary's Church
- Le Government Museum Complex

Lors d'une cérémonie en plein air, des brahmanes exécutent un rituel devant la divinité du temple, sous les yeux des fidèles.

Mahabalipuram
255 D4

Office de tourisme
✉ Au nord du village
🕐 Fermé le sam. et le dim.

Conseils
Si vous souhaitez en savoir plus sur la sculpture sur pierre, allez voir la Government Collection of Sculpture, au nord de Mahabalipuram, sur la route de Chennai (☎ 04 133-42 261).

Mahabalipuram (Mamallapuram)

SANCTUAIRES RUPESTRES, ROCHERS SCULPTÉS, BAS-RELIEFS ET FRISES mais aussi temples monolithiques témoignent de l'importance passée de Mahabalipuram, cité des Pallava, première grande dynastie du sud de l'Inde, dont la capitale se situait à Kanchipuram.

Du statut de seigneurs locaux, les Pallava se hissèrent au rang de riches empereurs, faisant remonter leurs origines à Brahma. Ils étendirent leur empire à tout le Tamil Nadu actuel. Ce sont les Pallava qui posèrent les fondements de la société tamoule et diffusèrent la culture dite dravidienne au niveau des villages et des temples. Ils encouragèrent l'agriculture, tant pour augmenter la production que pour pouvoir lever des impôts supplémentaires. Si le riz constituait à la fois la culture principale et la monnaie d'échange, la noix de coco, la mangue, la banane plantain et le sésame figuraient également parmi les denrées cultivées.

Chaque village possédait un immense réservoir de briques qui servait à l'approvisionnement en eau ; nombre d'entre eux sont encore en usage aujourd'hui. Les impôts frappaient non seulement les personnes, mais aussi les actes de la vie quotidienne (mariages, transmission de missives…) et les métiers (forgerons, potiers, marchands, tisserands…). Seuls les tisserands attachés à la Cour en étaient exemptés.

La plupart des magnifiques vestiges de Mahabalipuram datent du VIIe et du début du VIIIe siècle : ce sont les plus anciens monuments du Tamil Nadu. Certains temples taillés dans le roc furent sculptés sous le règne du puissant monarque Mahendravar-man Ier (*r.* 600-630), un dramaturge et poète converti du jaïnisme au shivaïsme, auquel succédèrent Mamalla (*r.* 630-668) et plus tard Rajasimha (*r.* 700-728).

Nous vous conseillons de commencer votre visite de bon matin, en prévoyant une pause en milieu de parcours. Commencez par la **grotte du Tigre**, dissimulée parmi les arbres 1,5 kilomètre au nord du village. Taillé dans un immense rocher, un petit portique est flanqué de part et d'autre de redoutables têtes de *yali*, semblables à des masques de lions fantastiques aux yeux exorbités, et de deux éléphants. Plus loin en suivant le sentier, vous trouverez un petit sanctuaire recouvert d'un toit en feuilles de cocotier. À côté, une rangée de pierres plantées verticalement dans le sable face au soleil levant puise son origine dans un culte animiste antérieur à l'hindouisme.

Gravissez la colline qui s'élève derrière les maisons du village pour découvrir la **grotte de Varaha**. L'intérieur est orné de sculptures colossales représentant Varaha sauvant la déesse Terre des eaux (à gauche), Trivikrama (à droite), Lakshmi et Durga (sur le mur du fond).

Au centre du village, vous pourrez admirez l'**Ascèse d'Arjuna** : il s'agit d'un haut-relief d'une qualité remarquable et d'une grande complexité, qui recouvre une paroi rocheuse de près de 15 mètres de hauteur. Observez le modelé délicat et le souci du détail, le mode d'expression à la fois naturaliste et stylisé, l'habileté des artisans à tirer parti des aspérités naturelles de la pierre. Aujourd'hui, ce haut-relief prête à deux interprétations : l'une suggère qu'il s'agit effectivement d'Arjuna, représenté debout sur une jambe ; l'autre prétend qu'il montre le sage Bhagiratha cherchant à persuader Shiva d'accueillir le fleuve Gange dans sa chevelure emmêlée. À côté se trouve

le **mandapa de Krishna**, dont le mur du fond est illustré d'une scène bucolique dans laquelle Krishna protège les *gopi* en soulevant le mont Govardhana, dont il se sert comme d'un parapluie. Un autre bas-relief met en scène un fermier en train de traire une vache.

Après avoir longé les ateliers de sculpture sur pierre, vous trouverez des marches qui vous mèneront à la **grotte de Mahishamardini**, dont l'intérieur est orné de sculptures d'une qualité exceptionnelle. On y voit Vishnou endormi sur le serpent cosmique (à gauche) et Durga tuant le démon à tête de buffle (à droite).

En dehors du village, dans un enclos sablonneux, les **Pancha Ratha** (« cinq chars ») sont des temples monolithiques – chacun d'eux a été taillé dans un seul et gros rocher – qui portent les noms des héros du

Mahabharata. Leur aspect et leurs sculptures révèlent une période de grande créativité. Remarquez plus particulièrement le Dharmaraja (le *ratha* le plus haut) : le côté sud dépeint Shiva en compagnie du commanditaire royal, Mamalla.

Au début du VIIIe siècle fut érigé le **temple du Rivage** (Shore Temple) de Mahabalipuram. Avec le temple du Kailasanatha à Kanchipuram (voir p. 264-265), il servit de modèle à l'édification des temples dravidiens (voir p. 262-263). ■

Détail d'un bas-relief du mandapa de Krishna à Mahabalipuram : un fermier trait une vache.

http://membres.lycos.fr/laurentmantione/dravidien.htm

Les temples dravidiens

Érigés par les villageois, les temples du Tamil Nadu servaient de centre religieux, social, culturel et politique à la communauté – rôle que nombre d'entre eux remplissent encore. Financés par le souverain ou par un mécène local, ils fournissaient du travail à vie à des centaines de personnes. En résumé, il étaient et demeurent la pierre fondatrice de la société tamoule.

L'édifice en lui-même relève d'un plan très simple. Un *gopura* (grande tour) principal percé dans le mur d'enceinte s'ouvre sur un parvis où se dressent un porche, un *mandapa* (pavillon ouvert à colonnes) et un sanctuaire central. Le sanctuaire est surmonté d'un *vimana* (toit) à élévation croissante. Les différentes parties du temple se succèdent sur une même ligne, pour permettre au fidèle de passer progressivement des espaces ouverts, ornés de sculptures exubérantes et symboliques, aux salles intérieures, de plus en plus sombres et sobres, avant d'aboutir au saint des saints niché au cœur de l'édifice.

De nombreux temples édifiés par les Pallava et les Chola furent agrandis par les rois de Vijayanagar et les Pandya. Des sanctuaires en l'honneur de la famille de la divinité principale étaient ajoutés ; ainsi, un temple dédié à Shiva se voyait-il doté d'autels consacrés à son épouse, Parvati, et à ses fils, Ganesha et Kattikeya. On construisait de nouveaux *mandapa* destinés à accueillir des représentations de danse ou des cérémonies spéciales, ainsi que des salles pour abriter les services administratifs du temple, les cuisines, des dortoirs pour le nombre toujours croissant de pensionnaires, des bibliothèques pour l'étude des textes. Des réserves permettaient d'entreposer les chars de procession et les noix de coco, friandises,

Ce pèlerin a enduit son front et ses bras de cendres en signe de pénitence.

fleurs ou épices vendues aux fidèles comme offrandes pour leur *puja* (culte). À mesure que ces temples gagnaient en importance, on bâtissait de nouveaux murs d'enceinte pour intégrer les dépendances et protéger les richesses des attaques des armées musulmanes. Ainsi, ceux de Tiruchirapalli et de Madurai possèdent plusieurs murs concentriques et fonctionnent encore de nos jours comme de véritables cités. Les enceintes récentes sont souvent surmontées du taureau Nandi (la monture de Shiva), et ponctuées de *gopura* au toit pyramidal croulant sous les sculptures représentant les divinités hindoues. Les intouchables, les membres de la caste la plus basse, n'avaient pas le droit de pénétrer dans les temples et ne pouvaient que contempler le sommet du *gopura* lorsqu'ils effectuaient leurs dévotions. À l'occasion des fêtes, on faisait parader la divinité du temple à travers le village sur un *ratha* (char de procession) en bois sculpté.

Pour les Tamouls, le temple était bien plus qu'un lieu de prière. C'est là que se tenait l'école de sanskrit, que les villageois commerçaient, se réunissaient, célébraient les évènements de la vie. Aujourd'hui encore, les hindous y font célébrer des *puja* spéciales avant d'entreprendre un voyage, d'ouvrir un commerce ou de postuler pour un emploi. Jadis, les villageois versaient leurs revenus au temple – en témoignent les inscriptions qui, çà et là, commémorent les donations. De nos jours, il est fréquent que de riches hindous financent des *puja* importantes, des travaux d'entretien ou des repas pour les pauvres. Les Birla, une famille d'industriels, ont même pris en charge la construction de plusieurs édifices. ∎

À Kanchipuram (ci-dessus), le temple occupe encore souvent le centre de la vie quotidienne tamoule. Des vendeurs sont installés près du complexe de Minakshi à Madurai (ci-dessous).

Ornant les piliers du temple de Varadaraja à Kanchipuram, ces sculptures de chevaux cabrés écrasant l'ennemi symbolisent la victoire du Bien sur le Mal, des hindous sur les musulmans.

Kanchipuram
255 C5

De temple en temple

CE CIRCUIT DE CHENNAI À THANJAVUR VOUS EMMÈNE À LA DÉCOUVERTE de temples du Tamil Nadu. Si certains sont aujourd'hui désertés, d'autres fonctionnent encore comme ils l'ont fait pendant des siècles.

KANCHIPURAM

Seule des sept cités saintes de l'hindouisme à être dédiée à la fois à Shiva et à Vishnou, Kanchipuram a bénéficié de l'essor initié par les souverains Pallava (voir p. 260), qui en firent leur capitale. Les rois Chola, ceux de Vijayanagar et les Nayaka contribuèrent eux aussi à sa mise en valeur. Aujourd'hui, cette ville située 72 kilomètres au sud-est de Chennai possède

50 temples en activité, dont les rituels ont donné naissance à l'un des plus importants centres de tissage de la soie de l'Inde du Sud (vous pouvez en acheter ici, mais il y a plus de choix dans les grandes villes).

Les édifices embrassent 1 000 ans de réalisations. Débutez votre parcours par le **temple du Kailasanatha** (1 kilomètre à l'ouest du centre-ville). Cette simple construction en grès du VIIIᵉ siècle représente le fleuron des productions architecturales du roi Pallava Rajasimha. Voué à Shiva sous sa forme de seigneur de la montagne qui abrite son foyer, le lieu comporte de nombreuses représentations du dieu. À l'est de la ville, près de la gare ferroviaire, se dresse le **temple de Vaikuntha Perumal**, construit par Nandivarman II à la fin du VIIIᵉ siècle. Son *mandapa* mène à trois sanctuaires consacrés à Vishnou, incarné ici par le sanglier et le lion, deux de ses avatars.

Le **temple d'Ekambareshvar**, dédié à Shiva, est le plus important de la ville. Construit en 1509 par l'empereur de Vijayanagar Krishnadeveraya, il se distingue par un *gopura* spectaculaire (58 mètres de hauteur), qui conduit à un *mandapa* et à un corridor de dimensions aussi impressionnantes. À 3 kilomètres au sud-est de la ville, le **temple de Varadaraja**, du XIIᵉ siècle, possède une annexe datant de la dynastie de Vijayanagar dont les colonnes sculptées sont ornées de chevaux cabrés.

DE KANCHIPURAM À CHIDAMBARAM

Dès la sortie de Kanchipuram, on se retrouve sur des routes de campagne. En direction de Mahabalipuram,

Uttaramerur s'enorgueillit de deux beaux temples de la fin de l'époque Pallava, érigés sous le règne de Dantivarman (796-817).

À **Mandagappattu**, près de Gingee, une caverne abrite un sanctuaire peu fréquenté par les touristes. À l'intérieur, une inscription fait référence au roi Mahendravarman Iᵉʳ (r. v. 600-630). Poursuivez votre route jusqu'au **temple d'Arunachaleshvara** (XVIᵉ-XVIIᵉ siècle) de **Tiruvannamalai** *(fête principale en nov.-déc.).* Cet édifice immense est consacré à Shiva sous sa forme de seigneur de la montagne. Dirigez vous ensuite vers la colline de **Panamalai**, 30 kilomètres à l'est de Tiruvannamalai, pour visiter un temple du début du VIIIᵉ siècle juché au sommet de la colline.

DE CHIDAMBARAM À THANJAVUR (TANJORE)

À **Chidambaram**, le **temple de Nataraja** (XIIᵉ-XIIIᵉ siècle) est consacré à Shiva sous sa forme de danseur cosmique (Nataraja), privilégiée par les Chola dans leurs dévotions. Essayez d'arriver vers 9 h 30 pour assister à la *puja* principale du matin, qui donne lieu à des rites complexes et draine de nombreux fidèles. La gestion du lieu et les donations des pèlerins font de ce temple l'un des plus

Chidambaram

⚐ 255 C3

Office de tourisme

✉ À côté de l'hôtel T.T.D.C. Tamil Nadu, Railway Feeder Road

Conseils

Vous ne trouverez pas d'office de tourisme à Kanchipuram et à Kumbakonam. Pour obtenir une carte détaillée de Kanchipuram, adressez-vous à l'hôtel T.T.D.C. Tamil Nadu. Pour visiter les temples de manière agréable, n'hésitez pas à louer une bicyclette.

La Kaveri (ou Cauvery)

Ce fleuve du sud de l'Inde prend sa source dans l'État du Karnataka avant d'arroser le Tamil Nadu et de se déverser dans le golfe du Bengale. Pour les Indiens du Sud, c'est un fleuve sacré, à l'image du Gange, et ses rives accueillent nombre de temples et de *ghat* (marches) destinés aux cérémonies funéraires. Bénéficiant de deux moussons (juillet et novembre), il offre un débit plutôt abondant – ce qui n'empêche pas les gouvernements du Karnataka et du Tamil Nadu de se disputer la quantité d'eau que chacun est autorisé à pomper. Ce différend ne date pas d'hier. Historiquement, c'est le Tamil Nadu qui a domestiqué la Kaveri à son profit. Afin de financer le mécénat d'art, des unités administratives agraires appelées *nadu* (d'où le nom de Tamil Nadu) favorisèrent l'irrigation pour améliorer la production agricole. Les récoltes de riz passèrent de deux à trois par an, ce qui permit de dégager des surplus. ∎

http://www.chez.com/bharat/geographie/tamilnadu/thanjavur.htm

Les bœufs de ce fermier arborent des cornes peintes de couleurs vives à l'occasion de la fête de Pongal. Ces animaux servent à la fois d'outils de travail et de moyen de transport.

prospères de l'Inde. N'hésitez pas à vous perdre dans le dédale des salles, qui datent surtout de la fin de l'époque Chola. Attardez-vous devant les murs intérieurs des porches, ornés de bas-reliefs illustrant les positions de la danse Bharata Natyam.

La route qui mène à **Gangaikondacholapuram** s'enfonce dans les terres et traverse des villages spécialisés dans la fabrication de corde. Puis, surgissant de nulle part, se dressent soudain les murs aveugles du **temple de Brihadishvara**. Construit par le roi Rajendra Ier (r. 1012-1044) pour sa nouvelle capitale, il avait pour vocation de surpasser le temple de Tanjore érigé par son prédécesseur,

Rajaraja Ier. Des vestiges de constructions en briques donnent une idée de l'étendue de la cité, et le temple, qui s'impose par la sobriété grandiose de son style et la beauté de ses sculptures, témoigne de la splendeur passée de Gangaikondacholapuram. Les grands panneaux de l'extérieur mettent en scène Shiva au travers de magnifiques compositions.

Non loin de là, **Kumbakonam** est un ancien centre religieux qui reste très animé. La petite ville s'étend entre les berges de la Kaveri et celles de son affluent l'Arasala. Elle est célèbre pour ses artisans du bronze, ses commerçants traditionnels d'or et de bijoux et, bien sûr, ses temples. Cœur rituel de la ville, le **bassin de Mahamakam** (Mahamakan Tank) est le point central de la fête religieuse célébrée ici tous les 12 ans (la dernière a eu lieu en 2004). Toutefois, le plus beau temple se situe en dehors de la ville, de l'autre côté de l'Arasala, à **Darasuram**. Le **temple d'Airavateshvara** (milieu du XIIe siècle), érigé par Rajaraja II (r. 1146-1172), est probablement le plus bel exemple d'architecture de la fin de la période Chola. Sa structure compacte est recouverte de sculptures de facture délicate. De là, de petites routes serpentent à travers les rizières et les villages jusqu'à Thanjavur (voir p. 268-269). ■

Le rôle essentiel du riz

Lors des festivités de Pongal, la fête de la récolte du riz *(début janv.)*, les paysans nettoient leurs bœufs et peignent leurs cornes de couleurs vives. Le matin, chaque maison fait cuire le riz selon un rituel complexe. Lorsque le riz déborde, il devient *pongal* (« nouveau »), signe que la récolte sera bonne.

Le riz fait partie intégrante de la vie. Avant le premier jour d'école d'un enfant, une cérémonie du riz célèbre Sarasvati, la déesse de l'étude. Après son mariage, la jeune épousée renverse un bol de riz dans sa nouvelle demeure pour apporter fertilité et prospérité. Une famille en deuil offre des boulettes de riz (cérémonie du *sradh*) pour aider l'esprit du mort à trouver la paix. Dans tout l'État, vous verrez des *kolam*, dessins exécutés à la farine de riz par les femmes pour favoriser prospérité et bonheur, mais aussi pour empêcher les fourmis de pénétrer dans la maison. ■

Pondichéry

Environ un siècle après que les Portugais eurent établi des bases commerciales sur la côte orientale du sous-continent, les Britanniques, les Hollandais et les Français prirent la relève. En 1672, les Français achetèrent des terres au sultan de Bijapur, et François Martin y fonda le comptoir de Pondichéry deux ans après. Convoitée par les Hollandais et les Britanniques, la ville connut une histoire mouvementée. Le marquis de Dupleix, qui rêvait d'un empire français en Inde, fut à l'origine du prestige de ce comptoir. Après l'indépendance, la France parvint à conserver ses territoires, pour finalement les céder en 1954. Aujourd'hui, Pondichéry compte près de 14 000 citoyens français.

Avec ses villas à colonnades dotées de fenêtres à persiennes, le vieux centre conserve l'atmosphère de l'époque de la colonisation française. Rejoignez la place principale, Government Square. La **statue de Dupleix** (1870) se dresse près du **Raj Niwas**, une magnifique demeure coloniale construite pour lui en 1752. De l'autre côté de la place, le **musée de Pondichéry** occupe l'ancienne bibliothèque du gouvernement français et expose toutes sortes de curiosités, parmi lesquelles le lit de Dupleix.

Sur le bord de mer, huit piliers en provenance de Gingee et une statue du Mahatma Gandhi dominent la promenade. Plus au sud, on peut voir une statue de Jeanne d'Arc, l'**église Notre-Dame-des-Anges** (1855), où l'on célèbre encore la messe en français, et, dans le cimetière situé en face, la tombe du marquis de Bussy (1785).

Les **quartiers généraux de Shri Aurobindo** sont situés au nord de la promenade, rue de la Marine. Shri Aurobindo Ghosh (1872-1950), un Bengali ayant fait ses études à Cambridge, s'établit à Pondichéry pour y pratiquer le yoga. Avec sa disciple, une Parisienne surnommée « la Mère » (1878-1973), il fonda l'ashram de la ville. En 1968, la Mère initia le projet d'une ville idéale baptisée **Auroville** (voir p. 282), dont les plans furent conçus par l'architecte français Roger Anger. Auroville est située à quelques kilomètres de Pondichéry, et des circuits d'une journée permettent de s'y rendre. L'ashram possède une **fabrique artisanale de papier**, qui se visite (sur le boulevard Nord).

Informez-vous enfin de l'ouverture de la maison d'Ananda Rangapillai, un chroniqueur du XVIIIe siècle et l'un des protégés de Dupleix. Cette demeure, située 69 rue Rangapillai, associe avec goût le style colonial français et l'esthétique indienne. ■

Pondichéry

255 C4

Office de tourisme

✉ Goubert Salai

☎ 0413-339 497

Musée de Pondichéry

🕐 Fermé le lun.

La ravissante église néo-gothique du Sacré-Cœur-de-Jésus, sur le boulevard Sud. Son cimetière abrite des tombes françaises du XVIIIe siècle.

**Deux chariots
tirés par des bœufs
traversent la cour
étrangement
calme de
l'immense temple
de Brihadishvara.**

Thanjavur (Tanjore)

DANS CETTE VILLE PAISIBLE, LA VIE SE CONCENTRE AUJOURD'HUI
encore autour du monumental temple royal de Brihadishvara,
construit sous le règne de Rajaraja Ier (985-1014). Celui-ci fit donation au temple de la coupole d'or qui coiffe la tour, haute de 66 mètres.
Le matin, les habitants se pressent sous les portes inondées de soleil
pour effectuer leurs dévotions avant de se rendre au travail. Dans la
soirée, c'est par centaines qu'ils investissent le lieu, soudain animé de
prières, de discussions, de musique et de litanies religieuses.

Thanjavur

🗺 255 C3

Office de tourisme

✉ Gandhi Road, en
face de la poste

☎ 04 362-33 017

Tanjore s'est développée sous l'impulsion des seigneurs Chola. Au
Xe siècle, l'un d'entre eux avait conquis
la ville et y avait imposé son règne en
se proclamant descendant du Soleil.
Sous les règnes de Rajaraja Ier et de son
fils Rajendra Ier (1012-1044), Tanjore
gagna en superficie et en puissance. À
la suite de campagnes menées au
Kerala, aux Maldives, à Sri Lanka
(Ceylan) et dans l'Orissa, une grande
partie de la péninsule indienne tomba
sous le contrôle des Chola, jusqu'à l'arrivée au XIIe siècle des Hoysala d'Halebid et des Pandya de Madurai.

Le commerce du coton, de la soie,
des épices, des bijoux, de l'ivoire, du
bois de santal et du camphre consti-

tuait pour les Chola une activité
lucrative. L'amélioration des méthodes agricoles assurait de meilleurs
rendements. Au sein de la société, les
différences de castes s'accentuaient.
La vie s'organisait autour du temple :
les pauvres devaient y consacrer leur
temps pour gagner le respect spirituel et social, et les riches faisaient
donation de villages entiers pour
augmenter leur prestige. La religion
et l'État se confondaient de plus
en plus : le culte du dieu-roi se
développa, grâce notamment à la
construction de temples ; le *raja-guru*
(prêtre du roi) accéda à la fonction
de conseiller spirituel et temporel du
souverain.

Le **temple royal de Brihadishvara** est la personnification même de cet État centralisé. Le plus grand des temples Chola fut conçu comme une forteresse sacrée dédiée à Shiva, le dieu suprême. Le portail s'ouvre sur une cour carrée. Dans un pavillon surélevé, le taureau Nandi trône face aux hautes marches qui mènent au temple. De magnifiques sculptures ornent le porche et l'extérieur de l'édifice. Les murs du bâtiment sont couverts d'inscriptions qui rendent compte de la construction du temple et du montant des donations, ainsi que des noms des bienfaiteurs. À l'intérieur, on peut contempler un gigantesque *lingam*. Parmi les peintures, qui datent de l'époque Chola, l'une décrit une visite royale au temple de Chidambaram (mur ouest) et une autre montre Shiva à bord d'un char de procession conduit par Brahma (mur nord). Dans l'enceinte se trouvent aussi un temple secondaire du XVIIᵉ siècle consacré à Subrahmanya, l'un des fils de Shiva, un trésor, un musée et une bibliothèque abritant une belle collection de manuscrits sur feuilles de palmier.

Le palais royal de Thanjavur abrite un musée d'art, le **Nayak Durbar Hall Art Museum**, où des bronzes Chola mis au jour dans les environs sont exposés à côté de magnifiques bas-reliefs. Plusieurs d'entre eux représentent Shiva en Nataraja (voir encadré ci-dessous) ; les plus beaux ont été trouvés à Tiruvelvikudi et à Jambavanodai. D'autres montrent le dieu sous la forme d'un archer avec son épouse Parvati et leur fils Skanda. Le clou de la collection demeure le bronze de Shiva en compagnie de Parvati. ■

Les Chola et Shiva Nataraja

Les sculptures des temples hindous constituent l'expression la plus sublime de l'art indien, qui connut l'un de ses apogées sous le règne des Chola. Shiva, très souvent représenté, incarne l'énergie, à la fois créatrice (ce qui explique l'origine du *lingam*) et destructrice (ce qui convenait aux puissants protecteurs de temples). Sa personnalité se révèle provocatrice, immorale et indomptée, en même temps qu'il fait preuve d'un certain ascétisme et d'une capacité à remplir le rôle de bon père de famille.

Les souverains Chola vouaient un culte à Shiva sous sa forme de Nataraja, le dieu de la danse à quatre bras. Une main droite tient le double tambour, dont le son lancinant suscite la création, l'autre fait la *mudra* (geste) de la protection. Une main gauche tient le feu purificateur, l'autre fait la *mudra* du réconfort. Sa jambe gauche levée évoque la libération et son pied droit écrase le démon qui personnifie l'ignorance. ■

Un bronze Chola de Shiva Nataraja.

À l'instar de nombreux autres temples de l'Inde du Sud, celui de Tiruchirapalli possède son propre éléphant, qui participe aux *puja* et aux fêtes.

Tiruchirapalli (Trichy)

LA VILLE DE TIRUCHIRAPALLI, MIEUX CONNUE SOUS LE NOM DE TRICHY, s'étend au bord de la Kaveri, fleuve sacré. Quelques kilomètres au nord de l'agglomération, à Shrirangam, fut érigé l'un des complexes religieux les plus importants et les plus aboutis de l'Inde du Sud : le temple de Shri Ranganathasvamy. Fondé par les Chola, il s'étendit sous l'impulsion des souverains Pandya et Hoysala, fut mis deux fois à sac par les armées musulmanes de Delhi au XIVᵉ siècle, puis prospéra tout au long des XVIᵉ et XVIIᵉ siècles.

Tiruchirappalli

255 C3

Office de tourisme

Williams Road

0431-460 136

Véritable cité en soi, le complexe religieux de Shri Ranganathasvamy est dédié à Ranganatha, c'est-à-dire Vishnou reposant sur le serpent Ananta. Chaque jour des pèlerins y viennent en nombre, surtout pendant les fêtes, s'ajoutant aux résidents permanents. Le premier *gopura*, immense, croule sous les sculptures grimaçantes peintes en jaune, vert et rose vif. À mesure que l'on progresse vers le centre, le long d'une artère bordée de boutiques proposant tout et son contraire – des offrandes religieuses aux souvenirs en passant par les piments et les ampoules électriques –, le mystère du lieu ne cesse de croître.

C'est à partir de la quatrième enceinte (il y en a sept au total), où l'on doit laisser ses chaussures, que commencent les limites du temple proprement dit. À l'intérieur se dressent le **temple de Ranganayaki** et le **mandapa de Kalyana**, dont les

1 000 piliers sont magnifiquement sculptés. Plus spectaculaires encore sont ceux du **mandapa de Sheshagiriraya**, ouvragés en forme en chevaux cabrés montés par des chasseurs armés d'une lance, symbole des courageux hindous protégeant le temple contre les envahisseurs musulmans. Très différent, le côté sud du **sanctuaire de Venugopala**, de l'époque Nayaka, est orné de représentations de jeunes filles.

À la quatrième enceinte, demandez à monter sur le toit pour jouir de la vue sur les *gopura* et le sanctuaire sacré recouvert d'or. La troisième enceinte franchie, continuez jusqu'au **mandapa de Garuda**, un pavillon sculpté de représentations de jeunes filles et de donateurs qui entourent le sanctuaire dédié à Garuda, l'oiseau mythique mi-aigle mi-homme servant de monture à Vishnou. Seuls les hindous sont autorisés à pénétrer plus avant pour contempler et vénérer le dieu allongé.

D'autres sites sont dignes d'intérêt : le **Rock Fort Temple**, dont l'un des sanctuaires est perché sur un promontoire rocheux (437 marches à grimper…), **Grand Anicut**, un barrage en terre remontant à l'époque Chola, et la **Church of St. John** (1816), située dans la vieille ville. ■

Le temple de Shri Ranganathasvamy vu au niveau des toits. Les *gopura* protègent le sanctuaire intérieur (dont on aperçoit la coupole recouverte d'or) et le trésor du temple.

Autour de Tiruchirapalli

LES TRAJETS VERS THANJAVUR ET MADURAI SONT ASSEZ RAPIDES. SI vous avez du temps et que vous voyagez avec un bon chauffeur, n'hésitez pas à prendre les chemins de traverse dans une campagne parsemée de sites magiques. Pensez à vous munir d'eau et d'en-cas.

Tiruchirapalli
255 C3

Thanjavur
255 C3

Madurai
255 B2

VERS THANJAVUR

De Tiruchirapalli, prenez la direction du sud-est vers Kiranur. Le long de cette route de 55 kilomètres se succèdent, sur la droite, des groupes de centaines d'Ayyanar. Ces figures en terre cuite représentent des divinités équestres, parfois accompagnées de chevaux ou d'éléphants, souvent peintes de couleurs vives. Disposées à la sortie des villages, elles sont supposées protéger les habitants contre des calamités comme la peste, apporter fertilité et bonnes récoltes, etc. À certaines occasions, comme les semailles, de nouveaux Ayyanar sont ajoutés au groupe et une *puja* spéciale est effectuée par un prêtre.

À Kiranur, tournez à droite en direction du village de **Nartamalai**. Laissez la voiture à l'autre bout de la bourgade et marchez environ 15 minutes en gravissant les collines de granit jusqu'à un groupe de grottes du début de la période Chola. Dans l'une d'elles, douze hauts-reliefs identiques de Vishnou ornent le mur du fond.

De Nartamalai, il faut compter 1 heure de route pour rejoindre **Malayadipatti**. Vous y verrez de superbes cavernes Pallava (IXᵉ siècle) dont l'une abrite un immense Vishnou sculpté reposant sur l'océan cosmique et une autre les sculptures des neuf divinités (Navagraha). De là, continuez jusqu'à la route principale reliant Tiruchirapalli à Thanjavur et tournez à droite. Sur la gauche, vous verrez apparaître un monument dédié à une femme morte en couches constitué de deux pierres verticales et d'une barre transversale, que les voyageurs utilisaient autrefois pour poser leur charge. Un peu plus loin, sur la droite,

un groupe d'Ayyanar est réuni sous un banian. La route continue jusqu'à Thanjavur.

VERS MADURAI

Quittez Tiruchirapalli par la route secondaire conduisant à Madurai (140 kilomètres), et non par la voie principale, en direction de Kodumbalur. En chemin, vous pourrez voir des Ayyanar peints de couleurs vives très au goût du jour (certains portent des montres-bracelets). À Kodumbalur, le double **temple de Muvarkoil** (Xᵉ siècle), construit par les Chola, est le seul vestige qui reste des sanctuaires originels. Remarquez les sculptures, surtout le Shiva Nataraja sur le côté est du sanctuaire sud.

Continuez jusqu'à **Sittannavasal** pour découvrir un temple rupestre

jaïn (ixe siècle) taillé dans un escarpement de granit. Le vestibule est orné de représentations de Parshvanatha (à droite), de Mahavira (à gauche) et d'autres *jina*, saints du jaïnisme (au fond). Le lieu conserve de belles peintures : jeunes filles exécutant une danse et personnages royaux sur les colonnes, étang de lotus épanouis au plafond du vestibule, grecques au plafond du sanctuaire. Au sommet de la colline, un surplomb rocheux recèle une grotte naturelle dotée de lits à l'intention des moines jaïns ; on peut y voir une inscription remontant au iie-i^{er} siècle avant J.-C.

L'étape suivante est **Pudukkottai**. Ayant apporté leur soutien aux Britanniques contre Tipu Sultan et les Français, les rajas Tondaiman reçurent des titres et bénéficièrent de leur protection. Cela explique sans doute que la cité soit si bien préservée. Dans la vieille ville (Tirugorakarna), le **temple de Gokarneshvara** (débuté au viie siècle) renferme des peintures du *Ramayana* du xviiie siècle. Les salles intérieures, taillées dans le roc sous les Pallava, abritent des sculptures, et notamment une série de *matrika* (déesses mères). À l'entrée du temple, un **musée** *(fermé le lun.)* expose des pièces archéologiques.

De là, vous pouvez aller directement à Madurai ou effectuer quatre dernières haltes. La première est le village d'**Avudaiyarkoil**, où le vaste porche du temple est orné de sculptures de souverains, de ministres et, au bout, de Shiva sous ses formes destructrices. Plus loin dans le temple, un sanctuaire est dédié au saint local, Manikkavachakar. Une route mène à **Karaikkudi**, au cœur du pays Chettinad. Aux xixe et xxe siècles, les négociants de la ville firent fortune grâce au commerce avec Madras, la Birmanie et la Malaisie. Leurs demeures sont ornées de sculptures sur bois, malheureusement souvent cachées derrière des façades en maçonnerie destinées à donner un aspect ordonné aux rues du quartier. **Devakottai**, au sud, et **Chettinad**, au nord, offrent d'autres exemples de cet art. De là, il vous reste 95 kilomètres pour arriver jusqu'à Madurai (voir p. 274-275). ∎

Sur la route qui traverse les régions rurales, essayez de repérer les groupes d'Ayyanar à la sortie des villages.

Le complexe de Minakshi à Madurai est célèbre pour ses douze *gopura*, dont quatre, très hauts, sont visibles de loin. Ils sont recouverts d'une multitude de représentations colorées de dieux et de démons.

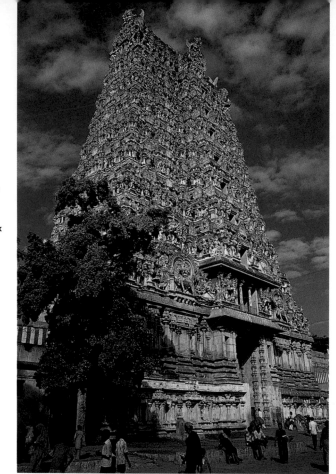

Madurai

C'EST EN FOULE QUE LES FIDÈLES SE PRESSENT DANS L'IMMENSE complexe hindou de Minakshi. Ce temple porte le nom de l'épouse de Sundareshvara, qui est une des formes du grand dieu Shiva.

Madurai
🗺 255 B2

Office de tourisme
✉ W. Veli Street
☎ 0452-734 757

Située sur les rives de la Vaigai, la ville de Madurai fut fondée par les Pandya, qui en firent leur capitale à l'époque où ils dominaient le Tamil Nadu (vi^e-xe siècle). En 1323, les forces de Malik Kafur Tughluq furent envoyées de Delhi pour s'emparer de la cité, qu'elles occupèrent jusqu'en 1378. À cette date, Madurai fut libérée par les rois de Vijayanagar, dont les gouverneurs (Nayaka) gagnèrent peu à peu leur indépendance. Durant son règne, Tirumala (1623-1660) initia de nombreuses constructions. S'opposant aux Moghols et aux Marathes, les Nayaka réussirent à se maintenir au pouvoir jusqu'à la prise de contrôle des Britanniques, en 1763.

Pour l'essentiel, le temple de Madurai a été financé par l'aristocratie Nayaka du xvie au xviiie siècle. Grâce à des travaux permanents de restauration et d'entretien, les plafonds, les fresques et les *gopura* ont conservé leurs couleurs d'origine. Le matin et le soir, vous pouvez assister aux *puja* et aux processions d'éléphants, tandis que musique et chants résonnent dans le temple. En avril-mai, le Minakshi Kalyanam, la fête qui célèbre le couronnement de Minakshi et son mariage avec Shiva, est très spectaculaire. Vous pouvez déambuler au hasard des salles et corridors, en vous arrêtant aux endroits les plus intéressants. Dans le **mandapa d'Ashta Shakti**, remarquez l'élégance et la hauteur des *gopura*. Cherchez les danseurs qui se tiennent de part et d'autre du corridor menant au **Potramarai Kulam** (bassin des Lotus dorés) ; der-

rière celui-ci, dans le **mandapa de Panch Pandava**, des bas-reliefs mettent en scène les héros du *Mahabharata*. Non loin de là, dans un coin sombre, se dissimule une représentation de Shiva et Parvati à la beauté sensuelle. Ne partez pas sans avoir vu le **mandapa de Kambattadi**, où trône un Nandi assis, l'immense **mandapa de Viravasantaraya**, les sculptures du **musée du temple** et le **mandapa de Pudu**, aux colonnes ornées des portraits de tous les rois Nayaka jusqu'à Tirumala, accompagnés de leur famille et de ministres. ■

LE COMPLEXE DE MADURAI

La meilleure manière d'apprécier le lieu est de le parcourir au vestibule en corridor. Seules les salles intérieures des sanctuaires sont interdites aux non-hindous. Tout au long de la journée, fidèles et visiteurs se pressent dans l'enceinte. Montez sur le *gopura* sud pour jouir de la vue sur l'ensemble du complexe et ne manquez pas d'admirer les sculptures du musée du temple.

1. **Entrée par le mandapa d'Ashta Shakti (porche des Huit Déesses)**
2. **Potramarai Kulam (bassin des Lotus dorés)**
3. **Sanctuaire de Minakshi**
4. **Mandapa de Kambattadi**
5. **Sanctuaire de Sundareshvara (Shiva)**
6. **Mandapa de Viravasantaraya**
7. **Mandapa de Pudu**
8. *Gopura* **est**

N

Le sud du Tamil Nadu

SI LE SUD DU TAMIL NADU PEUT DÉCEVOIR LES AMATEURS DE TEMPLES exceptionnels, il offre un littoral d'une grande beauté, quelques sites fascinants situés à l'écart des circuits touristiques et l'occasion de visiter Kanniyakumari, où se mêlent les flots de trois mers différentes.

Ramesvaram
255 C2

Office de tourisme
14 East Car Street
04 573-21 371

Tirunelveli
255 B1

Office de tourisme
Gare ferroviaire
0462-26 235

Ramesvaram, péninsule de 55 km de long jaillissant du continent vers le Sri Lanka, tient une place importante dans la grande épopée hindoue du *Ramayana*. L'immense **temple de Ramanatha** (XVIIᵉ-XVIIIᵉ siècle surtout) est l'endroit où Rama, après avoir tué le démon Ravana, effectue ses dévotions à Shiva pour se purifier. Aujourd'hui, les pèlerins suivent sa trace en se baignant dans la mer, avant de se faire arroser d'eau tirée des 22 puits situés à l'intérieur de l'enceinte du temple. Nombreux sont ceux qui se rendent sur la **colline de Gandhamadana** (Ghandamadana Hill) pour voir l'empreinte du pied de Rama, ainsi qu'à **Dhanushkodi**, où Rama reçut la soumission du frère de Ravana.

Sur la route qui conduit à la péninsule, dans le village de **Ramanathapuram**, on peut découvrir le palais habité par les seigneurs locaux, les Setupati. À l'intérieur, les salles du Ramalinga Vilas sont ornées de peintures du XVIIIᵉ siècle qui retracent les épopées hindoues et la vie à la cour. Plus au sud, sur les rivages du golfe de Mannar, de gigantesques fossiles marins ont été trouvés dans les environs de Kilakkarai.

Serti dans la vallée luxuriante de la rivière Tambraparni, **Tirunelveli** est un bon point de départ pour visiter la pointe sud du sous-continent. Si vous vous y rendez en voiture depuis Madurai, arrêtez-vous à Kalugumalai pour admirer le **temple monolithique Pandya** (VIIIᵉ siècle), taillé dans un affleurement de granit. À Tirunelveli même, jadis importante ville Nayaka, le **temple de Nellaiyappa** (XVIᵉ-XVIIᵉ siècle), dédié à

Shiva et à Devi, recèle quantité de sculptures sur pierre et sur bois. Dans la première enceinte, les représentations des chefs de Tirunelveli ont été offertes au temple par des donateurs.

Prenez la direction du sud-est de Tirunelveli pour effectuer un petit circuit dont la première étape est le village de **Krishnapuram**. Le temple de Venkatachala, consacré à Vishnou en tant que seigneur des monts Venkata, possède des sculptures des XVIIᵉ et XVIIIᵉ siècles, ainsi que des piliers anthropomorphes de facture délicate dans le *mandapa* de Virappa Nayaka. Le site de l'âge du bronze d'**Adichanallur**, non loin de la Tambraparni, conserve des urnes funéraires anciennes. Dans la ville d'Alvar Tirunagari, le grand saint Nammalvar, adepte de Vishnou né ici au IXᵉ siècle, a inspiré la construction du **temple d'Adinatha** (XVIᵉ-XVIIᵉ siècle), orné de sculptures à l'expression pleine de vie. En rejoignant la côte, trois sites dominant le golfe de Mannar méritent une visite : **Kayalpattinam**, pour ses mosquées fréquentées par les descendants des négociants arabes ; le temple de pèlerinage de **Tiruchendur** ; et **Manapadu**, où la présence d'associations catholiques remonte à la visite de saint François Xavier, en 1542.

La pointe méridionale de l'Inde est un promontoire rocheux surplombant les eaux mêlées du golfe du Bengale, de l'océan Indien et de la mer d'Oman. La ville de **Kanniyakumari** (cap Comorin) doit son nom à Kumari, la déesse hindoue protectrice des rivages. Les pèlerins viennent se baigner près du temple. Dans la ville, des monuments rendent

hommage à deux grands hommes : le Mahatma Gandhi, dont les cendres furent dispersées dans la mer à cet endroit, et Vivekananda, philosophe bengali qui vint ici lorsqu'il était moine en 1892. Il fonda les missions Ramakrishna Vivekananda, qui sont restées très actives (elles sont aujourd'hui basées à Calcutta).

À Suchindram, à l'ouest de Kanniyakumari, le **temple de Sthanumalaya** (XIIIᵉ-XVIIIᵉ siècle) est dédié à Vishnou et à Shiva. Cerné de hauts *gopura* de couleurs vives flanqués de colonnades, il renferme plusieurs sanctuaires. Avant d'arriver à celui de Shiva, remarquez les colonnes sculptées du petit pavillon. Dans le hall, où l'on peut voir une représentation de Garuda, la monture de Vishnou, des piliers sont ornés de portraits des donateurs Nayaka et de leurs épouses. Dans le corridor situé à l'intérieur des murs d'enceinte, le **mandapa** d'Alankara abrite des sculptures de rois, dont celle de Marandavarman de Thiruvananthapuram (voir p. 212-213). Au nord-ouest de Suchindram, à **Padmanabhapuram**, ne manquez pas le palais des rois de Travancore.

Sur la route qui relie Tiruneludi à Kollam (Quillon), faites une halte à **Tenkasi**, capitale des Pandya (XVᵉ-XVIᵉ siècle), qui firent construire le **temple de Vishvanatha**. Sur les murs du *gopura*, une sculpture montre Shiva en compagnie des épouses des brahmanes. Attardez-vous devant les immenses piliers du vestibule de la première enceinte. À l'ouest de Kollam, la route, plus campagnarde, traverse le village de **Tiruppudaimarudur**. Son **temple de Narumbunatha**, sur les rives de la Tambraparni, possède des sculptures et peintures en très bon état. À **Papanasam**, perché dans les collines, contentez-vous d'admirer la beauté du lieu. ∎

Des quatre coins de leur immense pays, les Indiens viennent à Kanniyakumari pour visiter le monument consacré à Gandhi. Ce sont souvent des groupes de villageois ou d'écoliers qui profitent de voyages en train ou en bus subventionnés.

Les stations d'altitude

Jouissant d'une popularité grandissante depuis l'indépendance, Ooty, dont les rues regroupent d'éclectiques constructions coloniales, accueille aujourd'hui les maisons, les magasins et les panneaux publicitaires de l'Inde moderne.

SI LES PREMIERS AVENTURIERS BRITANNIQUES EN INDE ADOPTAIENT volontiers les coutumes locales, leurs compatriotes colonisateurs ne les imitèrent pas : les fonctionnaires de l'empire s'efforcèrent de conserver leurs habitudes et leur mode de vie. Ils ne renoncèrent ni à leurs vêtements inadaptés au climat chaud et humide du pays, ni à leur alimentation européenne... ni à leurs rêves de collines verdoyantes, de pluie fine et de roseraies.

De nombreux Britanniques tombèrent malades, nombre d'entre eux succombèrent à la typhoïde, au choléra et à la malaria. Les soldats affectés aux forts situés en altitude semblaient échapper à ce sort. On résolut donc de construire des sanatoriums dans les collines, à l'intention des serviteurs souffrants de l'empire. Dès lors que les bienfaits de l'altitude se trouvèrent confirmés, des officiers partirent en expédition pour trouver des lieux convenant à l'accueil de la société exilée. Les stations d'altitude britanniques étaient nées.

Simla, au nord de l'Inde, ouvrit le bal en 1819 (voir p. 124). Dans les trente années qui suivirent, ce sont plus de 80 lieux de villégiature qui furent fondés à des altitudes de 1 230 à 2 460 mètres. De très importantes ressources furent employées pour

construire les routes et voies ferrées nécessaires à l'acheminement des marchandises et des personnes. Établies sur des plateaux et dépourvues de fortifications, ces stations incarnaient la confiance que les Britanniques avaient en leur puissance et en leur culture. Ces bourgades réunissaient en un savant cocktail la campagne anglaise, les distractions citadines et l'atmosphère des lieux de villégiature. Les Britanniques y menaient grand train : représentations théâtrales, clubs, églises, activités sportives, expositions florales et promenades au centre-ville assuraient un tourbillon de vie continuel. Mais l'Inde n'était jamais très loin. Malgré toutes les tentatives pour créer un véritable îlot du « pays », aucune station d'altitude britannique ne pouvait se départir de son carac-

tère indien. Aujourd'hui, on pourrait presque affirmer le contraire : les stations de montagne indiennes conservent chacune une part d'atmosphère britannique.

EN MONTANT
VERS COONOOR

En quittant les plaines du Tamil Nadu, où un soleil brûlant fait miroiter les rizières cernées de végétation luxuriante, les routes serpentent en s'élevant peu à peu dans les collines jusqu'à l'air frais des forêts des Ghats Occidentaux. Le trajet, de toute beauté, mérite que l'on s'arrête de temps à autre pour admirer les vues panoramiques, observer les oiseaux ou visiter des plantations de thé ou de café. Du nord au sud, les Ghats s'étendent sur plus de 1 600 kilomètres et atteignent leur point culminant dans les monts Nilgiri, à Ooty, au pied du pic Doda Betta (2 636 mètres).

Ville prospère, **Coimbatore** bénéficie d'une situation stratégique à proximité de Palghat, le col principal qui traverse les montagnes. La ville doit sa richesse industrielle à la puissance hydroélectrique fournie par la domestication des chutes Pykara dans les années 1930, qui lui a permis de développer la fabrication de coton. La plupart des visiteurs traversent l'agglomération sans s'y arrêter, car elle n'offre aucun site intéressant. Toutefois, si vous devez y passer la nuit, les **jardins botaniques** (Botanical Gardens), créés vers 1900, sont un lieu agréable pour une promenade matinale.

De Coimbatore, dirigez-vous vers le nord et Mettupalaiyam, point de départ de l'ascension proprement dite. Celle-ci est ponctuée de virages en épingle à cheveux, de vues splendides et de canopées de feuillage sombre. Au nord-ouest de Mettupalaiyam, à 1 858 mètres d'altitude, s'étend **Coonoor**. Dans les monts Doda Betta, la ville surplombe le ravin Hulikal et offre un climat moins

Coimbatore
255 A3

Office de tourisme
Gare ferroviaire

Coonoor
255 A3

Le bureau du percepteur à Ooty : un parfait exemple de l'architecture coloniale britannique.

**Ooty
(Udhagamandalam)**
🗺 255 A3

Office de tourisme
✉ Commercial Road
☎ 0423-443 977

Jardins botaniques
✉ Garden Road

Sim's Park
✉ Upper Coonoor

Raj Bhawan
✉ Garden Road
🕐 Fermé au public

Savoy Hotel
✉ 77 Sylks Road
☎ 0423-444 142
💶 €

frais et moins humide que celui d'Ooty, la «reine» des stations (voir ci-dessous). D'immenses fougères arborescentes, des rhododendrons et des roses s'épanouissent à **Sim's Park**, où, chaque année, après les floralies d'Ooty, se tient une prestigieuse exposition de fruits et légumes.

La région se prête merveilleusement aux randonnées, parmi lesquelles : **Lady Canning's Seat** (3 kilomètres), **Lamb's Rock** (6 kilomètres), qui offre des vues spectaculaires, **Dolphin's Nose** (12 kilomètres), d'où l'on peut admirer les Katherine Falls et le Coonoor Stream, ou encore **Law's Falls** (5 kilomètres), des chutes baptisées en hommage au colonel G.V. Law, qui construisit la Coonoor Ghat Road. Une autre randonnée mène jusqu'à **The Droog** (Pakkasuram Kottai), à 3 kilomètres de Coonoor, où la vue sur les plaines est impressionnante.

OOTY

À une altitude de 2 240 mètres, Ooty (Udhagamandalam) est la station la plus élevée des monts Nilgiri. Elle niche dans un paysage de vallons doux et herbeux, d'espaces boisés naturels ou plantés d'eucalyptus et de conifères importés.

Les habitants originels de cette région appartenaient à quatre tribus parmi lesquelles les Toda, dont l'activité principale consistait à élever des troupeaux de buffles sacrés. Aujourd'hui ne reste qu'une poignée de survivants qui, malheureusement, sont devenus une sorte de curiosité touristique. À la mort de Tipu Sultan, en 1799, la Compagnie anglaise des Indes orientales annexa les monts Nilgiri et leurs tribus. En 1818, deux assistants de John Sullivan, le percepteur de Coimbatore, entrevirent le potentiel de la région. En 1823, Sullivan se fit construire une demeure qu'il baptisa Stone House. Les Britanniques affluèrent et Sullivan se mit à planter des légumes et des arbres. Il

fit élargir le lac et introduisit des eucalyptus à croissance rapide originaires d'Australie. En 1861, Ooty – ainsi que le lieu était désormais appelé – était devenue la capitale d'été de la présidence de Madras et la «Reine des stations d'altitude» (the Queen of Hill Stations). Le gouverneur et son équipe, son personnel et leur famille s'installèrent ici, bientôt suivis par d'autres Européens et princes indiens anglophiles. Selon leurs moyens et leur fonction, ils faisaient le chemin à pied, à cheval ou en palanquin à porteurs. À partir de 1908, une ligne de chemin de fer arriva à Ooty. Aujourd'hui, vous pouvez tout à fait venir en train à partir de Mettupalaiyam ou de Coonoor.

C'est le botaniste français Perottet qui a introduit la culture du thé dans la région. Celle du café était déjà pratiquée aux environs de Mysore depuis les années 1820. Parmi les visiteurs des débuts figuraient lord William Cavendish Bentinck, gouverneur général de l'Inde de 1828 à 1835, et l'historien Thomas Babington Macaulay (1800-1859). Depuis, «Ooty la Snob» (Snooty Ooty), comme on la surnommait alors, a bien changé et ressemble davantage à une ville moyenne indienne transportée dans les montagnes.

Pour goûter à l'atmosphère britannique d'Ooty, commencez par une promenade parmi les orchidées, les arbres, les fougères et les plantes médicinales des **jardins botaniques** (Botanical Gardens) qui s'étendent à flanc de colline. Créés en 1848 par la marquise de Tweeddale, ils furent conçus avec l'aide de M. MacIvor, des Kew Gardens de Londres. Au-dessus des jardins se dresse le **Raj Bhawan** (1877, *fermé au public*), construit pour le duc de Buckingham lorsqu'il était gouverneur de Chennai. C'est ici que se tiennent les deux événements les plus importants d'Ooty : les floralies et l'exposition canine annuelles.

En déambulant dans les ruelles, vous pouvez entrevoir d'autres signes de la présence britannique : l'Ootacamund Club (interdit aux non-membres), l'Ooty Gymkhana Gold Club ou le Savoy Hotel. Dans **St. Stephen's Church** (1831), des plaques célèbrent la mémoire de ceux que l'air frais des montagnes n'a pu sauver. Dépassez le lac artificiel pour voir le champ de courses, la gare et **St. Thomas's Church** (1870). Plus bas se dresse le **palais Fernhill** (1842), qui appartenait au souverain de Mysore. Terminez par la demeure de Sullivan, **Stone House**, près de Charing Cross, la **bibliothèque Nilgiri** (Nilgiri Library, 1885) et le **tribunal régional** (District and Sessions Court, 1873).

La région offre de nombreux circuits de randonnée, et les hôtels peuvent organiser des promenades à cheval. Essayez de vous rendre au pic Doda Betta pour profiter de la vue. Les autres destinations possibles sont le lac Marlimund, Tiger Hill, les chutes de Kalhatti et, 32 kilomètres à l'ouest d'Ooty, le lac ou les chutes de Pykara. Une jolie route conduit à Avalanche et, du lac Mukerti, on peut gravir le pic du même nom.

KODAIKANAL

Niché dans une cuvette naturelle des monts Palani et entouré de collines étagées en terrasses, ce lieu de villégiature a perdu de son charme paisible avec le développement du tourisme. Surnommée la « Princesse des stations d'altitude », Kodaikanal fut fondée en 1844 par la mission américaine de Madurai, dont les membres s'installèrent ici. Pour arriver à Kodaikanal, empruntez la Laws Ghat Road. Vous pouvez louer des barques au Boat Club et jouir de belles vues sur les plaines le long de Coaker's Walk.

YERCAUD

Yercaud est située à 1 499 mètres d'altitude dans les forêts des monts Shevaroy. À partir des années 1820, la région se voua principalement aux plantations de café. En 1971, le premier véritable hôtel ouvrit ses portes, fournissant un refuge digne de ce nom aux habitants de Madurai et de Bangalore avides d'échapper à la chaleur. Après une flânerie dans la bourgade aux maisons blanchies à la chaux et aux toits de tuiles rouges, promenez-vous dans les allées boisées qui entourent les champs de café. ■

Ces cueilleuses de thé ramassent les nouvelles pousses, qui seront traitées sur place afin de préserver leur arôme.

Kodaikanal
🗺 255 B3

Office de tourisme
✉ Bâtiment de la Rest House
☎ 04 542-41 675

Yercaud
🗺 255 B4

Office de tourisme
✉ Rajaram Nagar
☎ 04 281-66 449

Autres sites à visiter

ALAGARKOIL

Le **temple d'Algar Perumal**, situé à proximité d'une colline boisée, est dédié à Vishnou en tant que Kallagar, le frère de Minakshi. Le temple participe ainsi à la grande fête de Madurai (voir p. 275). Remarquez les élégantes figures de donateurs, représentés en compagnie d'une reine Nayaka, et le sanctuaire central Pandya.

255 B2   ✉ 12 km au nord de Madurai

AUROVILLE

Inspiré par «la Mère» (voir p. 267), cette cité idéale située sur la côte, non loin de Pondichéry, fut fondée en 1968. Elle accueille aujourd'hui environ 1 500 personnes originaires de 30 pays. Les maisons dessinent une spirale extérieure symbolisant le mouvement continu et l'universalité de la foi. En forme de sphère, le Matrimandir (maison de la méditation) se dresse au cœur de la cité. Les boutiques proposent des produits alimentaires frais et de qualité.

255 C4   ✉ 10 km au nord de Pondichéry

CHENGALPATTU (CHINGLEPUT)

Chengalpattu est célèbre pour son fort, que se disputèrent Britanniques et Français. Explorez ses vestiges avant de vous rendre au site proche de **Vallam**, pour visiter trois temples rupestres datant du début de l'époque Pallava et bâtis sous le règne de Mahendravarman Ier (v. 600-630).

255 C5   ✉ 60 km à l'ouest de Chennai

SUR LA ROUTE ENTRE CHENNAI ET MAHABALIPURAM

La communauté artistique de **Cholamandel**, sur la côte, est une sorte de village d'artistes où l'on peut voir notamment une exposition permanente de peintures et de sculptures contemporaines. **Dakshinachitra** (☎ *04 114-45 303, fermé le mar.*) est un village qui regroupe des maisons traditionnelles (du XVIIIe au début du XXe siècle) typiques des quatre États du Sud. Un musée permet de découvrir la vie quotidienne et l'artisanat dans les campagnes.

255 D5   ✉ 20 km au sud de Chennai

GINGEE

De loin le plus spectaculaire des sites fortifiés du Tamil Nadu, Gingee fut construit par les rois de Vijayanagar et revendiqué par la plupart des grandes armées du Sud. Le site comprend notamment trois citadelles impressionnantes.

255 C4   ✉ 70 km au nord-ouest de Pondichéry

KILAIYUR ET TIRUVAIYARUR

Les temples jumeaux de Kilaiyur, construits au IXe siècle par des chefs locaux, constituent une visite intéressante à associer avec celle du temple de Tiruvaiyarur, plus célèbre pour son festival de musique que pour son architecture.

255 C3   **Kilaiyur**   ✉ 30 km au nord de Thanjavur

PANAMALAI

Sur la route entre Villupuram et Vettavalam, le **temple de Talagirishvara** (VIIIe siècle), juché au sommet d'une colline, est dédié à Shiva. Construit en granit rouge, il est coiffé d'un toit hémisphérique, possède de belles sculptures et conserve des traces de peintures murales.

255 C4   ✉ 75 km à l'ouest de Pondichéry

POINT CALIMERE WILDLIFE SANCTUARY

Dans cette réserve, les marécages d'eau salée accueillent des flamants roses et d'autres oiseaux aquatiques. Lors d'une excursion à partir de Thanjavur, vous pouvez revenir en passant par **Velanganni**, un centre de pèlerinage catholique, et par **Nagappattinam**, ancien port et centre bouddhiste dont le cimetière Karikop abrite de vieilles tombes hollandaises.

255 C3   ✉ 90 km au sud-est de Thanjavur

PULICAT

Situé à la frontière avec l'Andhra Pradesh, le lac de Pulicat attire de nombreux oiseaux aquatiques sédentaires et migrateurs comme le pélican et le flamant. Le cimetière hollandais de la ville abonde en sépultures anciennes.

255 D5   ✉ 40 km au nord de Chennai

PULLAMANGAI

Le magnifique **temple de Brahmapurishvara** (Xe siècle), dédié à Shiva, se dresse paisiblement à l'écart de ce village rural où, dans chaque maison ou presque, vit un tisserand spécialisé dans la soie. Faites le tour du temple pour admirer, à l'arrière, les belles sculptures qui ornent l'extérieur de l'édifice.

255 C3   ✉ 10 km de Thanjavur

SRINIVASANALLUR

Une belle sculpture orne ce temple Chola (927) dominant la Kaveri et dédié à Koranganatha, un aspect de Shiva. Vers l'ouest, **Punjai** possède également un temple digne d'intérêt, tandis que le sanctuaire Pandya de **Namakkal** (VIIIᵉ siècle), doté de grandes et puissantes sculptures, est enfoui sous des constructions ultérieures.

📍 255 B3 ✉ 45 km au nord ouest de Tiruchirapalli

SRIPERUMBUDUR

Considéré comme le lieu de naissance de Ramanuja, un saint vishnouite qui vécut au XIᵉ siècle, le temple (XVIᵉ-XVIIᵉ siècle) possède de très belles frises inspirées du *Ramayana*.

📍 255 C5 ✉ 40 km au sud-ouest de Chennai

SRIVILLIPUTTUR

La majeure partie de cette ville s'articule autour de deux temples, celui d'Andal et celui de Vatapatrashayi, séparés par un jardin. Le **temple de Vatapatrashayi**, voué à Vishnou, possède un gopura datant de l'époque Nayaka (XVIIᵉ siècle) qui atteint 63 mètres de haut et se divise en 11 paliers. C'est l'un des plus élevés de tous les *gopura*, et il incarne l'emblème du Tamil Nadu.

📍 255 B2 ✉ 75 km au sud-ouest de Madurai

SVAMIMALAI (TIRUVALANJULI)

Le hameau de Tiruvalanjuli abrite le **temple de Kapardishvara**, dédié à Shiva. Le vestibule,

---

Le temple d'Andal à Srivilliputtur, jumeau du temple de Vatapatrashayi, est dédié à une célèbre sainte poétesse, Shri Andal, née dans cette ville.

d'époque Chola, comporte d'inhabituels piliers en forme de bulbe. Dans le village, vous pouvez observer la fabrication par des artisans de bronzes religieux suivant la méthode traditionnelle de la fonte à la cire perdue. Il est possible de leur acheter directement des pièces.

📍 255 C3 ✉ 8 km à l'ouest de Kumbakonam

TARANGAMBADI (TRANQUEBAR)

De 1620 à 1807, cette ville fut le quartier général de la Compagnie hollandaise des Indes orientales. Les maisons, les églises et le fort comprenant un musée *(fermé le ven.)* conservent aujourd'hui encore un caractère européen.

📍 255 C3 ✉ 60 km à l'est de Kumbakonam

TIRUCHENGODU

Le site comprend deux constructions Chola largement transformées par les Nayaka et les Wodeyar. En ville, le **temple Kailasanatha**, dédié à Shiva, est encombré de boutiques et de chars de procession. Gravissez la colline jusqu'au **temple d'Ardhanarishvara** pour en admirer l'entrée, la qualité des sculptures sur bois et les vues sur les environs.

📍 255 B3 ✉ 50 km au sud-ouest de Salem

TIRUKKALUKKUNDRAM

Ce temple, construit par les Nayaka de Gingee, est consacré à Shiva en tant que Bhaktavatsaleshvara. Le grand *gopura* de Tirukkalukkundram possède de belles sculptures et des peintures de visiteurs royaux (*gopura* ouest).

255 D4 ✉ 15 km à l'ouest de Mahabalipuram

TIRUMANGALAKKUDI

Dans le **temple de Paramanatheshvara**, voué à Shiva, les peintures du XVIIIe siècle qui ornent le plafond du corridor justifient pleinement une visite. Elles décrivent des légendes locales et sont ornées de représentations des sanctuaires qui jalonnent la Kaveri.

255 C3 ✉ 15 km au nord-ouest de Kumbakonam

TIRUPPARANKUNDRAM

La colline de granit sacrée qui domine la ville accueille le **temple de Murugan**, dédié au fils de Shiva, Subrahmanya. La construction d'origine était un beau temple rupestre fondé par les Pandya (773). Pour l'atteindre, il faut traverser les vestibules ornés de peintures et de sculptures qui furent ajoutés par la suite. La fête du temple dure 14 jours (*mars-avr.*).

255 B2 ✉ 6 km au sud-ouest de Madurai

TIRUTTANI

Suivez le sentier jusqu'au **temple de Subrahmanya**, au sommet de la colline. Puis montez en traversant les terrasses pour trouver un sanctuaire de la période Pallava abritant des représentations de Subrahmanya et, dans l'enceinte extérieure, une rangée de soldats en pierre figurant son armée.

255 C5 ✉ 55 km à l'ouest de Chennai

TIRUVIDAIMARUTUR

Le site comprend deux sanctuaires Chola dédiés à Shiva. Commencez par les majestueux et vastes corridors et vestibules du grand **temple de Mahalinga Perumal** (XVIe-XVIIe siècle), qui renferme un sanctuaire Chola, avant de visiter le **temple royal Kampahareshvara** de Tribhuvanam, érigé par Kulottunga III (*r.* 1178-1218).

255 C3 ✉ 10 km au nord-est de Kumbakonam

TIRUVANNAMALAI

Le **temple d'Arunachaleshvara** de cette ville est l'un des plus beaux du Tamil Nadu. Il est dédié au *lingam* (phallus) de Shiva. La fête de 14 jours dont le temple est le centre attire des foules de fidèles (*nov.-déc.*) et se tient au même moment que la foire aux bestiaux. Si vous allez vers le nord, arrêtez-vous à **Tirumalai** pour visiter le complexe jaïn du XVIe siècle.

255 C4 ✉ 35 km à l'ouest de Gingee

TIRUVARUR

C'est ici que se trouve l'un des plus importants temples Chola de la région. Il est consacré à Shiva en tant que Tyagaraja, que glorifiaient des saints tamouls comme Appar et Sambandar. D'impressionnants *gopura* précèdent les salles menant au sanctuaire, dont le Somaskanda (groupe formé de Shiva, de son épouse Parvati et de leur fils Skanda ou Subrahmanya) était une représentation privilégiée par les Chola.

255 C3 ✉ 55 km à l'est de Thanjavur

VEDANTANGAL BIRD SANCTUARY

Dans cette réserve ornithologique, un lac et des terres marécageuses attirent une grande variété d'oiseaux aquatiques, dont des ibis, des talèves sultanes, des pélicans gris et des hérons de nuit.

255 C4 ✉ 40 km au sud-ouest de Mahabalipuram

VELLORE ET ARCOT

Le **fort** de Vellore, bel exemple d'architecture militaire, porte les traces de la présence des rois de Vijayanagar (qui nous ont légué un temple magnifique), des Marathes, des Moghols, des Britanniques (un tribunal, une église) et de Tipu Sultan, dont la famille fut détenue ici après la chute de Srirangapatnam (voir p. 246). Environ 1,5 kilomètre au nord-est se trouve le **dargah** (tombe) de la mère et de l'épouse de Tipu Sultan. À Arcot, vers l'est, il reste quelques vestiges des célèbres batailles menées avec les nababs d'Arcot.

255 C5

VRINCHIPURAM

Dominant avec superbe le modeste village de ruelles et de maisons à toit en feuilles de palmier, le **temple de Marghabandhu**, dédié à Shiva, fut principalement fondé par les Nayaka de Gingee. Il est doté d'un immense *gopura*, d'une salle à colonnes, de salles de mariage jumelles, peut-être inspirées par le superbe temple de Vellore (voir ci-dessus), ainsi que de portraits du seigneur Nayaka et de son épouse, financés par des donateurs (dans la salle nord-ouest).

255 C5 ✉ 15 km à l'ouest de Vellore ■

Le delta du Gange fut synonyme de prospérité pour les empires qui ont dominé l'Inde, du premier, les Maurya, au dernier, les Britanniques. Partez sur les traces de son patrimoine et visitez les monuments que nous ont légués ces cultures.

L'est de l'Inde

L'une des 24 roues géantes portant le temple-char du dieu Soleil à Konarak.

L'est de l'Inde

CHARGÉ D'HISTOIRE, L'EST DU SOUS-continent est curieusement peu fréquenté par les touristes. Pourtant c'est une région de l'Inde paisible et très accessible qui s'offre aux visiteurs.

Pour aborder cette partie du sous-continent indien, suivons le cheminement du Gange (voir p. 304-305), qui traverse trois États très différents : l'Uttar Pradesh, le Bihar et le Bengale-Occidental.

L'Uttar Pradesh est l'État le plus peuplé de l'Inde avec près de 170 millions d'habitants. Le taux d'alphabétisation ne dépasse pas 41 %, un chiffre assez représentatif de l'ensemble du pays. Il abrite des villes aussi diverses que la cité moghole et musulmane d'Agra (voir p. 96-99), la ville sacrée hindoue de Bénarès (Varanasi) et le centre de pèlerinage bouddhiste de Sarnath, ainsi que l'actuelle capitale, Lucknow. L'État produit une grande quantité de blé et la moitié de la canne à sucre de l'Inde.

Dans le Bihar voisin, la densité de population est encore plus élevée. Le taux d'alphabétisation atteint tout juste 38 %. C'est l'État le plus riche en minéraux (il assure 42 % de la production nationale dans ce domaine). Autour de la capitale, Patna, on peut suivre les traces de l'histoire du bouddhisme, à Bodh-Gaya et à Nalanda.

Capitale du Bengale-Occidental, Calcutta (Kolkata) est le centre commercial et culturel de l'Inde orientale. Au cours de son histoire récente, cet État a vu ses frontières se réduire : il s'étendait jadis jusqu'à Agra et englobait le Bihar et l'Orissa, mais, en 1905, il fut divisé en deux, ce qui alimenta le patriotisme naissant de la région. L'État subit un nouveau partage au moment de l'indépendance, afin de former le Pakistan oriental (l'actuel Bangladesh) et le Bengale-Occidental.

Entre ces trois États et le plateau du Deccan au sud s'étendent le Madhya Pradesh, le Jharkand, le Chhattisgarh et l'Orissa. Terre de vastes espaces alternant plaines arides et collines boisées, le Madhya Pradesh est le plus grand État de l'Inde. Pourtant, en dehors des environs de Delhi, il n'est guère fréquenté par les touristes. L'Orissa, délimité par les Ghats Orientaux au sud et le golfe du Bengale à l'est, abrite quelques-unes des communautés tribales les plus intéressantes du pays. Dans cette région, l'une des plus pauvres de l'Inde, Bhubaneshvar et ses environs recèlent des vestiges remarquables des premiers empires qui colonisèrent l'Inde.

Vente de bananes à Calcutta.

Les îles Andaman et Nicobar constituent l'État le plus isolé : elles sont en effet situées à plus de 1 000 kilomètres des côtes orientales du sous-continent. Seules quelques îles de cet État tropical sont ouvertes aux visiteurs étrangers, mais elles offrent des plages idylliques ainsi que, au large, de fabuleux récifs de corail. ∎

Calcutta (Kolkata)

CALCUTTA DÉGAGE UNE FORCE ET UNE ATMOSPHÈRE QUI, EN DÉPIT de toutes les vicissitudes qu'elle a connues, en font une ville fascinante. Si vous êtes en quête d'un lieu aux rues pleines de charme, passez votre chemin. En revanche, voici l'occasion de sentir le pouls de la passionnante culture du Bengale et de percevoir, sous la décrépitude, la grandeur d'une extraordinaire ville coloniale.

Calcutta, ou Kolkata (son nom indien, repris depuis 1999), est une ville assez récente. En 1690, Job Charnock, un agent de la Compagnie anglaise des Indes orientales, loua trois villages marécageux à l'empereur moghol Aurangzeb. Des échanges commerciaux se mirent en place et, huit ans plus tard, la Compagnie construisait Fort William. Pourtant, les temps restaient incertains. En 1756, le nabab du Bengale,

Suraj ud-Daula, s'empara de la ville et incarcéra les soldats britanniques dans un réduit obscur qui, par la suite, prit le nom de « Trou noir » (Black Hole). Robert Clive et ses troupes arrivèrent alors de Madras et lui imposèrent une défaite à la bataille de Plassey, en 1757. Sept ans plus tard, sir Hector Munro mena les Britanniques au triomphe lors de la bataille de Buxar, en parvenant à se saisir d'une grande partie des terres

tion britannique quitta Madras pour s'installer à Calcutta (qui allait devenir capitale de l'empire britannique des Indes en 1858) et le premier gouverneur des Indes anglaises, Warren Hastings, fut nommé. Les richesses des campagnes environnantes profitèrent à la Compagnie anglaise des Indes orientales, puis, à partir de 1858, à la Couronne. Des demeures décorées de stuc virent le jour, abritant un style de vie à l'européenne. Calcutta était alors la plus grande ville coloniale de l'Orient. En 1931, New Delhi devint la nouvelle capitale de l'empire, mais Calcutta ne perdit rien de son pouvoir commercial, et ce jusqu'à l'indépendance, lorsque les sociétés coloniales furent reprises par des Indiens. Depuis, la population a beaucoup augmenté, en raison de l'arrivée d'abord des immigrants hindous du Pakistan oriental musulman, puis des réfugiés de la guerre indo-pakistanaise de 1965 et de la guerre entre le Pakistan et le Bangladesh de 1972. Cet afflux explique la création de nombreuses associations caritatives (voir ci-après). Aujourd'hui, la ville s'étend sur 104 kilomètres carrés et compte environ 12 millions d'habitants.

Nous vous suggérons de commencer par un circuit en voiture dans le centre (voir p. 292-293), puis de partir à la découverte de l'un ou l'autre des quartiers décrits p. 290-291.

du Bihar. Celles-ci appartenaient aux nababs du Bengale, qui venaient eux-mêmes de les conquérir sur les Moghols, dont la puissance était alors sur le déclin. Pour les Britanniques – et pour la ville – une nouvelle ère commença. En 1772, l'administra-

Haute Cour
🕒 Fermé le sam. et le dim.

Hôtel de ville
🕒 Fermé le sam. et le dim.

Raj Bhavan
✉ Red Road
🕒 Fermé au public

Writers' Building
☎ 033-771 5858
🕒 Fermé au public

Marble Palace
✉ Muktaram Babu Street, au croisement avec Chittaranjan Avenue
🕒 Fermé le jeu et le lun.

Rabindra Bharati Museum
✉ Dwarkanath Tagore Lane, au croisement avec Chittaranjan Avenue
☎ 033-345 241
🕒 Fermé le sam. a.-m. et le dim.
💶 €

Le monde caritatif à Calcutta

L'image de Calcutta est associée à la misère. De nombreuses associations caritatives se sont installées ici pour secourir les démunis, tels les enfants des rues, et assurer un suivi médical. Née en Albanie, membre de l'ordre des Sœurs de Loreto, Mère Teresa (1910-1997) fut envoyée à Darjeeling, où elle prononça ses vœux en 1931. Témoin des conditions de vie des pauvres de Calcutta, elle fonda en 1950 les Missionnaires de la charité, dont l'objectif premier est de venir en aide aux mourants. Cette militante au franc-parler légendaire, figure emblématique de la solidarité, n'a jamais hésité à mettre en cause les puissants de ce monde. Elle a reçu le prix Nobel de la paix en 1979 et a été béatifiée par le pape en 2003. ∎

B.B.D. BAGH ET SES ENVIRONS

Débutez le circuit à l'ouest de l'Assembly House, près de la statue de Khudiram Bose, le premier martyr de l'Inde indépendante. Il fut pendu en 1908, à l'âge de 19 ans, pour avoir provoqué la mort de deux femmes britanniques lors d'un attentat à la bombe. La **Cour suprême**, High Court (1872), est un bel édifice gothique conçu par Walter Granville. Devant, la statue représente le révolutionnaire Surya Sen (mort en 1930). Remarquez l'**hôtel de ville**, Town Hall (1813), conçu par John Garstin dans un style dorique. Plus loin, en contournant l'arrière du jardin du **Raj Bhavan**, la résidence du gouverneur du Bengale-Occidental, vous verrez la statue du dirigeant politique Subhas Chandra, frère de Bose et lui aussi engagé dans la lutte. Prenez Old Court House Street, qui vous mènera devant le Great Eastern Hotel avant d'aboutir à **B.B.D. Bagh** (Dalhousie Square), rebaptisé en l'honneur de Benoy, Badal et Dinesh, trois combattants qui furent pendus par les Britanniques.

B.B.D. Bagh était le centre administratif de la puissante Compagnie anglaise des Indes orientales. Le **Writer's Building** (1780), sur le côté nord de la place, abritait les locaux des clercs de la Compagnie ; il est aujourd'hui réservé à l'administration indienne. À l'ouest de B.B.D. Bagh se trouve le **General Post Office** (G.P.O., 1864-1868), la poste centrale, construit par Walter Granville. Ses colonnes corinthiennes marquent le site du « Trou noir » de Calcutta (voir p. 288).

Au nord de Government Place West, **St. John's Church** (1787) fut conçue par le lieutenant James Agg sur le modèle de l'église St. Martin-in-the-Fields de Londres. À l'intérieur, des monuments funéraires célèbrent des héros britanniques de Calcutta, dont le major James Achilles Kirkpatrick ; l'autel (nef latérale sud) met en scène les apôtres du Christ sous les traits de célébrités de la ville. À l'extérieur, on peut voir un monument commémorant la guerre de Rohilla (1794) et le mausolée de Job Charnock (vers 1695), fondateur de la ville.

LA GARE DE HOWRAH

Un **marché aux fleurs** se tient au petit matin sous le pont de Howrah (1943). Là, sur le ghat Arménien, on peut voir des gymnastes et des lutteurs à l'entraînement. Traversez le pont jusqu'à la gare, **Howrah railroad station** (1854-1928), due

La *puja* de Durga

Cette fête célèbre Durga, l'épouse de Shiva dans sa forme destructrice. Elle a lieu en septembre-octobre et entraîne une paralysie quasi totale des services administratifs de Calcutta. Les fabricants d'idoles du quartier de Kumartuli travaillent toute l'année pour façonner des centaines de représentations de Durga, décorant leurs figurines de couleurs vives. Des rues entières rivalisent dans la réalisation de décors candides et tape-à-l'œil destinés à accueillir la déesse. Celle-ci, redoutable avec ses dix bras, apparaît sur ou aux côtés de sa monture, le lion ; elle massacre le démon Mahishasura, qui a traîtreusement pris la forme d'un buffle pour menacer les dieux. Durant les 10 jours qui précèdent Mahadashami (jour crucial de la fête), lorsque toutes ces Durga sont emmenées jusqu'à l'Hooghly et immergées dans l'eau, les habitants de Calcutta aiment flâner le soir afin de voir le maximum de ces créations spectaculaires. ∎

à Halsey Ricardo. D'ici, vous pouvez prendre un ferry pour aller de l'autre côté de l'Hooghly au **ghat de Babu**, près du Maidan, un grand parc public, ou remonter jusqu'au **ghat de Kumatuli** pour observer les artisans spécialisés dans les incrustations sur bois et la fabrication des figurines d'argile pour la *puja* de Durga.

LE NORD DE CALCUTTA

Au nord de B.B.D. Bagh s'étendait jadis le quartier des riches habitants de la ville. Certaines familles y ont toujours leur demeure. Rendez-vous au **Barabazar**, où se dresse une église arménienne (1724). Au nord de M.G. Road, **Marble Palace**, un palais de marbre aux murs décrépis, fut construit en 1835 par Rajendra Mullick, un riche propriétaire terrien alors âgé de 16 ans, qui avait reçu une éducation occidentale. Le lieu regorge de chandeliers importés de Belgique, de miroirs de Venise, de tableaux de Rubens et d'autres trésors inattendus. Au nord-est de ce site, on peut visiter la maison de Rabindranath Tagore (1861-1941), prix Nobel de littérature en 1913, transformée en musée (**Rabindra Bharati Museum**). On

y retrace l'histoire de la famille Tagore et celle de la Renaissance bengalie. Terminez par le vaste campus de College Street, où l'**Ashutosh Museum of Indian History** expose des objets artisanaux bengalis, des broderies *kantha*, ainsi que des manuscrits et des statues bouddhiques.

LE SUD DE CALCUTTA

Alipore et Ballygunge, les quartiers résidentiels aisés de la ville, se sont développés autour de l'ancienne maison du vice-gouverneur, qui abrite à présent une bibliothèque, la **National Library**. À 1 kilomètre au sud, les **Horticultural Gardens**, jardins d'Alipore, renferment l'un des deux plus grands banians du monde. Au **zoo de Calcutta**, on peut notamment voir des serpents et de grands félins.

À **Kalighat** (prenez le métro jusqu'à la station du même nom) se trouve un temple dédié à Kali, déesse patronne de Calcutta. Son rôle fut tel que, sous l'empire britannique, les fonctionnaires de la Compagnie des Indes faisaient ici des offrandes. Les objets en cuivre vendus au marché situé à l'extérieur de l'édifice sont d'excellente qualité. ■

Inutile de chercher loin pour trouver un oreiller confortable...

Horticultural Gardens
✉ Alipore
🕐 Fermé le lun., floralies en fév.
€ €

Ashutosh Museum of Indian History
✉ Centenary Building, College Street
🕐 Fermé le dim. et pendant les vacances universitaires
€ €

Zoo de Calcutta
✉ Jawahar Road
€ €

En voiture dans la Calcutta coloniale

Après la victoire de Clive (voir p. 288), la Compagnie anglaise des Indes orientales reconstruisit Fort William et rasa l'épaisse jungle qui l'entourait pour créer le Maidan, parc à vocation défensive qui est aujourd'hui le cœur de la ville. Ce circuit vous fait découvrir les bâtiments coloniaux qui témoignent de l'âge d'or de Calcutta.

Des files de taxis jaunes stationnent parmi la foule à la sortie de la gare de Howrah.

Partez du **ghat de Babu ❶**, d'où des ferrys desservent la gare de Howrah (voir p. 290-291). À proximité du ghat, les **Eden Gardens ❷** abritent le stade de Calcutta, où se déroulent des matchs de cricket. La vue sur les édifices, de l'autre côté du Maidan, en direction de Chowringhee et de Jawaharlal Nehru Road, donne une idée de la splendeur de la ville aux XVIIIᵉ et XIXᵉ siècles. Engagez-vous sur Esplanade Row East et passez devant l'**hôtel de ville**, Town Hall (1813), du colonel John Garstin, et le majestueux **Raj Bhavan ❸** (1797-1803). Aujourd'hui résidence du gouverneur du Bengale-Occidental, le bâtiment fut commencé par le vice-roi lord Curzon d'après les plans de Charles Wyatt.

Prenez à droite Jawaharlal Nehru Road. Vous passerez devant l'**Ochterlony Monument ❹** (1828), une colonne de 48 mètres érigée en souvenir de sir David Ochterlony, héros britannique de la guerre du Népal (1814-1816), rebaptisée Shahid Minar en 1968 en mémoire des indépendantistes indiens. Plus loin, vous verrez l'**Oberoi Grand Hotel** (1911), qui conserve son caractère britannique en dépit des effets dévastateurs des restaurations successives. Un peu plus bas, sur Lindsay Street, des ruelles animées entourent le **New Market ❺** (ouvert

en 1874), où vous pourrez faire des achats en engageant les services d'un coolie (porteur). Continuez jusqu'à l'**Indian Museum ❻**, inauguré en 1814. En dépit de son aspect poussiéreux, c'est un musée remarquable et l'un des plus grands d'Asie. Ne manquez pas les sculptures de pierre et de métal originaires de l'est de l'Inde, les objets de Vidisha, Shravasti et Bharhut (IIᵉ siècle avant J.-C.), les panneaux de Mathura (IIᵉ siècle de notre ère), les sculptures en schiste du Gandhara (Iᵉʳ-IIIᵉ siècle), et d'autres chefs-d'œuvre de Khajuraho, Halebid, Konarak, Nalanda et Nagappattinam. Plus bas se trouve l'**Asiatic Society of Bengal**, première des sociétés savantes britanniques, fondée par sir William Jones en 1784.

Tournez ensuite à gauche dans Park Street, puis à droite dans Middleton Row pour admirer d'autres bâtiments du vieux Calcutta. Le **Convent of Our Lady of Loreto** (couvent de Notre-Dame-de-Lorette) fut jadis habité par le grand collectionneur sir Elijah Impey (1732-1809). Sur Shakespeare Sarani, le **Royal Calcutta Turf Club** (1820), construit pour un riche magnat du commerce maritime, est aujourd'hui l'un des nombreux clubs anglais de la ville. Sauf en ce qui concerne la nationalité des membres, il a subi peu de changements depuis l'époque coloniale. Arrêtez-vous dans le **South Park Street Cemetery ❼**, un cimetière où pyra-

---

🅼 Voir aussi p. 286-287

▶ Ghat de Babu, Maidan

🔁 10 km

🕐 4-5 heures. Partez assez tôt pour arriver à l'Indian Museum vers 10 h, lorsqu'il ouvre ses portes

▶ Victoria Memorial

À NE PAS MANQUER

- Le South Park Street Cemetery
- St. Paul's Cathedral
- Le Victoria Memorial

mides, catafalques, pavillons et obélisques racontent la formidable histoire de la ville (un guide du cimetière est vendu sur place).

De retour sur Shakespeare Sarani, attardez-vous dans **St. Paul's Cathedral** ❽ (1839) pour admirer le vitrail ouest d'Edward Burne-Jones

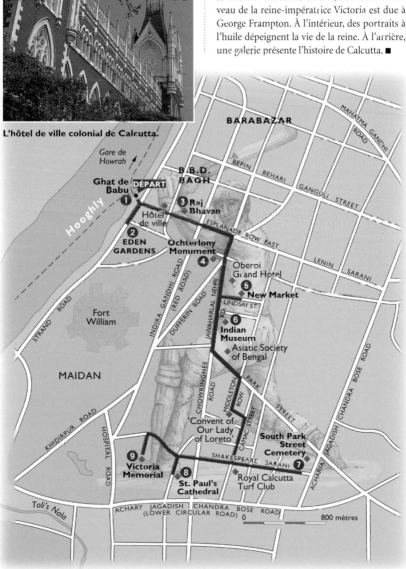

L'hôtel de ville colonial de Calcutta.

(1880), œuvre préraphaélite consacrée à lord Mayo, le vitrail est de Clayton et Bell, le retable de sir Arthur Blomfield et bien d'autres trésors.

Le circuit se termine devant le symbole de l'impérialisme britannique : le **Victoria Memorial** ❾ (1921). Conçu par sir William Emerson et recouvert de marbre de Makrana provenant de Jodhpur, il répondait au désir des Anglais d'imiter le Taj Mahal. Son dôme est surmonté d'une représentation en bronze de la Victoire. Une statue de lord Curzon, dessinée par ses soins, se dresse à l'entrée sud. En face, la statue Art nouveau de la reine-impératrice Victoria est due à George Frampton. À l'intérieur, des portraits à l'huile dépeignent la vie de la reine. À l'arrière, une galerie présente l'histoire de Calcutta. ■

Bhubaneshvar

🄼 287 C2

Office de tourisme gouvernemental

✉ B/21 B.J.B. Nagar

☎ 0674-412 203

Office de tourisme de l'Orissa

✉ 5 Jayadev Nagar, près du Panthaniwas Hotel

☎ 0674-431 299

Bhubaneshvar, Puri et Konarak

BHUBANESHVAR, CAPITALE DE L'ORISSA, A UNE HISTOIRE AUSSI LONGUE que glorieuse. Capitale du royaume du Kalinga au IVe siècle avant J.-C., elle fut le théâtre d'une bataille menée vers 260 avant J.-C. par Ashoka, qui laissa d'ailleurs ici l'un de ses édits gravés sur pierre. Du VIIe au XIIe siècle de notre ère, la ville connut un âge d'or tant économique que religieux. Plus de 7 000 temples virent le jour autour du lac de Bindu Sagar (bassin de la Goutte d'Océan), que l'on doit aux Bhauma-Kara, aux Somavamshi et aux chefs qui régnaient sur le Gange.

Bhubaneshvar, capitale de l'Orissa, offre une relative tranquillité et de merveilleux temples.

Bhubaneshvar signifie « Maître du monde » et désigne Shiva, auquel la plupart des temples sont dédiés. Ceux des faubourgs sud de la ville sont les plus remarquables (vous pouvez vous y rendre en rickshaw), notamment cinq que l'on peut visiter en suivant l'ordre de leur construction pour comprendre l'évolution du style de l'Orissa : **Parashumareshvara Mandir** (fin du VIIe siècle), **Vaital Deul** (fin du VIIIe siècle), **Mukteshvara** (fin du Xe siècle), **Lingaraja** (fin du XIe siècle) et **Yameshvara** (fin du XIIIe siècle). Au fil du temps, la tour-sanctuaire a gagné en hauteur et en complexité, le *mandapa* (vestibule) s'est élargi et doté d'un toit pyramidal, les sculptures sont devenues de plus en plus élaborées.

Dans la ville même, l'**Orissa State Museum** offre une belle collection d'objets archéologiques, ainsi que des pièces ethnologiques et des manuscrits

Orissa State Museum

✉ Lewis Road

🕐 Fermé le lun.

💶 €

Conseil

Les deux offices de tourisme de Bhubaneshvar disposent d'informations sur les nombreuses fêtes qui se déroulent dans l'Orissa.

illustrés. Les **Nandankanam Botanical Gardens** (jardins botaniques) abritent le plus grand zoo de l'Inde.

De là, vous pouvez effectuer une excursion d'une journée à **Puri**, en traversant des villages aux maisons décorées. Parmi les étapes possibles figure **Pipli**, centre du travail du coton à motifs appliqués de couleurs vives – la spécialité de l'Orissa. Puri est célèbre pour son temple de Jagannath (interdit aux non-hindous), qui attire des millions de pèlerins, surtout pendant la fête de Rath Yatra *(juin-juil.)*. Promenez-vous sur le bord de mer, mais sachez que l'eau n'est pas très propre.

Remontez la côte jusqu'à **Konarak**, dont le splendide **temple de Surya** (XIIIe siècle) fut érigé par le roi Ganga Narasimha (*r.* 1238-1264). Il représente le char du dieu Soleil tiré par sept chevaux, et posé sur 24 roues géantes symbolisant les 24 quinzaines lunaires de l'année indienne. ∎

Les monuments de l'Orissa

LES CAVERNES ÉLABORÉES TAILLÉES DANS LA ROCHE ET LES IMPORTANTS vestiges bouddhiques de l'Orissa témoignent de la prospérité de l'antique Kalinga, de la vigueur de son commerce, de la puissance de son armée et de l'opulence de son style de vie.

Des cavernes jaïnes se dissimulent dans deux affleurements de grès dominant Bhubaneshvar. Une importante communauté se développa ici au Iᵉʳ siècle avant J.-C., sous le règne des souverains Chedi. Les quelque 35 cavernes aussi massives qu'austères, naturelles ou creusées par l'homme, constituent la plus ancienne trace d'art que l'on ait trouvée dans l'Orissa.

Khandagiri Hill comprend une quinzaine de cavernes assez simples. À côté, **Udayagiri Hill** en abrite plusieurs (**nᵒˢ 1, 3, 4, 5, 9** et **10**). La **caverne nᵒ 1** est la plus vaste et la plus élaborée. Deux niveaux de cellules entourent une petite esplanade. Observez les figures qui montent la garde, dont certaines portent un costume étranger (étage supérieur, aile droite), ainsi que, au-dessus de l'entrée des cellules, les bas-reliefs qui dépeignent des couples pieux, des musiciens, des danseurs et des scènes naturalistes.

Une excursion d'une journée vers le nord permet de découvrir d'autres sites (Lalitagiri et Ratnagiri) au milieu de magnifiques paysages. Vous traverserez l'ancienne capitale de l'Orissa, **Cuttack**, sur une bande de terre au milieu de la rivière Mahanadi. Dans les bazars de la vieille ville (Balu et Nayasarak), on trouve des bijoux en filigrane typiques de l'Orissa.

Alors que le bouddhisme se développait entre le Vᵉ et le XIIᵉ siècle, ces collines à la végétation luxuriante offraient un site idéal pour la fondation de centres d'enseignement. À cette époque, la mer s'enfonçait plus avant dans les terres et il est probable que cet élément était important pour les moines, dont les protecteurs étaient souvent impliqués dans le commerce maritime. Certains de ces monastères tenaient lieu de centre de formation pour les missionnaires

bouddhistes. Xuanzang, un pèlerin chinois qui visita l'Inde au VIIIᵉ siècle, a évoqué dans ses écrits le dynamisme de ces centres.

À **Lalitagiri**, sur Parabhadi Hill et Landa Hill, des vestiges de sanctuaires, de tumulus et de monastères font l'objet de fouilles. Des archéologues ont mis au jour une sculpture monumentale de bouddha assis et des stèles représentant des bodhisattvas. **Ratnagiri**, qui accueillait le centre majeur du bouddhisme dans l'Orissa, recèle un important stupa et deux monastères dont l'un a conservé des cellules et une sculpture du Bouddha. ■

Cavernes d'Udayagiri et de Khandagiri

🅰 287 C2

✉ 6 km à l'ouest de Bhubaneshvar

💶 €

Cuttack

🅰 287 C2

✉ 45 km au nord de Bhubaneshvar

Deux éléphants très réalistes se dressent dans l'enceinte du temple de Surya, à Konarak. Deux chevaux cabrés leur font face.

Ratnagiri

🅰 287 D2

✉ 135 km au nord-est de Bhubaneshvar

💶 €

Les tribus de l'Inde

Sur le milliard d'habitants que compte l'Inde, 70 millions environ vivent toujours selon des coutumes tribales traditionnelles. Désignés par le nom collectif d'Adivasi (habitants originels) mais appartenant à des tribus précises, ils font remonter leurs origines à l'époque pré-aryenne du sous-continent. Jusqu'à une période récente, ils se sont tenus à l'écart des grands empires qui se sont développés en Inde, échappant ainsi à leur influence. Leurs contacts avec des hindous, des musulmans, des Occidentaux ou d'autres cultures étaient rares – même si les Britanniques les ont encouragés à s'intégrer afin de pouvoir leur faire acquitter des impôts.

Femmes de la tribu Naga (Nagaland) parées de châles et bijoux traditionnels.

à l'époque de l'empire britannique. D'ailleurs, les Adivasi revendiquent une participation active à la lutte contre les Britanniques. Les Toda des monts Nilgiri, au Tamil Nadu, possèdent une culture riche, centrée sur leurs buffles. Leurs traditions ont beaucoup souffert de la proximité des colons britanniques et des Indiens hindous. En revanche, les Bhil originaires du sud du Rajasthan entretiennent depuis des siècles des relations étroites, fondées sur un respect mutuel, avec les souverains de Mewar. Chez les Abor et les Apatami, qui vivent dans l'Arunachal Pradesh (nord-est de l'Inde), la confrontation entre traditions et modernité crée des tensions toujours plus exacerbées. Ce sont peut-être les Santhal (3 millions d'individus au Bengale-Occidental et au Bihar) qui personnifient le mieux ce tiraillement. Au XIXᵉ siècle, des prêteurs sur gages hindous sans scrupules dépossédèrent les populations tribales de leur terre, à tel point que celles-ci se rebellèrent en 1855-1857. Mais, au XXᵉ siècle, elles ont bénéficié du mouvement d'industrialisation naissant et ont eu accès à l'éducation et aux opportunités qu'offrait la modernisation.

L'Inde comprend plus de 500 tribus répertoriées qui parlent plus de 40 langues différentes, et qui suivent des coutumes et des rituels religieux anciens. Ces communautés vivant en marge de la société conservent leur style de vie propre, même si certaines ont délaissé la chasse pour se reconvertir dans l'agriculture. La plupart vivent dans des régions couvertes d'épaisses forêts inaccessibles ou ne se prêtant pas à un développement urbain, comme le sud du Bihar, l'ouest de l'Orissa, certaines parties du Madhya Pradesh, les îles Andaman et les États du Nord-Est.

Quelques tribus, tels les Jarawa des Andaman, subsistent grâce à la chasse et à la cueillette au sein de communautés qui ne dépassent pas 500 membres. D'autres représentent la quasi-totalité de la population de l'État où ils vivent, comme les Mizo du Mizoram ou les Naga du Nagaland, qui ont adopté la religion chrétienne et les habitudes occidentales. La menace qui pèse sur la vie tribale en Inde remonte surtout

À l'heure actuelle, la plupart des tribus de l'Inde s'ouvrent au reste du pays, cependant nombre d'entre elles sont confrontées à un problème d'acquisition des terres où elles vivent depuis des siècles. Si elles acceptent relativement bien une certaine assimilation, elles refusent d'être dépossédées de leurs terres et utilisées comme main-d'œuvre bon marché. Signalons toutefois que les tribus répertoriées sont représentées au Parlement : dans chaque État, le nombre de circonscriptions qui leur sont réservées est proportionnel au pourcentage de leur population. ∎

Les Adivasi vivent dispersées à travers tout le pays. Dans les régions himalayennes de basse altitude, une femme Kulu (ci-dessus) de l'Himachal Pradesh choisit un pot à eau au marché.

Au Gujerat, les *harijan* Maghwal de la ville de Bhuj (ci-dessous) ont vu disparaître leurs belles maisons décorées dans le tremblement de terre de 2001 (voir p. 147).

Un Naga originaire du district de Khonsa, dans l'Arunachal Pradesh (ci-dessus).

Îles Andaman et Nicobar

ꔎ 287 détail carte

Office de tourisme d'Andaman et Nicobar

✉ En face du bureau d'Indian Airlines, Port Blair

☎ 03 192-32 694

Office de tourisme de Port Blair

✉ V.I.P. Road, 189, 2ᵉ étage, Jungli Chat

☎ 03 192-33 006

Cellular Jail National Memorial

€ €

Samudrika Marine Museum

⏱ Fermé le lun.

€ €

Fisheries Museum & Aquarium

⏱ Fermé le lun.

€ €

Anthropological Museum

✉ Gandhi Road

⏱ Fermé le lun.

€ €

Mini Zoo et Forest Museum

✉ M.G. Road

⏱ Mini Zoo fermé le lun.

€ €

Conseils

Toutes les îles ne sont pas autorisées aux visiteurs. Renseignez-vous à l'office de tourisme.

Les îles Andaman et Nicobar

EN PLEIN GOLFE DU BENGALE, ET PLUS PRÉCISÉMENT DANS LA MER d'Andaman, plus de 550 îles, îlots et récifs forment un territoire indien éloigné de tout, dont l'importance tient principalement à la position stratégique. D'un accès difficile, ces îles offrent une véritable échappée vers des plages paradisiaques ainsi que de merveilleuses visions du monde sous-marin et des récifs coralliens.

Cet archipel couvert de forêts de conifères, qui forme un arc de 700 kilomètres de long situé à 1 200 kilomètres de Chennai, se divise en deux groupes : les Andaman au nord, où se situe la capitale, Port Blair, et les Nicobar (interdites aux visiteurs) au sud. D'un point de vue géologique, ces îles faisaient jadis partie de la masse continentale de l'Asie du Sud-Est. La population, qui atteint environ 300 000 habitants, se répartit sur 38 de ces îles.

Dans le passé, Portugais, Hollandais, Britanniques et Japonais ont tour à tour exercé un contrôle sur ces territoires. En 1857, les Anglais expédièrent ici quelque 4 000 rebelles faits prisonniers, sous la direction du capitaine Blair (d'où le nom de la capitale). En 1956, le gouvernement indien adopta un décret de protection des tribus aborigènes afin de préserver la culture des communautés insulaires. Toutefois, de nombreux Tamouls sri lankais ont émigré sur l'archipel, ce qui a eu pour effet de multiplier la population par six en à peine 20 ans, tandis qu'une bonne partie de la forêt était détruite afin de créer des plantations de caoutchouc. Aujourd'hui, les tribus ne représentent plus que 10 % de la population, un chiffre qui continue de décroître.

Le tourisme est peu développé : seules quelques îles, dont la plupart offrent des plages idylliques et de magnifiques récifs de corail, sont équipées pour accueillir des visiteurs. Cette politique a fait ses preuves aux Maldives, un archipel situé au large de la côte occidentale de l'Inde du Sud. À **Port Blair**, où se concentrent tous les hôtels, plusieurs sites sont dignes d'intérêt. Le **Cellular Jail National Memorial**, qui était jadis une geôle britannique, abrite un monument à la mémoire des combattants indiens et a été rebaptisé Freedom Fighters. Le **Samudrika Marine Museum** permet de découvrir la géographie, l'archéologie et la vie marine des îles. Vous pourrez aussi vous instruire au **Fisheries Museum & Aquarium** (musée des Pêcheries et Aquarium), à l'**Anthropological Museum**, un petit musée consacré aux tribus indigènes, au **Mini Zoo** et au **Forest Museum** pour découvrir les 200 espèces ani-

males qui vivent exclusivement sur ces îles. À l'extérieur de la ville, vous pourrez vous attaquer à l'ascension du mont Harriet dans le **Mount Harriet National Park** et, peut-être, passer la nuit dans la Forest Guest House. Une excursion à **Ross Island** n'est pas sans intérêt car le lieu recèle quelques bâtiments administratifs britanniques en ruine, aujourd'hui envahis par la végétation.

Mais le principal attrait de ces îles, ce sont les récifs de corail et l'eau cristalline qui font de l'archipel l'un des meilleurs sites de plongée en apnée au monde (la plongée sous-marine n'en est encore qu'à ses débuts).

LES PLAGES PRÈS DE PORT BLAIR

La plage la plus proche est **Corbyn's Cove**, 7 kilomètres au sud de la ville. **Snake Island** (l'île aux Serpents) est entourée d'un récif corallien ; la puissance du courant rend son accès difficile et dangereux pour les nageurs : mieux vaut s'y rendre en bateau. À Wandoor, le **Mahatma Gandhi**

National Marine Park rassemble 15 îles dont les récifs sont composés de plus de 50 espèces de coraux. Du village de Wandoor, un bateau *(sauf le lun.)* conduit aux îles **Jolly Buoy** et **Red Skin**, 29 kilomètres au sud-est, où l'on peut explorer des récifs durant quelques heures. **Chiriya Tapu**, 30 kilomètres au sud de Port Blair, est un village de pêcheurs cerné de mangrove et de plages. À 2 kilomètres s'étire une magnifique bande de sable. De là, vous pourrez peut-être prendre un bateau jusqu'aux Cinque Islands (voir ci-dessous).

AUTRES ÎLES

Havelock Island, 54 kilomètres au nord-est de Port Blair, offre d'excellents sites de plongée en apnée, où l'on peut parfois observer des dauphins et des tortues. **Long Island**, au large de Middle Andaman, est une petite île qui possède un seul village et plusieurs plages de rêve. Les splendides **Cinque Islands** font partie du parc national de Wandoor. Leur visite n'est autorisée qu'en journée. ∎

Mount Harriet National Park

🕐 Fermé du coucher au lever du soleil

💳 €

Mahatma Gandhi National Marine Park

✉ 30 km au sud-ouest de Wandoor

💳 €

Bibliothèque de Port Blair

✉ Près de la poste ; consultation d'ouvrages au 1ᵉʳ étage

Sur ces îles perdues dans le golfe du Bengale, des plages aux eaux cristallines attendent le visiteur.

Sur les traces du Bouddha

Des moines tibétains psalmodient et prient à l'ombre de l'arbre de la *bodhi* à Bodh-Gaya, dans le Bihar.

Lucknow
🏔 286 A4 et A5

Shravasti
🏔 286 B5

Kushinagar
🏔 286 B5

Huit sites sont associés au Bouddha : Shravasti, Sankasya, Lumbini, Kushinagar, Sarnath, Bodh-Gaya, Rajgir et Vaishali. Peu fréquentés par les non-bouddhistes, ils sont aussi intéressants que les sites hindous, musulmans ou jaïns. Pourquoi ne pas vous joindre à un groupe de pèlerins pour découvrir ces lieux chargés d'histoire ?

Le Bouddha passa 24 saisons des pluies à **Shravasti**. Vous pouvez visiter le lieu où il vécut, ainsi que les vestiges d'un monastère et le parc de Jetavana. **Sankasya**, à l'ouest de Lucknow, est, dit-on, l'endroit où le Bouddha descendit des cieux sur terre.

C'est à **Lumbini**, de l'autre côté de la frontière, au Népal, qu'est né le saint homme. Le palais de son père se dressait dans la ville proche de **Kapilavastu**, où l'on peut visiter un stupa. À **Kushinagar**, 50 kilomètres à l'est de Gorakhpur, le Bouddha quitta la vie terrestre et atteignit le Mahaparinirvana. On peut y voir un stupa édifié après sa crémation, les ruines d'un monastère et un grand bouddha couché en pierre.

Sarnath, près de Bénarès (Varanasi), est le principal centre de pèlerinage des bouddhistes. C'est ici que le Bouddha mit en mouvement la roue de la Loi (*dharmachakra*) et fit son premier enseignement, posant les bases de la religion (voir p. 58). Le

Bouddha fonda également son *sangha* (ordre monastique) en ce lieu. Pour vous imprégner de l'atmosphère spirituelle du site, promenez-vous autour des monastères, du Dharmarajika Stupa (IIIᵉ siècle avant J.-C.) et du sanctuaire principal (Vᵉ siècle). Le chapiteau d'une colonne d'Ashoka, aujourd'hui symbole officiel de l'Inde, est exposée au **Sarnath Museum**.

Mettez le cap vers l'est et le Bihar, en suivant la Grand Trunk Road (G.T. Road). Après avoir parcouru 97 kilomètres, bifurquez vers **Sasaram** pour admirer le mausolée à cinq niveaux de Sher Shah Suri, qui trône au milieu d'un lac artificiel (1540-1545). Quittez la G.T. Road pour rejoindre **Bodh-Gaya**, le plus important site de pèlerinage du monde bouddhiste, où le Bouddha résista aux assauts du démon Mara et réalisa la *bodhi*

(l'Éveil). Selon la légende, l'arbre de la *bodhi* qui se dresse à l'arrière du temple de la Mahabodhi est un rejet de celui sous lequel le sage était assis. Les bouddhistes viennent ici pour méditer et réciter des prières. Le **musée archéologique** expose de belles sculptures. Plusieurs temples modernes ont été érigés par des communautés bouddhistes japonaises et vietnamiennes, entre autres.

Des routes de campagne serpentent dans les environs et mènent à **Rajgir**, qui possède un hôtel confortable. Le Bouddha et Mahavira, qui diffusa le jaïnisme, se rendaient souvent dans l'ancien royaume de Magadha, dont la capitale se dressait sur ce site. Ses souverains Bimbisara et Ajatashatru (vers 543-459 avant J.-C.) se convertirent au bouddhisme, et la ville accueillit le premier concile bouddhiste. Vous aurez peut-être besoin de faire appel à un guide pour trouver les nombreux sites associés à la vie du Bouddha : la **bambouseraie de Venuvana**, qui fut le premier monastère bouddhique ; les **cavernes de Saptaparni**, où se tint le premier concile ; la maison de pierre de Pippala, où vécut le moine Mahakashyapa. **Gridhrakuta Hill** (le mont Gridhrakuta, ou pic du Vautour) comporte deux grottes, et l'on peut grimper jusqu'au haut plateau pour profiter de la vue.

Près de là, **Nalanda** accueillit du Vᵉ au XIIᵉ siècle un immense monastère doublé d'une université. Au VIIᵉ siècle, les souverains Pala en avaient fait un lieu d'étude et d'art important. En contrebas des champs cultivés, neuf monastères bouddhiques en brique disposés face à quatre temples ont été mis au jour. Le **musée archéologique** abrite des trésors de toutes sortes, notamment une divinité *naga*.

Terminez ce circuit par la visite de **Vaishali**, 30 kilomètres au nord de Patna, où le Bouddha donna son dernier sermon. ∎

Sarnath
🅼 286 B4

Musée de Sarnath
✉ Ashoka Mara
☎ 0612-225411
🕐 Fermé le ven.
€ €

Sasaram
🅼 286 B4

Bodh-Gaya
🅼 287 C4

Musée archéologique de Bodh-Gaya
🕐 Fermé le ven.

Rajgir
🅼 287 C4

Nalanda
🅼 287 C4

Musée archéologique de Nalanda
€ €

Vaishali
🅼 207 C4

Conseil
Dans cette région, la plupart des structures touristiques n'offrent qu'un confort minimum. Assurez-vous de toujours avoir de l'eau et des en-cas sur vous.

http://perso.wanadoo.fr/bharat/geographie/bihar/patna.htm

Patna

FONDÉE AU IVᵉ SIÈCLE AVANT J.-C. SOUS LE NOM DE PATALIPUTRA, CETTE ville des bords du Gange était le centre du royaume du Magadha et de l'empire Maurya. C'est à partir de Patna que Chandragupta Maurya étendit son pouvoir sur l'Inde du Nord, établissant une sphère d'influence que son petit-fils Ashoka allait encore étendre. Sous les Gupta (IVᵉ siècle) et Sher Shah Suri (XVIᵉ siècle), la cité connut un second souffle. Aujourd'hui, toutefois, Patna n'a que peu à offrir au visiteur.

Patna
🏔 287 C4

Office de tourisme
✉ Sudma Palace,
   Kankur Bagh Road
☎ 0612-345 776

Patna Museum
✉ Budh Road
🕐 Fermé le lun.
€ €

L'essentiel des vestiges de ce site se trouve au **Patna Museum** : il s'agit de diverses œuvres d'époque Maurya, dont un très beau chapiteau orné de palmettes évoquant l'art de la Perse achéménide. Le musée expose de magnifiques sculptures, parmi lesquelles une statue féminine tenant un *chauri*, c'est-à-dire un chasse-mouches (IIIᵉ siècle avant J.-C.). Il recèle des salles entières de bouddhas et de bodhisattvas provenant des sites de Nalanda et de Kurkikar, mais aussi des bas-reliefs hindous. À l'étage se trouvent des gravures exécutées par Thomas Daniells et son neveu William, ainsi que des bronzes d'un grand intérêt et des figures en terre

Sonepur

À Sonepur, près de Patna, à la confluence du Gange et de la Gandak, se tient la plus grande foire aux bestiaux de l'Inde. Son importance est telle que la gare locale possède le quai le plus long du pays, spécialement aménagé pour accueillir les trains qui transportent les paysans avec leurs moutons, vaches, chèvres, chevaux, éléphants… La foire dure un mois et débute à Karttika Purnima la nuit de pleine lune de novembre, point culminant de la fête de Chath dédiée au dieu Soleil. Après une *puja* effectuée avant l'aube dans le petit temple de Hari Hara, les fidèles se rendent au fleuve. Si vous louez un bateau, vous pourrez voir le long des rives des femmes en sari couleur safran effectuer leur *puja* ainsi que des cornacs lavant leurs éléphants. Ces mastodontes sont couverts de motifs peints avant d'être mis en vente. ■

Les éléphants sont menés au bain avant leur mise en vente.

cuite pleines de vie datant du début de l'époque Maurya.

Si vous souhaitez visiter le vieux Patna, évitez les heures de pointe (à cause des embouteillages) et mettez-vous en route tôt le matin. Empruntez Old Bypass Road pour rejoindre le **Har Mandir Sahib**, l'un des quatre temples sacrés de la communauté sikh (voir p. 59-60). Le lieu rend hommage au dixième *guru*, Guru Govind Singh, né ici. À l'instar du temple d'Or d'Amritsar (voir p. 122-123), le lieu dégage une atmosphère de paix.

Lorsque les Britanniques séparèrent le Bengale de l'Orissa et du Bihar pour en faire une unité administrative indépendante, Patna retrouva son statut de capitale. La partie moderne, contemporaine de New Delhi, fut organisée selon le modèle d'une ville impériale, avec de larges avenues encadrées d'imposants immeubles et articulées autour d'un axe central, King George's Avenue. Prenez un taxi ou un rickshaw pour visiter ce quartier, en passant par le **Raj Bhavan** (palais du gouverneur), le **Secrétariat** (1929), le **Council Chambers** (1920) et la **Cour suprême** (High Court, 1916).

À 30 kilomètres à l'ouest de Patna se trouve la ville de **Maner**, où, dans une clairière au milieu de la forêt, se dresse le **Choti Dargah** (1616), la tombe du maître soufi Shah Daulat, édifié par Ibrahim Khan. Ses proportions harmonieuses tout comme ses ornements en font l'un des plus beaux monuments moghols de l'est de l'Inde. ∎

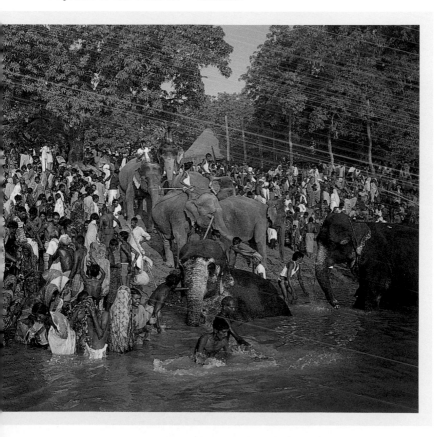

Le Gange

Le Gange est sans conteste la force dominante de l'est de l'Inde. Ses centaines d'affluents s'écoulent le long des pentes himalayennes avant de venir abreuver les rivières et de donner naissance aux zones de vie que sont la plaine et le delta du Gange. Observez son parcours p. 286-287 : après avoir traversé Kanpur, il poursuit sa route jusqu'à Allahabad, où il absorbe la Yamuna, qui, en amont, a déjà arrosé Delhi et Agra. Il continue jusqu'à Bénarès (Varanasi), qu'il franchit avant de pénétrer dans l'État du Bihar. À Patna, d'importants affluents viennent gonfler ses flots : la Ghaghara, la Son et la Gandak. Peu après, le majestueux cours d'eau commence à se diviser en des centaines de bras pour former un vaste delta, dont les apports nourriciers et les inondations dévastatrices touchent à la fois le Bengale-Occidental et le Bangladesh.

Le Gange a un aspect sacré pour les hindous. Le *yatra* (voyage, pèlerinage) au Gange d'un adepte de l'hindouisme débute à la source du fleuve, à Gangotri, près de Rishikesh, avant de se poursuivre à Hardwar, Allahabad et Bénarès. À chaque étape, l'eau fait l'objet de dévotions ; il suffit d'en recevoir quelques gouttes pour se purifier. Pour les hindous, l'eau du Gange incarne la déesse Ganga s'écoulant éternellement du sommet du mont Meru, la résidence des dieux, à travers la chevelure emmêlée de Shiva. En se baignant dans ses flots, on se nettoie du *karma* de ses vies antérieure et actuelle pour se préparer à la mort et à la renaissance dans une vie meilleure. Des quatre coins de l'Inde, les hindous affluent pour participer aux bains rituels collectifs de la Kumbha Mela, une fête qui se tient tous les 12 ans tour à tour à Hardwar, Allahabad, Nasik et Ujjain. Une célébration plus importante, la Maha (grande) Kumbha Mela, a lieu dans la ville sacrée d'Allahabad, également appelée Prayag (confluence) car le Gange et la Yamuna se fondent ici. Une Magh Mela annuelle (*jan.-fév.*) y est par ailleurs organisée.

À Chunar, en amont de Bénarès, le Gange bifurque vers le nord avant de traverser la ville sainte en dessinant un arc de cercle. Entre les hautes berges de la rive ouest et la plaine qui s'étend sur la rive est, une lumière exceptionnelle baigne Bénarès, surtout au lever du soleil. Depuis des siècles, les hindous appellent cette ville Kashi (« Cité de la lumière divine ») ou Kashika (la « Brillante »), en référence à la lumière de Shiva.

La plaine du Gange forme le cœur de la culture indienne. Il y a plus de 3 000 ans, des colonies s'établirent à l'est de cette région. Le Gange servait alors de voie de transport pour le commerce entre l'est et l'ouest du sous-continent. Les terres, irriguées par le fleuve, étaient fertiles. Certaines villes comme Pataliputra (Patna) se développèrent jusqu'à devenir les capitales d'empires puissants. Plus tard, les Moghols établirent une de leurs capitales à Allahabad. Les Britanniques quant à eux étendirent leur influence vers l'amont du fleuve à partir de Calcutta, afin de protéger leur principal axe commercial.

Aujourd'hui, les plaines alluviales formées par les dépôts venant des montagnes himalayennes sont l'une des régions les plus densément peuplées du monde. En raison de la déforestation de l'Himalaya, une quantité plus importante de limon encombre les cours d'eau qui se déversent dans les plaines, ce qui favorise les inondations – plus d'un tiers du territoire bangladais se retrouve ainsi chaque année sous les eaux. ∎

Des dévots se lavent de leurs fautes en se baignant dans le Gange ou ses affluents (ci-dessus et page de droite, en bas).

Lors de la Maha Kumbha Mela de 2001 (ci-dessus), plus de 2 millions d'hindous se sont rassemblés à Allahabad afin d'assister à l'éclipse de Lune.

**Un pèlerin hindou
en méditation
face au soleil
levant, à Bénarès.**

Bénarès (Varanasi)

Bénarès, la ville la plus sacrée de l'Inde, est constamment
envahie par une foule de pèlerins. Chaque hindou doit s'y rendre au
moins une fois dans sa vie et, si possible, y mourir pour bénéficier
des meilleures chances d'atteindre le *moksha* (salut, délivrance). Bénarès n'est pas une ville très accessible pour les Occidentaux, mais c'est
l'une des étapes les plus fascinantes d'un voyage en Inde.

Varanasi

▲ 286 B4

**Office de tourisme
gouvernemental**

✉ 15-B The Mall

☎ 0542-343 744

**Office de tourisme
de l'Uttar Pradesh**

✉ Tourist Bungalow,
Parade Kothi

☎ 0542-343 413

Pour bien découvrir Bénarès, il faut
prendre son temps. Arriver, faire un
tour en bateau et repartir aussitôt ne
vous apportera que des frustrations.
Pour vous imprégner de l'atmosphère de cette ville, restez de longs
moments à contempler le flot des
fidèles vaquant à leurs occupations.
Choisissez le petit matin ou la fin de
journée pour vous promener le long
du fleuve ou en bateau, lorsque les
rayons du soleil se font caressants.

Aussi ancienne que Babylone,
Bénarès, aujourd'hui connue sous le
nom de Varanasi, est pour les hindous
la « Cité de la lumière divine » (Kashi).
Des sept villes sacrées de l'Inde, c'est
la plus sainte. Les autres sont Ayodhya, Dwarka, Hardwar, Kanchipuram,
Mathura et Ujjain. Chacune est dédiée
à Shiva ou à Vishnou, sauf Kanchipuram, qui est vouée aux deux. Bénarès
est régie par le ballet incessant des
pèlerins. Du plus humble au plus

riche, ils effectuent souvent leur *yatra* (pèlerinage) en bus à l'occasion d'une excursion, tout en psalmodiant des *bhajan* (chants religieux) en chemin. Ils viennent ici pour recevoir la *darshan* (vision qui apporte une bénédiction) et se baigner dans les eaux sacrées. Nombreux sont ceux qui, alors, laissent libre cours à des manifestations exubérantes de ferveur religieuse. Tout autour se pressent des prêtres, *guru* et mendiants prêts à soulager de leur pécule les pèlerins peu habitués à la grande ville.

Bénarès était déjà en plein essor voici 2 500 ans lorsque le Bouddha se rendit à Sarnath pour prêcher son premier sermon (voir p. 300), ce qui fait que la ville est également sacrée aux yeux des bouddhistes.

Plus tard, les musulmans mirent régulièrement la cité à sac ; l'empereur Shah Jahan, qui construisit le Taj Mahal au XVIIe siècle, interdit la reconstruction des temples et le pieux Aurangzeb convertit l'un d'eux en mosquée. Les premiers citoyens britanniques débarqués sur place furent troublés par l'exotisme et le mystère de Bénarès. Vous ressentirez peut-être la même chose après vous être frayé un chemin à travers le dédale de ruelles envahies par les vaches et les pèlerins, ou en voyant un torrent ininterrompu de fidèles entrer et sortir de temples tel celui de **Tulsi Manasmunda** érigé par les Birla, une riche famille d'industriels.

En dépit du chaos ambiant et de l'atmosphère quelque peu touffue de la ville, le caractère sacré de Bénarès a inspiré quelques-unes des plus merveilleuses créations de la culture hindouiste. La ville a donné naissance à certains des meilleurs musiciens de l'Inde et accueille d'importants festivals musicaux. Elle est également un centre d'enseignement du sanskrit et du hindi classique, dont les cours ont lieu aussi bien dans les arrière-salles et sur les terrasses qu'à l'université Banaras Hindu, ou B.H.U.

Les enfants prennent part aux rituels hindous (en haut à droite).

Office de tourisme de Bénarès
✉ 15-B The Mall
☎ 0471-451 498

Bharat Kala Bhavan
🕓 Fermé le dim.
€ €

Au **Bharat Kala Bhavan** sont exposées d'exquises miniatures, ainsi que des vestiges (sculptures, archives, artisanat) de l'histoire très ancienne de cette ville.

N'oublions pas le tissage de la soie, qui servait à l'origine à vêtir les divinités des temples. Les tisserands locaux ont mis au point ce que l'on appelle le brocart de Bénarès, un tissu incluant des fils d'or et d'argent. Très prisé des Moghols, il est encore fabriqué aujourd'hui. Pour en voir, allez au **marché de la soie**, auquel on accède par une arcade du bazar Thatheri. À la fin de la journée, les artisans se hâtent à travers le labyrinthe des minuscules allées, leurs boîtes en bois remplies de saris sous le bras. Ils vont les proposer à des marchands au ventre rebondi qui, assis en tailleur, trônent dans des alcôves tendues de coton blanc, leurs instruments de négoce (caisse, calculatrice, téléphone) à portée de main. À l'extérieur du marché de la soie se trouvent le **marché au cuivre** et d'autres encore se succédant jusqu'au fleuve. Là, il ne vous reste plus qu'à louer un bateau pour commencer la soirée par une croisière sur l'eau à la lueur des lampes à huile. ∎

En bateau sur le Gange à Bénarès

En partant tôt le matin, vous verrez le soleil se lever et observerez les rituels hindous du début de journée ; en fin d'après-midi, vous profiterez de jolies vues sur les *ghat*. Négociez le prix de location et ne vous laissez pas imposer une promenade hâtive.

Si vous vous en sentez capable, levez-vous à 4 heures du matin, mettez des vêtements chauds et rendez-vous au **ghat de Dashashvamedha ❶**. Arrangez-vous pour avoir embarqué aux premières lueurs du soleil, lorsque résonneront peut-être les notes du *shehna*, un instrument en bambou utilisé par les musiciens du temple de Shiva pour saluer le jour nouveau. L'aube diffuse une lumière fine qui ne ressemble à aucune autre. Si des enfants vous harcèlent en vous proposant lampes à huile et fleurs, mieux vaut en acheter sans discuter ou les refuser fermement plutôt que d'entamer un marchandage interminable.

Commencez par remonter le fleuve (vers la droite) jusqu'au **ghat d'Asi ❷**. À mesure que l'embarcation file sur l'eau, la ville s'éveille et les pèlerins qui passent la nuit derrière les murs des anciens palais des maharajas donnant sur le fleuve se mettent en mouvement.

Au *ghat* d'Asi, faites demi-tour. Vous verrez un flot continu de gens arriver sur les berges de la rivière : sur les quelque 80 *ghat* de la ville, qui comportent tous un *lingam* de Shiva, les fidèles commencent à se baigner et à effectuer leur *puja*

(dévotion) au jour qui se lève. Chaque *ghat* a son importance. Dans l'idéal, un hindou doit se recueillir sur chacun d'entre eux. Le *ghat* d'Asi marque la confluence des eaux de l'Asi et du Gange. À côté, le **ghat de Tulsi ❸** commémore Gosain Tulsi Das, poète du XVIIᵉ siècle auquel on doit la traduction du *Ramayana* du sanskrit au hindi. C'est ici qu'il rendit son dernier souffle.

Un peu plus loin, le **ghat de Shiva** (ou **ghat de Kali) ❹** appartient à l'ancienne famille royale de Bénarès, dont le fort situé à Ramnagar, de l'autre côté du fleuve, accueille chaque année la fête de Ram Lila. Sur le *ghat* se dresse un grand *lingam* de Shiva. À côté, le **ghat d'Hanuman ❺** attire les pèlerins qui vénèrent le dieu-singe, tandis que le **ghat de Dandi** est utilisé par des ascètes shivaïtes. Le **ghat d'Harichandra** est l'un des deux *ghat* crématoires de Bénarès, avec le *ghat* de Jalasai, qui se trouve un peu plus loin.

Le **ghat de Kedara ❻** possède un beau *lingam* et un temple. Le **ghat de Mansarowar** doit son nom au lac Manasarowar du Tibet, situé près de la source du Gange. Le **ghat de Man Mandir ❼** fait face au palais du maharaja de Jaipur ;

À Bénarès, les bateaux chargés de visiteurs côtoient les pèlerins venus se baigner dans les eaux sacrées du Gange.

- Voir aussi p. 286-287
- Ghat de Dashashvamedha
- 3-6 km
- 1-2 heures
- Ghat de Dashashvamedha

À NE PAS MANQUER

- Le ghat de Dashashvamedha
- Le ghat d'Asi
- Le ghat de Man Mandir
- Le ghat de Jalasai

(demandez au loueur de bateaux de vous les indiquer)

non loin, Jai Singh a édifié un de ses observatoires. En continuant de descendre le fleuve, dépassez le *ghat* de Dashashvamedha, votre point de départ, où les brahmanes, à présent arrivés et assis en tailleur sous leur modeste parapluie, sont prêts pour une journée de travail. Poursuivez le parcours jusqu'au **ghat de Jalasai** ❽, célèbre lieu de crémation flanqué de temples à la silhouette de guingois (il est interdit de photographier cet endroit). Le nom du *ghat* évoque Vishnou sous sa forme couché sur l'Océan cosmique. Il jouxte le **ghat de Mani-**

karnika ❾, le plus sacré de tous, où Shiva creusa un bassin pour récupérer la boucle d'oreille de Parvati. Seules les familles privilégiées peuvent se faire incinérer sur la dalle de Charanpaduka, marquée de l'empreinte de pied de Vishnou.

Le loueur de bateaux vous ramènera alors jusqu'au *ghat* où vous avez embarqué. ∎

Les *dhobi-wallah* (blanchisseurs) profitent de l'eau et de l'espace que fournissent gracieusement la Gomti et ses berges pour laver les vêtements des habitants de Lucknow.

Lucknow et Kanpur (Cawnpore)

CAPITALE DE L'UTTAR PRADESH, L'ÉTAT LE PLUS PEUPLÉ DE L'INDE, Lucknow est une ville spacieuse, peu fréquentée par les touristes. Dépourvue de sites industriels proches, elle offre un cadre d'exploration agréable. On distingue deux grands types de monuments : les anciens édifices musulmans de la vieille ville et les bâtiments en briques de la Résidence britannique. Cette opposition évoque la rupture tragique des relations entre les deux pays – qui a également touché Kanpur, importante ville de garnison anglaise.

Lucknow

📍 286 A4 et A5

Office de tourisme gouvernemental

✉ 10 Station Road

☎ 0522-246 205

Office de tourisme de l'Uttar Pradesh

✉ 3 Newal Kishore Road

☎ 228 349

Great Imambara

🕐 Fermé durant les prières

LUCKNOW

Les chefs musulmans chiites de la ville, appelés nababs d'Avadh (ou d'Oudh, au Bihar), profitèrent du déclin des forces mogholes, au XVIIIe siècle, pour s'emparer du pouvoir et installer leur capitale à Lucknow. Dix nababs pourtant réputés pour leur paresse créèrent une culture sophistiquée, notamment Asaf ud-Daula (*r.* 1775-1797) et Saadat Ali Khan (*r.* 1798-1814). Les témoignages de cet engouement pour l'architecture, l'art, l'artisanat et la musique ont conservé quelque chose de l'atmosphère de cette Cour décadente et excessive. En 1856, les Bri-

tanniques destituèrent le dernier de ces souverains incompétents, ce qui fut en partie à l'origine de la révolte des Cipayes en 1857.

Le plus impressionnant des édifices musulmans de cette période est le **Great Imambara** (Bara Imambara), ou maison de l'imam (1784), conçu par Kifayat-ullah sous le règne d'Asaf ud-Daula. Il renferme une des plus vastes salles voûtées au monde, à laquelle on accède par une porte imposante appelée Rumi Darwaza. La fête chiite de Muharram s'y tient lors du premier mois du calendrier musulman, et donne lieu à une procession célébrant la mémoire du martyre de l'imam chiite Hussein, petit-fils du prophète Muhammad (Mahomet), et de ses deux fils, Ali et Hassan. À l'intérieur, on peut admirer des *taziya* (ou *tazia*), répliques en papier ou en bambou du tombeau d'Hussein à Kerbala (sud de l'Irak), où il fut tué et décapité. La **Jami Masjid**, le **Small Imambara**, la **tour** destinée à l'observation de la Lune lors de l'Aïd, la **tour de l'horloge** et divers mausolées et sanctuaires musulmans méritent une visite.

Le **Chowk** (vieux marché) dessine un labyrinthe de ruelles imprégnées de l'odeur des épices qui entrent dans la composition du *puan*, une spécialité locale. Chowpatia Street, non loin d'Akbari Gate, est une rue commerçante où l'on trouve des kebabs, des confiseries et des objets d'artisanat : feuilles d'or ouvragées, *bidri* (voir p. 249), fils d'or, *chikankara* (broderies en coton blanc ton sur ton), brocarts de soie, pupitre d'étude du Coran, *attar* (parfums) capiteux… Pour assister à la fabrication des *taziya*, rendez-vous au quartier d'Hazaratganj.

Les bâtiments de la **Résidence** (voir p. 312-313) évoquent le souvenir de la révolte de 1857, dont certains des épisodes les plus sanglants se déroulèrent à Lucknow et à Kanpur. La révolte éclata à Meerut le 10 mai, lorsque les bataillons de l'armée du Bengale se mutinèrent. Le lendemain, elle se propagea à Delhi (voir p. 75) avant d'atteindre Kanpur puis Lucknow, où les événements débutèrent le 30 juin.

Ce jour-là, des cipayes (soldats indiens de l'Armée britannique) se joignirent aux habitants qui manifestaient leur colère devant la destitution du nabab. La garnison anglaise (3 000 hommes environ), placée sous le commandement de sir Henry Lawrence, dut trouver refuge au sein de la Résidence. Les combats se déroulèrent à la fois sur et sous terre, dans les tunnels et les mines. La gan-

grène, le choléra et le scorbut firent des ravages parmi les Britanniques piégés à l'intérieur des bâtiments. Trois mois plus tard, des renforts arrivèrent sous la conduite du général sir Henry Havelock. Le fort fut reconquis le 25 septembre, puis retomba aux mains des insurgés quelques jours après. Le 17 novembre, sir Colin Campbell parvint à libérer définitivement le fort. Des 3 000 soldats anglais pris dans la tourmente, il n'en restait plus que 979.

KANPUR

Situé à deux heures de route de Lucknow, Kanpur était occupée par l'une des plus importantes garnisons anglaises établies sur le Gange.

Église construite par Walter Granville, **All Souls Memorial Church** (1862-1875) renferme de poignants témoignages de la mutinerie de 1857. Dans le **Memorial Garden**, une stèle rappelle le nom des femmes et des enfants britanniques massacrés puis jetés dans le puits de Bibighar, en représailles des atrocités commises par les colonisateurs. Un peu plus loin, parmi les broussailles, se trouve le site du camp retranché du général Wheeler, où se déroula le siège. À proximité, près du **ghat de Sati Chaura**, des Anglais qui fuyaient Fatehgarh en descendant le Gange furent massacrés dans leur bateau. ■

Small Imambara
🕐 Fermé durant les prières

Le magnifique édifice du Great Imambara, à Lucknow, est dédié à trois imams, Hussein, Ali et Hassan.

La Résidence de Lucknow

Ce site, qui fut le théâtre d'un épisode particulièrement tragique de l'histoire britannique et indienne, est resté pour ainsi dire tel quel depuis la fin du terrible siège de Lucknow, le 17 novembre 1857. À l'ombre des banians, margousiers et autres arbres tropicaux se dressent les vestiges fantomatiques des lieux où des hommes, des femmes et des enfants se sont terrés pendant cinq mois.

Résidence de Lucknow

€, gratuit le ven.

Sur la droite, après la porte baptisée Baillie Guard, s'étend sur la droite le **Treasury**, dont la longue pièce centrale fut utilisée comme arsenal en 1857. À côté, le **Banqueting Hall**, qui accueillait les fastes de la société coloniale, fut transformé en hôpital durant le siège.

Au sud de la propriété se dresse la maison du docteur Fayrer, grand bâtiment d'un étage où s'installèrent les familles des officiers. Une stèle marque l'endroit où est tombé sir Henry Lawrence. Non loin se trouve **Begum Kothi**, lieu de résidence de Mrs. Walter, une ressortissante britannique qui avait épousé un nabab.

Situé au nord-est de la propriété, l'édifice principal de la **Résidence** fut construit sous le règne du nabab Saadat Ali Khan, en 1800. C'est dans les caves glacées et humides de ce bâtiment que les femmes et les enfants trouvèrent refuge. Le deuxième étage

abrite aujourd'hui un petit **musée** exposant une maquette de l'ensemble de la Résidence tel qu'elle était en 1857, ainsi que des gravures du drame. Sur le mur, une plaque rappelle la mémoire de Susanna Palmer, tuée par un boulet de canon le 1er juillet 1857. À la suite de cet incident, les résidents s'installèrent dans la maison du docteur Fayrer. Dans le cimetière se trouvent les tombes toutes simples de Lawrence et du brigadier général J. S. Neill tombé le 25 septembre 1857. Quant à Havelock, qui échoua dans sa mission de reconquête du bâtiment, il succomba à la dysenterie une semaine après l'arrivée de Campbell. ■

Les vestiges de la Résidence sont soigneusement entretenus, peut-être pour rappeler aux Indiens le souvenir de leur liberté si chèrement gagnée. Certains préfèrent évoquer les tragiques événements qui se sont déroulés ici sous le nom de « première guerre d'indépendance » plutôt que sous ceux de « mutinerie » ou de « révolte ».

Autres sites à visiter

BARAKAR, GHURISA ET KABILASPUR

Cette incursion dans les zones rurales du nord-ouest de Calcutta permettra aux passionnés de visiter d'autres temples. Arrêtez-vous à Barakar pour admirer un temple traditionnel de l'Orissa datant du IXe siècle, dont la tour est ornée de petites sculptures ; à Ghurisa, un temple bengali en forme de hutte (1633) est doté de panneaux en terre cuite sur lesquels on distingue des personnages habillés à l'européenne ; à Kabilaspur, le temple est d'une splendide sobriété.

🔼 287 D3

BARAKPUR

Jadis résidence d'été des gouverneurs généraux britanniques, ce cantonnement modèle installé sur les rives orientales de l'Hooghly, en face de Serampore (voir p. 316), a conservé son plan et son aménagement. Il est bien entretenu par l'armée indienne. Faites le tour en voiture des nombreux bâtiments d'origine, maisons ou bungalows, dont certains appartiennent à la mission Ramakrishna Vivekananda. Bien que les visiteurs n'aient pas accès à l'ensemble du lieu, essayez de voir **Government House** (la maison du gouverneur, 1813), le **Temple of Fame** (temple de la Renommée), la **tombe de lady Canning** et la **Semaphore Tower** (tour du Sémaphore).

🔼 287 D3   ✉ 25 km au nord de Calcutta

BISHNUPUR

Bienvenue dans la capitale des chefs Malla du Bengale, protecteurs des arts et de la culture. Devenue une paisible ville rurale, Bishnupur recèle de ravissants temples en forme de hutte, recouverts de magnifiques plaques en terre cuite portant des scènes narratives généralement inspirées du *Ramayana* (XVIIe-XVIIIe siècle). Ne manquez pas, notamment, le **temple de Shyama Raya** (1643), le **temple de Keshta Raya** (1655) et le **temple de Madana Mohana** (1694).

🔼 287 D3   ✉ 150 km au nord-ouest de Calcutta

BUXAR

Ce lieu de pèlerinage hindou situé sur le Gange fut le théâtre de la bataille décisive menée par sir Hector Munro le 23 octobre 1764. Ce militaire fit preuve d'un sens aigu de la tactique en menant ses troupes proches de la défaite contre les forces

de Shah Alam, Shuja ud-Daula et Mir Qasim. Sa victoire vint s'ajouter à celle que Clive avait remportée à Plassey en 1757 pour asseoir la suprématie de la Grande-Bretagne sur le Bengale. Sur la route de Patna à Buxar, faites un arrêt à Ara, où, du 27 juillet au 3 août 1857, 12 Britanniques et 50 sikhs défendirent la Petite Maison contre 2 000 cipayes et mutins.

🔼 286 B4   ✉ 120 km à l'ouest de Patna

GAUR ET SES ENVIRONS

De Calcutta, un merveilleux parcours vous conduit à travers la campagne pour explorer un site rarement visité : la grande et belle capitale musulmane des chefs afghans du Bengale aux XVe et XVIe siècles. Mise à sac par Sher Shah Suri en 1537, Gaur fut intégrée à l'empire Moghol d'Akbar en 1576. Ici vous attendent d'importants vestiges éparpillés parmi les villages et les fermes sur une surface d'environ 52 kilomètres carrés. À Gaur, on peut notamment voir les ruines d'une forteresse musulmane, avec ses

palais et ses tours, ainsi que des mosquées et des tombeaux. De là, les plus courageux pourront continuer vers **Malda** (édifices islamiques), **Pandua** (capitale afghane avant Gaur), **Bangarh** (site archéologique d'une ancienne cité), **Rajmahal** (beaux vestiges d'une cité moghole, 4 kilomètres à l'ouest de la ville moderne) et **Sultanganj** (bas-reliefs du VIIIe siècle sur des rochers de granit à Jahangira), avant de revenir à Patna.

287 D4 **Gaur** 320 km au nord de Calcutta

GOPALPUR-ON-SEA ET SES ENVIRONS

Une belle plage, un petit village et quelques bungalows : Gopalpur-on-Sea est le meilleur lieu de détente de la côte des environs de Calcutta. Vous pouvez vous y rendre en train à partir de Brahmapur, où des tisserands travaillant la soie sont installés autour du temple. Au nord de ce site, le **lac Chilka** abrite quantité d'oiseaux migrateurs de décembre à février.

287 C1

Deux femmes devant leur maison à Gopalpur-on-Sea.

MURSHIDABAD ET SES ENVIRONS

Le trajet entre Calcutta et Murshidabad traverse Plassey et Baharampur. Plassey conserve peu de traces de la victoire de Clive contre le nabab Suraj ud-Daula de Murshidabad le 23 juin 1757. L'ancien cantonnement britannique est organisé selon un plan de rues quadrillé ponctué de fossés défensifs. Murshidabad est devenue la capitale du Bengale en 1704, lorsque Murshid Quli Khan destitua de ce statut Dacca et Rajmahal. Après la bataille de Plassey, la cour (1772) puis l'administration (1790) furent contraintes de se déplacer à Calcutta. Parmi les vestiges de la splendeur passée de la cité, citons le **palais du nabab**, l'**Imambara**, la **médina**, les **mosquées** et les **tombes**. Au nord, les temples en forme de hutte de **Baranagar** contiennent d'intéressantes plaques narratives en terre cuite.

287 D4 **Murshidabad** 200 km au nord de Calcutta

SERAMPORE ET LE NORD DE CALCUTTA

Pour cette excursion d'une journée à partir de Calcutta, essayez de partir tôt le matin afin d'éviter la circulation. L'itinéraire, qui remonte la rive occidentale de l'Hooghly, vous fera découvrir des sites évoquant les intrépides marchands européens ainsi que de beaux temples bengalis. Première étape : Serampore, ancienne colonie danoise (1755), où un missionnaire baptiste anglais installa la première presse d'imprimerie de Calcutta (1799). Parmi les lieux dignes d'intérêt, citons le **Serampore College** (1821), un moulin à jute, l'**Indian Jute Mill**, et **St. Olave's Church** (1821). Continuez jusqu'au **temple de Belur Math** (1938), construit par Swami Vivekananda, un disciple de Ramakrishna. À 1,5 kilomètre, le populaire **temple de Dakshineshvara** (1855) se dresse de l'autre côté de Bally Bridge. À Chandannagar (Chandernagor), un des cinq comptoirs français en Inde, des bâtiments certes en ruine mais encore impressionnants ainsi qu'un petit musée et une statue de Jeanne d'Arc

Sculptures de couleurs vives ornant un temple de l'est de l'Inde.

témoignent de la présence passée de la France. Situé après Hooghly et Bandel, deux très anciens comptoirs européens, **Bansberia** possède de merveilleux temples bengalis dotés d'ornements en terre cuite. À **Kalna**, enfin, les temples bengalis sont entretenus par l'ancienne famille royale Burdwan.

🅰 287 D3 **Serampore** ✉ 20 km au nord de Calcutta

SHANTI NIKETAN ET SES ENVIRONS

Le site offre une paisible escapade loin du bruit de Calcutta. Fondé en 1921 par l'écrivain et poète Rabindranath Tagore, Shanti Niketan était un centre d'études destiné à promouvoir la culture bengalie. Tagore conçut le complexe architectural d'**Uttaraya**, qui comprend un **musée** *(fermé le mer.)*, une **galerie d'art** *(fermée le mer.)* et des départements d'art, de musique et de théâtre.

🅰 287 D3 **Shanti Niketan** ✉ 135 km au nord de Calcutta

SIMHANATHA ET RANIPUR JHARIAL

À Simhanatha, un temple (VIIIᵉ siècle) bien préservé trône sur une île au milieu de la Mahanadi. Enfoncez-vous dans les collines jusqu'aux deux villages de **Ranipur Jharial**, dont l'affleurement rocheux compte plus de 50 petits temples.

🅰 286 B2 **Ranipur Jharial** ✉ 280 km à l'ouest de Bhubaneshvar

LE PARC NATIONAL DE SIMILIPAL

Les pentes inhospitalières des Ghats Orientaux ont contribué à préserver ce parc, fondé en 1957. Aujourd'hui encore, les difficultés d'accès et le côté rudimentaire de l'hébergement font que peu de touristes viennent ici. Les forêts de feuillus, les cours d'eau et les savanes offrent un habitat varié aux léopards, tigres, porcs-épics, éléphants, crocodiles et oiseaux (plus de 230 espèces). Permis de visite et réservation sont obligatoires ; vous pouvez aussi vous joindre à un circuit organisé.

🅰 287 D2 ✉ Field Director Project Tiger, Baripada 757002, Mayurbhunj District, Orissa ☎ (06792) 52593

LES SUNDERBANS

L'Hooghly crée un delta d'une superficie de plus de 2 500 kilomètres carrés. Des tigres royaux du Bengale vivent là, sur un groupe d'îles couvertes de mangrove qui forment la réserve des Sunderbans. Pour découvrir ce site, installez-vous au Sajnekhali Tourist Lodge, 120 kilomètres au sud de Calcutta. Explorez la réserve en bateau, en compagnie d'un guide officiel. Pour obtenir un permis de visite, adressez-vous à l'Office du tourisme du Bengale-Occidental (West Bengal Tourist Office) à Calcutta. La meilleure période de l'année s'étend de novembre à mars.

🅰 287 D3 ∎

La grande chaîne himalayenne, qui forme la frontière septentrionale de l'Inde, offre aux randonneurs des vallées fraîches et luxuriantes, des cours d'eau limpides, des versants tapissés de forêts et de spectaculaires panoramas.

Les régions himalayennes

Femme de la vallée du Ladakh, dans l'Himalaya occidental.

Le village de Kaylong Khardong, serti dans le paysage grandiose du district de Lahaul.

Les régions himalayennes

LA CHAÎNE DE L'HIMALAYA, QUI COMPREND LES MONTAGNES LES PLUS HAUTES DU MONDE, s'est formée il y a environ 50 millions d'années à la suite de la collision de l'Inde avec l'Asie. Provoquant des plissements et des soulèvements, ce rapprochement a donné naissance à ces massifs dont l'un des sommets constitue le « Toit du monde ».

Le Népal étant à peu près situé au centre de cette chaîne de montagnes, on distingue l'Himalaya occidental, englobant certains États indiens et le Pakistan, et l'Himalaya oriental, où se trouvent également des États indiens ainsi que le royaume du Bhoutan. L'Himalaya forme une immense barrière entre le sous-continent indien et le reste de l'Asie. D'une largeur de 150 à 400 kilomètres, cette chaîne hérissée de 95 pics culminant à plus de 7 500 mètres s'étire sur environ 2 500 kilomètres, des monts du Pamir, au Pakistan, au

fleuve Brahmapoutre, dans l'Assam. Certains des plus grands fleuves de l'Inde prennent naissance ici. Dans l'Ouest, le jeune Indus s'écoule entre la chaîne pakistanaise du Karakoram et les monts du Zanskar. En progressant vers l'est, de magnifiques lacs parsèment la région frontalière du Cachemire, la vallée la plus connue de la région, qui souffre des tensions politiques entre le Pakistan et l'Inde. Plus à l'est, les montagnes de l'Himachal Pradesh appartiennent à la chaîne des Siwalik, dont les sommets plissés et faillés sont

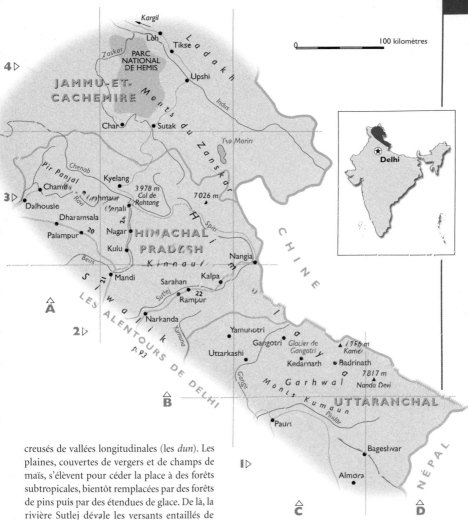

creusés de vallées longitudinales (les *dun*). Les plaines, couvertes de vergers et de champs de maïs, s'élèvent pour céder la place à des forêts subtropicales, bientôt remplacées par des forêts de pins puis par des étendues de glace. De là, la rivière Sutlej dévale les versants entaillés de gorges rocailleuses. Toujours plus à l'est, dans l'Uttaranchal, la Yamuna se fraie un chemin à travers d'impressionnants ravins, tandis que le Gange taille sa propre route. À partir du glacier de Gangotri, il descend en bouillonnant à travers le Garhwal jusqu'à Hardwar, où il entre dans la plaine.

À l'est du Népal, les montagnes du centre de l'Himalaya reçoivent de plein fouet le déluge des moussons ; les eaux gonflées du Brahmapoutre se déversent alors avec force en Assam. Cette région isolée, où l'on cultive le thé, abrite les réserves naturelles de Kaziranga et de Manas.

Les Moghols s'étaient pris de passion pour le Cachemire. Puis ce fut au tour des Britanniques

de découvrir la beauté de la chaîne himalayenne, des plaines à la végétation luxuriante aux cols d'altitude. Aujourd'hui, la meilleure manière de visiter cette partie de l'Inde est d'effectuer une randonnée à travers une nature à l'état brut interrompue çà et là par un monastère bou dhique, un sanctuaire hindou et des stations tude britanniques. Choisissez une région réservez le trek qui vous convient, de la d'une journée à la randonnée de 10 nuits sous la tente (voir p. 332-334 néraires). Plus vous serez aventu regardant sur les conditions d'hé votre expérience se révélera in

La haute vallée de Suru est battue par les vents du Ladakh.

Région du Garhwal
Carte p. 319

Office de tourisme régional
G.M.V.N., Hotel Drona, 45 Gandhi Road, Dehra Dum.
*ir aussi Mussoorie 24), Hardwar 4-125) et (p. 125).
naun : 'tir '25).

L'Himalaya occidental

LOIN DE LA CHALEUR ET DE LA FOULE DES VILLES, UNE RANDONNÉE dans les contreforts himalayens constitue une escapade revigorante. L'air pur, les paysages montagneux, les cultures et modes de vie qui y règnent offrent une véritable détente après la visite des plaines. En outre, les versants inférieurs de l'Uttaranchal et de l'Himachal Pradesh sont aisément accessibles de Delhi. Les plus ambitieux pourront continuer vers le nord et le Ladakh.

L'UTTARANCHAL

Le Garhwal et les monts Kumaun, adossés aux frontières du Népal et du Tibet, sont accessibles en voiture ou en train depuis Delhi. Des plaines fertiles (terai), le relief s'élève à travers des alpages d'été (bugyal) pour culminer en une série de sommets couverts de neige, dont le Nanda Devi (7 817 mètres), la plus haute montagne située totalement à l'intérieur des frontières indiennes. Cette région offre des paysages variés et de charmants hôtels (voir p. 371). Elle abrite les centres sacrés de pèlerinage hindou d'Hardwar et de Rishikesh (les Beatles séjournèrent dans un ashram de la ville, le Maharishi Mahesh Yogi) et les forêts protégées du parc national de Corbett, sans oublier les paisibles stations d'altitude britanniques de Mussoorie et de Nainital, qui ont gardé quelque chose de victorien (voir p. 124-125).

L'histoire de cette partie de l'Inde est complexe, car chaque vallée fluviale possède une culture propre. En outre, la population du Garhwal et des monts Kumaun parle une langue distincte. Enfin, si l'hindouisme domine dans ces montagnes, quelques sanctuaires témoignent de la présence de poches animistes ou bouddhistes (cette religion s'est répandue en Chine à travers l'Himalaya).

Du fait qu'il abrite les sources du Gange et de la Yamuna, le Garhwal bénéficie d'un statut particulier auprès des hindous : c'est ici que se situent les quatre temples yatra (de pèlerinage), ou Char Dham : **Badrinath**, **Kedarnath**, **Gangotri** et **Yamunotri**. Les centaines de milliers de pèlerins qui viennent chaque année entre mai et novembre, après avoir effectué une étape à Rishikesh, ont sans nul doute marqué la culture indigène de la région. Pour découvrir le Garhwal dans toute sa beauté sauvage, effectuez une randonnée dans la **vallée d'Harki Dun**, dans le **Tehri Garhwal** ou encore dans les **monts Kumaun**, peu fréquentés par les touristes. Parmi les parcours les plus agréables figurent l'excursion d'une journée au **glacier de Gangotri**, où le Gange prend sa source, et la randonnée de 5 jours jusqu'au **glacier de Pindari** (voir p. 333-334 pour des itinéraires de trekking).

L'HIMACHAL PRADESH

La porte menant à ce petit État de collines et de montagnes, coincé entre la Chine à l'Est et le Pakistan à l'Ouest, est la ville de **Simla** (voir p. 124), la reine des stations d'altitude de l'Inde. Au nord de ce jalon, les territoires renferment des districts distincts que sillonnent les Gaddi et les Gujjar, des bergers semi-nomades. Dans cette région, les Rajpouts ont régné sur Kangra, et les Tibétains sur Lahaul et Spiti. À partir du XVIIIᵉ siècle, ce sont tour à tour les sikhs du Pendjab, les Gurkha du Népal et, enfin, les Britanniques, qui exercèrent leur contrôle.

Après les vallées verdoyantes de la région méridionale de Sirmaur, qui comprend le site enchanteur de **Nalagar**, le paysage qui s'étend au nord de Simla devient de plus en plus impressionnant. Dirigez-vous vers le nord-est après Narkanda et suivez la Sutlej pour rejoindre le temple en bois de Bhimkali à **Sarahan**. Ensuite, il vous faudra un permis spécial (Special Inner Line Permit) pour découvrir la beauté austère du district de **Kinnaur**, sur le plateau tibétain. Des treks vous conduiront à travers les vallées de Spiti et de **Kulu**. Pour des balades plus tranquilles, cantonnez-vous à la vallée de la Sutlej.

Au nord de Simla, la route se divise à Mandi. Toujours vers le nord,

Juste au nord de Simla, les paysages sont spectaculaires.

Kinnaur
🗻 Carte p. 319

Office de tourisme de Simla
✉ The Mall
☎ 0177-255 279

Dharamsala
🗻 Carte p. 319
Office de tourisme
✉ Main Bazaar, près de la gare routière

Kulu
- Carte p. 319
- **Office de tourisme**
  - ✉ Dhalpur maidan

Manali
- Carte p. 319
- **Office de tourisme**
  - ✉ The Mall

Ladakh
- Carte p. 319
- **Office de tourisme de Leh**
  - ✉ Fort Road, Bazaar

Office de tourisme de Kargil
  - ✉ Quartier des hôtels

Manali, une ville en plein essor touristique, sert de point de départ à l'exploration de la vallée de Kulu : vous y découvrirez un paysage de cultures en terrasses, de forêts et de vergers, mais aussi les joies des descentes en radeau de la Vashisht. Plus au nord, au-delà du dangereux col de Rohtang (3 978 mètres), rares sont les visiteurs qui s'aventurent dans les montagnes enneigées de la grande chaîne himalayenne qui encadre les vallées de Lahaul et de Spiti. Ouverte de juin à octobre, la **voie express Manali-Leh** (500 kilomètres) offre des vues époustouflantes sur les sommets et la vallée à mesure de sa progression en lacets vers Kyelang, Sarchu Serai, les cols de Langlacha (5 069 mètres) et de Tanglang (5 238 mètres).

Au nord-ouest de Mandi, une piste fréquentée s'enfonce dans la vallée très peuplée de Kangra pour se diriger vers la chaîne des Dhauladhar, où **Dharamsala** accueille le dalaï-lama et la communauté tibétaine exilée. De là, de paisibles parcours de randonnée conduisent à travers les plantations de thé de Palampur. Les trekkeurs expérimentés peuvent franchir les montagnes s'ouvrant sur la vallée de Chamba, en direction de la chaîne du Pir Panjal.

LE LADAKH
Situé dans le haut Zanskar et s'étirant jusqu'au Karakoram, le Ladakh (la « Terre des hauts cols de montagne ») est un désert d'altitude ponctué de pics acérés. Sur cette terre prise par

L'écologie

Les paysans de montagne cultivent des champs en terrasses. Vues de loin, ces cultures de la région du Garhwal évoquent les ondulations de la mer.

L'inde connaît de graves problèmes d'environnement. Les niveaux de consommation sont certes très inférieurs à ceux de l'Occident, mais la forte croissance démographique et une industrialisation non planifiée sont des facteurs de risque indéniables. L'industrie du bois, les mines, les cultures, les barrages... détruisent des forêts primaires : on estime que 15 000 kilomètres carrés d'espaces boisés disparaissent chaque année. À mesure que l'industrialisation progresse, la terre est surexploitée pour ses matières premières (coton, jute, papier, caoutchouc, tabac et sucre) au détriment des cultures alimentaires. Des projets de barrage aussi monumentaux que ceux de la Tungabhadra et de la Narmada ont nécessité le déplacement de millions de personnes, bouleversé la faune, la flore, l'élevage piscicole... et augmenté les risques de maladies transmises par l'eau. De plus, certains barrages sont aujourd'hui encombrés de dépôts limoneux. Les effets destructeurs dépassent souvent les bénéfices escomptés.

Dans le même temps, l'adoption des méthodes occidentales de culture de la terre, l'utilisation d'engrais et les cultures intensives abîment les sols et exigent une irrigation plus performante.

Un mouvement écologique fait aujourd'hui entendre sa voix en Inde, et de nombreux projets locaux soutenus au niveau régional ou national sont élaborés pour préserver les milieux naturels. ∎

le gel huit mois de l'année et roussie par le soleil les quatre autres mois, les hommes élèvent des yacks, des chèvres et des moutons pour la laine, le lait et le beurre, et ils s'en servent comme monnaie d'échange contre des céréales et du combustible. Le Ladakh est la seule région du Jammu-et-Cachemire ouverte au tourisme (depuis 1974), du fait de l'instabilité de cet État.

Cette région isolée, d'une beauté sauvage, est un des refuges du boud-dhisme Mahayana (voir p. 58), la principale religion du Ladakh. Les montagnes laissent passer une lumière fine et intense, qui nimbe les moulins à prières peints de couleurs vives, les drapeaux claquant sur les toits et les *chorten* (stupas) blanchis à la chaux. Les *gompa*, ces monastères à l'aspect médiéval du Ladakh juchés sur des falaises, restent fidèles à leur vocation de lieu d'enseignement et de centre religieux. Ils abritent souvent de remarquables œuvres d'art : bouddhas en cuivre, peintures murales, *thangka* (peintures sur rouleau)…

Si vous arrivez par la voie rapide Manali-Leh (voir p. 322), vous tra-verserez une zone riche en monastères à mesure de votre avancée vers la vallée de l'Indus, d'Upshi à Leh, la capitale du Ladakh. Autrefois étape sur la route de la Soie, Leh a prospéré grâce au commerce et au mécénat religieux. C'est une ville animée, envahie par les touristes l'été, où l'on peut visiter l'ancien palais, le **Tsemo Gompa** et la vieille ville.

Une excursion d'une journée vers le bas de la vallée permet de découvrir le palais délabré de **Shey**, le beau *gompa* de **Tikse** et de jolis villages. Au retour, passez par le *gompa* de **Hemis** et le **palais de Stok**. On peut admirer d'intéressantes peintures dans les *gompa* de **Spituk** et de **Phyang**, au nord. **Alchi** est toutefois le plus riche de tous ces monastères. Dans l'enclave sacrée, remarquez surtout le Sumtsek (XIᵉ siècle), un temple à trois étages décoré de magnifiques mandalas muraux. Pour y aller, prenez la route qui mène à **Kargil**. Au-delà se déroulent la vallée de Suru et la région isolée du **Zanskar**, dont les paysages raviront les randonneurs expérimentés. Ceux qui souhaitent s'aventurer plus loin pourront continuer jusqu'à la vallée désolée de Nubra. ∎

Ce panorama depuis le plus célèbre *gompa* du Ladakh, à Tikse, près de Leh, n'a que peu changé depuis la construction de l'édifice, au XVᵉ siècle.

Conseils

Certaines régions montagneuses connaissent une situation politique instable. Nous vous conseillons donc de suivre les consignes transmises au départ. À l'heure actuelle, les visites au Cachemire sont fortement déconseillées, le Ladakh excepté. Le gouvernement indien exige des visiteurs étrangers qu'ils obtiennent des permis spéciaux pour certains États du Nord-Est. Informez-vous, effectuez des réservations et assurez-vous d'avoir reçu votre permis avant d'arriver en Inde.

Les tissus de l'Inde

La plupart des femmes hindoues, quel que soit leur style de vie, choisissent de se marier en vêtements traditionnels.

De tous les tissus indiens, les châles en cachemire ourlés de bordures élaborées sont sans doute les plus connus. Les plus remarquables furent tissés au Cachemire du XVᵉ au XIXᵉ siècle avec des toisons de laine provenant de chèvres originaires de Mongolie. Les Moghols et d'autres dynasties les recherchaient pour leurs motifs floraux complexes et leur finition parfaite : chaque pièce exigeait une douzaine de spécialistes, du dessinateur au teinturier, et sa confection pouvait durer plusieurs mois. Très à la mode en Europe à partir des années 1770, le châle en cachemire devint un accessoire indispensable du bon goût, surtout en France. Un siècle plus tard, il perdit une partie de son prestige et se banalisa avec la production en série et à bas prix par les métiers à tisser Jacquard.

L'étoffe que l'on appelle pashmina (du persan *pashm*, qui signifie « laine ») et dont l'Occident raffole aujourd'hui n'est qu'une pâle imitation des glorieux textiles de jadis et de la qualité de tissage qui prévaut encore aujourd'hui en Inde. Le sous-continent produit des tissus d'une valeur et d'une variété inégalées : pour s'en rendre compte, il suffit de se promener dans les marchés et les rues commerçantes du pays.

Les tissus sont composés de diverses variétés de coton, de soie ou de laine. Par exemple, le coton est disponible sous la forme de mousseline, de *khadi* filé et tissé à la main, comme en portait le Mahatma Gandhi, ou de tissu filé industriellement mais tissé de façon artisanale. Les Indiens portent souvent les étoffes drapées plutôt que coupées et cousues : en un tournemain, ils en font des châles, des saris ou des *lunghi* (ou *dhoti*, un vêtement masculin). Dans certaines régions, les tissus sont richement brodés (les vestes, les jupes, les chemises, les chapeaux et même les chaussures).

L'activité de tissage remonte à la civilisation de l'Indus, comme en témoignent les fusaïoles découvertes dans certains sites. Dans les années 1630, les Britanniques s'établirent à Madras afin d'acheter du coton aux tisserands locaux. On estime que 7 millions d'artisans se consacrent au tissage du coton en Inde. Dans le Karnataka, la sériciculture (élevage de vers à soie) et le tissage de la soie, introduits par les moines bouddhistes de Chine, est une véritable industrie contrôlée par l'État. Les maîtres tisserands jouissent d'une haute considération. Des vêtements en tissu précieux sont confectionnés pour vêtir les divinités dans les temples. Le choix d'un sari de mariage pour une future épouse donne lieu à une sortie familiale ; la délégation peut aussi bien se rendre à Bénarès pour sélectionner un luxueux brocart serti de fils d'argent ou d'or que se contenter d'une simple excursion au marché au coton de Jaipur.

La meilleure manière d'effectuer ses achats est de se rendre sur les marchés des villes et villages. Dans les régions productrices de textile, comme le Tamil Nadu, les tisserands vous accueilleront volontiers dans leur maison, où le métier à tisser en bois occupe une bonne partie de la pièce à vivre.

Pour admirer la qualité des tissus indiens, visitez le Crafts Museum de Delhi (voir p. 72), le Calico Museum of Textiles d'Ahmedabad (voir p. 148) et, à Delhi, les boutiques haut de gamme appelées emporiums qui représentent chaque État. Elles sont regroupées dans Baba Kharak Singh Marg, près de Connaught Place. ∎

Le sari traditionnel n'a rien perdu de sa popularité auprès des femmes indiennes (ci-dessus). Celles-ci travaillent dans le centre financier de Bombay.

Des saris aux tons chauds, teints à la main, sont mis à sécher au soleil à Jodhpur, au Rajasthan (ci-dessus). Une jeune femme dans le fort de Chittorgarh (à droite).

L'Himalaya oriental

CETTE RÉGION HIMALAYENNE EST DIVISÉE EN DEUX DU FAIT DE LA PRÉsence du Bangladesh. Seuls les citoyens indiens peuvent prendre le train entre le Bengale-Occidental et l'Assam. Il est plus facile d'atteindre l'Himalaya oriental en avion depuis Calcutta ou Delhi. Le délai d'obtention d'un permis et la longueur du trajet sont largement compensés par l'expérience que représente l'exploration de cette partie de l'Inde.

Office de tourisme du Bengale-Occidental et du Sikkim à Siliguri

☒ Hill Cart Road

Darjeeling

◪ 326 A3

Office de tourisme

☒ Au-dessus du bureau d'Indian Airlines, Chowrasta

Gangtok

◪ 326 A4

Office de tourisme du Sikkim

☒ SNT Colony, Siliguri

☒ M.G. Road, Gangtok

Office de tourisme gouvernemental pour les États du Nord-Est

☒ B.K. Kakati Road, Ulubari, Gawahati (fournit des informations sur l'ensemble de la région Nord-Est)

Office de tourisme de l'Assam

☒ Tourist Lodge, Station Road, Gawahati

☒ Tourist Lodge, M.G. Road, Jorhat

LE BENGALE-OCCIDENTAL ET LE SIKKIM

Le trajet de Siliguri à Darjeeling (90 kilomètres) traverse des paysages spectaculaires. On peut l'effectuer en voiture ou emprunter le Darjeeling Himalayan Railway (9 heures de voyage). Construit entre 1879 et 1881, le Toy Train («train-jouet»), comme on le surnomme, est encore tracté par une locomotive à vapeur. Vous pouvez vous contenter de faire l'aller-retour Darjeeling-Ghoom.

Dans les montagnes, deux stations méritent d'être visitées. **Darjeeling** (2 200 mètres) offre un style britannique désuet allié à de belles vues sur le Kanchenjunga, le troisième plus haut sommet du monde. Ne manquez pas Tiger Hill, pour profiter du panorama, les monastères tibétains de Ghoom et les jardins de thé. En ville, imprégnez-vous de l'atmosphère victorienne en flânant à Chowrasta, puis en descendant le Mall pour visiter le Planter's Club (Club des planteurs), fondé en 1868. À l'autre bout de la station, les sentiers des jardins botaniques conduisent à des serres peu entretenues mais charmantes. De là, des parcours de trekking mènent vers l'Everest.

La station plus modeste de **Kalimpong** (1 250 mètres) réjouira les amateurs de flore, en particulier d'orchidées (on peut visiter des pépinières commerciales). Non loin de là, le col de Rachela (3 152 mètres) s'ouvre sur le **Sikkim**, le plus petit

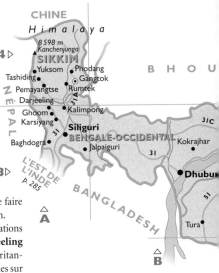

État de l'Inde. De la capitale, **Gangtok** (1 574 mètres), les randonneurs traversent les vallées de la Teesta et de Rangit, où ils marchent parmi les orchidées, les rhododendrons, les magnolias et d'autres fleurs. Le Sikkim abrite près de 70 monastères bouddhiques, dont la plupart possèdent de belles peintures murales. Si vous le pouvez, allez à Phodang, Rumtek, Tashiding et Pemayangtse.

LES ÉTATS DU NORD-EST

Toute cette région faisait autrefois partie de l'Assam. Dans les années 1960, les mouvements séparatistes obtinrent la création de six nouveaux États : l'Arunachal Pradesh, le Nagaland, le Manipur, le Mizoram, le Tripura et le Meghalaya. Ces États entourent aujourd'hui la vallée peu étendue mais fertile de l'Assam.

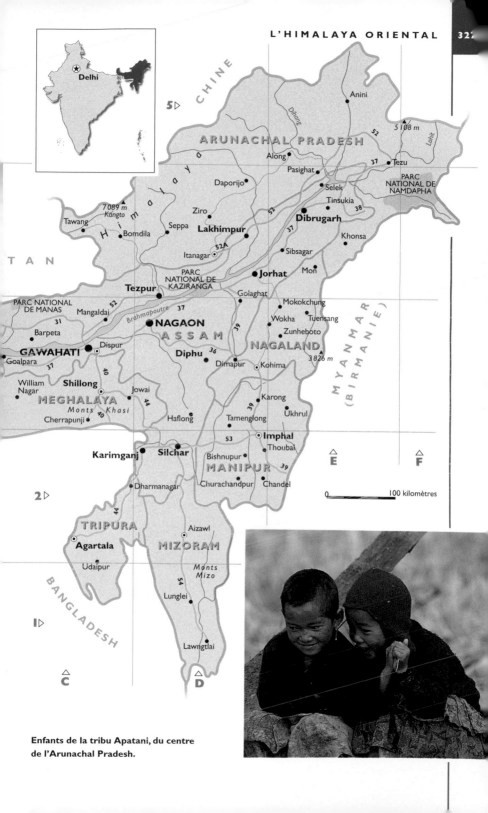

Delhi

5 ▷

CHINE

ARUNACHAL PRADESH

Anini

5 108 m

52

Lohit

Along

Pasighat

Tezu

37

Dihang

Daporijo

Selek

PARC
NATIONAL DE
NAMDAPHA

7 089 m
Kángto

Ziro

Tinsukia

52

38

Tawang

Seppa Lakhimpur

Dibrugarh

37

Khonsa

H i m a l a y a

Bomdila

Itanagar

52A

Sibsagar

Mon

PARC
NATIONAL DE
KAZIRANGA

Jorhat

T A N

Tezpur

Golaghat

Mokokchung

PARC NATIONAL
DE MANAS

52

Mangaldai

37

Brahmapoutre

Wokha

Tuensang

M Y A N M A R

31

NAGAON

Zunheboto

Barpeta

A S S A M

39

NAGALAND

GAWAHATI

Dispur

Diphu

36

3 826 m

(B I R M A N I E)

Goalpara

37

Dimapur

Kohima

40

William
Nagar

Shillong

Jowai

Karong

MEGHALAYA

44

39

Monts Khasi

Ukhrul

Cherrapunji

Haflong

Tamenglong

53

Imphal

Karimganj

Silchar

Thoubal

Bishnupur

△
E

△
F

2 ▷

MANIPUR

39

Dharmanagar

Churachandpur Chandel

0   100 kilomètres

TRIPURA

Aizawl

Agartala

MIZORAM

B A N G L A D E S H

Udaipur

Monts
Mizo

I ▷

54

Lunglei

Lawngtlai

△
C

△
D

Enfants de la tribu Apatani, du centre
de l'Arunachal Pradesh.

**Offices de
tourisme**

Assam

✉ Station Road,
  Gawahati

☎ 0361-547102

Arunachal Pradesh

✉ Naharlagun, Itanagar

Nagaland

✉ Près du Japfu Ashok
  Hotel, Kohima

Gawahati (Gauhati), qui fut la capitale de l'**Assam** jusqu'à l'édification de Dispur, s'étend le long du Brahmapoutre. L'Assam est principalement peuplé par des Bengalis hindous, mêlés aux Ahom et aux Bodo originaires de Thaïlande et du Tibet. Quelque 750 plantations de thé assurent la moitié de la production nationale (voir p. 330-331). Avec l'altitude, leurs arbustes bien taillés cèdent la place aux rizières puis aux forêts des montagnes. Les temples de Kali et les ventes aux enchères de thé sont les principales attractions de Gawahati.

À environ 200 kilomètres, le **parc national de Kaziranga**, où vivent 1 200 rhinocéros, vaut tous les efforts qu'exige sa visite. Ses bureaux se trouvent à Kohara. Comme celui plus modeste de **Manas**, le parc de Kazi-

ranga est inscrit au Patrimoine mondial de l'humanité. La réserve de Manas se consacre à la protection du tigre. Pour toute information, contactez l'office de tourisme de l'Assam.

Arunachal Pradesh signifie littéralement « Terre des montagnes éclairées par l'aube », un nom qui convient à cette région plutôt sauvage. D'**Itanagar**, sa capitale, des itinéraires de randonnée mènent à travers des paysages enchanteurs.

Le **Nagaland**, un État dont la cartographie n'a été achevée que récemment, est recouvert de forêts où vivent les Naga. Bâtie par les Britanniques, la capitale, Kohima, présente peu d'attrait hormis son musée, mais vous pouvez visiter le site tout proche de **Bara Basti**, un ancien village du peuple naga où l'on peut encore voir des maisons traditionnelles.

L'État du **Mizoram** abrite une ethnie principalement chrétienne : les Mizo, qui vivent dans des collines couvertes de bambous, parsemées d'églises et de fermes. Dans la capitale, **Aizawl**, et ses environs, on peut acheter de beaux objets d'artisanat.

Diverses populations, dont des Bengalis, peuplent l'État du **Tripura**, dont les dirigeants Manikya font remonter leurs origines aux *kshatriya* (voir p. 30) rajpouts. Dans la capitale, **Agartala**, ne manquez pas de visiter le palais d'Ujjayanta (1901). À **Udaipur**, allez au temple de Tripura Sundari, associé à la puissance féminine, et au palais d'eau de **Neermahal**.

Au **Meghalaya**, les forêts d'orchidées profitent de la forte mousson qui fait de cet État l'un des lieux les plus arrosés du monde. Bordant un lac, la capitale, **Shillong** (4 908 mètres), a conservé quelques traces de ses fondateurs écossais planteurs de thé. ∎

Le cricket est omniprésent en Inde. Ici, de jeunes étudiants bouddhistes font une pause dans un monastère près de Darjeeling.

Offices de tourisme

Manipur
✉ Hôtel Imphal, Imphal

Mizoram
✉ Chandmari, Aizawl

Tripura
✉ Ujjayanta Palace, Agartala

Meghalaya
✉ Jail Road, Shillong

Le **Manipur**, dont la capitale est **Imphal**, est peuplé par les Meithei, dont la majorité se réclame de l'hindouisme. Danse, arts martiaux et courses de bateaux (à Heikru Hitongba, *sept.*) sont quelques-unes des manifestations de leur culture.

À Rumtek, les moines de l'école Kagyupa, du bouddhisme tibétain, revêtent l'habit traditionnel lors des rituels des fêtes de Losar (nouvelle année).

Le thé

La prochaine fois que vous boirez une tasse de thé, songez à toutes les opérations que nécessite la préparation de ces simples feuilles séchées. Ce sont les Britanniques qui, au XIXᵉ siècle, ont introduit la production de thé dans l'Inde du Nord-Est, grâce à des graines de théier importées de Chine. En 1841, le docteur Campbell fit pousser des arbustes dans sa propriété de Darjeeling. Peu après, le gouvernement créa des pépinières dont les pousses furent utilisées pour les premières plantations commerciales (1852). Le thé avait rejoint le cercle des cultures de rendement, à l'instar du coton, du sucre, du jute et du café, que les Britanniques produisaient en Inde pour le commerce international.

Tandis que les planteurs de Darjeeling continuaient à cultiver les théiers chinois, considérés comme produisant les meilleurs crus, des aventuriers anglais occupés à défricher des portions de terre densément boisées en Assam découvrirent un arbuste local plus robuste. Des parcelles furent délimitées puis attribuées à ceux qui souhaitaient tenter leur chance. Pour ces hommes aussi ambitieux qu'idéalistes, la vie sur place était à la fois dure et solitaire ; la seule distraction qui leur était offerte était la réunion hebdomadaire au club des planteurs, situé à grande distance des propriétés.

La journée type d'un directeur de plantation démarre avant l'aube et se termine tard dans la soirée. Le planteur, comme on l'appelle encore, doit s'occuper de la main-d'œuvre, souvent composée des habitants de villages entiers déplacés (les plantations sont souvent situées dans des zones peu peuplées). Dans certains cas, des temples et des écoles ont été construits à leur intention, et un service de soins médicaux est mis en place. Le planteur doit également surveiller toute la chaîne de production du thé : la taille des arbustes, le choix du moment de la récolte des pousses, la protection des cultures contre les éléphants en maraude, le contrôle de la qualité pour répondre aux exigences du goûteur de la société de commercialisation.

En saison, les ouvrières cueillent les feuilles le matin (en Asie, ce sont traditionnellement plutôt des femmes qui assument cette tâche) et apportent leurs hottes pleines à la fabrique installée sur place. Elles effectuent une seconde cueillette l'après-midi. À la fabrique, les feuilles fraîches subissent une série de traitements : elles sont desséchées, puis roulées et pressées afin d'amener les sucs à la surface ; on les met ensuite à fermenter pour que l'arôme se développe. Elles sont de nouveau séchées et sélectionnées selon des critères précis.

Le Golden Flowery Orange Pekoe de Darjeeling occupe la première place à la fois en matière de goût et de prix, tandis que le Dust (débris de thé) est bon marché.

Le thé est ensuite envoyé aux enchères dans des grandes caisses en bois, avant d'être apporté aux mélangeurs. Chaque thé ou presque doit

subir cette opération si l'on veut obtenir le bon dosage en couleur, arôme, puissance et parfum.

Depuis l'indépendance, la propriété des plantations est passée aux mains des Indiens, mais la Grande-Bretagne conserve des intérêts dans les cultures. On estime que les 750 jardins de thé de l'Assam, dont beaucoup appartiennent à des conglomérats tel Tata, produisent plus de 55 % des besoins nationaux et environ 16 % de la demande mondiale. La production de thé augmente régulièrement, en dépit des conflits et troubles politiques qui déstabilisent les régions productrices. ■

Le directeur de la plantation (à droite) inspecte les arbustes et choisit ceux qui seront traités dans la journée. La hotte attachée au front, les ouvriers jettent les feuilles par-dessus leur épaule (ci-dessous).

Itinéraires de randonnée

Quelques jours de trekking à travers le paysage himalayen vous emmèneront loin des plaines saturées de monuments.

LES POSSIBILITÉS D'ITINÉRAIRES SONT NOMBREUSES, DE L'EXCURSION de quelques jours au trekking de deux semaines, de la simple balade au circuit plus exigeant, pour lequel une bonne forme physique est nécessaire. Reportez-vous aux p. 377-378 pour plus d'informations.

L'HIMALAYA OCCIDENTAL

Le premier trekking que nous vous présentons est une randonnée facile de 4 jours à partir de **Mussoorie**. Il traverse la magnifique **Harki Dun** (vallée des Rois), au nord-ouest du Garhwal. Les habitants, dont les maisons se distinguent par une porte en bois sculpté, ont leurs propres coutumes et traditions religieuses. Lors de ce trek, l'hébergement se fait en bungalow, sauf la dernière nuit. Le premier jour, effectuez en voiture ou en bus le trajet jusqu'à Purola, en passant par Netwar. Le lendemain, continuez par la route jusqu'à Sankri et entamez la randonnée jusqu'à Takula (1 900 mètres). Le troisième jour, longez la rivière Tons pour parvenir à Osla (2 259 mètres). Le dernier jour, vous grimperez sur le versant jusqu'à la Harki Dun (3 560 mètres), un bon point de départ pour d'autres trekkings de plusieurs jours. De là, vous avez le choix entre redescendre et, si vous êtes en bonne condition physique, continuer pour relever le défi du col de Yamunotri.

À partir de **Bageshvar**, vous pouvez rejoindre en 5 jours de randonnée facile le **glacier de Pindari**, situé au cœur des forêts des monts Kumaun. Vous dormirez dans des bungalows très simples. De la ville de pèlerinage de Bageshvar, prenez une voiture ou un bus jusqu'à Bharari. Là, commencez à marcher en suivant la vallée de Sarayu pour atteindre Song (vous pouvez aussi y arriver par la route). Continuez jusqu'à Loharkhet. Le deuxième jour, une longue marche vous mènera au col de Dhakuri (2 835 mètres), avant de descendre vers la ville du même nom. Les deux jours suivants, le parcours, plus tranquille, suit la vallée de Pindar jusqu'à Khati, avant de longer la rivière Pindar et ses cascades pour rejoindre Dwali et, au-delà, Phurkia, cette dernière étape étant plus difficile. Le trek culmine au pied du glacier de Pindari (3 820 mètres). Ici, vous pouvez redescendre ou camper sur place.

L'itinéraire suivant vous emmène à travers la **vallée de Kulu**, de Nagar à Jari, grâce à un trekking dont le point de chute est l'agglomération de **Manali**. La meilleure période se situe entre mi-septembre et fin octobre. L'itinéraire dure 5 jours durant lesquels on dort sous la tente, mais il existe des variantes, avec des itinéraires plus courts et plus simples. De Nagar, marchez à travers une magnifique forêt qui s'élève vers des pâturages. Installez votre campement au-delà de la ligne des arbres ou continuez jusqu'au pied du col de Chandrakani. Le deuxième jour, franchissez le col (3 660 mètres) puis allez jusqu'à Malana, où la population a son propre système de gouvernement et vit selon des règles particulières (votre guide vous fournira des explications). Vous pourrez passer deux-trois nuits dans une guest house et effectuer des randonnées d'une journée dans les reliefs escarpés des environs. Une descente en pente raide mène dans la vallée de Parvati jusqu'à Rashol, puis Jari.

Le trekking de **Simla** à **Leh** est un circuit de 15 jours associant marche et trajets en voiture ou en bus. Il vous conduira jusqu'aux contreforts des monts **Kinnaur** et **Spiti** par des routes au panorama vertigineux et des sentiers à flanc de montagne. Avant tout, prévoyez quelques jours pour vous acclimater à l'altitude. La première semaine, rejoignez en voiture ou en bus Sarahan, en passant par Narkanda et Rampur. Puis marchez jusqu'à Sangla pour admirer le temple de Bhimkali et les temples de la vallée de Baspa. Continuez jusqu'à Kalpa par Chitkul avant de traverser les villages médiévaux de Kothi, Tehlangi, Pangi, Chini (où se dresse le monastère de Hubulankar) et Peo. Reprenez la route jusqu'à Nako (3 660 mètres) et visitez le monastère tibétain de Lotsawa-Lhakang. La deuxième semaine, roulez jusqu'à Tabo, où les fresques du monastère Chos Khor (996) sont aussi belles que celles d'Ajanta (voir p. 178-179). Traversez Pin, continuez jusqu'à Ki et Kibber, puis Rangrik, avant de franchir le col de Kumzum (4 551 mètres) et d'arriver à Chatru. Kyelang s'étend de l'autre côté du col de Rohtang (3 978 mètres). De là, passez le col de Baralacha (4 850 mètres), en voiture ou en bus, et rejoignez Sarchu. Les cols de Lachaalang (5 065 mètres) et de Tanglang conduisent à Leh.

Le trekking de la **vallée de Markha** est un classique du Ladakh. D'une durée de 8 à 10 jours, il relie **Spiti** ou **Stok**, près de Leh, à **Hemis**. Vous trouverez des campements tout au long. La meilleure période se situe de la mi-juin à la mi-octobre (en juillet-août, la vallée peut être très fréquentée). Le trajet se déroule presque totalement dans le parc national de Hemis. La randonnée démarre par 2 jours de marche dans la vallée de Markha. De Spiti (3 200 mètres), allez jusqu'à Rumbak (3 800 mètres) en passant par Jingchan et Yurutse, puis rejoignez Shingo (4 150 mètres). L'étape suivante longe une gorge spectaculaire avant d'arriver à Skiu (3 400 mètres). De là, gagnez Markha (3 700 mètres) en profitant de la vue sur le Nimaling (6 400 mètres). Poursuivez jusqu'à Tahungtse, le camp de base du Nimaling (4 720 mètres), avant de franchir le col de Longaru (5 100 mètres) et de redescendre au camp de Shang Sumdo (3 660 mètres). Terminez par le monastère tibétain de Hemis.

L'HIMALAYA ORIENTAL

Le trekking qui va de **Maneybhanjan** à **Rimbik** est assez facile. Il dure 6 jours et suit la **chaîne de Singalila**. Vous pourrez admirer quatre des plus hauts sommets du monde : l'Everest, le Kanchenjunga, le Makalu et le Lhotse. Essayez d'effectuer cette randonnée en octobre-novembre ou de février à mai. Vous pourrez loger dans des abris (prévoyez un bon sac de couchage). Le premier jour, allez en voiture ou en bus de Darjeeling à Maneybhanjan. Marchez vers Meghma, puis montez jusqu'à Tonglu (3 070 mètres). Vous pouvez aussi dormir dans un lodge à Jaubari. Rejoignez Sandakphu (3 636 mètres) le lendemain. Les troisième et quatrième jours, suivez les crêtes en marchant jusqu'à Molley, où vous passerez la nuit, puis revenez sur vos pas jusqu'à Sandakphu pour continuer vers Phalut (3 600 mètres). Les deux jours suivants, rejoignez Gorkhey et poursuivez votre marche pour dormir à Rammam (2 560 mètres).

La randonnée de **Darjeeling** à **Kalimpong** tient davantage de la promenade que du trekking. Elle vous mènera du Bengale-Occidental au Sikkim en une semaine ponctuée de nuits à l'hôtel. Le parcours associe marche et trajets en voiture ou en bus, et comprend la visite de monastères, de pépinières et d'un jardin botanique. Les meilleures périodes sont octobre-novembre et février-mars. Commencez par passer une journée à Darjeeling (voir p. 326) et

visitez l'Himalayan Mountaineering Institute (Institut d'alpinisme himalayen), sur Birch Hill. Le deuxième jour, traversez en voiture ou en bus la vallée de la Teesta pour rejoindre Gangtok (1 547 mètres). Là, vous pourrez visiter l'Orchidarium, le Cottage Industries Institute, consacré à l'artisanat, et, le jour suivant, le Research Institute of Tibetology (Institut de recherche en tibétologie). Ce troisième jour, vous pouvez effectuer une petite randonnée dans les environs. Le quatrième jour, roulez jusqu'à Rumtek (1 550 mètres), dont le monastère vaut une visite, et consacrez le jour suivant à une marche dans les environs. Le sixième jour, reprenez un véhicule pour suivre la vallée de la Teesta jusqu'à **Kalimpong** (1 250 mètres), le centre de floriculture de la région. En y passant deux nuits, vous aurez le temps de vous promener et de visiter des pépinières, ainsi que le monastère de Tarpacholing et l'école de médecine tibétaine du monastère de Brang.

La **piste de Dzongri** est un trek de 9 jours en haute altitude qui traverse les forêts du Sikkim et comprend l'aller-retour entre **Yoksum** et **Dzongri** (trajet circulaire). Le premier jour, faites le trajet à pied de Pelling à Yoksum, le point de départ officiel. Le lendemain, grimpez à travers les forêts pour atteindre Tsokha (3 000 mètres). Passez le troisième jour à randonner dans les environs pour vous adapter à l'altitude. Le quatrième jour, rejoignez Dzongri (4 030 mètres) en traversant des forêts de pins et de rhododendrons. Consacrez le jour suivant à une nouvelle acclimatation. Les sixième et septième jours, redescendez jusqu'à Thangsing (3 800 mètres), avant de remonter vers le lac Samiti (4 060 mètres). Campez sur place ou continuez jusqu'à Zemanthang. Le lendemain, faites l'ascension du col de Gocha (4 940 mètres) et retour. Le dixième jour, descendez à Tsokha. ∎

Informations pratiques

Vivre avec son temps :
une femme vêtue d'un sari
voyage en amazone à
l'arrière d'une moto.

INFORMATIONS ET ADRESSES

PRÉPARER SON VOYAGE

L'Inde offre une telle variété de climats et de sites que n'importe quel moment de l'année se prête à un séjour. La diversité de ses paysages, de ses monuments, de son artisanat... satisferont tous les goûts ou presque. Consacrez un peu de temps à l'organisation de votre itinéraire. Ne cédez pas à la tentation de tout voir : il est souvent plus instructif et plus satisfaisant de rester plusieurs jours au même endroit plutôt que de se précipiter d'un site à un autre en passant beaucoup de temps à se déplacer. L'Inde est un immense pays, qui ne se découvre pas en une seule fois.

QUAND PARTIR

L'Inde connaît trois saisons. L'hiver, d'octobre à mars, offre des journées agréables et ensoleillées, et des nuits froides dans le Nord. L'été, d'avril à juin, se distingue par des journées de plus en plus chaudes et humides, sauf en altitude. Enfin, de juillet à septembre, la saison des pluies, la mousson, balaie le pays en remontant du sud vers le nord (voir p. 20).

Pour visiter les forts, les temples et les palais indiens, mais aussi pour vous détendre sur les plages, la meilleure période se situe entre septembre et mars. Comme la saison touristique s'étend d'octobre à février, vous aurez sans doute besoin d'effectuer des réservations dans les hôtels. Pour découvrir la faune et la flore, prévoyez de partir entre février et août, lorsque le temps devient plus sec et plus chaud : la végétation est moins envahissante, et il est plus facile de repérer des animaux allant s'abreuver aux points d'eau. Les passionnés d'ornithologie seront comblés par l'incroyable variété d'oiseaux migrateurs que l'Inde accueille en hiver, et plus particulièrement de décembre à février.

La chaleur accablante qui s'installe progressivement d'avril à juillet et pousse les visiteurs à chercher refuge en altitude chute brusquement avec l'arrivée de la mousson. La saison des pluies peut constituer une extraordinaire expérience et présente l'avantage de vider l'Inde de ses touristes. Pour randonner dans les collines et les montagnes, les mois de printemps et d'été, de mai à octobre, sont parfaits.

Vous pouvez aussi organiser votre itinéraire en fonction de l'une des nombreuses et merveilleuses fêtes célébrées en Inde (voir p. 379-382). Mais, quels que soient le moment de l'année choisi et la région visitée, vous tomberez sans doute par hasard sur une célébration secondaire ou sur des foires de village.

INFORMATIONS TOURISTIQUES

Pour vous faire conseiller dans l'organisation de votre voyage, mais aussi pour obtenir des cartes et des brochures, contactez l'un des offices de tourisme gouvernementaux indiens.

Site Web
info.fr@india-tourism.com

En France
13, bd Haussmann, 75009 Paris ; ☎ 01 45 23 30 45 ; fax : 01 45 23 33 45.

Au Canada
60 Bloor Street (West), Suite 1003, Toronto, Ontario, M4W 3B8 ; ☎ 416/962-3787 ; fax : 416/962-6279 ; e-mail : india@istar.ca

Il n'y a pas d'office de tourisme indien en Suisse et en Belgique.

AGENCES DE VOYAGES

Pour que votre voyage en Inde se déroule le plus sereinement possible, adressez-vous à une agence de voyages spécialisée dans cette partie du monde et habituée à effectuer des réservations en Inde. Si vous choisissez de voyager en indépendant, l'agence doit être capable de respecter votre budget et de vous proposer des itinéraires en fonction de vos attentes en matière d'aventure, de culture, de confort... Elle doit aussi vous conseiller des sites et des circuits qui correspondent à vos centres d'intérêt, en mettant par exemple l'accent sur les temples, les palais du Rajasthan, les cités fortifiées du Karnataka ou les randonnées dans les collines et montagnes. L'agence est censée se charger de toutes les réservations en faisant appel à des relais de confiance en Inde, afin de vous éviter les longues formalités liées aux déplacements dans le pays. En résumé, elle doit vous faciliter la vie. Une fois en Inde, les agences locales s'assurent que vos réservations d'hôtels, de voitures, de guides et d'autres services sont respectées. Elles peuvent également vous suggérer des itinéraires ou des choix d'hébergement.

VOYAGES ORGANISÉS

Même si, d'ordinaire, vous préférez organiser votre voyage et effectuer vos préparatifs vous-même, vous apprécierez peut-être de vous rendre en Inde avec un voyage organisé. Vous profiterez ainsi de l'expérience de professionnels, qui se chargent de tout ; une fois sur place, vous n'aurez plus qu'à vous consacrer aux visites tandis que l'organisateur s'occupera des réservations d'hôtels et des déplacements.

Vous trouverez sans peine un circuit correspondant à votre budget et à vos centres d'intérêt. En général, le prix comprend le billet d'avion aller-retour, les déplacements sur place, les hôtels, certains repas, et incluent la présence d'un guide. L'office de tourisme indien de votre pays (voir ci-dessus) pourra vous diriger vers des opérateurs compétents.

Les circuits varient du plus simple au plus luxueux. Consultez plusieurs brochures pour avoir une idée de la gamme des voyages et des prix proposés. Vous pouvez aussi choisir d'explorer une région par ce biais une fois arrivé. Les opérateurs indiens ont en général une bonne connaissance du pays et peuvent rapidement vous proposer un itinéraire.

AGENCES DE VOYAGES EN FRANCE

Voyageurs en Inde
55, rue Sainte-Anne, 75002 Paris ; ☎ 01 42 86 16 90 ; site internet : www.vdm.com

Terres d'aventure
6, rue Saint-Victor, 75005 Paris ; ☎ 0 825 847 800 ; site internet : www.terdav.com

Clio
27-34, rue du Hameau, 75015 Paris ; ☎ 01 53 68 82 82 ; site internet : www.clio.fr

Asia
1, rue Dante, 75005 Paris ; ☎ 01 44 41 50 10 ; site internet : www.asia.fr

La Maison des Indes
7, place Saint-Sulpice, 75006 Paris ; ☎ 01 56 81 38 38 ; site internet : www.maisondesindes.com

La Route des Indes
7, rue d'Argenteuil, 75001 Paris ; ☎ 01 42 60 60 90 ; e-mail : info@laroutedesindes.com

Kuoni
☎ 0 820 05 15 15 ; e-mail : vacancesenligne@kuoni.fr ; site internet : www.kuoni.fr

La Compagnie du monde
82, boulevard Raspail, 75006 Paris ; ☎ 01 53 63 29 29 ; e-mail : indes@compagniedumonde.com

AGENCES DE VOYAGES EN INDE

Les agences de voyages suivantes bénéficient d'une bonne réputation pour leur fiabilité et leur intégrité financière. Elles sont accréditées auprès du ministère du Tourisme et sont membres de la IATO (Indian Association of Tour Operators). Toutes couvrent l'ensemble de l'Inde, sauf Cosmopol, qui est spécialisée dans le sud du pays, et toutes possèdent un réseau d'agences locales.

Cosmopol Travel
A/301 Queens Corner, 3 Queens Road, Bangalore 56001 ; ☎ 080-220 2410 ou 080-220 2411 ; fax : 080-220 0154 ; e-mail : costours@vsnl.com

Equinox
Apartment 3, First Floor, 1 Rao Tula Ram Marg, New Delhi 110021 ; ☎ 011-616 3518 ou 011-616 3522 ; fax : 011-618 5130 ; e-mail : equinox.india@vsnl.com

First Tours India
205 Park & Shop Complex, DLF City Phase II, Gurgaon 12202, Haryana ; ☎ 0124-354 400 ou 0124-635 5515 ; fax : 0124-635 0326 ; e-mail : firstours@vsnl.com

International Ventures and Travel Inc. (IVAT)
C-233 Defence Colony, New Delhi 220024 ; ☎ 011-464 9194, 011-464 9195 ou 011-464 9196 ; fax : 011-465 5918 ; e-mail : ivat@vsnl.com

Micato Tours
B-525 Sarita Vihar, New Delhi 110044 ; ☎ 011-694 9107 ou 011-694 3781 ; fax : 011-694 0898 ; e-mail : micato@vsnl.com

PL Worldways
B-5/47A Safdarjang Enclave, New Delhi 110029 ; ☎ 011-616 7340 ou 011-616 7341 ; fax : 011-616 7346 ; e-mail : plholidays@vsnl.com

Travelscope
C-58 Malviya Nagar, New Delhi 110017 ; ☎ 011-668 0895 ou 011-668 7593 ; fax : 011-668 3979 ; e-mail : travelscope@vsnl.com

QUE FAUT-IL EMPORTER ?

Tenez-vous-en à la bonne vieille règle qui veut que plus on part léger, mieux c'est. L'Inde n'a plus grand-chose à voir avec ce qu'elle était il y a dix ans. Aujourd'hui, si vous avez oublié quelque chose et que vous ne vous éloignez pas trop des circuits fréquentés, vous pouvez généralement le trouver sur place, qui plus est à un prix souvent intéressant (pellicules photo, piles, cartes…). Quelques exceptions toutefois : vous aurez du mal à trouver des crèmes solaires, des lames de rasoir et des produits de maquillage de qualité. Les voyageurs qui s'aventurent hors des sentiers battus ont naturellement besoin d'un équipement spécifique, mais là aussi on trouve à peu près tout – du matériel photo à celui de montagne – dans les grandes villes de l'Inde.

VÊTEMENTS

Question confort, rien ne peut égaler les vêtements en coton. Évitez donc les textiles synthétiques, mais prévoyez quelques tenues chaudes pour les petits matins frais et les nuits dans le Nord – les services de blanchisserie des hôtels sont rapides et efficaces, donc inutile de trop vous charger. Les hommes peuvent prévoir un short (nous le déconseillons aux femmes) ; mais, pour une visite des parcs naturels ou une randonnée, un pantalon est préférable. N'oubliez pas d'emporter un chapeau pour vous protéger du soleil et un maillot de bain pour la piscine ou le bord de mer – à cette occasion, rappelons que le monokini reste choquant pour les Indiens. Munissez-vous de chaussures confortables pour la marche, mais également faciles à ôter pour la visite des édifices religieux. À ce propos, prenez une paire de chaussettes si vous ne souhaitez pas marcher pieds nus dans les temples. Les Indiens étant en général assez informels, il est inutile de s'habiller le soir, sauf occasion particulière – auquel cas, rien ne vous empêche, mesdames, de porter un sari aux couleurs chatoyantes et vous, messieurs, un ensemble chemise-pantalon à l'indienne.

MÉDICAMENTS

Peut-être vous sentirez-vous plus en sécurité si vous emportez votre propre pharmacie. Mais sachez que les médecins attachés aux hôtels et les pharmacies locales proposent en général d'excellents services. Pour éviter des désagréments gastriques, buvez de l'eau minérale (en grande quantité) et choisissez plutôt la version végétarienne des plats locaux dans les restaurants (certains établissements les préparent à la demande). Et rappelez-vous que la banane est un remède simple et efficace, qui tout à la fois apaise et nourrit l'estomac.

Un voyage en Inde nécessite tout de même certaines précautions. Contactez votre médecin ou un dispensaire pour les dernières informations concernant les vaccins et les modes de prévention contre le paludisme. Du fait des flux migratoires, aucune région indienne n'est épargnée par cette maladie. Pensez aussi à emporter une photocopie de l'ordonnance prescrite par votre médecin.

DIVERS

Parmi les autres produits qui peuvent se révéler utiles lors d'un voyage en Inde figurent un écran total, des comprimés ou une solution pour la réhydratation (l'équivalent local étant l'Electrol), une crème antiseptique, des pastilles contre les maux de gorge (la poussière peut l'irriter), un baume pour les lèvres (le soleil dessèche la peau), des lingettes stériles, un répulsif contre les insectes et du papier toilette doux.

ET, SI NÉCESSAIRE...

Prévoyez une paire de jumelles pour l'observation des animaux et des détails architecturaux. Un carnet de notes permet d'inscrire l'ordre dans lequel vous souhaitez visiter les sites et facilitera l'identification de vos photos au retour. Une carte de l'Inde et des cartes des États que vous comptez visiter vous aideront à vous repérer. Si vous souhaitez acheter des pièces de soie ou de coton pour en faire des vêtements ou décorer votre intérieur, emportez des échantillons de tissu ou de couleurs pour assortir les teintes.

GADGETS

Le réseau électrique indien est devenu bien plus fiable qu'auparavant. Le voltage est de 220, parfois 230. Vous n'aurez donc besoin ni d'un transformateur, ni d'un adaptateur de prise. En revanche, un stabilisateur de tension se révélera utile si vous emportez des appareils électroniques. Prévoyez

éventuellement un petit appareil anti-moustiques léger et un fer à repasser de poche. Vous serez content d'avoir une lampe de poche en cas de panne de courant, mais aussi pour les palais et temples mal éclairés, ainsi que les grottes. Les téléphones portables fonctionnent en Inde (voir p. 340) – n'oubliez pas votre chargeur. Mais sachez qu'il existe des téléphones publics (voir p. 340) et que les cybercafés (qui n'ont souvent de café que le nom) abondent.

ASSURANCES

Contractez une bonne assurance : pour la santé, contre le vol et en cas d'annulation de votre départ. Si vous partez en voyage organisé, vous aurez peut-être besoin d'une assurance complémentaire ; vérifiez toujours le contrat.

FORMALITÉS

PASSEPORT ET VISAS

Un voyage en Inde nécessite un passeport en cours de validité (et valable 6 mois après la date du retour) ainsi qu'un visa qui doit être obtenu avant le départ. En France, comptez 50 € (au moment de la rédaction de ce guide) pour un visa touristique. Ce dernier est délivré par l'ambassade ou le consulat d'Inde de votre pays d'origine. En revanche, les permis spéciaux permettant de visiter certaines régions contrôlées doivent en général être demandés sur place.

DOUANE À L'ARRIVÉE

Les effets à usage personnel apportés en Inde sont exemptés de taxes, ainsi que les cadeaux dont la valeur n'excède pas 4 000 roupies (environ 70 €), une bouteille d'alcool et 200 cigarettes, 50 cigares ou 250 grammes de tabac. Les biens commerciaux doivent être déclarés, ainsi que les devises pour un montant supérieur à 10 000 €. Drogues et stupéfiants sont strictement interdits.

DOUANE AU DÉPART

Certains articles ne sont pas autorisés à l'exportation sans autorisation spéciale. C'est notamment

le cas des bijoux en or dont la valeur excède 6 000 roupies (environ 105 €), des peaux d'animaux et autres produits d'origine animale, des objets d'art de plus de 100 ans et les plantes sauvages.

Si vous désirez obtenir une expertise des objets d'art, adressez-vous à l'Archaeological Survey of India, Janpath, New Delhi ; ☎ 011-301 9451.

AMBASSADES ET CONSULATS DE L'INDE

Pour obtenir des renseignements détaillés sur les questions évoquées ci-dessus, contactez l'ambassade ou le consulat le plus proche de votre domicile.

En France

Ambassade de l'Inde
15, rue Alfred-Dehodencq, 75016 Paris ; ☎ 01 40 50 70 70 ; fax : 01 40 50 09 96 ; e-mail : culture@indeembparis.zee.net ; site internet : www.amb-inde.fr
Service des visas : 20, rue Albéric-Magnard, 75016 Paris ; ☎ 01 40 50 71 71.

En Belgique

Ambassade de l'Inde
Chaussée de Vleurgat 217, 1050 Bruxelles ; ☎ 02-640 9802 ; fax : 02-648 9638 ; e-mail : eoi-bru@skynet.be

En Suisse

Kirchenfeldstr. 28, 3000 Berne ; ☎ 31 351 11 10 ; fax : 351 15 57 ; 9, rue du Valays, 1202 Genève ; ☎ 22 906 86 76 ; fax : 731 51 29.

Au Canada

High Commission of India, 10 Springfield Road, Ottawa, Ontario KIM 1C9 ; ☎ 613/744-3751 ou 613/744-3752 ; fax : 613/744-0913.

SE RENDRE EN INDE

VOLS INTERNATIONAUX

De nombreuses compagnies aériennes internationales desservent l'Inde. Les principaux aéroports internationaux sont New Delhi, Bombay (Mumbai), Calcutta (Kolkata) et Chennai (Madras). Air India assure également des liaisons avec Bangalore, tandis que les compagnies charters proposent des trajets à destination de Panaji (Goa) et Thiruvananthapuram (Trivandrum, Kerala). Vous pouvez tout à fait arriver dans une ville et repartir d'une autre, parfois sans coût supplémentaire.

Renseignez-vous dans diverses agences pour obtenir le meilleur prix possible (il existe d'importantes variations). Certains billets au départ de Londres ou de Bruxelles peuvent se révéler meilleur marché. Assurez-vous que les taxes d'aéroport sont comprises dans le tarif.

SE DÉPLACER EN INDE

À L'ARRIVÉE

Si personne ne vient vous accueillir, adressez-vous au comptoir officiel des taxis, où les tarifs et les chauffeurs sont soumis à contrôle (ce n'est pas le cas dans les autres véhicules).

DANS LES PRINCIPALES VILLES

L'Inde offre un panel de moyens de transport supérieur à celui de la plupart des pays occidentaux. Choisissez celui qui convient le mieux à la nature de votre déplacement. Par exemple, à Delhi, vous utiliserez un taxi pour les longs trajets, un auto-rickshaw pour les déplacements plus brefs et un rickshaw à bicyclette pour explorer Old Delhi. À Bombay (Mumbai), vous aurez le choix entre le taxi et le train local. À Calcutta (Kolkata), on peut se déplacer en taxi, en métro, en train, en ferry et en rickshaw. Quant aux plus audacieux, ils pourront relever le défi de s'essayer au réseau de bus local.

Les taxis ne possèdent pas forcément de compteur et, s'ils en possèdent un, ils ne l'utilisent pas toujours. Dans ce cas, comme

pour les trajets en rickshaw, mettez-vous d'accord avec le chauffeur sur un prix avant de monter, effectuez des arrêts où vous le souhaitez et payez à la fin de la course en ajoutant un peu d'argent pour le « temps d'attente ». Le concierge de votre hôtel devrait être en mesure de vous donner une idée claire des tarifs locaux, qui varient considérablement d'un lieu à un autre.

DANS LE PAYS

Les déplacements d'un endroit à un autre font partie d'un séjour en Inde. Amusez-vous à faire l'expérience de tous les moyens de transport : essayez de voyager en avion, en voiture, en car, en bus et en train ; à dos de chameau, de cheval ou d'éléphant ; enfin, en auto-rickshaw et en tempo.

Les liaisons aériennes, utiles pour les grandes distances, sont souvent sujettes à retards et il vaut mieux les éviter pour de petits trajets comme Delhi-Agra : le train est alors beaucoup plus facile et plus rapide.

Les routes de l'Inde sont un univers à part entière. Votre voiture, car ou bus partagera souvent le bitume avec des troupeaux de chèvres, des bicyclettes et des charrettes à bœufs croulant sous un chargement de fruits ou de légumes, entre autres choses. Résultat : un trajet apparemment anodin peut devenir une expérience mémorable.

Attention aux déplacements à dos d'animaux, à califourchon sur un chameau par exemple, qui peuvent vite tourner au cauchemar. Testez votre résistance avant de vous embarquer pour une randonnée de 5 jours dans le désert. Les déplacements à cheval, assez répandus sur les parcours de trekking, sont plus faciles. Quant aux promenades à dos d'éléphant pour observer des oiseaux ou peut-être un tigre, elles constituent des expériences inoubliables.

Vous pouvez enfin louer une voiture : prenez-la avec chauffeur, car se lancer sur les routes de l'Inde relève presque de l'inconscience (voir p. 340).

EN AVION

Trois compagnies intérieures principales et quelques compagnies secondaires couvrent le réseau aérien indien (115 aéroports) : **Jet Airways, Indian Airlines** et **Air India**. Votre agence de voyages vous fournira des horaires récents (ils changent en octobre et avril). Ces trois compagnies proposent aux touristes des offres spéciales soumises à certaines conditions, sous la forme de forfaits pour un nombre de voyages illimité sur une période de 15 ou 21 jours. Pour tous les vols intérieurs, présentez-vous une heure avant le départ au comptoir d'enregistrement des bagages.

EN TRAIN

Pour la plupart des visiteurs, un voyage en Inde ne se conçoit pas sans un trajet en train. Le vaste réseau ferroviaire du pays (voir p. 108) opère environ 7 800 services passagers chaque jour.

Tout en haut de l'échelle – il faut réserver à l'avance –, vous trouverez les trains touristiques comme le Palace on Wheels, les Rajdhani et Shatabdi Express.

Indian Railways propose à de très bons prix des forfaits Indrail Pass dont la durée de validité varie d'une demi-journée à 90 jours.

Trains touristiques
Le **Palace on Wheels** (Palais sur roues) fait le tour du Rajasthan en 8 jours. Départ de Delhi chaque mercredi.

Le **Royal Orient Express** circule de septembre à avril. De Delhi, il emmène ses passagers à travers le Rajasthan et le Gujerat (8 jours).

Trains réguliers à grande vitesse
Les Rajdhani Express, des trains de classe « luxe » à air conditionné, relient les principales villes et proposent des couchettes, tandis que les Shatabdi Express parcourent des distances moins importantes (entre Delhi et Agra, Gwalior et Bhopal…) en journée uniquement.

Le **Konkan Railway**
La voie ferrée la plus récente de l'Inde (voir p. 204) descend la côte occidentale à partir de Bombay (Mumbai).

Trains miniatures

Avec la disparition de la plupart des locomotives à vapeur et l'élargissement des voies, les charmantes lignes mises en place par les Britanniques pour desservir les stations d'altitude apparaissent comme des vestiges d'une autre époque. Parmi les liaisons qui existent encore, citons le trajet Kalka-Simla (70 kilomètres), la **Shivalik Queen**, qui effectue le même parcours mais en compartiments privés (très prisés des jeunes mariés), le **Nilgiri Mountain Railway**, qui se hisse jusqu'à Ooty, le **Matheran Railway** et le **Darjeeling Hill Railway**, dont les rails sont les plus étroits de tous et qui offre des vues fantastiques sur l'Himalaya. La **Fairy Queen**, la plus ancienne locomotive encore en activité, assure à présent des trajets aller-retour entre Delhi et Alwar le week-end.

EN VOITURE AVEC CHAUFFEUR

« Conduire » en Inde signifie louer une voiture avec chauffeur. Si votre budget le permet, c'est le mode de transport le plus confortable pour sillonner le pays. C'est aussi le moyen le plus facile de visiter les sites : vous êtes libre de vous rendre où vous le souhaitez, quand vous le souhaitez, et de vous arrêter dès que vous voyez quelque chose d'intéressant.

Un bon chauffeur doit avoir déjà effectué l'itinéraire que vous aurez choisi, il doit connaître de bonnes adresses pour les haltes de nuit et les meilleurs *dhabba* (cafés de bord de route). À lui de vous éviter les guides malhonnêtes et de venir à votre secours lorsque vous êtes harcelé par des quémandeurs. Il songera à faire le plein de boissons fraîches, pourra vous venir en aide pour de menues courses. Il va de soi que vous lui laisserez un bon pourboire au terme du voyage (voir « Pourboires », p. 342).

Lorsque vous faites connaissance avec le chauffeur, il est important que vous vous sentiez en confiance avec lui, que vous vous sentiez en sécurité dans son véhicule. Si ce n'est pas le cas, n'hésitez pas à en parler à votre agence locale et à changer. C'est l'agence de voyages qui est chargée de vous trouver une voiture, dont le coût est inclus dans le prix fixé entre elle et le chauffeur pour le circuit.

EN BUS

Il existe plusieurs classes de bus publics indiens. En haut de l'échelle se trouvent les bus « deluxe », qui sont confortables et dotés de l'air conditionné. La **Pink Line** et la **Silver Line** de Jaipur comptent parmi les meilleures lignes.

EN BATEAU

Certaines visites intègrent un parcours en bateau. À Bénarès (Varanasi), le spectacle du soleil levant à partir d'un bateau sur le Gange est un moment magique (voir p. 308-309). L'exploration des backwaters du Kerala en est un autre (voir p. 210-211) – vous pouvez même passer plusieurs jours à bord. La meilleure façon de se déplacer du nord au sud de Calcutta (Kolkata) est de prendre le ferry public qui traverse l'Hooghly. Sur la côte occidentale, des ferries desservent l'île d'Elephanta (voir p. 169) à partir de Bombay (Mumbai), tandis que des hydrofoils et des hovercrafts traversent le port jusqu'à la côte du Maharashtra.

RENSEIGNEMENTS PRATIQUES

COMMUNICATIONS

Pour ne pas dépendre des tarifs téléphoniques prohibitifs pratiqués par les hôtels, vous pouvez emporter votre téléphone portable ou utiliser les téléphones publics, qui sont en général signalés par un panneau jaune marqué PCO-STD-ISN. Les cafés Internet abondent.

UNITÉS DE MESURE

La température se mesure en degrés Celsius, les distances en kilomètres, les liquides en litres, les tissus en mètres, l'or en grammes.

SAVOIR-VIVRE ET COUTUMES LOCALES

Rares sont les visiteurs en Inde qui ne sont pas confrontés à la mendicité. La solution ne consiste pas toujours à faire l'aumône : celle-ci ne restera pas forcément dans la poche de la personne à qui vous l'avez donnée ; en outre, le geste entretient la pratique. Il peut être plus judicieux d'effectuer une donation dans l'une des nombreuses associations caritatives qui sont basées soit en Inde même, soit à l'étranger, et qui concentre ses efforts sur un aspect qui vous touche particulièrement : la santé, l'éducation, les enfants, l'approvisionnement en eau des zones rurales, etc. Si vous souhaitez quand même donner un peu d'argent à un(e) mendiant(e), faites-le juste avant de quitter le site pour éviter d'attirer d'autres convoitises.

Les Indiens sont des gens polis et soucieux de mettre les visiteurs à l'aise. Voici quelques indications qui vous aideront à témoigner votre respect et vous éviteront de commettre des impairs.

Enlevez vos chaussures lorsque vous pénétrez dans un temple, un *gurudwara* ou une mosquée ; habillez-vous avec modestie dans tous les lieux de culte.

La main et le pied gauches sont considérés comme impurs ; n'utilisez pas votre main gauche pour toucher un objet sacré, montrer quelque chose du doigt ou manger.

Respectez toutes les règles des lieux sacrés, y compris celles prohibant l'usage d'appareils photo (« No camera ») ou interdisant l'entrée à ceux qui portent du cuir (« No leather objects »).

Lorsque vous faites des achats, les commerçants s'attendent à ce que vous négociez les prix, sauf dans les boutiques où ceux-ci sont fixes (« fixed prices »). N'hésitez pas à marchander pour les moyens de transport, sauf lorsque les taxis possèdent un compteur en état de marche et qu'ils l'utilisent.

Lorsque les choses ne se passent pas exactement comme prévu ou à l'heure prévue, essayez de ne pas y attacher trop d'importance. Profitez de ces incidents de parcours pour lire ou observer la vie autour de vous.

L'hospitalité indienne est exceptionnellement généreuse, et le fait de ne pas l'accepter peut être pris comme une offense. Si vous êtes invité chez quelqu'un, pensez à apporter un bouquet de fleurs ou un cadeau de votre pays. Il est bon de prévoir d'acheter de petits articles à cette intention avant de partir.

Les tee-shirts très près du corps et les shorts très courts sont considérés comme inconvenants. Sur la plage, portez un maillot de bain digne de ce nom – le nudisme et les bains de soleil seins nus sont très rarement tolérés.

Certaines personnes, surtout les femmes dans les zones rurales, ne désirent pas être photographiées. Respectez leur souhait.

JOURS FÉRIÉS

En plus des nombreuses fêtes (voir p. 379-382), voici les jours fériés pendant lesquels la plupart des administrations sont fermées :

26 janvier : jour de la République.
15 août : fête de l'Indépendance.
2 octobre : anniversaire du Mahatma Gandhi.
25 décembre : Noël.

ALCOOL

Presque tous les hôtels servent de la bière et des alcools au bar et au restaurant. Toutefois, selon le parti politique au pouvoir, certains États peuvent déclarer quelques jours par mois « sans alcool ». Pendant ces périodes, il est important de respecter ces règlements et de restreindre la consommation d'alcool dans votre chambre d'hôtel.

MÉDIAS

Plus de 40 000 journaux et périodiques sont publiés chaque année en Inde. Nombre d'entre eux sont rédigés en anglais, dont le *Times of India* et l'*Indian Express*, qui comportent des éditions régionales. Un ou deux seront en général mis à votre disposition dans votre chambre d'hôtel. Les kiosques des hôtels vendent certains journaux étrangers.

En matière de télévision, les réseaux de diffusion indiens présentent un intérêt limité pour la majorité des visiteurs, mais la plupart des chambres d'hôtel sont équipées d'un poste recevant les chaînes diffusées par satellite, dont le programme international de la BBC et CNN.

ARGENT

La devise indienne est la roupie. Les billets sont émis en coupures de 500, 100, 50, 20, 10, 5 et 2. La roupie se divise en 100 paise. Ayez toujours une provision de petites coupures et de pièces de monnaie pour les pourboires. Toutefois, les sommes importantes sont souvent indiquées en dollars à l'intention des visiteurs dans les hôtels ou les boutiques haut de gamme.

Les principales cartes bancaires sont acceptées dans les hôtels, leurs boutiques et restaurants, ainsi que dans les grands magasins. Nous vous conseillons de voyager avec des chèques de voyage et de les changer dans les hôtels, qui proposent souvent un cours avantageux et des transactions plus rapides que dans les banques. Lorsque vous changez de l'argent, demandez un certificat afin de pouvoir éventuellement récupérer des devises à la fin de votre séjour : il est interdit de sortir des roupies du pays.

Attention, n'acceptez pas de billets déchirés : on vous les refusera probablement lors de vos achats (par contre, les billets perforés par les épingles ne posent pas de problème).

HORAIRES ET TARIFS

Les sites qui sont gérés par l'ASI (Archaeological Survey of India) ouvrent en général du lever jusqu'au coucher du soleil. Le prix d'entrée est habituellement faible, sauf pour quelques grands sites comme le Taj Mahal. Les horaires d'ouverture des musées sont souvent quelque peu capricieux, et peuvent changer d'une semaine à l'autre. Si vous vous rendez dans un lieu pour visiter un musée, pensez à vérifier ses heures d'ouverture au préalable.

En règle générale, les administrations gouvernementales ouvrent leurs portes du lundi au vendredi de 9 h 30 à 17 h et certains le samedi de 9 h 30 à 13 h.

La majorité des magasins accueillent la clientèle de 9 h 30 à 18 h, mais ceux qui sont situés à l'intérieur des hôtels et dans les sites touristiques restent ouverts plus longtemps. Les marchés ouvrent plus tôt et ferment plus tard que les magasins.

LIEUX DE CULTE

Dans la plupart des villes, on trouve des lieux de culte pour les chrétiens, pour les hindous et pour les musulmans.

Certaines comportent également des *gurudwara* fréquentés par les sikhs. Les villes historiquement liées à la communauté juive, comme Bombay (Mumbai), Calcutta (Kolkata), Delhi et Kochi (Cochin), possèdent des synagogues.

TOILETTES

Dans les hôtels et les restaurants haut de gamme, les toilettes sont modernes et propres, mais, en raison des restrictions en matière d'eau, il n'y a parfois qu'un seau et un robinet au lieu d'une chasse d'eau.

Au cours de vos déplacements, il est parfois plus confortable (et plus hygiénique) de vous arrêter au bord de la route et de profiter d'un buisson que d'utiliser les toilettes publiques disponibles dans les endroits très fréquentés. Pensez à avoir toujours un rouleau de papier hygiénique ou bien des lingettes antiseptiques à portée de main, ainsi qu'un sac en plastique pour éviter de laisser ces papiers dans la nature.

DÉCALAGE HORAIRE

L'Inde n'est traversée que par un fuseau horaire. Lorsqu'il est midi en France, il est 15 h 30 en été et 16 h 30 en hiver. Lorsqu'il est midi au Québec, il est 22 h 30 en Inde.

POURBOIRES

En principe, tout service exige un pourboire en Inde. Dans un hôtel, comptez 10 roupies pour la personne qui porte vos bagages, celle qui monte vos consommations dans votre chambre, celle qui livre votre linge, etc. Dans un restaurant, laissez 10 % du total de l'addition. Un bon guide mérite 100 roupies par jour ; un bon chauffeur aussi, voire davantage s'il a eu une longue journée. Dans les deux cas, donnez votre pourboire à la fin de la prestation.

Notez les pourboires qui sont inclus dans un voyage organisé. La seule occasion où il est d'usage de donner un double pourboire est la visite guidée en car : le chauffeur et son assistant sont tous deux habitués à recevoir un signe de reconnaissance.

VOYAGEURS HANDICAPÉS

En Inde, les infirmes et les personnes âgées sont très respectés. Les voyageurs handicapés ne devraient donc pas rencontrer de problème. Le personnel et les accompagnateurs aident volontiers en toutes circonstances. Informez votre agence de voyages de tout besoin spécifique vous concernant et faites de même à votre arrivée auprès de votre agence locale.

OFFICES DE TOURISME

L'office de tourisme gouvernemental possède 21 représentations sur le sol indien et 19 dans d'autres pays (voir p. 336). En général, le personnel se montre compétent et serviable.

En outre, chaque État et chaque territoire de l'Union offrent leur propre réseau régional d'informations touristiques, ainsi qu'un bureau à Delhi, la capitale.

URGENCES

AMBASSADES ET CONSULATS

FRANCE

2/50-E Shantipath, Chanakyapuri, Delhi ; ☎ 011-611 8790 ; fax : 687 2305.
26 Park Street, Kolkata ; ☎ 033-229 2314 ; urgences ☎ 245 7300.
16 Haddows Road, Chennai ; ☎ 044-827 0469.
Datta Prasad Building, 10 NG Cross Road, Cumballa Hill, Bombay ; ☎ 022-495 0918.
Compagnie Street, Pondichéry, Tamil Nadu ; ☎ 0413-334 058.

BELGIQUE

50-N Shantipath, Chanakyapuri, Delhi ; ☎ 011-688 9204 ; fax : 688 5821.

SUISSE

Nyaga Marg, Chanakyapuri, Delhi ; ☎ 011-687 8372 ; fax : 687 3093.

CANADA

7/8 Shantipath, Chanakyapuri, Delhi ; ☎ 011-687 6500 ; fax : 687 6579. Makers Chambers VI, J Bajaj Marg, Nariman Point, Bombay ; ☎ 022-2876028.

INCIDENTS

Si vous êtes impliqué dans un accident de la route, si vous êtes victime d'un vol ou que vous vous trouvez dans une situation où vous avez besoin des services de la police, prenez note de tout ce qui s'est passé. Présentez-vous au poste de police local avec le responsable de votre agence de voyages, le directeur de l'hôtel ou, en cas d'affaire grave, un représentant de votre ambassade ou consulat qui vous aidera pour les formalités. Il est important de porter plainte si vous voulez intervenir votre assurance.

DÉSAGRÉMENTS

Si un événement fâcheux se produit dans votre hôtel, contactez le responsable. Si cela arrive pendant un circuit, votre chauffeur ou votre guide s'en occuperont. Pour tout autre problème, mettez-vous en rapport avec le représentant local de votre agence de voyages. Toutefois, si vous êtes victime d'un vol conséquent, adressez-vous au poste de police le plus proche en compagnie du représentant de votre agence de voyages.

SANTÉ

Dans la plupart des grandes villes, les équipements sanitaires et médicaux sont satisfaisants. L'Inde forme de grands médecins, dont la plupart maîtrisent à la fois la médecine occidentale et d'autres soins complémentaires. Si vous avez un problème de santé, votre hôtel peut faire appel à un docteur à n'importe quelle heure du jour ou de la nuit. Les pharmacies sont plutôt efficaces et bien approvisionnées, et les hôpitaux des grandes villes sont en général bien équipés. Il est néanmoins utile d'avoir avec soi une seringue et des aiguilles stériles (certaines personnes voyagent même avec un échantillon de leur propre sang). Conservez les reçus de vos dépenses médicales (consultations et médicaments), ils vous seront réclamés par votre assurance.

NOURRITURE ET BOISSON

Si vous vous préoccupez de la qualité de l'eau, ayez toujours sur vous une bouteille d'eau minérale ; si la nourriture que vous trouvez en dehors des hôtels ne vous plaît pas, mangez chaque jour quelques bananes pour conserver vos forces. Quelques précautions s'imposent si vous avez du mal à résister aux effluves qui s'échappent des petits restaurants. Consommez des plats qui viennent d'être préparés, dans des établissements fréquentés (les habitués les jugent fiables et les aliments sont rapidement utilisés). Cantonnez-vous aux légumes, au *dhal*, au riz et au pain, sauf si vous êtes absolument sûr des conditions de stockage et d'hygiène. Lors d'un déplacement ou d'un circuit, emmenez de l'eau minérale, des biscuits et des fruits que vous pouvez peler.

HÔTELS ET RESTAURANTS

Les hôtels et restaurants indiens ont beaucoup évolué depuis les années 1990. Grâce au développement du tourisme international et des déplacements intérieurs, ainsi qu'aux allègements fiscaux en faveur des établissements à caractère historique, des hôtels de toutes tailles et de toutes catégories se sont multipliés à travers le pays.

Voici une petite sélection des offres d'hébergement. Comme partout ailleurs, un changement de direction dans un hôtel peut très vite entraîner des transformations, positives ou négatives, même dans un hôtel réputé. Cela dit, dans un palace de caractère bien géré, fournissant un service et des prestations de qualité, vous vivrez une expérience inoubliable.

Si vous planifiez vous-même votre séjour plutôt que d'opter pour un voyage organisé, soyez prudent. Les hôtels de luxe et les services qu'ils proposent, du téléphone au taxi, ne sont pas bon marché et les taxes sont lourdes. Passez par internet pour trouver le meilleur rapport qualité-prix. Vous pouvez réserver dans un ou deux hôtels mémorables, puis choisir des établissements plus modestes lorsque vous passez la majeure partie de vos journées à effectuer des visites.

Pour ce qui est de l'alimentation, les grands hôtels disposent souvent de plusieurs restaurants, parfois très en vogue auprès de la population locale. Il est donc conseillé de réserver. On y trouve également des cafés qui proposent des repas légers et qui ont des horaires d'ouverture très larges. Vous y trouverez un large choix de spécialités (la cuisine chinoise est particulièrement bonne, et les plats occidentaux sont dits « continentaux ») et vous pourrez y consommer des fruits frais (papaye, ananas, etc.) et des boissons originales (parmi lesquelles le jus de citron vert frais additionné d'eau gazeuse, servi sec avec du sel ou du sirop de sucre, très apprécié et désaltérant).

Toutefois, les petits hôtels, cafés et restaurants indépendants proposent souvent des plats locaux plus authentiques, qui sont en général cuisinés à la demande ; les Indiens adorent parler cuisine. Un simple café de bord de route, appelé *dhabba*, peut se révéler délicieux, en particulier pour manger un riz-*dhal* ou un *thali* (repas complet servi sur un plateau) dans le Sud, ou un *kebab* avec du *naan* ou du *paratha* le long de la Grand Trunk Road dans le Nord. Accompagnez le tout d'un *chai* (thé) au lait, chaud et sucré, ou d'une boisson gazeuse en bouteille. Les chauffeurs et les guides sauront vous dénicher les meilleurs endroits de ce type.

La méfiance et la peur incitent trop souvent les touristes étrangers à s'en tenir aux plats stéréotypés et décevants proposés dans les hôtels de luxe. La cuisine locale fraîchement préparée est bien meilleure et plus sûre. Accompagnez votre repas de riz ou de pain et, si vous n'êtes pas certain de la fraîcheur du poisson ou de la viande, contentez-vous d'un plat de légumes ; consommez un bol de yaourt par jour et buvez de grandes quantités d'eau minérale. Tous les hôtels possèdent leur restaurant, mais nous avons signalé les meilleurs par un symbole.

HÉBERGEMENT

Chaînes indiennes de grands hôtels de luxe
Toutes ces chaînes possèdent un système de réservation centralisé qui mettra à votre disposition une liste complète d'hôtels. Nous n'en mentionnons ici qu'une sélection.
Ashok Group (chaîne gérée par l'État ; ☎ 011-334 4422 ; fax : 011-334 3162 ; e-mail : reservation@theashokgroup.com ; site internet : www.theashokgroup.com
HRH Group ☎ 011-294 528 016 ; fax : 011-294 528 006 ; e-mail : resv@udaipur.hrhindia.com ; site internet : www.hrhindia.com
Neemrana Hotels ☎ 011-461 6145 ; fax : 011-462 1112 ; e-mail : sales@neemranahotels.com

PRIX

HÔTELS
Prix indicatifs pour une chambre double sans petit déjeuner.
€€€€€ plus de 280 €
€€€€ de 160 à 280 €
€€€ de 100 à 160 €
€€ de 40 à 100 €
€ moins de 40 €

RESTAURANTS
Prix indicatifs pour un repas sans boisson.
€€€€€ plus de 80 €
€€€€ de 50 à 80 €
€€€ de 35 à 50 €
€€ de 20 à 35 €
€ moins de 20 €

Oberoi Hotels and Resorts ☎ 800/6-Oberoi (É.-U.), 00 800 1234 0101 (Europe) ; fax : 212/223 8500 ; site internet : www.oberoihotels.com
Taj Hotels, Resorts, and Palaces ☎ 022-202 2626 ; fax : 022-287 2719 ; site internet : www.tajhotels.com
Welcomgroup ☎ 011-685 0242 ; fax : 011-686 3715 ; site internet : www.welcomgroup.com
Certaines réservations peuvent être effectuées auprès des hôtels Sheraton.

Chaînes hôtelières internationales
En raison du développement du tourisme de luxe en Inde, plusieurs groupes hôteliers bien connus s'y sont implantés, notamment Best Western, Country Hospitality (Regent, Radisson, Country Inns, TGIF), Four Seasons, Hilton, Holiday Inn, Hyatt, InterContinental, Kempinski, Mandarin Oriental, Marriott, Meridien, Park Plaza, Quality Inns et Sheraton.

Hôtels à caractère historique
Des palais majestueux aux modestes relais de chasse, des forts monumentaux aux demeures familiales confortables, les anciens souverains et aristocrates d'Inde ont pleinement tiré parti des avan-

⬆ Ascenseur ❄ Air conditionné 🏊 Piscine int. 🏊 Piscine ext. 🏋 Fitness 💳 Cartes bancaires acceptées

HÔTELS ET RESTAURANTS

tages fiscaux consentis pour transformer leurs propriétés en hôtels. Quelques-uns appartiennent à de grandes chaînes hôtelières ou sont gérés par des hommes d'affaires, mais la plupart sont tenus par les descendants de leurs créateurs. Ils se situent principalement au Rajasthan, mais sont de plus en plus nombreux dans le Gujerat, le Madhya Pradesh, l'Himachal Pradesh et d'autres États. Bien qu'ils soient romantiques et souvent très beaux, la qualité des services proposés (confort des chambres, eau chaude, cuisine, qualité du personnel) est variable. Cela dit, ceux qui sont bien gérés offrent à leur clientèle un service remarquable et personnalisé avec lequel aucun grand hôtel ne peut rivaliser, ainsi qu'une bonne cuisine locale. Pour obtenir de plus amples informations, contactez Heritage Hotels Association, 9 Sardar Patel Marg, C Scheme, Jaipur 302001, Rajasthan ; ☎ 0141-381 906 ; fax : 0141-382 214.

Autres types d'hébergement

Les hôtels tenus par leurs propriétaires sont souvent plein de charme. Nous en avons sélectionné plusieurs. Certains hôtels appartiennent à des États ; dans les listes qui suivent, les initiales de l'État figurent entre parenthèses après le nom. Construits par les Britanniques et situés dans des endroits originaux, certains Tourist Bungalows et Traveler Lodges modestes sont aussi gérés par les États. Les bateaux du Kerala qui servaient jadis au transport du riz sont devenus de belles péniches. Delhi, Goa, Bombay, Calcutta, Chennai et une douzaine de villes du Rajasthan, notamment Jaipur, ont créé des programmes d'hôtes payants qui permettent de séjourner dans une famille indienne, les réservations s'effectuant auprès des offices de tourisme locaux. En Inde, les auberges de jeunesse sont très bon marché et souvent situées en centre-ville : contactez la Young Hostel Association of India, 5 Nyaya Marg, Chanakyapuri, New Delhi, 110021 ; ☎ 011-611 6285 ; fax : 011-611 3469.

CATÉGORIES ET PRIX

Le nombre d'étoiles a peu d'importance en Inde et il serait faux de croire que l'appartenance à un groupe international d'hôtels de luxe est la garantie qu'un établissement sera l'équivalent, par exemple, d'un hôtel de New York faisant partie du même groupe. Cette information n'est donc pas mentionnée. Tous les hôtels et la plupart des restaurants clos sont dotés de l'air conditionné, sous diverses formes. Dans les restaurants, les zones non-fumeurs à un rares. La plupart des hôtels peuvent changer des devises étrangères en roupies. Les chambres d'hôtel dépassant un certain prix sont soumises à des taxes de luxe.

CARTES BANCAIRES

La plupart des grands hôtels acceptent les principales cartes bancaires. Les autres n'en acceptent souvent que certaines (spécifiées dans leur descriptif), voire aucune. Mais ne vous attendez pas à pouvoir payer avec une carte bancaire dans un restaurant ne faisant pas partie d'un hôtel. Les abréviations utilisées dans ce guide sont : AE (American Express), DC (Diner's Club), MC (Mastercard) et V (Visa).

ORGANISATION

Les hôtels et restaurants énumérés ici sont classés par région, comme dans le guide, puis par ordre alphabétique au sein de chaque catégorie de prix.

DELHI

Les nombreux hôtels de la capitale affichant souvent complet, réservez à l'avance. Pour ce qui est de la restauration, la cuisine de l'Inde du Nord va de plats simples de la province du Nord-Ouest aux mets moghols riches, élaborés et raffinés.

🏨 HYATT REGENCY
🍴 DELHI
€€€€€
BHIKAJI CAMA PLACE,
RING ROAD
TÉL. : 011-679 1234 ou
011-679 1150
FAX : 011-679 1122
E-MAIL : hyatt@del2.vsnl.net.in

PRIX

HÔTELS
Prix indicatifs pour une chambre double sans petit déjeuner.

€€€€€	plus de 280 €
€€€€	de 160 à 280 €
€€€	de 100 à 160 €
€€	de 40 à 100 €
€	moins de 40 €

RESTAURANTS
Prix indicatifs pour un repas sans boisson.

€€€€€	plus de 80 €
€€€€	de 50 à 80 €
€€€	de 35 à 50 €
€€	de 20 à 35 €
€	moins de 20 €

Situé au sud de Delhi, à 8 kilomètres du centre, cet hôtel spacieux s'adresse à une clientèle d'affaires de luxe. Tout le confort moderne est à portée de main et l'hôtel dispose de deux étages haut de gamme *(executive floors)*, ainsi que de deux courts de tennis. Il abrite plusieurs restaurants, dont le Delhi Ka Angan (cuisine de l'Inde du Nord) et le TK's (grill oriental), qui se distinguent par leur qualité.
🛈 518 🚌 🅿
🍽 Principales cartes acceptées

🏨 MAURYA SHERATON
🍴 HOTEL & TOWERS
€€€€€
SARDAR PATEL MARG,
CHANAKYAPURI
TÉL. : 011-611 2233
FAX : 011-611 3333
E-MAIL : maurya@welcomgroup.com
Hôtel géré par Welcomgroup et situé dans le quartier diplomatique du sud-ouest de Delhi. La tour comprend un étage non-fumeurs. Cet établissement se distingue par son esprit novateur. Il est décoré d'œuvres d'art indiennes et ses restaurants se distinguent par leur cuisine authentique : des plats de la province du Nord-Ouest sont servis au Bukhara et des

---

🏨 Hôtel 🍴 Restaurant 🛈 Nbre de chambres 🍽 Nbre de couverts 🚌 Bus 🅿 Parking 🕐 Horaires

rôtis en cocotte au Dum Pukht, tandis que le Bali Hi propose des mets polynésiens.

ⓘ 516 (dont 44 suites) 🅢 🅐 🅥 🅢 Principales cartes acceptées

🏨 OBEROI
🍴 €€€€€

DR. ZAKIR HUSSAIND MARG
TÉL. : 011-436 3030
FAX : 011-436 0484
E-MAIL : reservations@oberoidel.com

Cet ancien hôtel de luxe du groupe Oberoi est constamment rénové afin d'être maintenu à son meilleur niveau. Situé près du terrain de golf, à mi-chemin entre le centre de Delhi et les quartiers périphériques, il est apprécié de la clientèle aisée. Un étage est non-fumeurs. Parmi ses restaurants, signalons le Kandahar (moghol), le Baan Thai (thaï), le La Rochelle (continental) et le Taipan (chinois).

ⓘ 290 🅢 🅐 🅥 🅢 Principales cartes acceptées

🏨 TAJ MAHAL
🍴 €€€€€

1 MANSINGH ROAD
TÉL. : 011-302 6162
FAX : 011-302 6070
E-MAIL : tajmahal@giasdel01.vsnl.net.in

Les deux hôtels de Delhi du groupe Taj (voir Taj Palace, p. 346) sont appréciés des touristes et des hommes d'affaires pour leur atmosphère agréable. Situé en plein centre, celui-ci est le plus petit des deux et abrite trois restaurants : le House of Ming (cuisines cantonaise et sichuanaise), le Captain's Cabin (bar et cuisine continentale à base de fruits de mer) et le Haveli (plats de l'Inde du Nord).

ⓘ 300 🅐 🅥 🅢 Principales cartes acceptées

🏨 ASHOK
🍴 €€€€

50B CHANAKYAPURI
TÉL. : 011-611 0101
FAX : 011-687 3216
E-MAIL : ashoknd@ndb.vsnl.net.in

Construit en 1954, avant que les terrains ne se vendent à prix d'or, l'Ashok dispose de chambres spacieuses ainsi que de vastes salles communes et de belles pelouses. Il possède d'agréables et très bons restaurants : essayez le Samova (un café), qui surplombe les jardins, le Durbar (cuisine moghole), le Frontier (province du Nord-Ouest) ou le Tokyo (japonais).

ⓘ 550 🅐 🅥 🅢 AE, DC, MC, V

🏨 CLARIDGES
🍴 €€€€

12 AURANGZEB ROAD
TÉL. : 011-301 0211
FAX : 011-301 0625
E-MAIL : claridge.hotel@gems.vsnl.net.in

Vieil hôtel rénové situé au cœur des élégantes avenues à trois voies de New Delhi, le Claridges est apprécié de la population locale pour son choix de restaurants : le Dhaba (cuisine de l'Inde du Nord, en particulier moghole), le Corbett's (province du Nord-Ouest) et le Jade Garden (cantonais et mandarin).

ⓘ 162 🅐 🅥 🅢 Principales cartes acceptées

🏨 GRAND HYATT DELHI
🍴 €€€€

VASANT KUNJ PHASE II, NELSON MANDELA ROAD
TÉL. : 011-612 1234
FAX : 011-689 5891
E-MAIL : info@hyattdelhi.com
SITE INTERNET : www.hyatt.com

Cet hôtel situé à l'extérieur de la ville, entre la zone résidentielle luxueuse qui s'étend au sud-ouest de Delhi-centre et l'aéroport, a ouvert ses portes en avril 2001. Il dispose de sept restaurants, d'un centre de culture physique de qualité, d'un établissement thermal (extérieur) ainsi que de courts de tennis.

ⓘ 390 🅐 🅥 🅢 Principales cartes acceptées

🏨 IMPERIAL
🍴 €€€€

1 JANPATH
TÉL. : 011-334 1234 ou 011-334 5678
FAX : 011-334 5678
E-MAIL : hotel@imperialindia.com

Édifice dernier cri au moment de sa construction, entre 1933 et 1936, il a été restauré et rénové par ses propriétaires d'origine, la famille Singh. C'est l'un des meilleurs hôtels de Delhi, qui conserve son caractère d'origine. Comme il est situé dans le centre-ville, son café et son jardin constituent une véritable oasis pour les visiteurs. Le restaurant Spice Route (Asie du Sud-Est) vaut le déplacement.

ⓘ 263 🅐 🅥 🅢 Principales cartes acceptées

🏨 INTER-CONTINENTAL
🍴 NEW DELHI
€€€€

BARAKHAMBA AVENUE, CONNAUGHT PLACE
TÉL. : 011-341 1001
FAX : 011-341 2233
E-MAIL : newdelhi@interconti.com

Le hall de cet hôtel, vaste et très central, grouille généralement d'autochtones qui se rendent à une fête ou à une réunion se tenant dans l'une des douze salles de réception. L'établissement compte quatre étages haut de gamme (*executive floors*) et six restaurants, notamment le Baluchi (Inde du Nord), le Blue Elephant (thaï) et le Grill Room (cuisine continentale).

ⓘ 444 🅐 🅥 🅢 Principales cartes acceptées

🏨 LE MERIDIEN
🍴 $$$$

WINDSOR PLACE, JANPATH
TÉL. : 011-371 0101
FAX : 011-371 4645
E-MAIL : meridien@nda.vsnl.net.in

Idéalement situé pour la visite des sites touristiques, cet édifice peu attrayant avec son vaste atrium et ses ascenseurs en capsule possède des chambres donnant sur la New Delhi de

HÔTELS ET RESTAURANTS

Lutyens. La piscine se trouve au 4e étage. Le restaurant Pierre (cuisine française) se distingue par sa qualité, tout comme le Pakwan (Inde du Nord) et le Golden Phoenix (cantonais et sichuanais).

(I) 353 🏊 🍴
⚐ Principales cartes acceptées

METROPOLITAN HOTEL NIKKO NEW DELHI
€€€€
BANGLA SAHIB ROAD
TÉL. : 011-334 2000
FAX : 011-334 3000
E-MAIL : nikko@hotelnikkodelhi.com
Ouvert en 2001, cet hôtel dernier cri prête à ses clients des ordinateurs et téléphones portables, les maintient en forme grâce à son centre thermal et propose les services d'un photographe. Étage non-fumeurs.

(I) 178 🏊 🍴
⚐ Principales cartes acceptées

THE PARK
€€€€
15 PARLIAMENT STREET
TÉL. : 011-373 3737
FAX : 011-373 2025
E-MAIL : resv.del@park.sprintrpg.ems.vsnl.net.in
Situé en plein cœur de New Delhi, The Park offre de belles promenades autour des principales œuvres de Lutyens. Des chambres spéciales sont à la disposition des clients handicapés.

(I) 224 🏊 🍴
⚐ Principales cartes acceptées

RADISSON HOTEL DELHI
€€€€
NATIONAL HIGHWAY 8, VERS GURGAON
TÉL. : 011-677 9191
FAX : 011-677 9090
E-MAIL : raddel@del2.vsnl.net.in
Proche des aéroports international et national, cet hôtel est idéal pour se reposer quelques heures avant, après ou entre les vols. Si vous souhaitez manger

avant de prendre votre avion, vous aurez le choix entre trois restaurants et trois bars.

(I) 256 🚌 🏊 🍴
⚐ Principales cartes acceptées

SURYA
€€€€
NEW FRIENDS COLONY
TÉL. : 011-683 5070
FAX : 011-683 7758
E-MAIL : suryahot@ndf.vsnl.net.in
Les clients de cet hôtel situé dans un agréable quartier résidentiel de New Delhi bénéficient des services d'un maître d'hôtel. Les habitants de la ville y apprécient la cuisine du restaurant Sikandra (moghol) et du Sampan (cantonais et sichuanais).

(I) 234 🏊 🍴
⚐ Principales cartes acceptées

TAJ PALACE
€€€€
2 SARDAR PATEL MARG, CHANAKYAPURI
TÉL. : 011-611 0202
FAX : 011-611 0808
E-MAIL : bctdp@tajgroup.sprintrpg.ems.vsnl.net.in
Plus récent et plus grand que son homologue, le Taj Mahal (voir p. 345), le Taj Palace jouit d'une situation centrale idéale pour les visites. Parmi ses restaurants, citons l'Orient Express (français), le Handi (cuisine de l'Inde du Nord) et le Tea House of August Moon (chinois).

(I) 422 🏊 🍴
⚐ Principales cartes acceptées

VASANT CONTINENTAL
€€€€
BASANT LOK, VASANT VIHAR
TÉL. : 011-614 8800 ou 011-614 1177
FAX : 011-614 5959
E-MAIL : hvc@del3.vsnl.net.in
Hôtel bien situé, à mi-chemin entre les aéroports et le centre de Delhi, dans un quartier résidentiel chic et assez récent.

(I) 123 🅿 🚌 🏊 🍴
⚐ Principales cartes acceptées

CONNAUGHT
€€€
37 SHAHEED BHAGAT SINGH MARG
TÉL. : 011-336 4225
FAX : 011-334 0757
E-MAIL : prominenthotels@gems.vsnl.net.in
Cet hôtel de luxe international, dont la clientèle est surtout constituée d'hommes d'affaires, propose des chambres immaculées et un service personnalisé. Au nombre des attentions, des fruits et des biscuits sont fournis dans chaque chambre. Les chambres des étages supérieurs jouissent d'une vue magnifique sur la ville et l'hôtel abrite plusieurs restaurants.

(I) 80 🅿 🚌 🔄
⚐ Principales cartes acceptées

SAMRAT
€€€
KAUTILYA MARGI
TÉL. : 011-611 0606
FAX : 011-688 7047
Très bien situé, cet établissement propose des appartements bon marché pour les longs séjours. La gamme des prestations proposées est complète. Vous y trouverez notamment un restaurant indien et continental, le Baradari.

(I) 255 chambres et 16 appartements 🏊 🍴
⚐ Principales cartes acceptées

AMBASSADOR
€€
SUJAN SINGH PARK
TÉL. : 011-463 2600
FAX : 011-463 8219 ou 011-463 2252
E-MAIL : ambassador.delhi@tajhotels.com.
Comme l'Imperial et le Claridges (voir p. 345), c'est l'un des premiers hôtels de New Delhi. Il a été bâti en 1951 par un ingénieur-entrepreneur, sir Shoba Singh, à proximité des jardins des Lodi. De vastes pelouses entourent l'hôtel, qui fait partie du groupe Taj.

(I) 88 ⚐ Principales cartes acceptées

🏨 Hôtel 🍴 Restaurant (I) Nbre de chambres 🍽 Nbre de couverts 🚌 Bus 🅿 Parking 🕐 Horaires

🏨 HANS PLAZA
🍴 €€

15 BARAKHAMBA ROAD
TÉL. : 011-331 6861
FAX : 011-331 4830
E-MAIL : hansotel@nde.vsnl.net.in
Cet hôtel sans façon situé entre les 16ᵉ et 20ᵉ étages d'un immeuble de Connaught Circus offre une superbe vue sur la ville. Le restaurant Clay and Coal propose de bonnes spécialités de l'Inde du Nord.
🛏 67   🛡 Principales cartes acceptées

🏨 INDIA HABITAT CENTRE
€

LODI ROAD
TÉL. : 011-468 2222
FAX : 011-468 2052
E-MAIL : enquiry@habitatworld. com
Les clients sont logés dans un grand complexe artistique du centre-ville qui dispose de salles de spectacle (théâtre, cinéma), d'un auditorium, de salles d'exposition et de restaurants aux différentes spécialités.
🛏 58   🛗   🏊   🏋
🛡 Principales cartes acceptées

🏨 JANPATH
€€

JANPATH
TÉL. : 011-334 0070
FAX : 011-334 7083
E-MAIL : janpath@ndf.vsnl.net.in
Bien situé, cet hôtel au cadre simple est un bon point de départ pour la visite des sites touristiques. Deux restaurants : le Gulnar (moghol) et l'Orbit (continental).
🛏 213   🛡 Principales cartes acceptées

🏨 NIRULA'S
🍴 €€

L-BLOCK,
CONNAUGHT CIRCUS
TÉL. : 011-332 2419
FAX : 011-335 3957
E-MAIL : delhihotel@nirula.com
Bien connu des jeunes de Delhi pour son glacier, sa pâtisserie et son restaurant, le Chinese Room (sichuanais). Le manque

de tranquillité est compensé par une bonne situation et un rapport qualité-prix intéressant.
🛏 29   🛡 DC, MC, V

🏨 OBEROI MAIDENS
€€

7 SHAM NATH MARG,
CIVIL LINES
TÉL. : 011-397 5464
FAX : 011-398 0771
E-MAIL : bsparmar@tomdel.com
Situé au nord d'Old Delhi, cet hôtel a été bâti en 1900 par M. Maiden. Sir Edwin Lutyens y a séjourné pendant la construction de New Delhi, au sud. Charmants meubles d'époque, jardins entretenus et court de tennis.
🛏 54   🏊   🛡 Principales cartes acceptées

🏨 ASIAN INTERNATIONAL
€

JANPATH LANE
TÉL. : 011-334 0101
FAX : 011-334 0202
E-MAIL : asian@hotels asian.com
Dans une ruelle calme située entre Connaught Place et les œuvres de Lutyens.
🛏 40   🛡 AE, MC, V

🏨 BROADWAY
🍴 €

4/15A ASAF ALI ROAD
TÉL. : 011-327 3821
FAX : 011-326 9966
E-MAIL : owhpl@nda.vsnl.net.in
Situé entre Connaught Place et Old Delhi, cet hôtel simple conviendra aux petits budgets. Il contraste avec son restaurant haut de gamme, le Chor Bizarre. Si vous visitez Old Delhi, c'est un bon choix pour déjeuner.
🛏 28   🛡 Principales cartes acceptées

🏨 CENTRAL COURT
🍴 €

N-BLOCK, CONNAUGHT CIRCUS
TÉL. : 011-331 5013
FAX : 011-331 7582
L'un des plus anciens hôtels de Connaught Place, offrant une vaste terrasse et trois restaurants.
🛏 36   🛡 Principales cartes acceptées

PRIX

HÔTELS
Prix indicatifs pour une chambre double sans petit déjeuner.

€€€€€	plus de 280 €
€€€€	de 160 à 280 €
€€€	de 100 à 160 €
€€	de 40 à 100 €
€	moins de 40 €

RESTAURANTS
Prix indicatifs pour un repas sans boisson.

€€€€€	plus de 80 €
€€€€	de 50 à 80 €
€€€	de 35 à 50 €
€€	de 20 à 35 €
€	moins de 20 €

🏨 RANJIT
€

MAHARAJA RANJIT SINGH ROAD
TÉL. : 011-323 1256
FAX : 011 323 166
Bien placé pour la visite d'Old Delhi, cet hôtel possède un bon restaurant où l'on sert des plats de l'Inde du Nord et du Sud.
🛏 185   🏊   🛡 DC, MC, V

🏨 YORK
€

K-BLOCK,
CONNAUGHT CIRCUS
TÉL. : 011-332 9169
FAX : 011-335 2419
Situé dans le cœur commercial de Delhi et installé dans les étages supérieurs du bâtiment, le York est un hôtel sans façons mais calme. Ses deux restaurants servent cinq types de cuisine.
🛏 27   🛡 AE, MC, V

🏨 MAHARANI GUEST HOUSE
€

3 SUNDAR NAGAR
TÉL. : 011-469 3128
FAX : 011-462 1562
E-MAIL : maharani@newdelhi.net
Cet hôtel se trouve dans un quartier résidentiel central et chic, près de Purana Qila. Simple, propre et confortable, il est équipé de belles salles de

---

 Ascenseur   🛗 Air conditionné   🏊 Piscine int.   🏊 Piscine ext.   🏋 Fitness   🛡 Cartes bancaires acceptées

HÔTELS ET RESTAURANTS

bains et le service d'étage est disponible 24 heures sur 24.
[i] 24 🈯 🄰 Principales cartes acceptées

🏨 SHERWANI FORT VIEW
€€
11 SUNDAR NAGAR
TÉL. : 011-463 5831
FAX : 011-469 4226
Hôtel de catégorie un peu supérieure à celle du Maharani Guest House (ci-dessus), situé à côté. Chambres confortables.
[i] 16 🄰 Principales cartes acceptées

🏨 YMCA TOURIST HOTEL
€
JAI SINGH ROAD
TÉL. : 011-336 1915
FAX : 011-374 6032
E-MAIL : ymcath@ndf.vsnl.net.in
Excellente situation, chambres familiales disponibles. Réservation indispensable.
[i] 106 🄰 AE

🏨 YWCA INTERNATIONAL GUEST HOUSE
€
SANSAD MARG (PARLIAMENT STREET)
TÉL. : 011-336 1561
FAX : 011-334 1763
E-MAIL : ywcaind@del3.vsnl.net.in
Situé dans Parliament Street, à proximité de la Delhi de Lutyens. L'hébergement est assez rudimentaire mais offre un bon rapport qualité-prix. Réservation indispensable.
[i] 24 🄰 AE

🍴 COCONUT GROVE
€€
ASHOK YATRI NIWAR, 19 ASHOK ROAD
TÉL. : 011-336 8553
Les connaisseurs originaires de l'Inde du Sud font un détour pour déguster sa cuisine familiale.

🍴 LA'ZEEZ AFFAIRE
€€
MALCHA MARG MARKET
Ce restaurant offre un vaste choix de riches plats régionaux du Pendjab, de Lucknow, d'Hyderabad et du Cachemire.

🍴 COFFEE HOUSE CAFÉ
€
BABA KHARAK SINGH MARG
C'est l'endroit idéal pour prendre un café et un *sambar* après avoir fait le tour des grands magasins d'État. Bien situé, entre les blocs A et B, il constitue une étape essentielle pour les amateurs de shopping.

🍴 NATIONAL MUSEUM OF HANDICRAFTS
€
PRAGATI MAIDAN, BHAIRON ROAD
TÉL. : 011-331 7641 ou 011-337 1887
L'un des rares musées indiens à posséder un café, excellent au demeurant. Bonne halte même si vous ne visitez pas le musée.

🍴 VILLAGE BISTRO COMPLEX
€
12 HAUZ KHAS VILLAGE, PRÈS DE DEER PARK
TÉL. : 011-685 3857
Plusieurs restaurants entourés de boutiques de luxe sont installés dans le même bâtiment : celui qui est situé sur le toit surplombe les vestiges de Khilji et de Tughluq. On peut y déguster des spécialités culinaires variées tout en assistant à des spectacles. Ces restaurants sont appréciés pour leurs brunchs.
🄰 Principales cartes acceptées

🍴 VILLAGE RESTAURANT COMPLEX
€
SIRI FORT, DONNANT SUR SRI AUROBINDO ROAD
Comme au Village Bistro Complex (ci-dessus), des ruines servent de cadre à une cuisine de qualité proposée dans une atmosphère agréable.
🄰 Principales cartes acceptées

COUP DE CŒUR

🍴 KARIM'S
Pour les gourmands audacieux, se rendre au Karim's, l'un des rares restaurants traditionnels qui subsistent à Old Delhi, est un must. Il se trouve au bas de Gulli Kababian (« allée du kebab »), une ruelle au sud de la Jami Masjid. On passe devant les cuisiniers avant de parvenir à cinq salles à manger où l'on sert un petit déjeuner copieux composé de *nahar* (un curry d'agneau servi le matin) et de *khameeri roti* (pain). Vous verrez les chefs remuer le contenu de leurs chaudrons et les boulangers étaler et fourrer leur pâte. Pourquoi ne pas goûter quelques *shami kebabs*, un plat de *badam pasanda* (agneau aux herbes aromatiques) et, bien sûr, des pains chauds comme les *roomali roti*, les *kulcha* ou les *naan* ? Ouvert jusqu'en milieu de soirée.
€€
GULLI KABABIAN

ESCAPADES DU WEEK-END
Voici cinq hôtels idéaux pour un week-end paisible à la campagne.

🏨 THE MUD FORT, KUCHESAR
€
KUCHESAR, UTTAR PRADESH
À deux heures de route environ à l'est de Delhi, le groupe Neemrana Hotels a magnifiquement rénové une partie de ce fort. Isolé au milieu de terres agricoles et de villages, cet hôtel simple jouit d'une tranquillité absolue. Réservez auprès de Neemrana Hotels (voir p. 343).
🄰 Principales cartes acceptées

🏨 NEEMRANA FORT
€
NEEMRANA, RAJASTHAN
À mi-chemin entre Delhi et Jaipur, ce magnifique fort du XVe siècle est idéal pour s'évader de Delhi. Il possède de charmantes suites et un excellent restaurant. Réservez auprès de Neemrana Hotels (voir p. 343).
[i] 41 🄰 Principales cartes acceptées

🏨 Hôtel 🍴 Restaurant [i] Nbre de chambres 🍴 Nbre de couverts 🚌 Bus 🅿 Parking 🕐 Horaires

PATAUDI PALACE
€€
PATAUDI, DIST. GURGAON
TÉL. : 0124-74 082
Encore habitée par des descendants des nababs de Pataudi,
cette maison de campagne dans
le style de Lutyens est meublée
de façon originale. Elle est située
au milieu d'une roseraie dans
un village paisible donnant sur
la route Delhi-Jaipur.
15 Principales cartes
acceptées

RAMGARH LODGE
€€
JAMUVA RAMGARH
TÉL. : 01 426-552 217 ou
01 426-52 079
Situé au nord-est de Delhi, cet
hôtel est installé dans deux bungalows construits par les Britanniques au XIXᵉ siècle, bien
restaurés et meublés dans un
style d'époque. Entouré de vergers et de jardins, il offre une
belle vue sur le Kumaon. Idéal
pour s'évader ou faire une halte
sur la route du parc national de
Corbett ou des montagnes.
5 AE, DC, MC

TIKLI BOTTOM
MANENDEER FARM,
GAIRAI BUR BAS, TIKLI,
GURGAON, HARYANA
TÉL. : 0124-636 1881
FAX : 011-335 1272
E-MAIL : honiwala@vsnl.com
Annie et Martin Howard, installés à Delhi de longue date,
ont aménagé une maison de
campagne luxueuse dans le
style de Lutyens, à une heure de
route à l'ouest de Delhi.
4 – N'accepte pas
les cartes bancaires

LES ALENTOURS DE DELHI

Sur les routes qui relient Delhi respectivement à Agra et à Jaipur,
vous trouverez plusieurs restaurants bien tenus proposant des
salles de repos agréables et, parfois, des jardins. Essayez ceux de
Hodel et Kosi. Pour les randonneurs, le Kumaun Mandal Vikas
Nigam (KMVN) gère près de

50 lieux d'hébergement disséminés dans toute la région montagneuse du Kumaon. Réservez auprès de KMVN, Oak Park House,
Mallital Nainital ; 05 942-36 209.

AGRA

Le service est souvent assez relâché
dans les hôtels d'Agra, mais la cuisine moghole peut être succulente.

AMARVILAS
€€€€
TAJ EAST GATE ROAD
TÉL. : 0562-231 515
FAX : 0562-231 516
E-MAIL : reservations@amarvilas.
com ou gm@amarvilas.com
Géré par le groupe Oberoi, ce
palace luxueux de style moghol
offre la plus belle vue sur le Taj
Mahal. Les chambres bénéficient
du service d'un maître d'hôtel.
Oberoi possède un hôtel plus
modeste dans la ville, le Trident.
16 Principales cartes
acceptées

JAYPEE PALACE
€€€
FATEHABAD ROAD
TÉL. : 0562-330 800
FAX : 0562-330 850
E-MAIL : jaypeeag@ned vsnl.net.in
Vaste hôtel installé dans un parc
de 12 hectares et doté de nombreux équipements sportifs. Il y
a sept restaurants, où l'on sert
notamment des spécialités mogholes et chinoises.
350 AE, V

MOGHAL SHERATON
€€€
TAJ GANJ, FATEHABAD ROAD
TÉL. : 0562-331 701
FAX : 0562-331 730
E-MAIL : mughal@welcomgroup.
com
Cet hôtel Welcomgroup oc-
cupe un bâtiment d'influence
moghole, élégant, implanté dans
un parc de 13 hectares. Les
chambres du haut ont vue sur
le Taj Mahal. Le restaurant sert
une cuisine moghole de qualité.
300 Principales cartes
acceptées

TAJ VIEW
€€
FATEHABAD ROAD
TÉL. : 0562-331 841
FAX : 0562-331 860
E-MAIL : tajview.agra@tajhotels.
com
Cet hôtel est apprécié pour sa
vue sur le Taj Mahal depuis les
chambres des étages supérieurs
et pour sa piscine. Ses restaurants sont plutôt quelconques.
100 Principales cartes
acceptées

MANSINGH PALACE
€
FATEHABAD ROAD
TÉL. : 0562-331 771
FAX : 0562-330 202
E-MAIL : mansingh.agra@
mailcity.com
Établissement bien tenu et sans
prétention. Bonne situation.
97 AE, MC, V

DASAPRAKASH
€
1 GWALIOR ROAD
TÉL. : 0562-260 269
Apprécié de la population locale pour ses plats de l'Inde du
Sud. Le choix des menus est
parfois limité, mais la cuisine est
de bonne qualité. Goûtez les
rawa masala dosa aux oignons.

AMRITSAR

RITZ PLAZA
€€
45 THE MALL
TÉL. : 0183-226 606
FAX : 0183-226 657
E-MAIL : ritz@del3.vsnl.net.in
Situé dans une banlieue calme
du nord de la ville, le plus ancien hôtel d'Amritsar, richement
rénové, est entouré de jardins.
35 Principales
cartes acceptées

MRS. BHANDARI'S GUEST HOUSE
€
10 CANTONMENT
TÉL. : 0183-222 390
FAX : 0183-222 390
Cet hôtel, géré par une famille,
se trouve dans une maison co-

loniale située près de la gare fer-roviaire. Il n'a pas changé depuis les années 1950 et se targue d'une clientèle fidèle de voya-geurs qui l'apprécient pour son atmosphère familiale.

🛏 12 🛌 – N'accepte pas les cartes bancaires

BANDHAVGARH (PARC NATIONAL DE)

🛏 BANDHAVGARH JUNGLE CAMP
€€€
TALA
TÉL. : 011-685 4626
FAX : 011-686 4614
Tentes plantées au bord d'un cours d'eau, dans les jardins du relais de chasse d'un maharaja. Douches chaudes à disposition. Effectuez vos réservations au-près de B/21 Greater Kailash Enclave II, New Delhi.

🛏 10 tentes pourvues de lits jumeaux – N'accepte pas les cartes bancaires

BHARATPUR

🛏 LAXMI VILAS PALACE
€
KAKAJI-KI-KOTHI, RAGHUNATH NIVAS, AGRA ROAD
TÉL. : 05 644-22 722
FAX : 05 644-22 864
SITE INTERNET :
www.laxmivilas.com
Hôtel installé dans un *haveli*, meublé de façon originale. At-mosphère accueillante.

🛏 25 🛌 – N'accepte pas les cartes bancaires

BHOPAL

🛏 NOOR US-SABAH
€€
VIP ROAD, LOHE-FIZA
TÉL. : 0755-749 101
FAX : 0755-749 110
E-MAIL : reliable@bom4.vsnl.net.in
Dans ce palais royal rénové datant des années 1920, les chambres donnent sur le lac de la ville. Cuisine de qualité, belle piscine. Cet hôtel appartient à la chaîne Welcomgroup.

🛏 70 🛌 🗝 Principales cartes acceptées

CHANDIGARH

🛏 MOUNTVIEW
€€
SECTOR 10
TÉL. : 0172-740 544
FAX : 0172-742 220
Cet hôtel jouit d'une bonne si-tuation pour visiter aussi bien Chandigarh que Patiala.

🛏 59 🛌 🗝 Principales cartes acceptées

🛏 NALAGAR FORT PALACE
NALAGAR
TÉL. : 01 795-23 009
FAX : 01 795-23 021
Situé sur la route reliant Chan-digarh à Simla, ce palais familial du XVe siècle offre une belle vue sur la petite ville de Nalagar et sur les monts Siwalik.

🛏 35 🗝 Principales cartes acceptées

CORBETT (PARC NATIONAL DE)

Les lieux d'hébergement du parc (cabanes, huttes en rondins, etc.) sont rudimentaires et souvent dé-cevants (voir p. 126).

🛏 INFINITY RESORTS
€€
RAMNAGAR
TÉL. : 05 946-85 279
FAX : 05 946-85 280
E-MAIL : info@tigertopsindia.com
Sur une falaise surplombant le Kosi, idéal pour la baignade, le complexe offre des chambres spacieuses et une cuisine de bonne qualité. Des naturalistes sont prêts à guider les clients dans la forêt pour des randon-nées d'une journée ou des ex-cursions de deux jours.

🛏 24 🗝 Principales cartes acceptées

GWALIOR

🛏 USHA KIRAN PALACE
€€
JAYENDRAGANJ, LASHKAR, À CÔTÉ DU JAI VILAS (PALAIS DU MAHARAJA)
TÉL. : 0751-323 993

FAX : 0751-321 103
SITE INTERNET : www.fhrai.com
Géré par Welcomgroup, cet hôtel occupe l'ancien palais d'un maharaja, construit dans les an-nées 1930. Meublé dans le style de l'époque, c'est un établisse-ment confortable.

🛏 28 🗝 Principales cartes acceptées

KANHA (PARC NATIONAL DE)

🛏 WILD CHALET RESORT
€€
MOCHA
TÉL. : 07 649-77 205
FAX : 07 649-77 203
Cet établissement se trouve à l'extérieur du parc, mais le for-fait proposé comprend le loge-ment dans un chalet avec vue sur la rivière, des repas de qua-lité et les prestations de natu-ralistes de la région.

🛏 16 🗝 AE pour les réservations

KHAJURAHO

Tous les hôtels et restaurants se trouvent à proximité des temples du secteur ouest.

🛏 CHANDELA
€€
JHANSI ROAD
TÉL. : 07 686-72 355
FAX : 07 686-72 365
E-MAIL : chandela.khajurao@ tajhotels.com
Hôtel pratique composé de deux étages de chambres en-tourant la piscine. Situé à deux pas des temples.

🛏 94 🛌 🗝 Principales cartes acceptées

🛏 JASS OBEROI
€€
TÉL. : 07 686-42 344
FAX : 07 686-42 345
Les chambres basses de plafond et blanchies à la chaux de cet hôtel surplombent de belles pe-louses et une élégante piscine.

🛏 94 🛌 🗝 Principales cartes acceptées

🛏 Hôtel 🍴 Restaurant 🛏 Nbre de chambres 🍴 Nbre de couverts 🚌 Bus 🅿 Parking 🕐 Horaires

🍴 MEDITERRANEO
€€

JAIN TEMPLE ROAD

Outre le menu classique, ce restaurant sert des mets israéliens et coréens à l'initiative de son propriétaire italien.

MANDU

🏨 JHIRA BAGH PALACE
€

MANDU ROAD, DHAR

TÉL. : 07 292-322 850

FAX : 07 292-35 097

Cet hôtel situé à 40 minutes de route de Mandu offre un confort que l'on ne trouve pas dans les hébergements de Mandu, assez rudimentaires.

🏊 🏋 🔶 Principales cartes acceptées

MATHURA

🏨 MADHUBAN
€

KRISHNA NAGAR

TÉL. : 0565-420 058

FAX : 0565-420 064

Propre et pratique, cet hôtel est bien situé pour visiter Mathura et les villages Braj des environs.

🏊 🔶 Principales cartes acceptées

MUSSOORIE

🏨 CLARIDGES NABHA
€€

BARLOWGANJ ROAD

TÉL. : 0135-631 426

FAX : 0135-631 125

Ce palais du maharaja de Nabha a conservé son élégance et ses meubles d'époque. Ses jardins sont plantés de cèdres et de chênes. Pas de chambre simple ni de double à lits jumeaux.

ℹ 22 🔶 Principales cartes acceptées

NAINITAL

🏨 BELVEDERE PALACE
€€€

AWAGARH ESTATE, MALLITAL

TÉL. : 05 942-37 434

FAX : 05 942-35 082

E-MAIL : belvederepalace@vsnl.com

Construit en 1897 pour servir de palais d'été aux rajas d'Awagarh, cet édifice a été rénové et transformé en hôtel.

ℹ 18 🔶 MC, V

ORCHHA

🏨 SHEESH MAHAL
€

TÉL. : 07 680-52 624

L'hôtel occupe une partie du complexe fortifié d'Orchha (Jahangir Mahal). Les chambres sont meublées simplement, mais le décor est magnifique ; la suite installée au dernier étage et dotée d'une terrasse offre une vue panoramique.

ℹ 8 🔶 Principales cartes acceptées

RISHIKESH

🏨 THE GLASSHOUSE
€

23 KM AU NORD-OUEST DE RISHIKESH

Ce bungalow paisible est situé au milieu d'un verger et de jardins surplombant le Gange et les montagnes. Le lieu est idéal pour se détendre, nager et marcher. Le restaurant sert des plats végétariens et de la bière : il n'y a pas de viande ni d'alcool fort. Effectuez vos réservations auprès de Neemrana Hotels (voir p. 343).

ℹ 5 chambres plus des cottages 🏊 🏋

🔶 Principales cartes acceptées

SANCHI

🏨 TRAVELLERS LODGE
€

SUR LA ROUTE DE BHOPAL

TÉL. : 0755-534 340

FAX : 0755-552 384

Pavillon simple d'où l'on peut atteindre le stupa de Sanchi moyennant une bonne marche. Idéal pour visiter le site au lever ou au coucher du soleil. Effectuez vos réservations auprès du bureau de l'office de tourisme du Madhya Pradesh, situé à Bhopal (voir p. 114).

ℹ 8

SIMLA

🏨 CECIL
€€€€

CHAURA MAIDAN, THE MALL

TÉL. : 0177-204 848

FAX : 0177-211 024

E-MAIL : reservations@rhececil.com

Des travaux de restauration ont rendu au premier hôtel du groupe Oberoi sa splendeur ed wardienne, mise en valeur par sa situation. Si vous n'y descendez pas, prenez au moins le thé dans son vaste hall.

ℹ 79 🏊 🏋

🔶 Principales cartes acceptées

🏨 WILD FLOWER HALL
€€€€

MASHOBA, CHHARABARA

TÉL. : 07 748-0808

FAX : 07 748-0909

La maison de campagne de lord Kitchener a été reconstruite dans les montagnes splendides, paisibles et boisées du Dhauladhar et du Garhwal, à 40 minutes de voiture de Simla. Hébergement luxueux et superbes équipements, en particulier un centre thermal et un Jacuzzi en plein air.

ℹ 86 🏊 🏋

🔶 Principales cartes acceptées

🔶 Ascenseur 🔶 Air conditionné 🏊 Piscine int. 🏊 Piscine ext. 🏋 Fitness 🔶 Cartes bancaires acceptées

🏨 WOODVILLE PALACE
€€€

RAJ BHAWAN ROAD

TÉL. : 0177-223 919 ou
0177-224 038

FAX : 0177-223 098

SITE INTERNET : www.fhrai.com

À 800 mètres du Mall, cette demeure des années 1930 a été bâtie pour le compte du raja Rana de Jubbal dans des jardins luxuriants de 1,5 hectare. Elle a conservé sa décoration et son mobilier raffinés. Le restaurant sert des spécialités indiennes, chinoises et continentales. Réservation indispensable. Appartient au groupe Oberoi.

🛏 15 🔲 AE, MC, V

LE RAJASTHAN ET LE GUJERAT

Cette région très appréciée des touristes possède de nombreux hôtels de charme à caractère historique, et il s'en ouvre chaque année de nouveaux.

Remarque : une grande partie de l'ouest du Gujerat continue de réparer les dégâts dus au tremblement de terre qui a frappé cette région en janvier 2001.

RAJASTHAN

AJMER ET PUSHKAR

Pendant la foire aux bestiaux de Pushkar (voir p. 382), Welcomgroup établit son «Royal Camp» dans la ville. Pour obtenir plus d'informations, envoyez un e-mail à ubp@ndf.vsnl.net.in ou consultez le site internet de Welcomgroup (voir p. 343).

🏨 DEOGARH MAHAL
€

DEOGARH

TÉL. : 02 904-52 777

FAX : 02 904-52 555

E-MAIL : deogarh@datainfosys.net

Situé en haut de la colline, ce château géré par une famille a été restauré de façon originale. Il propose de belles chambres, bien tenues. Installations adaptées aux clients handicapés.

🛏 36 🔲 🔲 MC, V

🏨 KUCHAMAN FORT
€€€

KUCHAMAN

TÉL. : 01 586-20 476/20 882 ou
01 586-20 882

FAX : 01 586-20 884

E-MAIL : sariska@del2.vsnl.net.in

Juché sur une colline au nord d'Ajmer, ce fort hérissé de bastions est digne d'un conte de fées. Chambres agréables. Vous pouvez vous promener autour du fort, nager dans d'anciennes piscines et visiter le village.

🛏 51 🔲
🔲 Principales cartes acceptées

ALWAR, DEEG ET PARC NATIONAL DE SARISKA

🏨 KESROLI HILL FORT
€

KESROLI

Fort à tourelles du XIVe siècle, isolé, proposant des chambres très raffinées. Vous y trouverez la quiétude de la campagne. Réservez auprès de Neemrana Hotels (voir p. 343).

🛏 21 🔲 Principales cartes acceptées

🏨 SARISKA PALACE
€€€

JAIPUR ROAD, SARISKA

TÉL. : 0144-841 322 ou
0144-841 324

RÉSERVATIONS : 011-617 2346

FAX : 0144-841 323

E-MAIL : sariska@del2.vsnl.net.in

Ancien pavillon de chasse des maharajas d'Alwar. Entouré d'immenses jardins, il est situé juste à côté de l'entrée du parc national de Sariska.

🛏 112 🔲 🔲
🔲 Principales cartes acceptées

BIKANER

🏨 KARNI BHAWAN 🍴 PALACE
€€€

GANDHI NAGAR

TÉL. : 0151-524 701 ou
0151-524 703

FAX : 0151-522 408

E-MAIL : lphm.hrh@axcess.dot.in

Cet hôtel agréable, entouré d'un jardin paysager, a été bâti dans le style Art déco par un maharaja de la région. Il se distingue par son excellent restaurant, qui sert une authentique cuisine du Marwar.

🛏 10 🔲 AE, MC, V

🏨 LALLGARH PALACE
€€€

GANGA AVENUE

TÉL. : 0151-540 201

FAX : 0151-522 253

E-MAIL : gm.bikaner@itchotels.co.in

Construit pendant la seconde moitié du XIXe siècle d'après les plans de sir Samuel Swinton Jacobs, ce palais spectaculaire présente d'élégants reliefs en pierre inspirés du fort situé à proximité. Comme à Jodhpur, une partie du palais est réservée à la clientèle, le reste étant occupé par les membres de l'ancienne famille royale. Certaines salles ont été transformées en musée. Un médecin et un astrologue sont à la disposition de la clientèle. Hôtel Welcomgroup.

🛏 38 🔲 🔲 AE, MC, V

🏨 GAJNER PALACE
€€

GAJNER, TEH

TÉL. : 01 534-55 063

FAX : 0151-55 060

E-MAIL : resv@hrhindia.com

Construit dans les années 1890, cet extravagant relais de chasse royal est situé au bord d'un lac. Les meubles, qui viennent de chez Waring and Gillows, ont été conservés. Idéal pour l'observation des oiseaux.

🔲 🔲 🔲 AE, MC, V

🏨 MAAN BILAS PALACE
🍴 €€

LALGARH PALACE COMPLEX

TÉL. : 0151-524 711 ou
0151-540 220

FAX : 0151-522 408

Cet hôtel confortable et élégant occupe l'emplacement de l'ancien palais de Lalgarh. Le restaurant propose un large choix de plats continentaux et de spécialités du Rajasthan.

🛏 9 🔲 AE, MC

🏨 Hôtel 🍴 Restaurant 🛏 Nbre de chambres 🔲 Nbre de couverts 🚌 Bus 🅿 Parking 🕐 Horaires

🏠 BHANWAR NIWAS
€

RAMPURIA STREET

TÉL. : 0151-529 323

FAX : 0151-200 880

Situé au cœur de la vieille ville, ce *haveli* tenu par une famille est joliment décoré et meublé.

🛏 14 🔲 Principales cartes acceptées

BUNDI

🏠 HAWELI BRIJ BHUSHANJI
€

TÉL. : 0747-412 127

Demeure magnifiquement restaurée au cœur du quartier médiéval de Bundi.

🛏 16 – N'accepte pas les cartes bancaires

CHITTORGARH

🏠 CASTLE BIJAPUR
€

TÉL. : 01472-40094

FAX : 01472-40769

Petit hôtel familial et accueillant dont les chambres surplombent le jardin intérieur du fort. Possibilité de pratiquer l'équitation.

🛏 16 🔲 Principales cartes acceptées

JAIPUR

Les vastes palais que sont le Rambagh Palace et le Jai Mahal Palace affichent une splendeur quelque peu défraîchie et offrent un service impersonnel. En revanche, les hôtels conseillés ci-dessous ont conservé leur caractère et disposent d'un personnel plus charmant et serviable. En outre, plus de 150 demeures de Jaipur proposent un hébergement en famille : pour réserver, contactez le Rajasthan Tourist Reception Center ; ☎ 0141-365 256.

🏠 RAJVILAS
€€€€

GONER ROAD,

DONNANT SUR LA GRANDE ROUTE JAIPUR-AGRA

TÉL. : 0141-640 101

FAX : 0141-640 202

E-MAIL : reservations@rajvilas.com

Une fois à l'intérieur de cet hôtel luxueux de la chaîne Oberoi, on oublie les 40 minutes de route nécessaires pour se rendre à Jaipur. Des villas et des tentes fastueuses surplombent la piscine de cette oasis située dans les terres arides du Rajasthan.

🛏 71 🔳 🏋

🔲 Principales cartes acceptées

🏠 RAJ PALACE
€€€

CHOMU HAVELI, JORAWAR SINGH GATE, AMER ROAD

TÉL. : 0141-634 077

FAX : 0141-630 489 ou

0141-373 119

E-MAIL : grvhotel@jpl.net.in

Ce palais magnifique décoré et meublé constitue un excellent hôtel. Très central.

🛏 25 🔳 🔲 Principales cartes acceptées

🏠 RAJPUTANA PALACE
🍴 SHERATON
€€€

PALACE ROAD

TÉL. : 0141-360 011

FAX : 0141 367 848

Hôtel moderne du centre-ville, construit dans le style architectural de Jaipur. Ses points forts : la cuisine et les spectacles locaux.

🛏 216 🔳 🏋

🔲 Principales cartes acceptées

🏠 TRIDENT
€€€

EN FACE DU JAL MAHAL, AMER FORT ROAD

TÉL. : 0141-630 101

FAX : 041-630 303

E-MAIL : trident@jpl.vsnl.net.in

Plus modeste que le Rajvilas, cet hôtel de la chaîne Oberoi a ouvert en 1997. Ses équipements sont haut de gamme.

🛏 138 🔳 🔲 Principales cartes acceptées

🏠 RAJ MAHAL PALACE
€€

SARDAR PATEL MARG

TÉL. : 0141-383 260

FAX : 0141-381 887

E-MAIL : rajmahalpalace@sancharnet.in

Utilisé comme résidence officielle britannique à partir de 1821, cet hôtel conserve une atmosphère élégante, détendue et familiale. Il est entouré de jardins luxuriants. Autrefois géré par le groupe Taj, il est revenu aux mains de ses propriétaires d'origine, l'ancienne famille royale de Jaipur.

🛏 21 🔳 🔲 Principales cartes acceptées

🏠 ALSISAR HAVELI
€€

SANSAR CHANDRA ROAD

TÉL. : 0141-368 290 ou

0141-36 485

FAX : 0141-364 652

SITE INTERNET : www.haveli.com

Ce bel hôtel intime situé dans le centre ville date des années 1890. Il est tenu par ses propriétaires.

🛏 30 🔳 🔲 Principales cartes acceptées

🏠 RAMGARH LODGE
€€

JAMUVA RAMGARH

TÉL. : 01 426-52 217 ou

01 426-52 078

FAX : 01 426-52 079

Pour échapper à l'agitation de la ville, séjournez au relais de chasse isolé de Ramgarh, situé à environ une demi-heure de route de Jaipur. L'hôtel surplombe le lac de Ramgarh.

🔳 🔲 Principales cartes acceptées

🏠 ARYA NIWAS
🍴 €

SANSAR CHANDRA ROAD

TÉL. : 0141-372 456

FAX : 0141-361 871

E-MAIL : aryahotl@jpl.net.in

L'Arya Niwas offre un hébergement de qualité et bon marché dans une rue secondaire calme, proche du centre de Jaipur. C'est un hôtel sans façons mais très propre, disposant d'un service irréprochable. Le restaurant, de style auberge, sert une cuisine simple et délicieuse (notamment les plats occidentaux de base) ou des plats plus élaborés.

🔳 🔲 AE, MC, V

🔼 Ascenseur 🆒 Air conditionné 🔳 Piscine int. 🔳 Piscine ext. 🏋 Fitness 🔲 Cartes bancaires acceptées

HÔTELS ET RESTAURANTS

🏨 KARAULI HOUSE
€

NEW SANGANER ROAD,
SODALA
TÉL. : 0141-211 532
FAX : 0141-210 512
E-MAIL : karauli@jp1.dot.net.in
SITE INTERNET : www.karauli.com
De vastes jardins entourent la résidence du maharaja de Karauli à Jaipur. Dans cette belle villa, vous séjournerez dans une chambre simple mais élégante. Atmosphère détendue.

🛏 💳 Principales cartes acceptées

🏨 NARAIN NIWAS
€

NARAIN SINGH ROAD
TÉL. : 0141-561 291
FAX : 0141-561 045
L'un des nombreux *haveli* (demeures ouvertes sur une cour) construits par les courtisans de Jaipur au sud de la ville intra-muros. Apprécié des voyageurs avisés et expérimentés.

🛏 31 💳 💳 AE, MC, V

🏨 SAMODE HAVELI
€

GANGAPOL
TÉL. : 0141-632 407
FAX : 0141-631 942
E-MAIL : reservations@samode.com
Cet hôtel particulier à caractère historique appartenant à la famille Samode possède des chambres bien décorées et une cour agréable. Réservation indispensable.

🛏 22 💳 Principales cartes acceptées

JAISALMER

Pendant la Fête du désert de Jaisalmer (voir p. 380), Welcomgroup établit son « Royal Camp » dans la ville. Pour obtenir plus d'informations, envoyez un e-mail à ubp@ndf.vsnl.net.in ou consultez le site internet de Welcomgroup (voir p. 343).

🏨 GORBANDH PALACE
€€€

1 TOURIST COMPLEX, SAM
ROAD (À 25 KM DE JAISALMER)

TÉL. : 02 992-53 801
FAX : 02 992-53 811
E-MAIL : jaisalmer@hrhindia.com
Cet hôtel, qui appartient au groupe HRH, occupe un bâtiment de pierre traditionnel entourant une cour centrale dotée d'une superbe piscine.

🛏 67 🛏 💳
💳 Principales cartes acceptées

🏨 JAHAWAR NIWAS PALACE
€€

1 BADA BAGH ROAD
TÉL. : 02 992-52 208
FAX : 02 992-52 288
E-MAIL : jawarniwaspalace@yahoo.com
Autrefois occupé par l'ancien souverain de Jaisalmer, ce palais a été transformé en charmant petit hôtel. Situé à côté du fort.

🛏 22 🛏 💳 AE, MC, V

🏨 RAWAL-KOT
€€

JODHPUR-JAISALMER ROAD
TÉL. : 02 992-51 874
FAX : 02 992-50 444
Surplombant Jaisalmer, cet hôtel de la chaîne Welcomgroup se distingue par son style et son mobilier à la fois contemporain et traditionnel. Y sont proposées des cuisines indienne, chinoise et continentale.

🛏 31 🅿 💳 🛏 💳 AE, MC, V

JODHPUR

🏨 BAL SAMAND PALACE
€€€

MANDORE ROAD
TÉL. : 0291-572 327 ou
0291-572 321
FAX : 0291-571 240
E-MAIL : ubp@ndf.vsnl.net.in
Suites et chambres dans un vaste palais en grès, lieu de villégiature royal situé à 8 kilomètres de la ville. L'hôtel surplombe un lac qui fut creusé au XIIIe siècle pour approvisionner Jodhpur en eau potable. Beaux jardins. L'hôtel dispose d'un centre thermal ayoma et ayurvédique.

🛏 35 🛏 💳 AE, MC, V

🏨 UMAID BHAWAN
🍴 PALACE
€€€

CHITTAR HILL
(À 5 KM DU CENTRE-VILLE)
TÉL. : 0291-510 101
FAX : 0291-510 100
E-MAIL : ubp@ndf.vsnl.net.in
Cet hôtel illustre l'extravagance royale dans tous ses excès. Il n'occupe qu'un tiers du vaste palais bâti dans le cadre d'un projet de lutte contre la famine d'après les plans de H. V. Lanchester et achevé en 1945. Il propose des chambres spacieuses, de jolies suites, une piscine couverte et d'autres équipements. Vous remarquerez notamment les portes d'entrée en cuivre, conçues dans l'esprit beaux-arts. Établissement tenu avec raffinement par Welcomgroup. Cuisine de qualité.

🛏 98 🛏 🍴 💳 AE, MC, V

🏨 ROHIT GARH
€€

ROHIT GARH
TÉL. : 0926-68 231
FAX : 0926-649 368
Cette petite demeure royale appartenant au clan des Rathore est située au bord d'un lac, à 40 kilomètres de la capitale. Possibilité de pratiquer l'équitation et de se promener en quatre-quatre pour visiter les villages des Bishnoi situés dans les environs.

🛏 25 🛏 💳 Principales cartes acceptées

🏨 JHALAMANDGARH
€

POST JHALAMAND
TÉL. : 0291-740 481
FAX : 0291-741 125
Ce château du XVIIIe siècle bâti dans le style du Marwar est situé 12 kilomètres au sud de Jodhpur. Son hall d'entrée est installé dans une belle cour à arcades. Des spectacles de musique et de danses traditionnelles y sont donnés certains soirs. Il est possible d'effectuer des safaris dans le sanctaire animalier du lac Guda Bishnoi.

🛏 18

🏨 Hôtel 🍴 Restaurant 🛏 Nbre de chambres 🛏 Nbre de couverts 🚌 Bus 🅿 Parking 🕐 Horaires

KISHANGAR

🏨 ROOPANGARH FORT
€€
ROOPANGARH
TÉL. : 01 463-7217
Ce fort imposant de 1653, avec son dédale de coins et de recoins, était le cœur de l'ancienne capitale des souverains de Kishangar. Les chambres situées dans une partie plus récente de l'édifice offrent une superbe vue. Un charmant village se dresse au pied du fort.
🛏 20 🔲 Principales cartes acceptées

KOTA

🏨 BRIJ RAJ BHAWAN
€€
CIVIL LINES
TÉL. : 0744-450 529
FAX : 0744-450 057
SITE INTERNET :
fhraindia.com/hotel/kota/brijraj
Situé sur les rives du Chambal, ce modeste palais de style colonial est meublé de façon originale. Agréables pelouses et jardins en terrasse.
🛏 8 ❄ 🔲 MC, V

🏨 PALKYIA HAVELI
€€
MOKHA-PARA
TÉL. : 0744-327 375
Situé dans un quartier calme du centre-ville, cet hôtel est installé dans une demeure traditionnelle ouverte sur une cour. Il est tenu par une famille et possède de belles chambres.
🛏 8 – N'accepte pas les cartes bancaires

🏨 UMED BHAWAN PALACE
€€
PALACE ROAD
TÉL. : 0744-325 262
FAX : 0744-451 110
Appartenant à la chaîne Welcomgroup, cette demeure richement sculptée du maharao de Kota est une véritable dédale. Chambres spacieuses au mobilier original. Bonne cuisine.
🛏 32 ❄ 🔲 Principales cartes acceptées

KUMBHALGARH

🏨 AODHI HOTEL
€€
DEVANT LE FORT
DE KUMBHALGARH
TÉL. : 02 954-42 341
FAX : 02 954-42 349
Situé dans un paysage montagneux, ce bel hôtel de pierre moderne se distingue par la qualité de sa cuisine et dispose en outre d'une piscine. C'est une base de départ idéale pour visiter l'une des 32 forteresses construites par Rana Kumbha. Géré par le groupe HRH (voir p. 343).
🔲 AE, V

MONT ABU

🏨 CONNAUGHT HOUSE
€€
RAJENDRA MARG,
EN FACE DE L'ARRÊT DE BUS
TÉL. : 02 974-38 560
FAX : 02 974-38 900
E-MAIL : ubp@ndf.vsnl.net.in
Dans la pure tradition montagnarde, ce cottage de style anglais possédant un beau jardin était autrefois la retraite estivale du Premier ministre de l'État du Marwar. Établissement appartenant à Welcomgroup. La réservation est indispensable.
🛏 14 🔲 V

NAGAUR

🏨 ROYAL CAMP, NAGAUR
€€€
FORT DE NAGAUR
TÉL. : 0291-572 321
FAX : 0291-571 240
E-MAIL : ubp@ndf.vsnl.net.in
Du mois de décembre au mois de mars, Welcomgroup plante de luxueuses tentes à l'intérieur du fort de Nagaur.
Ce groupe gère aussi un « Royal Camp » mobile qui visite trois foires du Rajasthan : celles de Pushkar (dromadaires), de Nagaur (bétail) et de Jaisalmer (culture du désert).
🛏 20 tentes 🔲 Principales cartes acceptées

🏨 KHIMSAR FORT
€€
KHIMSAR
TÉL. : 0141-382 314
FAX : 0141-381 150
E-MAIL : khimsar@jp1.net.in
SITE INTERNET :
www.khimsarfort.com
Cette forteresse du désert datant du XVIᵉ siècle a été magnifiquement restaurée. Elle est aujourd'hui devenue un hôtel familial appartenant à Welcomgroup. Ses fortifications abritent une grande piscine et de vastes pelouses. C'est un hôtel idéal pour visiter le fort de Nagaur et les temples jaïns d'Osian. Cuisines continentale, indienne et du Rajasthan.
🛏 50 ❄ 🌊 🏋 🔲 Principales cartes acceptées

NAWALGARH

🏨 ROOP NIWAS PALACE
€€
SHEKAWALI
TÉL. : 01 594-22 006 ou 01 594-24 152
FAX : 01 594-23 388
Situé à la périphérie de la ville, ce palais bénéficiant d'un grand calme exhale une splendeur passée.
🛏 35 🅿 ❄ 🔲 🌊 🔲 AE

OSIAN

🏨 FORT CHANWA
€
LUNI
TÉL. : 0291-432 460
Forteresse du désert bâtie au XVIIIᵉ siècle. Les cours et les escaliers étroits mènent à de petites chambres. Bien situé pour visiter les zones tribales.
🛇 Principales cartes acceptées

RANAKPUR

🏨 MAHARANI BAGH ORCHARD
€€
SADRI
TÉL. : 02 934-85 105
FAX : 02 934-85 151
Des bungalows de style traditionnel, dotés de vérandas, sont disposés au milieu de vergers plantés au XIXᵉ siècle par les membres de la famille royale de Jodhpur. Restaurant de qualité.
ⓘ 18 🚌 🛇 DC, V

🏨 RAWLA NARLAI
€
NARLAI
TÉL. : 0291-510 410
FAX : 0291-63 774
E-MAIL : narlai@bigfoot.com
Ancien relais de chasse des membres de la famille royale de Jodhpur situé dans les monts Aravalli. Joliment rénové.
ⓘ 15 🛇 Principales cartes acceptées

RANTHAMBHOR

🏨 SAWAI MADHOPUR LODGE
€€€
SAWAI MADHOPUR
TÉL. : 07 462-23 500
FAX : 07 462-20 718
E-MAIL : sawai.madhopur@tajhotels.com
À 20 minutes de voiture du parc national de Ranthambhor, cet ancien relais de chasse des souverains de Jaipur, datant des années 1930, est géré par le groupe Taj. Vous pouvez dormir dans une chambre ou une tente. Bien entretenu.

ⓘ 22 dont 6 tentes 🚌
🛇 Principales cartes acceptées

🏨 VANYAVILAS
SITE INTERNET :
www.oberoihotels.com
Ce luxueux camp de jungle, du groupe Oberoi, a ouvert ses portes en 2002. Il dispose de tentes haut de gamme dotées de l'air conditionné.

SAMODE

🏨 SAMODE PALACE & BAGH
€€€
SAMODE
TÉL. : 0142-344 123
FAX : 0142-633 370
E-MAIL : jagdish@jpl.vsnl.net.in
Les deux frères qui ont hérité de ce palais désaffecté ont bien restauré ses chambres aux peintures raffinées, et rénové le *bagh* (jardin) clos situé à 10 minutes de route. On peut y séjourner dans des tentes spacieuses.
ⓘ 44 + 38 tentes 🚌 Sur les deux sites 🛇 Principales cartes acceptées

LE SHEKHAWATI

🏨 CASTLE MANDAWA
€€
MANDAWA
TÉL. : 01 592-23 124
FAX : 01 592-23 171
E-MAIL : reservations@castelmandawa.com
Vaste fort transformé en hôtel convivial. Dîners sur le toit.
ⓘ 74 🛇 Principales cartes acceptées

🏨 PIRAMAL HAVELI
🍴 BAGAR
€
BAGAR
Un *haveli* orné de fresques élégantes, restauré avec goût et bien géré. Ses belles cours sont entourées de galeries de style colonial. Cuisine végétarienne traditionnelle du Marwar. Effectuez vos réservations auprès de Neemrana Hotels (voir p. 343).
ⓘ 18 🛇 Principales cartes acceptées

UDAIPUR

🏨 DEVIGARH FORT
🍴 €€€€€
DELWARA
TÉL. : 02 953-89 211
FAX : 02 953-89 357
E-MAIL : reservations@deviresorts.com
Situé au nord d'Eklingji, cet hôtel indien contemporain est habilement intégré à un fort magnifique. Restaurant sur une terrasse en hauteur et piscine dans le style des puits à marches.
ⓘ 23 suites 🚌 📺
🛇 Principales cartes acceptées

🏨 LAKE PALACE HOTEL
€€€€
LAC PICHOLA
TÉL. : 0294-528 800
FAX : 0294-528 700
E-MAIL : lakepalace.udaipur@tajhotels.com
Ancien palais d'été du maharana, cet hôtel romantique se trouve sur une île que l'on atteint par bateau. La qualité de la cuisine a également été améliorée. Géré par le groupe Taj.
ⓘ 84 🚌 🛇 Principales cartes acceptées

🏨 SHIKARHEDI
€€€
P. O. GOVERDHAN VILAS
TÉL. : 0294-58 300
FAX : 0294-584 841
C'était autrefois le pavillon de chasse du maharaja d'Udaipur. Ces terres abritent maintenant une réserve naturelle et un haras de poneys destinés au polo. Situation calme, loin du centre-ville. On peut voir la faune locale se nourrir près du lac et des singes jouer sur le toit.
🚌 🛇 Principales cartes acceptées

🏨 SHIV NIWAS PALACE
🍴 €€€
CITY PALACE
TÉL. : 0294-528 016
FAX : 0294-528 006
E-MAIL : lphm.hrh@axcess.net.in
Les chambres de ce palais magnifiquement rénové entourent une cour centrale où l'on peut

---

nager et savourer de délicieux repas. C'est la figure de proue du groupe hôtelier HRH, qui gère trois autres hôtels à Udaipur (Fateh Prakash, Dovecote et Shikarbadi). Bonne cuisine dans les quatre établissements, délicieux *thali* du Gujerat au Garden Restaurant, près de la collection royale d'automobiles, et thé raffiné au Durbar Hall.
(i) 34 – N'accepte pas les cartes bancaires

UDAIVILAS
Cet hôtel de luxe du groupe Oberoi, situé près du lac Pichola, a ouvert ses portes en 2001.

KARNI FORT
€€
BAMBORA
TÉL. : 0294-398 283
E-MAIL : karnihotels@salyam.net.in
Dominant une colline, le fort de Sisodia possède des chambres qui surplombent une piscine spectaculaire et, plus loin, le village. Géré par Welcomgroup, cet hôtel est une bonne étape sur la route Udaipur-Mandu. Réservez auprès de Karni Bhawan, Jodhpur ; 0291-512 101 ; fax : 0291-512 105.
(i) 32 Piscine int. AE, MC, V

SHIKARBADI
€€
GOVERDHAN VILAS,
AHMEDABAD ROAD
TÉL. : 0294-528 008
FAX : 0294-528 006
Situé à 15 minutes de route de la ville, cet ancien relais de chasse du Mewar est devenu un hôtel confortable, composé de suites Art déco et de chalets en bord de lac. Apprécié pour sa cuisine du Mewar.
(i) 25 Piscine int. Air conditionné
Principales cartes acceptées

CARAVANSERAI
€
14 LALGHAT
TÉL. : 0294-411 4103
FAX : 0294-223 177
Situé sur les rives du lac Pichola, près du City Palace, ce *haveli*

date du XVIII\e siècle. Le restaurant, sur le toit, surplombe le lac.
(i) 24 Principales cartes acceptées

JAGAT NIWAS PALACE
€
25 LALGHAT
LAC PICHOLA
TÉL. : 0294-420 133
FAX : 0294-422 860
E-MAIL : anything@jagatniwaspalace.com
Haveli blanchi à la chaux se dressant aux abords du lac. Restaurant de qualité sur le toit.
(i) 29 MC, V

TRIDENT
€
HARIDAS JI KI MAGRI,
MULA TALA
TÉL. : 0294-432 200
FAX : 0294-432 211
E-MAIL : sbhushan@tridentudp.com
Ce modeste hôtel du groupe Oberoi jouit d'une bonne situation, en ville, à proximité du lac. Les chambres sont bien équipées et confortables.
Piscine int. Fitness Air conditionné Principales cartes acceptées

---

GUJERAT

DABARGADH
€€
POSHINA
TÉL. : 079-550 6590
E-MAIL : sheetal@gnahdl.globalnet.ems.net.in
Hôtel sans prétention installé dans un petit fort rajpout du XVIII\e siècle, au cœur d'un village. Il a l'avantage de se trouver à la frontière du Rajasthan et du Gujerat, entre Udaipur et Ahmedabad.
(i) 10 Principales cartes acceptées

AHMEDABAD

HOLIDAY INN
€€€
KHANPUR ROAD, PRÈS DE NEHRU BRIDGE, KHANPUR
TÉL. : 079-550 5505

FAX : 079-550 5501
E-MAIL : holidayinn@vsnl.com
Possède tout le confort moderne qu'attend la clientèle internationale. Piscine couverte.
(i) 63 Piscine int. Fitness
Principales cartes acceptées

TAJ RESIDENCY UMMED
€€€€
AIRPORT ROAD, HANSOL
TÉL. : 079-286 4444
FAX : 079-286 4454
E-MAIL : sofummed@wilnetonline.net
Hôtel de luxe dont le décor est inspiré de la tradition textile du Gujerat. Cuisine gujaratie de qualité au restaurant Narmada.
(i) 85 Piscine int. Fitness
Principales cartes acceptées

CAMA PARK PLAZA
€€
KHANPUR ROAD
TÉL. : 079-550 5281 ou 079-550 5289
FAX : 079-550 5285
E-MAIL : camahotel@vsnl.com
Cet hôtel doté d'une terrasse-jardin et d'une piscine découverte surplombe la Sabarmati. Deux bons restaurants. Suites avec salon privatif.
(i) 49 Piscine int. Principales cartes acceptées

PALACE UTELIA
€€
9 GANDHI BAGH
TÉL. : 079-644 5770 ou 079-656 9937
FAX : 079-644 5770
E-MAIL : utelia@ad1.vsnl.net.in
Édifié au tournant du XX\e siècle dans le style indo-musulman avec des éléments européens, cet hôtel surprenant comporte à la fois des dômes, des galeries, des balcons et des portiques. Situation rurale et calme, près des sites touristiques. Organisation de safaris en quatre-quatre dans la réserve ornithologique de Nal Sarovar ou le Velavadar Black Buck Sanctuary.
(i) 20 Principales cartes acceptées

 Ascenseur Air conditionné Piscine int. Piscine ext. Fitness Cartes bancaires acceptées

HÔTELS ET RESTAURANTS

🍴 KHYBER
€€
FORTUNE HOTEL LANDMARK,
ASHRAM ROAD
TÉL. : 079-755 2929
Bons kebabs et vue panoramique au 10ᵉ étage.
💳 Principales cartes acceptées

🍴 VISHALA
€€
SARKHEJ
Dans l'ambiance d'un village du Gujerat, vous pourrez déguster un délicieux *thali gujarati* (repas végétarien complet).
💳 Principales cartes acceptées

BHAVNAGAR

🏨 NILAMBAG PALACE
€€
NILAMBAG CIRCLE
TÉL. : 0278-424 241 ou
0278-429 323
FAX : 0278-428 072
E-MAIL : nilambag@varunnet.com
ou nilambag@ad1.vsnl.net.in
Ce palais de pierre a conservé des meubles royaux. Vastes pelouses et jardins. Gestion familiale.
🛏 28 🅿 🎛 🔁 🚌
💳 Principales cartes acceptées

DAMAN

🏨 PRINCESS PARK
€
DEVKA BEACH
TÉL. : 02 638-54 323
FAX : 02 638-50 800
E-MAIL : hpp@vapi.lsbss.net
Le meilleur hôtel en front de mer de Daman.
🛏 25 🚌 🎛
💳 Principales cartes acceptées

DIU

🏨 APNA GUEST HOUSE
€
TÉL. : 02 876-52 112
Modeste pension de famille offrant quelques chambres avec vue sur la mer.
– N'accepte pas les cartes bancaires

JAMNAGAR

🏨 THE NEW ARAM
🍴 €
NAND NIWAS,
PANDIT NEHRU MARG
TÉL. : 0288-551 701
FAX : 0288-554 957
Manoir des années 1940 doté de grandes chambres décorées de meubles d'époque défraîchis. Cuisine internationale et restaurant végétarien situé dans le jardin.
🛏 28 💳 Principales cartes acceptées

JASDEN ET RAJKOT

🏨 HINGOLGADH CASTLE
€€
JASDEN
Perché au sommet d'une colline de l'Hingolgadh Nature Sanctuary, ce château abrite un hôtel de style rustique. Effectuez vos réservations auprès de Saurashtra Safaris, à Jasden.
🛏 7 – N'accepte pas les cartes bancaires

JUNAGADH ET SASAN (PARC NATIONAL DE)

🏨 GIR LODGE
€
SASAN GIR
TÉL. : 02 877-85 521
FAX : 02 877-85 528
Bon hôtel, sans façons, à la lisière du parc. Fait partie du groupe Taj. Réservations indispensables.
🛏 29 💳 Principales cartes acceptées

MODHERA ET PATAN

🏨 BALARAM PALACE RESORT
€€
CHITRASANI,
PRÈS DE PALANPUR
TÉL. : 079-657 8412
FAX : 079-657 8412
E-MAIL : bprhot@adl.vsnl.net.in
Construit dans les années 1920, ce magnifique édifice blanc était à l'origine un pavillon de chasse royal. Il jouit d'une position remarquable au bord de la rivière.
🛏 17 🎛 🚌 🎛 💳 AE

LE SAURASHTRA

🏨 VADODARA
€€€
R. C. DUTT ROAD, VADODARA
TÉL. : 0265-330 033
FAX : 0265-330 055
E-MAIL : vadora@welcomgroup.com
Hôtel destiné à une clientèle d'affaires, géré par Welcomgroup. Golf et équitation.
🛏 163 🚌 💳 AE, MC, V

🏨 UTHELIA PALACE
€€
UTHELIA
TÉL. : 02 714-62 222
FAX : 07 964-45 770
E-MAIL : sibal@ad1vsnl.net.in
Petit hôtel familial sans prétention occupant un palais du XVIIIᵉ siècle près de Lothal.
🛏 14 💳 Principales cartes acceptées

🏨 ORCHARD PALACE
€
PALACE ROAD, GONDAL
TÉL. : 079-644 2019
FAX : 079-656 0962
E-MAIL : nwsafaris@hotmail.com
Situé à côté de l'Huzoor Palace, au milieu d'immenses pelouses. Chambres somptueuses. L'une des suites est aménagée dans un wagon-restaurant.
🛏 7 💳 Principales cartes acceptées

🏨 RAJWANT PALACE RESORT
€
RAJPIPLA
TÉL. : 02 640-20 071
E-MAIL : ssibal@adl.vsnl.net.in
Ce palais bien situé pour visiter les autres palais de la ville possède son propre musée tribal. Les plus audacieux pourront se baigner dans la rivière Narmada.
🚌 💳 Principales cartes acceptées

🏨 RIVERSIDE PALACE
€
PALACE ROAD, GONDAL
TÉL. : 079-630 2019 ou
079-630 8031
FAX : 079-630 0962
E-MAIL : sheetal@gnahd.globalnet. ems.vsnl.net.in

🏨 Hôtel   🍴 Restaurant   🛏 Nbre de chambres   🎛 Nbre de couverts   🚌 Bus   🅿 Parking   🕐 Horaires

Les clients ont un accès gratuit au City Palace Museum et à la collection de vieilles voitures royales. Organisation de circuits en bateau et de safaris.
ⓘ 11 ⬛ 🔲 Principales cartes acceptées

🍴 KHANSA
€€
SAYAJI GUNJ, EN FACE
DU SURYA HOTEL
Délicieux *thali gujarati*. Si ce restaurant affiche complet, essayez celui du Surya Hotel.

🍴 MARUTI
€€
NAND COMPLEX, DERRIÈRE LE DÉPÔT DU CHAMP DE COURSE
Le *thali* épicé de Kathiawad est servi ici dans une ambiance de village. La spécialité locale, l'*undheu*, est proposée le dimanche.

🍴 MIRCH MASALA
€€
MEGHDHANUSH COMPLEX,
TRANSPECK CIRCLE
La cuisine rappelle celle d'un *dhabba* du Pendjab ou d'un restaurant de bord de route. On y sert de bons plats *tandoori*.

WANKANER ET MORVI

🏨 OASIS HOUSE AND THE RESIDENCY
€
RANJIT VILAS PALACE
TÉL. : 02 828-20 000
FAX : 02 828-20 002
E-MAIL : wankanerpalace@ planetace.com
Les chambres sont aménagées dans les dépendances, assez simples et décorées de meubles d'époque. Piscine couverte de style Art déco. Le palais gothique vénitien se visite.
ⓘ 24 🔲 ⬛
– N'accepte pas les cartes bancaires

BOMBAY ET LE MAHARASHTRA

Curieusement, il y a peu d'hôtels à Bombay et le prix des chambres est élevé. Les restaurants sont en revanche très nombreux (consul-

tez *The Mid-Day Good Food Guide to Mumbai* pour avoir des informations). Bombay étant un isthme très embouteillé, tenez compte de la situation de l'établissement.

BOMBAY

🏨 OBEROI
€€€€
NARIMAN POINT
TÉL. : 022-202 5757
FAX : 022-204 3133
E-MAIL : akaul@oberoi-mumbai.com
Plus petit et plus ancien que l'hôtel voisin du même groupe, cet établissement offre un service un peu plus personnalisé. Un maître d'hôtel est à la disposition des clients 24 heures sur 24 et l'hôtel dispose d'un centre d'affaires de qualité.
ⓘ 350 ⬛ 🔲
🔲 Principales cartes acceptées

🏨 OBEROI TOWERS
🍴 €€€€
NARIMAN POINT
TÉL. : 022-202 4343
FAX : 022-204 3282
E-MAIL : devendra@oberoi mumbai.com
Situé dans une tour à la vue magnifique, cet hôtel est doté d'un centre d'affaires, d'une galerie marchande de luxe et de plusieurs restaurants dont The Palms, où un buffet généreux est proposé toute la journée.
ⓘ 650 ⬛ 🔲
🔲 Principales cartes acceptées

🏨 TAJ MAHAL HOTEL
🍴 €€€€
APOLLO BUNDER, COLABA
TÉL. : 022-202 3366
FAX : 022-287 2711
E-MAIL : mahal.mumbai@tajhotels. com
L'un des meilleurs hôtels du pays. L'aile ancienne du bâtiment, construite en 1903 par Jamshtji Nusserwanji Tata, abrite de belles chambres. Agréable piscine. Neuf restaurants et bars dont The Tanjore (cuisine indienne) et le bar Apollo Rooftop.

ⓘ 582 ⬛ 🔲
🔲 Principales cartes acceptées

🏨 TAJ PRESIDENT
€€€€
90 CUFFE PARADE
TÉL. : 022-215 0808
FAX : 022-215 1201
Cet hôtel simple et sans façons jouit d'une situation centrale dans Cuffe Parade.
ⓘ 317 🔵 ⬛ 🔲
🔲 Principales cartes acceptées

🏨 RITZ
€€€
5 JAMSEHDJI TATA ROAD
TÉL. : 022-282 0141
FAX : 022-285 0494
Vieil hôtel de caractère, bien situé, à 700 mètres de la gare ferroviaire, au cœur du quartier commerçant de la ville.
ⓘ 72 🔲 AE

🏨 GRAND
€€
17 SPROTT ROAD,
BALLARD ESTATE
TÉL. : 022-261 3558
FAX : 022-262 6581
Situé dans le centre, cet hôtel propose des chambres disposées autour d'une cour centrale.
ⓘ 73 🔲 Principales cartes acceptées

HÔTELS ET RESTAURANTS

🏨 **YWCA INTERNATIONAL GUEST HOUSE**
€

MADAME CAMA ROAD, COOPERAGE
TÉL. : 022-202 5053
FAX : 022-282 2057
L'hébergement comprend le petit déjeuner et un des repas principaux. Propre, bon rapport qualité-prix. Réservez à l'avance.
– N'accepte pas les cartes bancaires

Hôtels de l'aéroport :
Ils sont également proches de certains quartiers d'affaires.

🏨 **LEELA KEMPINSKI**
🍴 €€€€€

SAHAR, ANDHERI
TÉL. : 022-691 1234
FAX : 022-691 1212
E-MAIL : leelarsv@theleela.com
SITE INTERNET :
www.theleela.com
Hôtel de luxe doté de bons restaurants (spécialités locales au café) et d'une galerie commerciale en sous-sol. Parfait pour s'occuper entre deux vols.
ℹ️ 418 🚌 🅿️
🏧 Principales cartes acceptées

🏨 **LE MERIDIEN MUMBAI**
€€€€€

ASCOT CENTRE, SAHAR AIRPORT ROAD
TÉL. : 022-838 0000
FAX : 022-838 0101
E-MAIL : immumbai@vsnl.com
Fidèle à l'image de qualité haut de gamme des hôtels Meridien.
ℹ️ 170 🚌 🅿️
🏧 Principales cartes acceptées

🏨 **ORCHID**
🍴 €€€€

70-C NEHRU ROAD, VILE PARLE (EST)
TÉL. : 022-610 0707
FAX : 022-610 0708
E-MAIL : ohmu@orchidhotel.com
Situé à côté du terminal des vols intérieurs, cet hôtel de luxe a reçu le label « ecofriendly » car il est respectueux de l'environnement (économies d'énergie et d'eau, recyclage des déchets). Trois restaurants et un café.
ℹ️ 167 🚌 🅿️
🏧 Principales cartes acceptées

RESTAURANTS
Bombay est la ville la plus riche et la plus internationale de l'Inde. Aller au restaurant fait partie des habitudes de la plupart des gens aisés. Parmi les nombreux établissements proposant des spécialités du monde entier, voici ceux qui ont retenu notre attention.

🍴 **PEARL OF THE ORIENT**
€€€

AMBASSADOR HOTEL, CHURCHGATE
Restaurant panoramique tournant situé dans l'Ambassador Hotel. Spécialités orientales.

🍴 **APOORVA**
€€

MUMBAI SAMACHAR MARG, PRÈS DE HORNIMAN CIRCLE
On y déguste des fruits de mer de Mangalore (les crabes et les crevettes sont particulièrement recommandés).

🍴 **CHOWPATTY BEACH**
€€

CHOWPATTY BEACH
Goûtez à la spécialité locale, les en-cas *bhel-puri* et *sev-puri*.

🍴 **KHYBER**

145 MAHATMA GANDHI ROAD, KALA GHODA, À CÔTÉ DE RHYTHM HOUSE
TÉL. : 022-267 3227
Cuisine de l'Inde du Nord. Possibilité d'accueillir des groupes et d'organiser des réceptions.

🍴 **LING'S PAVILION**
€€

19/21 K C COLLEGE HOSTEL BUILDING, DONNANT SUR COLABA CAUSEWAY
Spécialités de fruits de mer.

🍴 **ONLY FISH**
€€

TARDEO
Très apprécié des étrangers, ce restaurant offre des spécialités de poisson de toute l'Inde.

PRIX

HÔTELS
Prix indicatifs pour une chambre double sans petit déjeuner.
€€€€€ plus de 280 €
€€€€   de 160 à 280 €
€€€   de 100 à 160 €
€€   de 40 à 100 €
€   moins de 40 €

RESTAURANTS
Prix indicatifs pour un repas sans boisson.
€€€€€ plus de 80 €
€€€€   de 50 à 80 €
€€€   de 35 à 50 €
€€   de 20 à 35 €
€   moins de 20 €

🍴 **RAJDHANI**
€€

SHEIKH MEMON STREET, EN FACE DU MANGALDAS MARKET
Situé au cœur de la ville, le Rajdhani propose des plats du Rajasthan, du Gujerat, du Maharashtra et du Kathiawad.

🍴 **TRISHNA**
€€

KALA GHODA, DERRIÈRE RHYTHM HOUSE
TÉL. : 022-267 2176
Apprécié de la population locale aisée pour ses fruits de mer.

🍴 **VINTAGE**
€€

MANDIK ROAD, DONNANT SUR COLABA CAUSEWAY
Réputé pour ses plats d'Hyderabad, tel le *stone-ghosth*.

MAHARASHTRA

AURANGABAD

🏨 **TAJ RESIDENCY**
€€

8/N-12 CIDCO
TÉL. : 0240-381 106
FAX : 0240-381 053
E-MAIL : residency.aurangabad@ tajhotels.com

🏨 Hôtel 🍴 Restaurant ℹ️ Nbre de chambres 🍽️ Nbre de couverts 🚌 Bus 🅿️ Parking 🕐 Horaires

Bien situé pour visiter Ajanta et Ellora. Les chambres avec véranda donnent sur un jardin avec piscine. Bon restaurant. [i] 40 🏊 🏋 🏦 Principales cartes acceptées

CHIPLUN

🏨 GATEWAY RIVERVIEW 🍴 LODGE
€€
CHIPLUN
TÉL. : 02 356-72 233
FAX : 02 356-72 059
Hôtel de caractère, organisé autour d'un jardin et d'une belle piscine. Vue magnifique sur la vallée de la rivière Vashishti. Cuisine délicieuse. Idéal pour une étape sur le trajet Janjira Goa. Un défaut : il est situé près d'une route fréquentée.
[i] 37 🏊 🏦 Principales cartes acceptées

KARLA, BHAJA ET BEDSA

🏨 DUKE'S RETREAT
€€
MUMBAI-PUNE ROAD,
KHANDALA
TÉL. : 022-261 8293
Les chambres et les cottages donnent sur une belle pelouse et un magnifique ravin. Réductions en basse saison.
[i] 62 🏊 🏋 🏦 Principales cartes acceptées

KOLHAPUR

🏨 SHALINI PALACE
€€
RANKALA, KOLHAPUR
TÉL. : 0231-620 401
FAX 0231-620 407
Construit pour le maharaja de Kolhapur en 1931, cet édifice un peu négligé offre une atmosphère paisible. Entouré de jardins et situé au bord du lac.
[i] 41

MAHABALESHVAR

🏨 VALLEY VIEW RESORT
€€
NEAR MARKET
TÉL. : 020-60 066

FAX : 022-888 1144
E-MAIL : vvrbom@bom3.vsnl.net.in
Cet hôtel de luxe moderne est installé en haut d'une colline, dans une ancienne gare. La plupart des chambres offrent de beaux points de vue sur la vallée. Agréable jardin paysager.
[i] 78 🏊 🏦 Principales cartes acceptées

🏨 BELMONT PARK HILL RESORT
€
WILSON POINT
TÉL. : 022-415 3216
Petit hôtel de caractère. Bibliothèque. Bonne cuisine parsie.
[i] 12 🏊 🏋
N'accepte pas les cartes bancaires

🏨 PANORAMA
€
28 M.G. ROAD
TÉL. : 02 168-60 404
FAX : 02 168-61 234
Chambres dans l'hôtel et cottages disséminés dans le parc. Prix réduits en basse saison
[i] 11 🏊 – N'accepte pas les cartes bancaires

MATHERAN

🏨 RUGBY
€
VITHALRAO KOTWAL ROAD
TÉL. : 02 148-30 291
FAX : 02 148-30 252
Hôtel modeste situé dans le centre de la station. Apprécié des familles de Bombay qui viennent y respirer l'air frais en été.
[i] 52 🏊 🏦 AE, MC, V

NASIK

🏨 TAJ RESIDENCY
€€
P-17, MIDC AMBAD,
MUMBAI-AGRA ROAD
TÉL. : 0253-384 499
FAX : 0253-382 638
Les chambres les plus luxueuses jouissent d'une belle vue sur les vastes jardins et les collines. Bon restaurant.
[i] 68 🏦 Principales cartes acceptées

PUNE (POONA)

🏨 TAJ BLUE DIAMOND
€€€
11 KOREGAON ROAD
TÉL. : 020-612 5555
FAX : 020-612 7755
E-MAIL : bluediamond.pune@ tajhotels.com
Cet hôtel du groupe Taj est le mieux établi de Pune. Situé dans un quartier résidentiel verdoyant.
[i] 109 🏊 🏋
🏦 Principales cartes acceptées

GOA

Il existe un réseau bien organisé proposant des formules d'hébergement chez l'habitant dans des maisons traditionnelles de Goa ; pour tout renseignement, contactez l'office de tourisme, Patto, Panaji ; ☎ 0832-224 757.
Les hôtels décrits ici se trouvent soit directement sur la plage, soit à quelques minutes à pied.

NORD DE GOA

🏨 ALOR HOLIDAY 🍴 RESORT APARTMENTS
€€
POIRAT, NAIKA VADDO,
CALANGUTE
TÉL. : 0832-22 714 ou
0832-277 220
E-MAIL : alor@goatelcom.com
Résidence proposant des appartements deux-pièces (salle de bains, cuisine, balcon) dans une palmeraie avec restaurant et piscine, à cinq minutes à pied de l'Aguada Beach. Idéal pour les longs séjours.
[i] 70 appartements 🏊
🏦 Principales cartes acceptées

🏨 ALFRAN GROUP
🍴 €€
TÉL. : 0832-276 936
FAX : 0832-276 266
E-MAIL : alfran@giasbm01.vsnl.net.in.
Ce groupe hôtelier d'un excellent rapport qualité-prix possède sept établissements à Goa, presque tous dans les environs

🛗 Ascenseur   ❄ Air conditionné   🏊 Piscine int.   🏊 Piscine ext.   🏋 Fitness   🏦 Cartes bancaires acceptées de Calangute, le plus réputé étant Dona Alcina. Tous se distinguent par la qualité de leur accueil, sont entourés de jardins et disposent de belles piscines. Excellents barbecues avec plats goanais et soirées folkloriques.

ⓘ 40-185 ⬛ 🅂 **Principales cartes acceptées**

⊞ CASA DOMANI GUESTHOUSE
€€
CALANGUTE
Une pension de famille située à sept minutes à pied du village de Calangute, au bord de la mer. Les chambres ne sont pas climatisées (elles ont des ventilateurs au plafond), mais les clients bénéficient de l'hospitalité des Goanais et peuvent prendre leur petit déjeuner à l'extérieur, dans une jolie cour.

ⓘ 9 ⬛ – N'accepte pas les cartes bancaires

⊞ LAGUNA ANJUNA
€€
ANJUNA
TÉL. : 0832-231 999
FAX : 0832-420 213
Situé à côté de la plage, ce bel établissement propose d'élégants cottages dans le style goanais. Magnifiques jardins.

ⓘ 22 cottages ⬛

PANAJI

⊞ CIDADE DE GOA
🍽 BEACH RESORT
€€
VAINGUINIM BEACH
TÉL. : 0832-221 133
FAX : 0832-223 303
E-MAIL : hotel.cidade@sma.
sprintrpg.ems.vsnl.net.in
Conçu d'après un projet de Charles Correa et inspiré de l'architecture goanaise, ce bel établissement s'étire dans un jardin qui borde une baie privée ; la plage est petite, mais sans colporteur. Construit et géré par la famille Timblo. Atmosphère décontractée, excellente cuisine.

ⓘ 210 ⬛ 🅈
🅂 **Principales cartes acceptées**

⊞ TAJ HOLIDAY VILLAGE
€€
SINQUERIM, BARDEZ
TÉL. : 0832-276 201
FAX : 0832-276 045
E-MAIL : village.goa@tajhotels.com
Les chambres sont aménagées dans des bungalows de style goanais disséminés dans un jardin derrière les restaurants bordant la plage. C'est le plus agréable des quatre hôtels de Goa qui appartiennent au groupe Taj. Les autres sont le Fort Aguada Beach Resort, l'hôtel de luxe Aguada Hermitage et le Taj Exotica, dans le sud de Goa, à Benaulim, près de Margao.

ⓘ 140 ⬛ 🅈
🅂 **Principales cartes acceptées**

SUD DE GOA

Les hôtels disposent de longues plages qui sont, jusqu'à présent, plutôt moins fréquentées que celles du nord de Goa.

⊞ GOA RENAISSANCE
€€€
VARCA
TÉL. : 0832-745 200
FAX : 0832-745 225
E-MAIL : rmda-goa@rml.sprintrpg.
ems.vsnl.net.in
Rénové en 2000, cet hôtel dispose d'équipements de luxe. Terrain de golf à neuf trous et jardins donnant sur la plage.

ⓘ 120 ⬛ 🅈
🅂 **Principales cartes acceptées**

⊞ THE LEELA PALACE GOA
€€€
MOBOR, CAVELOSSIM, SALCETTE
TÉL. : 0832-871 234
FAX : 0832-871 352
E-MAIL : info@leelapalace.com
Les bungalows luxueux sont entourés de jardins, à bonne distance de la plage. La campagne environnante est calme. Si vous recherchez de l'animation, allez à Colva et à Margao.

ⓘ 137 ⬛ 🅈
🅂 **Principales cartes acceptées**

⊞ MAJORDA BEACH RESORT
€€
MAJORDA
TÉL. : 0832-754 871
FAX : 0832-754 342
E-MAIL : mbr.goa@rma.sril.in
Hôtel entouré d'un jardin luxuriant donnant sur une belle plage. Personnel accueillant et atmosphère agréable.

ⓘ 120 ⬛ 🅈
🅂 **Principales cartes acceptées**

Si vous souhaitez faire étape entre Goa et Karnataka, nous vous conseillons le Kali River Camp (voir parc national de Nagarhole, p. 366).

RESTAURANTS
En plus de ses hôtels et de ses cafés en bord de mer où l'on peut déjeuner d'un plat de crevettes grillées, Goa possède de nombreux restaurants familiaux à l'ambiance chaleureuse et décontractée, proposant des mets typiquement goanais tels que le *balcao* (crevettes au gingembre, à l'ail et au vinaigre) et le *caldiero* (poisson à la noix de coco et à la coriandre). À Goa, de nouveaux restaurants ouvrent ou ferment leurs portes à chaque saison, aussi est-il préférable de se faire conseiller sur place.

LA CÔTE DU KARNATAKA

MANGALORE

⊞ MANJARUN
€€
OLD PORT ROAD, BUNDER, MANGALORE
TÉL. : 0824-420 420
FAX : 0824-420 585
E-MAIL : manjarun.mangalore@
tajhotels.com
Situé en ville, avec vue sur la mer et sur le fleuve Nethravati. Cet hôtel, pratique pour une étape, propose des chambres toutes catégories allant des petits budgets aux suites.

ⓘ 101 ⬛ 🅈
🅂 **Principales cartes acceptées**

⊞ Hôtel 🍽 Restaurant ⓘ Nbre de chambres 🍽 Nbre de couverts 🚌 Bus 🅿 Parking 🕐 Horaires

LE KERALA

BACKWATERS

COCONUT LAGOON
€€€

KUMARAKOM
TÉL. : 0481-525 834 ou
0481-525 835
FAX : 0481-524 495
E-MAIL : casino@vsnl.com
Accessible en bateau depuis Puthenangadi, cet hôtel loge ses clients dans des bungalows (certains sont neufs et d'autres plus anciens). Le restaurant (bonne cuisine du Kerala) donne sur le lac Vembanad.
52 ◻ ◻
◻ Principales cartes
acceptées

KETTUVALLOM HOUSEBOATS
€€

KTDC, KUMARAKOM
TÉL. : 0481-524 258
FAX : 0481-525 862
E MAIL : ktdc@vsnl.com
Pour découvrir la vie du Kerala, naviguez dans les backwaters en vous prélassant à bord d'un house-boat. Vous pouvez en louer un pour une ou deux nuits et dormir à bord. Les repas sont compris dans le prix.
◻ Bateaux avec 2 ou
4 couchettes ◻ Principales
cartes acceptées

KUMARAKOM LAKE RESORT
€€

KUMARAKOM
TÉL. : 0481-524 900
FAX : 0481-524 987
E-MAIL : klresort@vsnl.com
Cet établissement de la chaîne hôtelière Golden Tulip offre des cottages, rénovés pour certains, disséminés dans un parc de 5 hectares agrémenté de canaux. Un manoir du XVIIIe siècle abrite un restaurant qui propose de savoureux plats du Kerala. Dans un autre manoir, les clients bénéficient de traitements ayurvédiques de qualité.
◻ 22 cottages ◻ ◻
◻ Principales cartes
acceptées

SPICE VILLAGE
€€€

KUMILY-THEKADY ROAD,
IDUKKI
TÉL. : 0484-668 421
FAX : 0484-668 001
E-MAIL : casino@vsnl.com
Situé dans les monts des Cardamomes, à la lisière du Periyar, c'est l'endroit idéal pour partir à la découverte de la faune sauvage de l'Inde du Sud. Les cottages au toit de chaume sont les plus confortables.
◻ 52 ◻ ◻ ◻ Principales
cartes acceptées

ÎLES LAQUEDIVES

BANGARAM ISLAND RESORT
€€€€€

BANGARAM ISLAND
TÉL. : 0484-668 421
FAX : 0484-668 001
E-MAIL : casino@vsnl.com
C'est le seul établissement de l'île ouvert aux étrangers. Prenez l'avion de Kochi à Agatti, puis le bateau ou l'hélicoptère pour Bangaram. Cet hôtel de la chaîne Casino dispose d'un domaine de 60 hectares et d'un centre de plongée. Possibilité de prendre des cours à l'école de plongée de l'île de Kadmat.
◻ 30 ◻ ◻ Principales
cartes acceptées

KOCHI (COCHIN) ET ERNAKULAM

THE BRUNTON BOATYARD
€€€€

FORT COCHIN
TÉL. : 0484-668 421
FAX : 0484-668 001
E-MAIL : casino@vsnl.com
Simple et contemporain, cet hôtel est installé dans un ancien bâtiment industriel, au bord de l'eau. Toutes les chambres ont vue sur la mer et le delta. Délicieuse cuisine de fruits de mer.
◻ 26 ◻ ◻ Principales
cartes acceptées

CASINO
€€

WILLINGDON ISLAND, KOCHI

TÉL. : 0484-668 421
FAX : 0484-668 001
E-MAIL : casino@vsnl.com
Propre et confortable, cet hôtel se trouve dans un quartier calme, bien situé pour visiter Kochi. Service accueillant.
◻ 68 ◻ ◻ Principales
cartes acceptées

MALABAR HOUSE
€€€

1/268, 1/269 PARADE ROAD,
FORT COCHIN
TÉL. : 0404-216 666
FAX : 0484-217 777
E-MAIL : malabarhouse@vsnl.com
Manoir du vieux Cochin joliment rénové et meublé. Il possède deux restaurants où l'on mange bien, ainsi qu'une belle boutique. La suite installée sous les toits est très agréable. Massages ayurvédiques offerts.
◻ 17 ◻ ◻ ◻ ◻ AE,
MC, V

TAJ MALABAR
€€€

WILLINGDON ISLAND, KOCHI
TÉL. : 0484-666 811 ou
0484-668 010
FAX : 0484-668 010
E-MAIL : malabar.coching@
tajhotels.com
Les chambres de l'aile ancienne ont du caractère, et celles de l'aile moderne ont vue sur le

◻ Ascenseur ◻ Air conditionné ◻ Piscine int. ◻ Piscine ext. ◻ Fitness ◻ Cartes bancaires acceptées

HÔTELS ET RESTAURANTS

port. Le café-restaurant propose des plats du Kerala que l'on peut savourer au bord de l'eau.

🛈 96 🅿 🚌
🛇 Principales cartes acceptées

KOZHIKODE (CALICUT)

🏨 TAJ RESIDENCY
€€
P. T. USHA ROAD
TÉL. : 0495-766 371
FAX : 0495-766 448
E-MAIL : residency.calicut@ tajhotels.com
Hôtel bien situé si l'on voyage le long de la côte ou vers le sud en venant du Karnataka. Centre ayurvédique dans l'hôtel.
🛈 74 🚌 📺 🛇 Principales cartes acceptées

🏨 THE TREEHOUSES
€€
WYNAD
Logements en cottage ou en cabane dans les arbres, au cœur des forêts des Ghats Occidentaux. Idéal pour faire une étape entre Kozhikode et Ooty ou Mysore.
🛈 8 cottages et 3 cabanes dans les arbres – N'accepte pas les cartes bancaires

MARARIKULAM

🏨 THE MARARI BEACH
€€€
ALLEPPEY
TÉL. : 0484-668 421
FAX : 0484-668 001
E-MAIL : casino@vsnl.com
Villas au toit de chaume près d'une vaste plage. Un restaurant avec buffet et un bar de plage proposent des plats régionaux ou internationaux.
🛈 52 🚌 📺 🛇 Principales cartes acceptées

PARC NATIONAL DU PERIYAR

🏨 LAKE PALACE
€€€
PARC NATIONAL DU PERIYAR
TÉL. : 04 863-322 023
FAX : 04 863-322 282
TÉL. : 0471-330 031

Situé sur une île à l'intérieur du parc, c'est l'endroit idéal pour observer les oiseaux, contempler la forêt luxuriante et ses éléphants. Des promenades en bateau permettent de découvrir la faune. Réservez par l'intermédiaire de KTDC (Central Bus Station, Thampanoor).
🛈 6

🏨 SHALIMAR SPICE GARDEN
€€€
MURUKKADY POST, THEKKADY
TÉL. : 04 863-22 132
FAX : 04 863-23 002
Gérés par une famille italienne, ces élégants cottages dans le style de la région se dressent dans un jardin d'arbres fruitiers et d'épices, non loin du parc. Traitements ayurvédiques.
🛈 12 chambres et cottages

THIRUVANANTHA-PURAM (TRIVANDRUM) ET KOVALAM

🏨 SOMATHEERAM 🍴 AYURVEDIC BEACH RESORT
€€
CHOWARA, SUD DE KOVALAM
TÉL. : 0471-481 601
FAX : 0471-480 600
E-MAIL : soma@md2.vsnl.net.in
Ces cottages avec terrasse sont disséminés dans des jardins tropicaux qui surplombent la plage. Traitements ayurvédiques de qualité. Cours de yoga offerts. Le restaurant propose des spécialités régionales, indiennes, continentales et chinoises.
🛈 53 🅿 🛇 AE, MC

🏨 SOUTH PARK
🍴 €€
M. G. ROAD, PALAYAM
TÉL. : 0471-333 333
FAX : 0471-331 861
E-MAIL : hotel@vsnl.com
Bon hôtel situé en ville, géré par Welcomgroup. Large choix d'équipements et joli jardin aménagé sur le toit. Le restaurant offre des plats variés, notamment des spécialités du Kerala.
🛈 83 🚌 📺 🛇 Principales cartes acceptées

🏨 SURYA SAMUDRA
€€€
PULINKUDI, MULLUR
TÉL. : 0471-480 413
FAX : 0471-481 124
E-MAIL : suryasamudra@vsnl.com
Cet établissement balnéaire paisible et réputé est géré par Raphael Hotels. Beaux cottages rustiques et piscine d'eau de mer reliée à la plage par des marches. Traitements ayurvédiques de qualité. Le coucher de soleil sur la mer d'Oman est d'une rare beauté.
🛈 21 bungalows (26 chambres) 🚌 🛇 MC, V

VARKALA

🏨 TAJ GARDEN RETREAT
€€
PRÈS DE GOVERNMENT GUEST HOUSE, JANARDHANAPURAM
TÉL. : 0472-603 000
FAX : 0472-602 296
E-MAIL : retreat.verkala@ tajhotels.com
À mi-chemin entre Thiruvananthapuram et Kollam, cet hôtel moderne surplombe le jardin avec piscine donnant sur la plage. Cuisine de qualité.
🛈 30 🚌 📺
🛇 Principales cartes acceptées

LE DECCAN

ALAMPUR

🏨 RAVIPRAKASH
€
RAILWAY STATION ROAD, KURNOOL
TÉL. : 08 518-21 116
Cet hôtel simple est un bon point de départ pour explorer la région d'Alampur.
🛈 46 🚌 📺
🛇 Principales cartes acceptées

ANANTAPUR

🏨 SAPTHAGIRI
€
TÉL. : 08 554-20 245

🏨 Hôtel 🍴 Restaurant 🛈 Nbre de chambres 🍴 Nbre de couverts 🚌 Bus 🅿 Parking 🕐 Horaires

Cet hôtel modeste conviendra aux voyageurs intrépides qui visitent la région.
– N'accepte pas les cartes bancaires

BADAMI

🏨 BADAMI COURT
🍴 €€
STATION ROAD, BADAMI
TÉL. : 08 357-65 230
FAX : 08 357-65 207
Hôtel agréable situé le long de l'avenue bordée d'arbres qui traverse la ville. Bonne cuisine.
🛏 27 🏧 Principales cartes acceptées

BANGALORE

🏨 THE OBEROI
🍴 €€€€
M. G. ROAD
TÉL. : 080-558 5858
FAX : 000-550 5960
E-MAIL : akaul@oberoiblr.com
Cette pension de famille de grand luxe accueille aussi bien les hommes d'affaires que les vacanciers. Les chambres donnent sur un immense jardin luxuriant. Cuisine de bonne qualité.
🛏 160 🏊 🏋
🏧 Principales cartes acceptées

🏨 GATEWAY HOTEL
🍴 €€€
66 RESIDENCY ROAD
TÉL. : 080-558 4545
FAX : 080-558 4030
E-MAIL : gateway.bangalore@tajhotels.com
Hôtel très correct de style occidental qui abrite le meilleur restaurant de Bangalore (spécialités de Goa, de Mangalore, du Kerala et de Karwa). Les plats de poisson, de poulet et de porc sont délicieux. Des préparations végétariennes sont proposées.
🛏 98 🏊 🏧 Principales cartes acceptées

🏨 LE MERIDIEN
€€€
28 SANKEY ROAD
TÉL. : 080-226 2233
FAX : 080-226 7676
E-MAIL : leme@vsnl.com

Répondant aux besoins d'une clientèle aisée, Le Meridien fait bénéficier Bangalore de son expérience internationale.
🛏 196 🏊 🏋
🏧 Principales cartes acceptées

🏨 WINDSOR SHERATON & TOWERS
€€€
25 SANKEY ROAD
TÉL. : 080-226 9898
FAX : 080-226 4941
E-MAIL : guest@windsor.welcomgroup.co.in
Ce manoir tout blanc orné de portiques rappelle l'époque de l'empire britannique. Installées dans différents édifices, les chambres sont somptueuses.
🛏 240 🅿 🔲 🔲 🏊
🏋 🏧 Principales cartes acceptées

🏨 VICTORIA
€
47 48 RESIDENCY ROAD
TÉL. : 080-558 4077
FAX : 080-558 4945
Vieil hôtel réputé, en plein centre-ville. Ses chambres, qui donnent sur une vaste pelouse, évoquent l'Inde britannique.
🏧 AE, MC, V

🏨 JUNGLE LODGES & RESORTS
€€€
SHRUNGAR SHOPPING CENTER, M.G. ROAD
TÉL. : 080-559 7021 ou 080-559 7024
FAX : 080-558 6163
E-MAIL : junglelodges@vsnl.com
Plusieurs établissements (dont le K. Gudi Camp, dans le B.R. Hills Wildlife Sanctuary, et le Devbagh Beach Resort) proposent des séjours sportifs (rafting, pêche, plongée sous-marine) et de découverte de la faune. Logement dans des huttes en bois ou sous de vastes tentes.
🏧 Principales cartes acceptées

AUTRES RESTAURANTS
La population de Bangalore fréquente assidûment les bars, clubs et restaurants de la ville. Parmi les

PRIX		
HÔTELS		

HÔTELS
Prix indicatifs pour une chambre double sans petit déjeuner.

€€€€€	plus de 280 €
€€€€	de 160 à 280 €
€€€	de 100 à 160 €
€€	de 40 à 100 €
€	moins de 40 €

RESTAURANTS
Prix indicatifs pour un repas sans boisson.

€€€€€	plus de 80 €
€€€€	de 50 à 80 €
€€€	de 35 à 50 €
€€	de 20 à 35 €
€	moins de 20 €

bars, signalons le Peco's, le Nightwatchman et le Polo Club, où l'ambiance est plus calme. Les principaux restaurants servant des spécialités de l'Inde du Sud, comme les *thali*, sont le Shilpa (Lady Curzon Road), l'Haveli (près de Brigade Road), l'Amravati (près de Residency Road) et le Nagarjuna (Residency Road).

BELUR ET HALEBID

🏨 HOYSALA VILLAGE RESORT
€
HASSAN
TÉL. : 08 172-56 065
FAX : 08 172-56 794
Hôtel moderne et agréable, doté d'un personnel compétent. C'est un lieu de séjour idéal si l'on souhaite visiter les temples Hoysala.

BIJAPUR

🏨 KSTDC MAURYA ADIL SHAHI
€
ANAND MAHAL ROAD
TÉL. : 08 352-20 943
Cet hôtel simple et central est aménagé autour d'une cour-jardin. D'ici, vous pourrez vous rendre jusqu'aux monuments à pied ou, si vous le souhaitez, à dos de poney.

🔲 Ascenseur 🔲 Air conditionné 🏊 Piscine int. 🏊 Piscine ext. 🏋 Fitness 🏧 Cartes bancaires acceptées

HYDERABAD ET SECUNDERABAD

🏨 ITC KAKATIYA 🍴 SHERATON

€€€

BEGUMPET, HYDERABAD

TÉL. : 040-331 0132

FAX : 040-331 1045

E-MAIL : kakatiiya@welcomgroup. com

Aménagé dans un édifice blanchi à la chaux de style classique, cet hôtel est équipé de tout le confort moderne. La piscine, construite autour d'un rocher, est alimentée par une source thermale. Cuisine de qualité.

ℹ️ 189 🛏️ 🍽️
🔖 Principales cartes acceptées

🏨 TAJ RESIDENCY

€€€

BANJARA HILLS, HYDERABAD

TÉL. : 040-339 3939

FAX : 040-339 2684

E-MAIL : trhbcentre.hyd@ tajhotels.com

Hôtel de luxe d'un blanc étincelant situé dans un quartier privilégié d'Hyderabad.

ℹ️ 140 🛏️ 🔖 Principales cartes acceptées

🏨 TAJ BANJARA 🍴

€€€

ROAD NO. 1, BANJARA HILLS

TÉL. : 040-339 9999

FAX : 040 339 2218

E-MAIL : banjara.hyderabad@ tajhotels.com

Situé à dix minutes en voiture du centre-ville, dans les monts Banjara, cet hôtel est installé en bordure d'un petit lac. L'excellent restaurant Dakhni propose des plats authentiques d'Hyderabad et de l'Andhra Pradesh.

ℹ️ 18 🛏️ 🍽️
🔖 Principales cartes acceptées

🏨 TAJ MAHAL

€

88 SARJINI DEVI ROAD, SECUNDERABAD

TÉL. : 040-812 105

Cet hôtel simple, ouvert en 1949, propose des chambres spacieuses et propres. Bonne cuisine de l'Andhra Pradesh, mais pas de bar.

🔖 Principales cartes acceptées

AUTRES RESTAURANTS

De nombreux restaurants proposant des plats d'Hyderabad tels que le *biryani*, des spécialités épicées de l'Andhra Pradesh à base de poisson et de mouton, et des plats végétariens comme les *dosa*, les *idli* et les *uttapam*.

KODAGU (COORG)

🏨 RAJDARSHAN

€

M. G. ROAD, MADIKERI

TÉL. : 0872-29 142

Un hôtel simple mais bien situé pour découvrir cette région.

ℹ️ 26 🔖 Principales cartes acceptées

MALNAD

🏨 SAMMAN

€

SHIMOGA

TÉL. : 08182-23319

Situé entre Hassan et Hospet, cet hôtel est un bon point de départ pour visiter la région de Malnad.

ℹ️ 23 – N'accepte pas les cartes bancaires

MUDUMALAI (PARC NATIONAL DE)

🏨 BAMBOO BANKS FARM 🍴 GUEST HOUSE

€

MASINAGUDI

TÉL. : 0423-56 222

Pension de famille gérée par une charmante famille parsie. Chambres agréables, cuisine de qualité et jardin avec pelouse.

ℹ️ 6

MYSORE

🏨 LALITHA MAHAL PALACE

€€€

SIDHARTHA NAGAR

TÉL. : 0821-571 265

FAX : 0821-571 770

E-MAIL : lmph@bgl.vsnl.net.in.

Hôtel aménagé dans un palais construit en 1931 pour le maharaja de Mysore, qui y recevait ses hôtes amateurs de viande. Table de billard d'origine. On dîne dans l'ancienne salle de bal.

ℹ️ 72 🛏️ 🍽️
🔖 Principales cartes acceptées

🏨 GREEN HOTEL

€

2270 VINOBA ROAD, JAYALAKSHMI PURAM

TÉL. : 0821-512 536

FAX : 0821-516 139

E-MAIL : grenhotl@giasbg01. vsnl.net.in

Installé dans l'élégant palais Chittaranjan, dans la banlieue de la ville, cet hôtel propose des chambres simples décorées de jolis meubles d'origine locale. Beau jardin et cuisine délicieuse.

ℹ️ 31 🛏️ 🍽️ 🔖 MC, V

NAGARHOLE (PARC NATIONAL DE)

🏨 KABINI RIVER LODGE

€€€

KARAPUR

TÉL./FAX : 080-558 6163

Non loin du pavillon de chasse du maharaja de Mysore, ce bel établissement organise des dîners au bord de la rivière, autour d'un feu, en compagnie de naturalistes. Réservez à Bangalore, auprès de Jungle Lodges & Resorts (voir p. 365).

ℹ️ 14 chambres et 6 cottages 🔖 Principales cartes acceptées

Jungle Lodges & Resorts gère un autre camp, le **Kali River Camp** à Dandeli, sur la route reliant le Karnataka à Goa, dans la région d'Uttara Kannada.

TIRUPATI

🏨 GUESTLINE

€

KARAKAMBADI ROAD

TÉL. : 08 574-28 800

FAX : 08 574-27 774

Cet hôtel fournit un accueil de qualité aux pèlerins venus visiter le temple de Tirumala.

🏨 Hôtel 🍴 Restaurant ℹ️ Nbre de chambres 🛏️ Nbre de couverts 🚌 Bus 🅿️ Parking 🕐 Horaires

110
Principales cartes acceptées

VIJAYANAGAR

MALLIGI TOURIST HOME
€
JAMBUNATH ROAD, HOSPET
TÉL. : 08 394-2201
FAX : 08 394-57 038
Cet établissement propose des chambres à tous les prix (les plus luxueuses se trouvent dans l'aile moderne). Il dispose d'un restaurant, installé dans le jardin, d'un café et d'une piscine.
116 Principales cartes acceptées

VIJAYAVADA

QUALITY INN DV MANOR
€
M. G. ROAD
TÉL. : 0866-471 455
FAX : 0866-483 170
E-MAIL : dvmanor@hotmail.com
Hôtel agréable et pratique pour visiter la région.
94 Principales cartes acceptées

VISHAKHAPATNAM

TAJ RESIDENCY
€€
BEACH ROAD
TÉL. : 0891-567 756
FAX : 0891-564 370
E-MAIL : trhgm.viz@tajhotels.com
Situé au sein d'une région rurale, cet hôtel luxueux surplombe le golfe du Bengale.
94 Principales cartes acceptées

LE TAMIL NADU

CHENNAI (MADRAS)

Si vous souhaitez séjourner au bord de la mer pour visiter Chennai et ses environs, reportez-vous à Mahabalipuram (Mamallapuram), p. 368.

TAJ CONNEMARA
€€€
BINNY ROAD, DONNANT SUR MOUNT ROAD
TÉL. : 044-852 0123
FAX : 044-852 3361
E-MAIL : tajcon@giasmd01.vsnl.in.
Aménagé dans l'hôtel particulier du nabab de Wallajah, cet hôtel spacieux, bien situé, dispose d'une piscine et de deux restaurants de qualité : le Verandah (buffet à l'heure du déjeuner) et le Raintree (voir p. 368), à l'extérieur, qui sert des spécialités de Chettinad.
150 Principales cartes acceptées

TAJ COROMANDEL
€€€
17 N. H. ROAD
TÉL. : 044-872 827
FAX : 044-825 104
L'hôtel le plus luxueux de Chennai, construit par le groupe Taj, est parfait pour une clientèle d'affaires mais manque de charme. Situé dans le quartier des affaires, il est à deux pas des magasins et des lieux de spectacle. Il dispose de plusieurs restaurants, tel le Southern Spice (spécialités de l'Inde du Sud).
205
Principales cartes acceptées

WELCOMGROUP CHOLA SHERATON
€€€
CATHEDRAL ROAD
TÉL. : 044-828 0101
FAX : 044-827 8779
E-MAIL : chola@welcomgroup.com
Cet hôtel propose surtout des suites en duplex. Il dispose de deux restaurants, le Sagari, installé sur le toit, et le Peshwari (cuisine du Nord-Ouest).
92
Principales cartes acceptées

THE GRAND ORIENT
€€
693 ANNA SALAI
TÉL. : 044-852 4111
FAX : 044-852 3412
E-MAIL : empee.grand@orient.wiprobt.ems.vsnl.net.in.
Hôtel simple, d'un bon rapport qualité-prix et jouissant d'une situation centrale. Le restaurant propose notamment d'authentiques spécialités végétariennes de l'Inde du Sud.
63 Principales cartes acceptees

PRIX

HÔTELS
Prix indicatifs pour une chambre double sans petit déjeuner.

€€€€€	plus de 280 €
€€€€	de 160 à 280 €
€€€	de 100 à 160 €
€€	de 40 à 100 €
€	moins de 40 €

RESTAURANTS
Prix indicatifs pour un repas sans boisson.

€€€€€	plus de 80 €
€€€€	de 50 à 80 €
€€€	de 35 à 50 €
€€	de 20 à 35 €
€	moins de 20 €

NEW VICTORIA
€-€€
3 KENNET LANE, EGMORE
TÉL. : 044-825 3638
FAX : 044-825 0070
Hôtel modeste, situé près de la gare. Le petit déjeuner, copieux, est compris dans le prix de la chambre.
50 Principales cartes acceptées

AUTRES RESTAURANTS

Chennai, ville côtière raffinée, compte une multitude de restaurants de qualité. Les plats végétariens et les fruits de mer (crevettes, homard, crabe) sont réputés. Outre les hôtels-restaurants indiqués ci-dessus, nous vous conseillons les adresses suivantes.

DAKSHIN
€€
PARK SHERATON & TOWERS
132 T.T.K. ROAD
TÉL. : 044-499 4101
Situé dans le vaste complexe du Park Sheraton and Towers

Ascenseur · Air conditionné · Piscine int. · Piscine ext. · Fitness · Cartes bancaires acceptées

HÔTELS ET RESTAURANTS

(Welcomgroup), ce restaurant propose des spécialités de l'Inde du Sud. À ne pas manquer.
🍴 Principales cartes acceptées

🍴 ANNALAKSHI
€€
806 ANNA SALAI
TÉL. : 044-852 5100
Un restaurant végétarien très populaire : il est indispensable de réserver sa table.

🍴 RAINTREE
€€
TAJ CONNEMARA,
BINNY ROAD, DONNANT
SUR MOUNT ROAD
TÉL. : 044-852 0123
Une cuisine épicée, caractéristique de la région de Chettinad.
🍴 Principales cartes acceptées

🍴 KARAIKUKI
€€
84 DR. RADHAKRISHNA ROAD
Plats épicés de la région de Chettinad.

🍴 PONNUSAMY
€€
ROYAPETTAH
Vaste choix de plats inspirés de la cuisine de Chettinad.

COIMBATORE

🏨 THE RESIDENCY
€€
AVANASHI ROAD
TÉL. : 0422-201 234
FAX : 0422-201 414
E-MAIL : rescbe@vsnl.com
Bon hôtel, idéal pour faire étape avant ou après Ooty.
🛏 135 🚌 🅿
🍴 Principales cartes acceptées

COONOOR

🏨 TAJ GARDEN RETREAT
€€
CHURCH ROAD,
UPPER COONOOR
TÉL. : 0423-30 021
FAX : 0423-32 775
E-MAIL : retreat.coonoor@ tajhotels.com

Vieil hôtel dont les chambres sont réparties dans des bungalows, au milieu d'un superbe jardin. Certaines chambres donnent sur une pelouse privative.
🛏 33 🍴 Principales cartes acceptées

KODAIKANAL

🏨 THE CARLTON
€€
LAKE ROAD
TÉL. : 04 542-40 056
FAX : 04 542-41 170
E-MAIL : carlton@vsnl.com
Hôtel de style colonial qui surplombe le lac de la ville.
🛏 91 🅿 🍴 Principales cartes acceptées

MADURAI

🏨 TAJ GARDEN RETREAT
€€€
PASUMALAI, TPK ROAD
TÉL. : 0452-601 020
FAX : 0452-604 004
E-MAIL : retreat.madurai@ tajhotels.com
Manoir du XIXᵉ siècle bâti pour le directeur d'une société britannique. Il est situé dans un parc de 30 hectares, sur les hauteurs de Pasumalai Hill. La piscine est en bas de la colline.
🛏 50 🚌 🍴 Principales cartes acceptées

🏨 PANDYAN
€€
RACE COURSE ROAD
TÉL. : 0452-537 090
FAX : 0452-533 424
E-MAIL : phl@pronet.xlweb.com
Hôtel de luxe, disposant de boutiques et d'un beau jardin.
🛏 57 🍴 Principales cartes acceptées

MAHABALIPURAM (MAMALLAPURAM)

🏨 FISHERMAN'S COVE
€€
COVELONG BEACH
TÉL. : 04 114-44 304
FAX : 04 114-44 303
Excellent point de départ pour visiter Mahabalipuram et Chennai ainsi que les temples de Kan-

chipuram. L'hôtel se trouve sur la plage même. Les cottages ont vue sur la mer ou sur le jardin. Café au bord de la plage. Évitez les week-ends, qui attirent une foule de touristes.
🛏 50 chambres et 38 cottages 🚌 🍴 Principales cartes acceptées

🏨 GOLDEN SUN BEACH 🍴 RESORT
€€
COVELONG ROAD,
PRÈS DE MAHABALIPURAM
TÉL. : 04 114-42 245
FAX : 04 114-836 247
Hôtel sans prétention, face à la mer, disposant d'agréables cottages. Bonne cuisine locale.
🛏 20 chambres et 40 cottages 🚌 🅿
🍴 Principales cartes acceptées

🏨 IDEAL BEACH RESORT
€
COVELONG ROAD,
PRÈS DE MAHABALIPURAM
TÉL. : 04 114-42 240
FAX : 04 114-42 243
E-MAIL : ideal@md2tvsnl.net.in
Hôtel simple, en front de mer. Le restaurant propose d'excellents fruits de mer.
🛏 40 cottages 🚌
🍴 MC, V

🏨 SILVERSANDS
€
COVELONG ROAD,
PRÈS DE MAHABALIPURAM
TÉL. : 04 114-42 228
FAX : 04 114-42 280
E-MAIL : silver@silversandsindia. com
Hôtel modeste donnant sur la plage, composé de cottages dont certains disposent d'un hamac dans un jardin privatif.
🛏 50 cottages
🍴 Principales cartes acceptées

OOTY (UDHAGAMANDALAM, OOTACAMUND)

🏨 SAVOY HOTEL
€€€
SYLKS ROAD

🏨 Hôtel   🍴 Restaurant   🛏 Nbre de chambres   🍽 Nbre de couverts   🚌 Bus   🅿 Parking   🕐 Horaires

HÔTELS ET RESTAURANTS

TÉL. : 0423-444 142
FAX : 0423-443 318
E-MAIL : savoyna.oty@tajhotels.
com
Cet ancien hôtel colonial, fondé
en 1841 pour héberger les Britanniques fuyant la chaleur, est
aujourd'hui géré par le groupe
Taj. Prenez le thé dans ses jardins en admirant la vue sur les
monts Nilgiri. Les cottages disposent de cheminées.
🛈 40 🎽 🏧 Principales
cartes acceptées

RAMESHVARAM

🏨 HOTEL TAMIL NADU
€
TÉL. : 04 573-21 277
FAX : 04 573-21 070
Convient aux voyageurs intrépides qui explorent la région.
🛈 10 – N'accepte pas les
cartes bancaires

THANJAVUR

🏨 PARISUTHAM
€€
CANAL ROAD
TÉL. : 04 362-21 601
FAX : 04 362-22 318
Situé en centre-ville, cet hôtel
familial propose des chambres
simples mais fonctionnelles. Il
dispose d'une piscine agréable.
Atmosphère chaleureuse.
🛈 50 🎽 🏧 Principales
cartes acceptées

TIRUCHIRAPALLI

🏨 SANGAM
🍴 €€
COLLECTOR'S OFFICE ROAD
TÉL. : 0431-414 700 ou
0431-414 480
FAX : 0431-415 779
E-MAIL : hotelsangam@vsnl.com
SITE INTERNET :
www.hotelsangam.com
Hôtel pratique avec piscine et
un restaurant qui propose d'excellents *thali* de l'Inde du Sud.
Un refuge agréable après une
journée consacrée à visiter les
temples.
🛈 56 🅿 🌀 🏊 🏧
🏧 Principales cartes
acceptées

L'EST DE L'INDE

ANDAMAN ET
ÎLES NICOBAR

🏨 WELCOMGROUP BAY
🍴 ISLAND
€€
MARINE HILL,
PORT BLAIR
TÉL. : 03 192-34 101
FAX : 03 192-31 555
E-MAIL : wgbayisland@usa.net
Élégant hôtel où les meilleures
chambres ont des balcons don-
nant sur la mer. Jardin très
agréable. Bon restaurant.
🛈 45 🏊 🏧 🏧 MC, V

🏨 SINCLAIRS BAY VIEW
€€
SUR LA ROUTE CÔTIÈRE,
VERS CORBYN'S COVE
TÉL. : 03 192-33 159
FAX : 03 192-31 824
E-MAIL : pressmanindia@hotmail.
com
Hôtel installé en haut d'une fa-
laise. Chambres propres. La vue
sur la mer est magnifique.
🛈 30 🏊 🏧
🏧 Principales cartes
acceptées

BARGARH

🏨 GANAPATHI
€
BARGARH
TÉL. : 06 646-31 400
FAX : 06 646-30 159
Hôtel simple mais propre, consti-
tuant un bon point de départ
pour visiter les régions tribales
et les villages de tisserands.
🏧 Principales cartes
acceptées

BÉNARÈS (VARANASI)

🏨 TAJ GANGES
€€€
NADESAR PALACE GROUNDS
TÉL. : 0542-345 100
FAX : 0542-348 067
E-MAIL : ganges.varanasi@
tajhotels.com
Cet hôtel et le Clark's (ci-des-
sous) sont les meilleurs de la
ville. Clientèle de touristes et de
pèlerins.

🛈 130 🏊 🏧 Principales
cartes acceptées

🏨 CLARK'S VARANASI
€€
THE MALL,
VARANASI CANTONMENT
TÉL. : 0542-348 501
FAX : 0542-348 186
E-MAIL : clarksvns@satyam.net.in
Situé dans le centre, cet hôtel
dispose de chambres spa-
cieuses. L'accueil est chaleureux.
On y organise des activités en
relation avec le pèlerinage au
fleuve.
🛈 133 🌀 🏊
🏧 AE, MC, V

BHUBANESHVAR

🏨 OBEROI
€€€
CB-1 NAYAPALLI
TÉL. : 0674-440 890
FAX : 0674-440 898
C'est le meilleur hôtel de
l'Orissa et un bon point de départ pour sillonner la région. Il
est situé dans le centre de la capitale régionale et agrémenté
de jardins verdoyants.
🛈 70 🏊 🏧 Principales
cartes acceptées

🏨 SWOSTI
🍴 €€
103 JANPATH
TÉL. : 0674-535 771
FAX : 0674-507 524
Hôtel central, pratique, situé
près des grands magasins de tissus. Le restaurant, réputé, propose des plats de l'Orissa (à
commander à l'avance).
🛈 60 🏧 Principales cartes
acceptées

BODH-GAYA

🏨 BODH GAYA ASHOK
€€
À CÔTÉ DU MUSÉE
TÉL. : 0631-400 790
FAX : 0631-400 788
Des bungalows traditionnels
bien situés pour visiter à pied
les sites ou la collection du
musée archéologique.
🛈 32 🅿 🌀 24 🏧 AE,
MC, V

 Ascenseur 🌀 Air conditionné 🏊 Piscine int. 🏊 Piscine ext. 🏧 Fitness 🏧 Cartes bancaires acceptées

HÔTELS ET RESTAURANTS

CALCUTTA (KOLKATA)

🏨 OBEROI GRAND
€€€
JAWAHARLAL NEHRU ROAD
TÉL. : 033-249 2323
FAX : 033-249 3229
Construit dans les années 1890, cet hôtel fut acheté en 1938 par Mohan Singh Oberoi, le fondateur de la chaîne d'hôtels de luxe Oberoi. Situé dans un cadre magnifique, il dispose d'équipements luxueux bien intégrés dans un décor colonial.
🛏 218 🚌 🍽
🖪 Principales cartes acceptées

🏨 TAJ BENGAL
🍽 €€€
BELVEDERE ROAD, ALIPORE
TÉL. : 033-223 3939
FAX : 033-223 1766
E-MAIL : bengal.cal@tajhotels.com
Cet hôtel se trouve au sud du Maidan, un parc apprécié des amateurs de jogging. Dans un décor de styles variés, il possède un centre d'affaires avec des suites disposant de pelouses privatives. Les restaurants sont excellents (cuisines chinoise, française et indienne).
🛏 250 🚌 🍽
🖪 Principales cartes acceptées

🏨 THE PARK
🍽 €€€
17 PARK STREET
TÉL. : 033-249 7336
FAX : 033-249 7343
En plein centre-ville, cet hôtel dispose d'un bon restaurant, installé dans le jardin. Très fréquenté par la population locale.
🛏 149 🚌 🍽
🖪 Principales cartes acceptées

🏨 PEERLESS INN
🍽 €€
12 JAWAHARLAL NEHRU ROAD
TÉL. : 033-228 0301
FAX : 033-228 6650 ou
033-228 1270
E-MAIL : peerinn@giascl01.vsnl.net.in
Situé à côté de l'Oberoi Grand, cet excellent hôtel abrite le restaurant Aaheli, où l'on sert la meilleure cuisine bengalie de Calcutta. Réservation indispensable.
🛏 122 🅿 🔁 🚌 🍽
🖪 Principales cartes acceptées

🏨 TOLLYGUNGE CLUB
€€
120 DESHAPRAN SASMAL ROAD
TÉL. : 033-473 4749
Réservé à ses membres (ainsi qu'à quelques agents de voyages bien placés), ce domaine de 100 hectares dispose de piscines, de courts de tennis, d'un terrain de golf. C'est un refuge idéal après une journée de visite. Les chambres sont simples.
🛏 11 🚌

AUTRES RESTAURANTS
La cuisine du Bengale, à base de poisson un peu épicé et de riz, est meilleure lorsqu'elle est consommée fraîche, c'est pourquoi elle est souvent cantonnée aux fourneaux domestiques. Seules les célèbres sucreries du Bengale (*rossogolla, rasmalai, sondesh*) se trouvent facilement : K.C. Das (Esplanade Road) est une bonne adresse. Pour déguster des spécialités bengalies, allez au Peerless Inn (voir plus haut), au Suruchi (Ellio Road) ou au Kewpies Kitchen (Elgin Lane ; ☎ 033-475 9880).

GOPALPUR-ON-SEA

🏨 OBEROI PALM BEACH
€€€€
DISTRICT GANJAM
TÉL. : 0680-282 021
FAX : 0680-282 300
E-MAIL : pbeach@dte.vsnl.net.in
Charmant hôtel de front de mer à l'ancienne, dont les chambres sont disposées autour d'un patio. La cuisine est préparée avec des produits locaux (on peut voir les pêcheurs sur la plage).
🛏 20 🖪 Principales cartes acceptées

LUCKNOW

🏨 TAJ RESIDENCY
🍽 €€€€
GOMTI NAGAR
TÉL. : 0522-393 939
FAX : 0522-392 282
E-MAIL : tmhgm.luc@tajgroup.sprintrpg.ems.vsnl.net.in
Cet hôtel luxueux de style colonial est entouré de beaux jardins à la française. Ses restaurants proposent le savoureux *oudhyana*.
🛏 110 🚌 🖪 Principales cartes acceptées

🏨 CLARKS AVADH
€€
MAHATMA GANDHI MARG
TÉL. : 0522-216 500
FAX : 0522-220 131
E-MAIL : clarks.lko@sml.sprintrpg.ems.vsnl.in
Hôtel du centre, sans caractère mais abritant le restaurant Faluknama qui, si vous commandez à l'avance, prépare d'excellents plats de l'Avadh.
🚌 🖪 Principales cartes acceptées

AUTRES RESTAURANTS
Parmi les spécialités culinaires élaborées de l'Avadh, on trouve les *rumali roti* (ou *chapati*, pain indien sans levain) et le *dum pukht* (viande et riz cuits dans un pot en terre). Allez notamment au restaurant Nawabeen (hôtel Arif Castles). Les kebabs et les pains vendus sur le vieux marché sont délicieux.

PATNA

🏨 MAURYA PATNA
€€
SOUTH GANDHI MAIDAN
TÉL. : 0612-222 061
FAX : 0612-222 069
E-MAIL : maurya2@dte.vsnl.net.in
Hôtel central, simple et sans façons, au service efficace.
🛏 80 🚌 🖪 Principales cartes acceptées

PURI

🏨 MAYFAIR BEACH RESORT
€€
CHAKRATIRTHA ROAD
TÉL. : 06 752-27 800
FAX : 06 752-24 242
E-MAIL : mayfair1@dte.vsnl.net.in
Cottages disséminés dans un cadre très verdoyant.

🏨 Hôtel 🍽 Restaurant 🛏 Nbre de chambres 🍴 Nbre de couverts 🚌 Bus 🅿 Parking 🕐 Horaires

🛏 34 cottages ⛲ 🏋
🏧 AE, MC, V

RAJGIR

🏨 CENTAUR HOKKE
🍴 €€€
RAJGIR
TÉL. : 06 119-5254
FAX : 06 119-5231
Cet élégant hôtel japonais situé à la lisière de la ville accueille des pèlerins bouddhistes. Chambres de styles japonais et occidental. Bonne cuisine japonaise.
🛏 26 🏧 Principales cartes acceptées

SHANTI NIKETAN

🏨 CHHUTI HOLIDAY
🍴 RESORT
€
CHARU PALLI, JAMBONI
TÉL. : 03 463-52 692
Cottages simples, à l'image des idéaux de Shanti Niketan. Bonne cuisine.
🏧 Principales cartes acceptées

LES RÉGIONS HIMALAYENNES

Les hôtels conseillés ci-après sont de bons points de départ pour découvrir la région. Si vous désirez pratiquer la randonnée, votre agence de voyages vous proposera un hébergement simple ou sous tente.

HIMALAYA OCCIDENTAL

Pour les hôtels de Mussoorie, Nainital, Rishikesh, Simla, voir p. 351.

ALMORA

🏨 MOUNTAIN RESORT
€
KHALI ESTATE
TÉL. : 05962-22973
Cet établissement situé dans l'ancienne capitale culturelle de la région du Kumaon propose des cottages simples ou des bungalows.
🏧 Principales cartes acceptées

DALHOUSIE

🏨 AROMA & CLAIRE'S
€
COURT ROAD
TÉL. : 018 982-2199
Une maison de montagne des années 1930, à flanc de coteau, pour partir à la découverte de Dalhousie et de Chamba.
– N'accepte pas les cartes bancaires

DEHRADUN

🏨 MADHUBAN
🍴 €
RAJPUR ROAD
TÉL. : 0135-749 990 ou 0125-749 995
FAX : 0135-746 496
E-MAIL : hotelmadhuban@sancharnet.in ou madhuban@nde.vsnl.net.in
Un excellent hôtel pour faire étape si vous vous rendez dans les montagnes. Bonne cuisine.
🛏 42 chambres et 5 cottages 🏋
🏧 Principales cartes acceptées

KANGRA

🏨 JUDGES COURT
€€
PRAGPUR
TÉL. : 01 970 45 035
FAX : 01 970 45 335
E-MAIL : eries@vsnl.com
Un manoir de campagne à l'atmosphère coloniale, construit vers 1900 pour le juge sir Jai Lala. Situé dans un verger qui surplombe la chaîne de Dhauladhar, à côté de Pragpur. Il est géré par Welcomgroup.
🛏 10 🏧 AE, MC, V

🏨 TARAGARH PALACE
€€
TÉL. : 01 894-63 034
FAX : 01 894-63 523
Construit dans les années 1930, dans les hauteurs de la chaîne de Dhauladhar, le Taragarh Palace fut la propriété de la famille royale du Jammu-et-Cachemire. Il a conservé un décor colonial.
🛏 12 ⛲ 🏧 Principales cartes acceptées

KAUSANI

🏨 AMAR HOLIDAY HOME
€
TÉL. : 05 969-84 115
Modeste hôtel familial offrant de beaux points de vue. Service accueillant. Bien situé pour randonner dans le Kumaon.
– N'accepte pas les cartes bancaires

MANALI

🏨 JOHN BANNON'S GUEST HOUSE
€€
THE MANALI ORCHARD
TÉL. : 01 902-52 335
FAX : 01 902-52 392
Petit hôtel dont les grandes chambres ont une vue magnifique sur la vallée. Situé à quelques minutes à pied de la route principale, au nord.
🛏 12

HIMALAYA ORIENTAL

DARJEELING

🏨 NEW ELGIN
🍴 €€
H. M. LAMA ROAD
TÉL. : 0354-54 114
FAX : 0354-54 267
E-MAIL : newelgin@cal.vsnl.net.in

⬆ Ascenseur 🅰 Air conditionné ⛲ Piscine int. 🏊 Piscine ext. 🏋 Fitness 🏧 Cartes bancaires acceptées

HÔTELS ET RESTAURANTS

C'est le meilleur hôtel de Darjeeling. Très bonne cuisine.
🛏 25 💳 Principales cartes acceptées

GANGTOK

🏨 NOR-KHILL
€€€
PALJOR STADIUM ROAD
TÉL. : 03 592-23 186
FAX : 03 592-23 187
E-MAIL : newelgin@cal.vsnl.net.in
Ancienne pension de famille, assez luxueuse, mais située à côté d'un stade.
💳 Principales cartes acceptées

KALIMPONG

🏨 KALIMPONG PARK
€€
RINKINGPONG ROAD
TÉL. : 03 552-55 304
FAX : 03 552-55 982
E-MAIL : parkotel@dte.vsnl.net.in
SITE INTERNET : www.indiamart. com/kalimpongparkhotel
Cet hôtel est installé dans l'ancienne résidence d'été du maharaja de Dinajpur. Spécialités culinaires variées, dont des plats népalais et tibétains locaux.
🛏 20 🅿 🕐 ⬛ 📺 💳 MC, V

🏨 KALIMPONG TOURIST LODGE (WBTDC)
€
MORGAN HOUSE
TÉL. : 03 552-55 384
L'un des meilleurs hôtels de la région. Beaux points de vue.
🛏 7 💳 Principales cartes acceptées

ÉTATS DU NORD-EST

ARUNACHAL PRADESH

🏨 DONYI POLO ASHOK
🍴 €
ITANAGAR
TÉL. : 0360-212 626
FAX : 0360-212 611
Le meilleur hôtel de l'Arunachal Pradesh. Assez bonne cuisine.
💳 Principales cartes acceptées

ASSAM

🏨 TOURIST LODGE
€
BRAHMAPUTRA ASHOK
M. G. ROAD, GAWAHATI
TÉL. : 0361-541 064
FAX : 0361-540 870
E-MAIL : guwashok@indiatourism. xeegan.xeemail.ems.vsnl.net.in
Hôtel simple situé au bord d'une rivière.
🛏 50 💳 Principales cartes acceptées

🍴 PARADISE
€
G. N. BORDOLOI ROAD, CHANDMARI
TÉL. : 0361-546 904
Ce restaurant propose des currys et des spécialités chinoises, mais nous vous conseillons de goûter à la cuisine assamaise et de commander un thali.
🍴

KAZIRANGA (PARC NATIONAL DE)

🏨 WILD GRASS RESORT
€
PRÈS DE KOHORA, GOLAGHAT
TÉL. : 03 776-62 011
Charmant établissement de style colonial. Le personnel peut venir vous chercher à l'aéroport, organiser des safaris, des promenades à dos d'éléphant, des parties de pêche ou des sorties en rafting. Un pavillon peut être loué dans le parc.
🛏 18 ⬛

🏨 PARADISE
€
SOLICITORS ROAD, JOHAT
TÉL. : 0376-321 521
FAX : 0376-323 512
Hôtel simple, bien situé pour visiter le nord de l'Assam.
🛏 31 💳 Principales cartes acceptées

MANIPUR

🏨 IMPHAL
€
IMPHAL DIMAPUR ROAD, IMPHAL

TÉL. : 03 852-220 459
FAX : 03 852-224 354
Hôtel très simple, pratique pour les voyageurs qui explorent Manipur.
🛏 60 – N'accepte pas les cartes bancaires

MEGHALAYA

🏨 POLO TOWERS
€
OAKLAND ROAD, POLO GROUNDS, SHILLONG
TÉL. : 0364-222 340 ou 0364-222 341
FAX : 0364-220 090
E-MAIL : htp@vsnl.com
Hôtel pratique et central. Cuisine de bonne qualité.
🛏 50 🅿 🕐 💳 AE, MC, V

MIZORAM

🏨 MOONLIGHT
🍴 €
BAWNGHAWN, AIZWAL
TÉL. : 0389-2647
Cet hôtel simple abrite un restaurant qui sert des plats traditionnels des Mizo, à base de lentilles, de poisson, de pousses de bambou et de riz.
– N'accepte pas les cartes bancaires

NAGALAND

🏨 JAPFU ASHOK
€
P. R. HILLS, KOHIMA
TÉL. : 0370-22 721
Hôtel simple, disposant de chambres spacieuses, situé dans le centre-ville.
🛏 27 💳 MC, V

TRIPURA

🏨 ROYAL GUEST HOUSE
🍴 €
PALACE COMPOUND, WEST GATE, AGARTALA
TÉL. : 0381-225 652
Cet hôtel est modeste mais confortable, avec des chambres spacieuses. Cuisine de bonne qualité.
– N'accepte pas les cartes bancaires

🏨 Hôtel 🍴 Restaurant 🛏 Nbre de chambres ⬛ Nbre de couverts 🚌 Bus 🅿 Parking 🕐 Horaires

ACHATS

Suivez le judicieux conseil de visiteurs aguerris : prévoyez au fond de votre valise un sac fourre-tout spécial shopping. D'une incroyable diversité, l'artisanat indien est presque toujours remarquable par sa qualité et son originalité. Avantage non négligeable, les prix sont souvent moins élevés que dans d'autres pays.

Si vous voyez un article qui correspond exactement à ce que vous souhaitez, achetez-le – s'il s'agit d'un produit local, vous ne retrouverez peut-être pas de modèle comparable ailleurs. Si vous avez une idée précise d'achat avant votre départ, comme de la soie d'ameublement, du tissu à sari ou un bijou coordonné à une tenue, pensez à emporter des échantillons de coloris. Renseignez-vous également au préalable dans votre pays sur les prix de produits équivalents afin de savoir si vous faites réellement une bonne affaire.

Les formes de commerce sont variées : il y a tout d'abord les magasins gouvernementaux, les « emporia », gérés par chaque État, bien souvent dans des bâtiments en béton qui ne paient pas de mine. Ils commercialisent l'artisanat de qualité produit dans l'État à des prix établis. Ils emploient du personnel compétent, acceptent les cartes bancaires et veilleront au transport de vos achats (après quelques formalités). Tout marchandage est inutile.

Attention : ne vous laissez pas abuser par les commerces privés qui tentent de se faire passer pour des magasins d'État en arborant des enseignes quasiment similaires (avec des termes tels que « authorized » ou « emporium ») : ils vendent souvent des produits de piètre qualité à des prix élevés et, s'il s'agit de beaux objets, les tarifs sont exorbitants.

À la différence de ce que l'on constate généralement dans les pays occidentaux, les boutiques d'hôtel sont souvent réputées et sont même fréquentées par la population locale. Leur commodité et leurs larges horaires d'ouverture compensent des prix légèrement au-dessus de la moyenne ; le marchandage est tout à fait accepté. De plus, les boutiques qui commercialisent des tissus offrent en général un service de tailleur rapide ; si vous passez quelques jours dans une ville ou si vous avez prévu d'y revenir, vous avez le temps de commander un vêtement et de procéder à un essayage.

Enfin il y a les bazars, de loin les lieux les plus pittoresques pour déambuler, même si vous n'achetez que de menus objets. Réaliser une bonne affaire est une question de bon sens et exige d'avoir un ordre d'idée des prix pratiqués.

Certains articles onéreux doivent faire l'objet d'une attention particulière. Pour un tapis, par exemple, prenez des précautions, même dans une boutique d'hôtel fiable. Comparez les prix, marchandez et, en cas d'achat, signez le tapis au dos, mesurez-le vous-même et prenez-le en photo. Exigez également une facture avec un descriptif précis. Ainsi, au moment de la livraison, en général au bout d'environ 3 mois, vous serez en mesure de vérifier qu'il s'agit bien du modèle choisi.

À de rares exceptions près, les boutiques des hôtels de luxe sont les plus sûres pour acheter des bijoux de valeur. Plus modestes, les pierres semi-précieuses (grenat, topaze, améthyste, etc.), vendues en vrac ou montées, sont toutes extraites de mines locales. Triées et percées à Hyderabad, les perles sont aussi d'un bon rapport qualité-prix. Un bijoutier de bonne réputation sera toujours en mesure de vous fournir un certificat d'authenticité et acceptera de vous rembourser un achat si vous changez d'avis.

La diversité des tissus indiens est telle qu'il est difficile de résister. Qu'il s'agisse d'un châle en lainage, de soie naturelle du Karnataka ou d'une cotonnade aux teintes vives d'un marché de Jaipur, la plupart des visiteurs se laissent tenter. La soie et le coton se vendent en longueurs de sari (qui peuvent varier légèrement selon l'État, à vérifier donc) ou au mètre. Vous trouverez ci-après quelques suggestions de produits dignes d'intérêt répartis selon les grands chapitres du présent ouvrage.

DELHI

Dehli est le paradis de l'amateur de shopping. Les magasins sont proches les uns des autres, le personnel est en général compétent et efficace. Quant aux produits commercialisés, ils proviennent de toutes les régions d'Inde.

BAZARS

Si vous désirez flâner dans des bazars animés, rendez-vous dans Old Dehli (voir p. 64-67) et explorez le Kinari Bazaar (voir p. 66).

ARTISANAT

Pour vous faire une idée de la richesse de l'artisanat indien, accordez d'abord une visite au National Crafts Museum (voir p. 72), puis rendez-vous dans deux endroits à Connaught Place. Le premier est le **Central Cottage Industries Emporium**, un grand magasin de plusieurs étages dans Janpath, face à l'Imperial Hotel. Vous y trouverez des produits artisanaux de qualité en provenance de chaque État. Ce magasin est réputé pour les tissus d'ameublement, le linge de maison et la soie au mètre. C'est aussi un endroit sûr pour acheter un tapis. Deuxième adresse : la rangée d'emporia d'État qui borde un côté de Baba Kharak Singh Marg. Ces magasins sont disposés en trois blocs, avec un café très pratique entre les blocs A et B. Vous trouverez notamment de la soie de Bénarès au **Gangotri**, le magasin de l'Uttar Pradesh, et des *bidri* au **Lepakshi**, le magasin de l'Andhra Pradesh. Si vous avez oublié d'acheter de la soie à Bangalore, vous pouvez vous rattraper au **Cauvery**, le magasin du Karnataka.

CONNAUGHT PLACE

Vous pourrez aussi explorer Connaught Place elle-même avec ses boutiques d'appareils photo ou de vêtements, ses restaurants et ses bazars, dont le **Shankar Market** (tissus, tailleurs bon marché, paniers en osier) et le **Palika Bazaar** (marché souterrain).

VÊTEMENTS ET BIJOUX

Si les lignes contemporaines vous intéressent, visitez Santushti, un groupe de boutiques situées en face de l'Ashoka Hotel. On y trouve une succursale d'un magasin très apprécié de Jaipur, **Anokhi**, qui commercialise des vêtements en coton pour femmes à des prix inférieurs à ceux pratiqués à l'exportation. Le magasin vend aussi du linge de maison.

D'autres magasins s'alignent le long des allées de Hauz Khas et forment un groupe à Marauli, près du Qutb Minar. Une balade dans les boutiques d'art, d'antiquités et de bijoux de Sundar Nagar vous incitera peut-être à acheter une œuvre d'art à la **Kumar Gallery** ou un bijou précieux chez **Bharany**. La plupart des zones résidentielles du sud de Dehli possèdent leur quartier commerçant.

LES ALENTOURS DE DELHI

C'est à Agra que vous ferez les meilleures affaires : le marbre décoré d'incrustations (pietra dura) y est presque aussi beau que celui du Taj Mahal. En effet, les quelque 5 000 artisans qui fabriquent ces œuvres d'art sont les descendants de ceux qui ont travaillé sur ce superbe édifice. Au **Subhash Emporium** (18/1 Gwalior Road), vous pourrez assister aux étapes de la fabrication et admirer des œuvres récompensées par des prix. Le **V.P. Handicraft Palace**, dans Fatehabad Road, vend également de l'artisanat de qualité. La famille qui le dirige descend, elle aussi, des ouvriers du Taj Mahal et présente son savoir-faire dans des salles d'exposition. La gamme des produits est très large, du coffret ornemental à l'immense plateau de table en marbre incrusté de lapis-lazuli, jaspe, malachite et cornaline. Le poids n'est pas un problème : la maison se charge des expéditions partout dans le monde.

Attention toutefois : des marchands à la sauvette et même certains commerçants tenteront de faire passer pour du marbre de la stéatite de qualité inférieure.

En février, ne manquez pas la foire organisée près du parking du Taj Mahal : vous pourrez y acheter des produits artisanaux de qualité en provenance de toute l'Inde.

LE RAJASTHAN ET LE GUJERAT

Ces deux États sont une mine d'or pour le visiteur amateur d'artisanat et de tissus aux motifs chatoyants (voir p. 144-145). Dans toute la région, vous trouverez des tissus teints en tie-dye, des appliqués en miroir et de lourdes tapisseries. C'est le coton qui prédomine et non la soie, et les couleurs sont audacieuses : bleus, roses, jaune safran et rouges. Audacieux, les bijoux le sont aussi, notamment les gros bracelets en argent pour poignets et chevilles, ou les lourds pendants d'oreilles.

JAIPUR

Les plus jolis tissus imprimés à la main se trouvent à **Anokhi**, mais prenez le temps d'explorer le **Johari Bazaar** (argent, tissus), **Badi Chopra** (bracelets, sandales) et le **Gopalji ka Bazaar** (pierres précieux et semi-précieuses). **Soma of Jaipur** est spécialisé dans le linge de maison et les vêtements pour femmes.

JODHPUR

La ville est réputée pour ses boîtes en bois laqué, ses marionnettes et ses magnifiques tie-dye indiens.

AHMEDABAD

À Ahmedabad, vous pourrez découvrir la riche tradition textile du Gujerat. Le choix des tissus va du fin crêpe de coton à une des grandes réussites du tissage indien, le sari patola de Rajkot. L'**Art Book Center**, à Madalapur (☎ 079-658 2130 ou 079-640 7361 ; fax : 079-630 6376), près du temple jaïn, propose des ouvrages sur l'art, les textiles et l'architecture du pays. **Honeycomb International**, au sous-sol du Cama Hotel, possède une collection de textiles anciens, tissés, brodés et appliqués, ainsi que des pièces contemporaines de qualité. Le Gujerat est aussi réputé pour ses meubles sculptés et laqués, ses coffres en bois et laiton et ses jouets. L'emporium d'État le plus réputé est le **Gujari**, dans Ashram Road.

À Patan se trouve **Vinayak K. Salvi** (Patolawala Street), un établissement spécialisé dans le tissage de la soie teinte à la main en provenance de Patar (nord du Gujerat). Les techniques traditionnelles utilisées pour créer des motifs élaborés justifient les prix élevés – à partir de 4 500 € pour une longueur de sari. Même si vous ne pouvez vous permettre un tel achat, venez admirer le savoir-faire mis en œuvre pour la production de pièces aussi superbes. Chez **Khatri Mohammadbhai Siddikbhai & Co**, à Dhamadka, des tissus imprimés à la main et des teintures naturelles sont utilisés pour fabriquer châles, nappes, jetés de lit et housses de coussin.

BOMBAY ET LE MAHARASHTRA

Faire de bonnes affaires à Bombay nécessite davantage d'habileté qu'à Dehli, ainsi qu'une bonne connaissance de la ville. Si votre hôtel est situé en centre-ville, jetez un coup d'œil aux boutiques des hôtels Taj Mahal et Oberoi. Deux pâtés de maisons derrière le Taj Mahal se trouve Colaba, une rue bordée de magasins vendant d'excellents produits de maroquinerie, ainsi que des costumes, chemises et chaussures. Attention cependant : les marchands de la rangée de stands installés devant sont quant à eux spécialisés dans les contrefaçons, d'Armani à Nike.

Si vous passez par le **Leela Kempinski Hotel**, ne manquez pas les boutiques de maroquinerie, dont les sacs, vestes et mallettes fabriquées localement ressemblent étonnamment à des produits vendus en Italie.

LA CÔTE OUEST

Au sud de Bombay, rien de bien intéressant côté shopping, à part les sachets de délicieuses noix de cajou fraîches vendues partout.

KOCHI

À Jew Town, vous trouverez des boutiques d'épices et une librairie, tandis que, dans le quartier du Fort, la boutique du **Malabar House Hotel** vous inspirera certainement. À Ernakulam, ville en pleine croissance économique, la rue principale, M.G. Road, possède de riches bijouteries et, au nord, d'excellentes boutiques commercialisant de la soie : parmi leurs saris, vous trouverez le modèle traditionnel du Kerala, crème et orné d'une élégante rayure dorée. Dans le même secteur, le **Kairali**, emporium d'État, et le **Saurabhi**, emporium spécialisé dans l'artisanat, vendent des objets en bois de rose sculpté, des masques et accessoires de Kathakali.

LE DECCAN

BANGALORE

Bangalore est le centre de l'industrie de la soie du Karnataka (voir p. 229), secteur étatisé. De ce fait, les prix sont très avantageux. Vous pouvez choisir la couleur, le poids et la texture - lisse, brute, délavée, chiffonnée ou crêpe. Parmi les boutiques de Commercial Street, **Deepam** est fiable, mais n'hésitez pas à vous rendre dans les autres. M.G. Road et Brigade Road forment le cœur des commerces branchés de la ville. Chez **Cinnamon** (11 Walton Road), vous trouverez des vêtements et des bijoux de qualité. **Cotton World**, dans le Barton Centre (M.G. Road), vend des chemises, chemisiers, pantalons et shorts à l'occidentale à des prix défiant toute concurrence.

Si vous souhaitez découvrir les tendances de « l'Inde moderne », allez chez **FabIndia** (54, 17th Main, 2ᵉ bloc). Cette maison reconvertie en magasin regorge de vêtements indiens élégants, de produits artisanaux, de tapis et bien plus encore. Vous trouverez un large choix de chaussures et sandales chez **Lord's Shoes** (189 Brigade Road) ainsi que des œuvres d'art et objets artisanaux chez **Artworks** (10/2 O'Shaughnessy Road), au-dessus de Canara Bank dans Langford Town.

HYDERABAD

Hyderabad n'est pas une ville de shopping, bien qu'on puisse y faire d'excellentes affaires. **Char Minar** commercialise des perles de toutes tailles et couleurs. Dans le quartier d'Abids, vous trouverez des soies de l'Inde du Sud au **Meena Bazaar** et au **Pochampally Silks and Sarees**, dans Tilak Road ; vous y trouverez aussi de la verrerie, des bracelets ornés et des *bidri* traditionnels.

LE TAMIL NADU

C'est l'État par excellence où trouver de la soie tissée à la main de qualité. Il est tentant d'acheter à Kanchipuram, mais les prix sont élevés et vous aurez peut-être peu de temps pour flâner.

CHENNAI

C'est la meilleure grande ville du sud de l'Inde pour faire ses achats. Dans Mount Road se trouvent l'emporium d'État **Poompuhar** et une succursale du **Central Cottage Industries Emporium** (voir p. 373), le magasin **Khadi** ainsi que divers autres emporia. À proximité, dans Woods Road, une succursale de **FabIndia** commercialise du linge de maison. Accordez une visite à **Handloom House**, dans le Rattan Bazaar, et à **Rasi Silk Emporium**, dans Anna Salai. Situé dans la même rue, **Spencer & Co** vend des pickles locaux, des épices de Chettinad, du thé frais et autres spécialités. **Vummidi Bangaru Jewellers** commercialise des bijoux typiques de l'Inde du Sud.

L'EST DE L'INDE

Cette région possède de merveilleux et pittoresques marchés.

CALCUTTA

À Calcutta, le **New Market** – un véritable monument – est incontournable. Pour les produits traditionnels bengalis, une adresse s'impose : **Ananda**, dans Russell Street ; parmi les boutiques, essayez **Ritu's** dans Park Street. **Handloom House** et **Bengali Handloom**, dans le CIT Complex, à Dhakshinapan, vendent des tissus. L'emporium d'État **Monapali** se trouve dans Loudon Street et le **Central Cottage Industries Emporium** dans J. L. Nehru Road.

BHUBANESHVAR

Dans l'Orissa, vous trouverez des bijoux en argent, des sculptures, des paniers, des figurines en métal et des tissus tels que les Ikats de Bhubaneshvar. **Utkalika**, dans le Market Building (Rajpath), est l'emporium d'État ; plusieurs magasins de tissus sont situés à côté, dont le **Handloom Development Corporation** de l'Orissa.

BÉNARÈS

Bénarès (Varanasi) est réputée pour ses soies connues sous le nom de brocards de Barnasi ; vous les trouverez dans une allée du marché de la soie (voir p. 307). Profitez de votre visite pour explorer le bazar voisin, consacré au laiton. Vous pourrez admirer la délicate dentelle *chikan* (broderie blanche sur une fine mousseline) vendue chez **UP Handlooms**, dans le quartier d'Hazratganj.

LES RÉGIONS HIMALAYENNES

Les hauteurs indiennes se prêtent davantage à la randonnée qu'aux achats, mais les châles en laine et les bâtons de marche fabriqués sur place constituent de beaux souvenirs. Les lieux de pèlerinage vendent de l'eau du Gange.

SPECTACLES, SPORTS ET LOISIRS

La plupart des touristes viennent en Inde pour admirer la magnificence des monuments historiques, la beauté des paysages et un style de vie fascinant car très éloigné du modèle occidental. Certains touristes apprécient de consacrer une partie de leur séjour à deux activités très populaires en Inde : le trekking et la visite de réserves naturelles. Mais le pays offre encore bien d'autres distractions, et n'oubliez pas qu'il accueille de nombreux festivals et spectacles.

SPECTACLES

En Inde, vous pourrez assister à de nombreux spectacles, qui ont souvent un lien plus ou moins direct avec les religions. En dépit de leur foisonnement, ces spectacles ne sont pas toujours aisés à localiser. De ce fait, lorsque vous arrivez dans une ville, commencez par vous rendre à l'office de tourisme, où le personnel est habituellement très compétent : on vous fournira bien souvent une liste des spectacles et festivités (voir aussi le chapitre « Fêtes et jours fériés », p. 379-382).

De grandes stars de la musique classique ou de la danse se produisent souvent à l'occasion des fêtes religieuses. Les offices de tourisme peuvent se charger de réserver les billets – qui sont plutôt bon marché et faciles à avoir (les Indiens n'ont pas l'habitude de réserver à l'avance à la manière des Occidentaux).

Les éditions locales en anglais de journaux nationaux tels que *The Times of India*, *The Hindustan Times*, *The Indian Express* ou *The Hindu* publient aussi la liste des spectacles du jour. Les villes de Delhi, Bombay (Mumbai), Bangalore, Chennai (Madras) et Calcutta éditent en outre des magazines locaux disponibles le plus souvent gratuitement dans les hôtels.

Les représentations de danse, de théâtre dansé ou les concerts n'ont pas toujours lieu dans des salles de spectacle comme à Delhi ou au Bharat Bhavan à Bhopal. Beaucoup se déroulent à l'extérieur, devant ou dans des temples, dans des ruines, des granges, des forts ou sous de modestes chapiteaux – le célèbre spectacle de Ram Lila de Delhi est donné sur une estrade temporaire dressée à l'extérieur du fort Rouge ; les musiciens de Chennai jouent parfois dans des jardins au fond de ruelles peu engageantes. La plupart des grands artistes n'aiment pas se produire dans les hôtels.

Les représentations traditionnelles de Kathakali (voir p. 207) sont d'importants événements culturels au Kerala. La Kalamandalam Academy se produit au Kerala Kathakali Center, au Kochi Aquatic Club, à River Road, et sur le front de mer de Fort Cochin.

SPORTS ET LOISIRS

L'Inde offre une grande diversité d'activités sportives, des sports aquatiques à Goa au ski et au rafting sur les contreforts de l'Himalaya. L'organisation est souvent excellente. Le transport de l'équipement des randonneurs et trekkers est pris en charge, les chevaux sont préparés pour les amateurs d'équitation et les pêcheurs verront même l'appât fixé au bout de leur ligne pour eux !

ÉQUITATION

L'équitation est une activité de loisirs en plein développement en Inde, notamment à Udaipur et dans d'autres villes du Rajasthan. Un grand nombre de randonnées à cheval, généralement bien organisées, sont proposées sur des parcours originaux. Vous pouvez aussi réserver une sortie individuelle à votre arrivée à l'hôtel.

Les plus aventureux pourront goûter à une sortie à dos de chameau dans le désert, par exemple au Rajasthan. Votre hôtel ou l'office de tourisme local vous fourniront des adresses fiables.

GOLF

Les golfeurs sont particulièrement bien lotis en Inde, le premier pays après la Grande-Bretagne pour le nombre de terrains. Le Royal Calcutta Golf Club fut ainsi fondé dès 1829. Dans la plupart des clubs, les visiteurs sont les bienvenus et se voient accorder une carte de membre provisoire leur permettant de louer l'équipement nécessaire.

Certains terrains de golf jouissent d'un panorama spectaculaire, comme celui de **Shillong** avec ses vallons boisés, celui de **Delhi** et ses ruines mogholes ou celui de **Gulmarg** avec un paysage de montagne en toile de fond.

MANIFESTATIONS SPORTIVES

Les Indiens adorent parier, en particulier sur les courses de chevaux. L'entraînement hippique se concentre essentiellement autour de Bangalore. Dans cette ville, ainsi qu'à Bombay, à Mysore et à Calcutta, sont organisées de superbes courses qui rendent une après-midi à l'hippodrome des plus attrayantes. Il en va de même pour les matchs de polo, qui ont lieu plutôt le week-end sur les terrains de Delhi ou de Jaipur.

Le cricket est une grande passion nationale. Point n'est besoin de comprendre les subtilités des règles, il suffit de se laisser porter par le rythme tranquille du jeu. Mais, pour ceux qui s'intéressent à ce sport, voici quelques pistes qui vous aideront à interpréter un match.

Deux « batteurs » tentent tour à tour de défendre leur guichet (*wicket*, trois piquets de bois de 71 centimètres surmontés de deux témoins) contre le « lanceur » adverse. Le but du batteur est de marquer des points (*runs*), soit en échangeant sa place avec l'autre batteur placé à l'autre extrémité du *pitch* après avoir frappé la balle, soit en battant la balle hors du terrain (4 points si elle roule, 6 points si elle franchit la limite sans toucher le sol). Le but du lanceur est de détruire le guichet adverse ou de faire en sorte que la balle, après avoir été frappée, soit rattrapée au vol par un des « chasseurs » de son équipe. Le batteur est alors « out » et remplacé par un autre membre de son équipe. Quand dix joueurs d'une équipe sont out, c'est à l'autre équipe de « batter ».

Partout en Inde, vous verrez des enfants frapper la balle dans des lieux parfois insolites – à l'intérieur d'une mosquée, sur une route, dans un champ de canne à sucre, sur une voie ferrée désaffectée, entre autres exemples.

D'autres sports appréciés sont le football et le hockey sur gazon ; les Indiens sont les champions incontestés de cette dernière discipline depuis des décennies.

NATATION ET AUTRES SPORTS AQUATIQUES

De nombreux hôtels sont équipés d'une piscine, mais celle-ci pourra être fermée si, par exemple, une grande réception locale a lieu sur la terrasse adjacente. Si la piscine est importante pour vous, pensez à vérifier sa disponibilité. La plupart des hôtels acceptent que les non-résidents utilisent la piscine contre une entrée modique (environ 550 roupies).

Le littoral indien est jalonné de longues étendues de plages superbes ; Goa, en particulier, est réputée pour ses stations balnéaires. Attention cependant : si vous avez l'intention de prendre un bain de mer, vérifiez au préalable que l'endroit n'est pas dangereux, et notamment qu'il n'y a pas de risque de lames de fond. Lorsque vous nagez, assurez-vous de la présence du maître nageur.

Dans les zones peu touristiques, les femmes veilleront à ne pas arborer de bikini trop mini pour éviter de choquer la population locale ; portez un tee-shirt sur votre tenue habituelle et proscrivez les seins nus.

PLONGÉE

La plongée sous-marine est très populaire dans les îles Andaman et à Goa. Vous pourrez louer l'équipement dans un centre de plongée local, qui propose également des cours et des stages de tous niveaux.

TENNIS

Certains hôtels possèdent un ou plusieurs courts de tennis, de qualité variable. Les balles et les raquettes sont fournies, mais les joueurs passionnés seront avisés d'emporter leur équipement personnel. Le tennis de table, le badminton ainsi que le mini-golf sont d'autres activités souvent prévues dans les hôtels. Si tel n'est pas le cas, la direction de votre hôtel pourra sans doute vous proposer l'accès à un club local.

TREKKING

Le mot trekking recouvre des réalités très variées : de la simple journée de randonnée dans les monts Nilgiri sur la base d'informations glanées à l'office de tourisme local à l'expédition de 2 semaines en haute montagne avec guide et porteurs.

Le niveau de difficulté de l'itinéraire que vous avez choisi et votre condition physique déterminent la préparation à entreprendre. Si vous restez à une altitude inférieure à 3 500 mètres, vous aurez besoin d'une préparation minime si vous jouissez déjà d'une condition physique raisonnable.

Dans l'Himalaya, un trekking peut être plus ou moins difficile : randonnée facile avec porteurs et poneys, ascension avec un unique sherpa (guide de montagne) ou expédition ardue en haute montagne à réserver aux initiés.

Les trekkers les plus expérimentés pourront organiser eux-mêmes leur itinéraire et s'assurer les services de porteurs, mais il est toujours sage de consulter l'office de tourisme local, qui vous renseignera sur les conditions propres à la région. L'office de tourisme peut aussi organiser le trekking pour vous. Il devrait pouvoir vous proposer les services d'un guide anglophone qui engagera les porteurs, réglera les questions d'organisation et sera peut-être aussi capable de vous renseigner sur l'histoire de la région et/ou sur la faune que vous rencontrerez sur votre itinéraire.

Pour la majorité des candidats au trekking, il est préférable de faire partie d'un groupe organisé par une agence de trekking spécialisée. Cette solution est certes plus onéreuse, mais ces entreprises ont l'expérience des visiteurs étrangers et disposent de toute la logistique nécessaire en cas de problème. Il existe de nombreuses agences de trekking en Inde, et les agences de voyages françaises (voir p. 337) peuvent aussi se charger d'organiser ce type de séjour.

Il est important de vérifier au préalable avec précision la nature de votre itinéraire et de ne pas trop préjuger de vos forces. Assurez-vous que tous vos vaccins sont à jour : l'air et l'eau de la montagne peuvent paraître plus sains que dans d'autres régions, mais ils véhiculent les mêmes maladies. Prenez aussi un médicament prophylactique contre le paludisme, même si vous vous trouvez au-dessus de la limite d'une possible transmission (altitude supérieure à 2 000 mètres) pendant la majeure partie de votre trekking. Quant aux bagages, plus ils sont légers, mieux c'est. Prenez conseil dans un bon magasin spécialisé en équipements de montagne pour acheter tout votre matériel, du sac à dos à la gourde à eau en passant par la trousse de secours. Sur place, un sherpa qualifié veillera à ménager des pauses lors de l'ascension afin que vous puissiez vous acclimater et ne vous poussera jamais au-delà de vos forces. N'oubliez pas que la saison des trekkings peut être courte dans l'Himalaya : pensez à accorder de généreux pourboires, car cette activité n'assure peut-être à votre porteur que quelques mois de revenus par an. Votre agence vous renseignera sur les sommes appropriées.

Adresses en Inde

Clipper Holidays
Suite 406 Regency Enclave, 4 Magrath Road, Bangalore ; ☎ 080-559 9032 ou 080-559 2023 ; fax : 080-559 9833 ; e-mail : clipper@ bangalore.wipro.net.in

Corbett Trails India
114 Siddharth Enclave, New Delhi 110014 ; ☎ 011-691 4308 ou 011-

684 6857 ; fax : 011-981 0064 322 ; e-mail : info@corbett-trails.com ; site internet : www.corbett-trails.com

Crystal Holidays
B601, Ansal Chambers 1, 3 Bhikaji Cama Place, New Delhi 110066 ; ☎ 011-618 6909 ou 011-618 2772 ou 011-616 1252 ou 011-616 3107 ; fax : 011-618 6122 ; e-mail : trekking@crystalholidays. com ; site internet : www.indiamart. com/crystalholidays

Himalayan Journeys
P.O. Box 15, The Mall, Manali 175131 Himachal Pradesh ; ☎ 01902-52365 ou 01902-53355 ; fax : 01902-53065 ; e-mail : himjourn@de13.vsnl.net.in ; site internet : www.himalayanjourneys india.com

PARCS NATIONAUX ET RÉSERVES NATURELLES

Une visite dans une réserve naturelle ou un parc national, très nombreux en Inde, constituera sans conteste un point fort de votre séjour. Ce sera l'occasion rêvée de vous détendre et d'apprendre des tas de choses auprès de guides en général bien informés sur la géographie, la faune sauvage et la flore de leur pays. À votre arrivée, vous ne penserez peut-être qu'à entrevoir un tigre, mais une visite réussie va bien au-delà.

Dans les parcs et les réserves, l'hébergement est souvent tout à fait convenable, même s'il y a des exceptions. Le forfait comprend de manière générale le prix de la chambre, l'accès aux sanitaires, les repas, le thé du matin et de l'après-midi, la Jeep, les sorties à dos d'éléphant ou en bateau avec des naturalistes comme guides (les visiteurs ne sont habituellement pas autorisés à se promener seuls dans les parcs). Le forfait peut également inclure des sorties supplémentaires, la projection de films ou l'organisation de conférences sur la faune.

Méfiez-vous des températures extrêmes : elles peuvent être glaciales à l'aube et au crépuscule en hiver, et suffocantes à midi en été.

La meilleure période de visite se situe entre mars et juin, avant la mousson, à une époque où les animaux ont moins le choix des points d'eau. Évitez les vêtements de couleurs vives, portez un chapeau, munissez-vous d'une bonne paire de jumelles et d'un appareil photo – utilisez une pellicule 400 ou 800 ISO ; pensez également à vous munir d'un coussin pour les sorties en Jeep.

Suivez à la lettre les consignes de sécurité que vous donnera votre guide. Il est important de donner un pourboire au départ (environ 100 roupies par jour et par personne pour le personnel du campement et le naturaliste, et 50 pour le chauffeur).

Les adresses suivantes pourront vous être utiles :

Indian Adventures Wildlife Resorts
257 S.V. Road, Bandra (W), Bombay 400050 ; ☎ 022-640 8742 ; fax : 022-645 8401 ; e-mail : iawr@vsnl.com ; site internet : www.indianadventures.com

Wild Grass
Barua Bhavan, 107 M.C. Road, Uzan Bazar, Guwahati 781001 ; ☎ 0351-546827 ; fax : 0361-630465 ; e-mail : wildgrass@gwl. dot.net.in

FÊTES ET JOURS FÉRIÉS

Lors de votre voyage en Inde, vous aurez certainement l'occasion d'assister à une fête locale. Il pourra s'agir d'une célébration de village en l'honneur de la divinité du temple exhibée pour l'occasion dans un champ, entourée de musiciens et de quelques vaches aux cornes peintes de couleurs vives ; ou bien d'une procession de mariage avec des danses dans les rues accompagnées par la fanfare locale sous les lumières de lustres alimentés par un groupe électrogène mobile ; ou encore d'une manifestation culturelle majeure, tel le festival de danse de Bharata Natyam à Chennai. Peut-être aurez-vous la chance de vous trouver au bon endroit au bon moment pour l'un des grands festivals hindous, tels que la Durga Puja à Calcutta ou la fête de Diwali au Rajasthan.

Les festivités les plus spectaculaires ont pour la plupart lieu durant les mois d'hiver, à l'époque où beaucoup de touristes viennent en Inde. Vous trouverez ci-après une sélection de fêtes parmi les plus pittoresques, présentées mois par mois. L'État dans lequel la manifestation a lieu (ou, dans le cas de fêtes d'ampleur nationale, le meilleur endroit pour y assister) est indiqué après le nom, ainsi que la date précise s'il y en a une. Du fait que la plupart des dates sont déterminées par le calendrier lunaire, celles de certaines fêtes, même parmi les plus importantes, peuvent varier d'une année à l'autre. D'autres sont organisées sans grande publicité, telle la fête des éléphants au Kerala. Nous vous conseillons de vous renseigner auprès de l'office de tourisme gouvernemental avant votre départ, puis de vérifier vos informations dans les offices de tourisme locaux au fur et à mesure de vos déplacements.

Durant les manifestations nationales telles que la Fête de la république, tout est fermé dans le pays, mais les forteresses et musées peuvent aussi l'être de manière imprévisible à l'occasion de festivités locales.

JANVIER

Fête des Reis magos, ou Rois mages, Goa, 6 janvier.
Processions religieuses à Cansaulim, à Chandor et autour des églises des Rois mages.

Marche des éléphants, Kerala.
Parade de plus de 100 éléphants caparaçonnés de Thrissur à Thiruvananthapuram pendant 3 jours durant lesquels des courses de «bateaux-serpents» (longues barques à rames) sont organisées à Alappuzha. La finale spectaculaire du 4e jour comporte de nombreuses danses folkloriques du Kerala rarement visibles, ainsi que des démonstrations de Kalariphayat (art martial local).

Pongal, Tamil Nadu, mi-janvier.
Cette célébration de la fin des moissons du riz est la fête la plus importante du sud de l'Inde. C'est au Tamil Nadu qu'elle est la plus pittoresque : les 4 jours de fête commencent par le nettoyage des maisons et du bétail, puis les vaches sont peintes et les femmes dessinent des *kalam* (motifs élaborés en riz) sur le pas de leur porte. Le jour de Pongal («ébullition»), le premier plat de la nouvelle récolte de riz est mis à cuire dans une marmite avec du sucre de canne et du curcuma – selon la tradition, plus le mélange bouillonne et déborde, meilleure sera la récolte suivante. Le lendemain, les vaches aux cornes peintes sont décorées de guirlandes. Des courses de bétail sont organisées à travers les villages, conduites par les hommes jeunes.

Fête des roses de Delhi, Delhi.
Floralies organisées en présence de juges expérimentés durant lesquelles des prix sont décernés, avec, en toile de fond, le grand tombeau de Safdarjang.

Festival du cerf-volant, Inde du Nord, mi-janvier.
Des participants de tous âges font évoluer des cerfs-volants en papier de couleurs vives. Des combats de cerfs-volants sont organisés sur les toits : à cette occasion, les fils qui les dirigent sont enduits de colle et de débris de verre qui les transforment en armes fatales pour les cerfs-volants adverses.

Lohri, Pendjab, mi-janvier.
Musiques et danses célèbrent le milieu de l'hiver.

Fête de la république, nationale, 26 janvier.
Le plus grand jour férié indien marque la création de la République indienne et l'adoption de sa Constitution en 1950. Les festivités sont spectaculaires à New Delhi, où la garde présidentielle ouvre un long défilé composé de chars d'apparat, de militaires, de danseurs, de chameaux et d'éléphants. Des billets sont à vendre dans les agences de voyages, offices de tourisme, et à la réception de certains hôtels. Ces manifestations sont retransmises à la télévision. Chaque soir de la semaine, le Rastrapati Bhavan (voir p. 86) est illuminé et, après le départ des dignitaires étrangers, ses jardins moghols sont ouverts au public pendant environ 6 semaines.

Festival de danse folklorique, Delhi, 27-28 janvier.
Les salles de spectacle de la capitale accueillent de nombreux spectacles de danses de toute l'Inde.

Cérémonie de la retraite (Beating the Retreat), Delhi, 29 janvier.
Cérémonie impressionnante, qui a lieu au coucher du soleil au pied de Raisina Hill. Après une parade de fanfares, tandis que les chameaux demeurent alignés sur les remparts, la sonnerie aux morts retentit, jouée d'un pavillon par un unique clairon au moment où l'étoile polaire apparaît. L'événement est télévisé. Quelques billets sont en vente.

JANVIER-FÉVRIER

Teepam, Madurai.
Aussi connue sous le nom de Floating Festival, cette fête commémore l'anniversaire de Tirumala

Nayak, qui régna sur la région au XVIIe siècle. Les divinités des temples sont habillées de soie, guirlandes et bijoux avant d'être conduites en procession jusqu'au grand réservoir de la ville. Là, elles sont placées sur des barges tirées dans l'eau au milieu des chants et des danses.

Fête du désert, Jaisalmer.
Cette fête qui a lieu depuis 1979 est l'occasion d'assister à des courses de chameaux et à des matchs de polo à dos de chameau. Elle permet aussi de découvrir les danses, la musique et l'artisanat du Rajasthan.

Foire de Nagaur, Nagaur, près de Jodhpur.
Une des plus grandes foires au bétail d'Inde, agrémentée de danses et divertissements destinés aux touristes.

Ulsavom, Ernakulam.
Ces festivités qui s'étalent sur 8 jours au temple de Shiva comportent une procession d'éléphants, des danses et de la musique.

FÉVRIER

Festival Tansen, Delhi.
Il existe en fait deux festivals honorant ce grand musicien, sujet à la cour de l'empereur moghol Akbar ; l'autre se déroule dans sa ville natale, Gwalior, au mois de décembre (voir p. 382). Tansen a contribué à créer le *dhrupad*, forme majestueuse de la musique et du chant instrumentaux traditionnels hindoustanis, ainsi que le *Gwalior gharana*, forme particulière de chant. Lors de ces deux festivals, des chanteurs et musiciens célèbres jouent durant plusieurs jours.

Festival de musique Dhrupad, Delhi et Bénarès.
Ce festival vous donnera l'occasion d'écouter de grands musiciens maîtrisant cette musique traditionnelle exigeante et complexe du nord de l'Inde. Renseignez-vous sur d'autres festivals de musique et de danse classiques organisés ce même mois à Delhi.

Floralies de Delhi, Delhi.
Soucis, glaïeuls, chrysanthèmes et autres fleurs sont exposées à Purana Qila. À la même époque, des prix sont décernés aux plus beaux massifs floraux créés sur les ronds-points de Delhi – des panneaux désignent les vainqueurs.

FÉVRIER-MARS

Shivratri, fête nationale.
Les adeptes de Shiva passent la nuit entière à adorer leur divinité et les principaux temples dédiés à Shiva résonnent de prières, de musique, de tintements de cloches et de chants au gré des processions. Les lieux privilégiés pour y assister sont Chidambaram, Khajuraho (où une foire de 10 jours est organisée), Mandi, Rameshvaram, Udaipur (et Eklingji) et Bénarès.

Holi, Rajasthan et Mathura.
Bien que cette fête hindouiste soit plus ou moins célébrée sur l'ensemble du territoire, c'est au Rajasthan qu'elle déploie toute son exubérance. Elle marque la venue du printemps et le triomphe du Bien sur le Mal. On procède au grand nettoyage des maisons et on jette dans des feux de joie les possessions dont on ne veut plus. La veille de Holi, le premier plat de lentilles est cuit sur un grand feu commun, puis mangé cérémonieusement à la maison. Le jour même de Holi, les règles sociales sont suspendues jusqu'à midi : hommes et femmes flirtent, dansent dans les rues et s'éclaboussent d'eau rose en se lançant des poignées de poudre de couleur rose, rouge ou mauve. Puis les enfants, personnes âgées et visiteurs se joignent à la fête – veillez à porter de vieux vêtements ce jour-là. À Mathura et dans les villages environnants qui vénèrent Krishna, les fêtes sont débridées et l'on peut assister à des pièces de théâtre évoquant la vie de Krishna.

Carnaval, Goa.
Durant les quatre jours précédant le carême, ce carnaval costumé en plein air se déroule dans une ville différente chaque jour : Panaji, Margao, Mapusa et Vasco. Tout le monde est invité aux festivités animées par des processions, groupes de danse, barbecues et parades de chars qui emplissent les rues des villes et villages et se prolongent toute la nuit sur les plages.

MARS

Festival de danse de Khajuraho, Khajuraho.
Chaque soir pendant une semaine, les plus grands danseurs du pays présentent des danses classiques indiennes telles que le *kathak* devant l'enceinte ouest des temples illuminés (voir p. 112-113).

MARS-AVRIL

Gangaur, Udaipur.
C'est à Udaipur qu'il importe d'assister à la grande fête de printemps du Rajashtan, célébrée environ deux semaines après Holi. Gauri (nom qui désigne parfois la femme de Shiva, Parvati) est la déesse de l'abondance et de la fertilité. Les femmes prient dans les temples devant son effigie, lui demandant bonheur et fidélité dans le mariage. Puis, vêtues de jaune, elles portent ces effigies jusqu'au lac Pichola, où elles leur donnent un bain rituel tout en chantant. Cette fête est aussi célébrée au Bengale et dans l'Orissa, où elle est appelée Dolajyatra.

Mahavira Jayanti, Gujerat.
Les jaïns célèbrent Mahavira, 24e *tirthankara* et fondateur de leur religion, en organisant des pèlerinages sur des sites sacrés tels que Palitana. Des cérémonies ont aussi lieu à Ranakpur et à Shravanabelgola.

Procession de Tous les saints, Goa.
La procession de Tous les saints du Troisième Ordre franciscain a lieu le lundi qui suit le dimanche des Rameaux à St Andrew's Church (Velha Goa). Des statues de saints sont promenées en procession sur des chars décorés, selon une tradition qui date du XVIIe siècle.

Nouvel an hindou, fête nationale, 13 avril.
Jour férié officiel donnant lieu à de nombreuses festivités locales.

AVRIL-MAI

Minakshi Kalyanam, Madurai.
Durant 10 jours, les fidèles emplissent le vaste temple de Minakshi, véritable dédale, pour y commémorer le mariage de Minakshi (autre nom de Parvati) avec Shiva. Les cérémonies se concluent par une grande procession de divinités sur un immense *ratha*, char de parade ou de procession. Cette fête est plus impressionnante que le rassemblement similaire de Puri, pourtant plus connu.

Baisakhi, nord de l'Inde.
Cette fête de printemps est célébrée avec une ferveur toute particulière dans les collines : les habitants dansent entre les amandiers en fleur des vergers et les champs de blé vert du Pendjab. Les sikhs commémorent aussi la transformation de Guru Govind Singh de fidèle en *khalsa* (être pur) en 1689.

MAI-JUIN

Buddha Purnima, Bodh-Gaya.
Célébrée par une nuit de pleine lune dans tous les lieux sacrés bouddhiques, cette fête commémore la naissance du Bouddha, son Éveil et son accès au nirvana. L'expérience est particulièrement intense à Bodh-Gaya, où le Bouddha vécut son Éveil.

JUIN-JUILLET

Hemis Setchu, Leh.
Vêtus de costumes traditionnels, les habitants viennent assister en nombre au spectacle de deux jours qui comporte, entre autres, de merveilleuses danses *chaam* accompagnées de cymbales et de tambours. Habillés de soie et arborant des masques effrayants, les lamas jouent des drames dansés et mimés issus de la mythologie bouddhique. La fête se termine par le triomphe symbolique du bouddhisme sur l'ignorance.

Tous les douze ans (en 2004 pour la dernière fois), le grand *thangka* (peinture tibétaine sur tissu) du *gompa* (monastère) est déroulé et étendu sur la façade entière du bâtiment.

JUILLET-AOÛT

Teej, Rajasthan.
Si vous avez souffert de la chaleur et de l'humidité qui règnent au Rajasthan avant la mousson, vous vous réjouirez avec les habitants qui fêtent l'arrivée des pluies par des chants et des danses, et décorent les rues avec des balançoires ornées de guirlandes fleuries. Les femmes arborent des voiles rayés de vert. Ces festivités célèbrent aussi le mariage de Shiva et de Parvati. À Jaipur, une procession d'éléphants caparaçonnés accompagne l'effigie de Parvati et la foule de fidèles du domicile symbolique de ses parents à celui de son époux.

AOÛT

Fête de l'indépendance, nationale.
Ce jour férié dans tout le pays commémore la date anniversaire de l'indépendance de l'Inde, le 15 août 1947, lorsque le vice-roi lord Mountbatten transféra le pouvoir à Jawaharlal Nehru. Tous les ans, à Delhi, le Premier ministre prononce un discours télévisé depuis les remparts du fort Rouge et le Rashtrapati Bhavan est illuminé.

AOÛT-SEPTEMBRE

Janmashtami, Vrindavan.
Les célébrations de l'anniversaire de Krishna sont à voir dans les villages associés à sa jeunesse mythique tumultueuse, particulièrement à Vrindavan, au sud de Mathura. Parmi les festivités organisées dans les temples, vous pourrez assister aux célèbres chorégraphies lyriques Ras Lila, qui se dansent en cercle comme le montrent les miniatures représentant Krishna avec son épouse Radha.

Onam, Kottayam.
Les moissons et le nouvel an sont célébrés ensemble lors de festivités qui durent une semaine entière jusqu'à la pleine lune. Outre les repas de fête et les danses, les régates de bateaux-serpents sur les backwaters, notamment celles de Kottayam, constituent le point fort d'Onam : des équipes pouvant atteindre 100 rameurs propulsent de longues barques en chantant et poussant des cris de guerre, tandis qu'un équipier marque le rythme avec un bâton en bois.

SEPTEMBRE

Ganapati, Bombay.
Le dieu à tête d'éléphant de la bonne fortune et de la prospérité convient admirablement à la riche Bombay (Mumbai), où tout s'arrête durant les festivités. Plus de 6 000 effigies d'argile peintes de couleurs criardes sont fabriquées tous les ans, les plus grandes pour les usines qui les exposent sur des camions. Les 10 jours de fête commencent par des *puja* (offrandes et prières) à des effigies plus petites dans les foyers et au coin des rues. Le jour de la pleine lune, les habitants exhibent leurs idoles en procession jusqu'à Chowpatty Beach, plage décorée pour l'occasion de sculptures en sable de Ganesh multicolores. Ils dansent, chantent et se jettent de la poudre rose ; ils confient ensuite les effigies à la mer et les regardent s'éloigner, puis disparaître dans l'eau.

SEPTEMBRE-OCTOBRE

Dussehra, nationale.
Cette célébration qui a lieu sur l'ensemble du territoire fête la victoire du Bien sur le Mal. Elle est particulièrement élaborée dans certaines villes.

Dans le Nord, les festivités marquent la victoire de Rama sur le démon Ravana pour sauver son épouse Sita. À Delhi, les salles de spectacle présentent une foule de pièces, danses et concerts classiques et contemporains ; des cycles de représentations nocturnes retracent le *Ramayana*. Old Delhi est le lieu de nombreuses processions et de représentations spectaculaires en plein air du *Ramayana*. À Bénarès, un mois entier de spectacles nocturnes de Ram Lila et de concerts, chacun dans un lieu différent, se termine par une immense procession et des lectures ininterrompues de la légende de Rama et Sita. À Calcutta, où l'événement s'appelle Durga Puja, les festivités se déroulent dans la ville pendant 3 semaines et célèbrent la déesse Durga, destructrice du Mal : fabriquées durant l'année, d'imposantes effigies peintes de couleurs vives et décorées de guirlandes sont dressées dans les rues et les Bengalis viennent les admirer lors de promenades nocturnes animées de concerts, danses et pièces de théâtre jusqu'au dernier jour, où les effigies sont emmenées dans les rues en procession jusqu'à l'Hooghly et immergées. À Mysore, cette fête, qui porte le nom de Dassera, célèbre le triomphe de Chamundeshvari sur le démon Mahishasura : 10 jours durant, danses et pièces de théâtre se succèdent pour se conclure par une procession et un feu d'artifice.

OCTOBRE-NOVEMBRE

Diwali, fête nationale.
Bien qu'elle existe sur l'ensemble du territoire, mieux vaut assister à cette fête hindouiste dans le Nord, où elle déploie toute son exubérance. Environ 4 semaines après Dussehra, Diwali célèbre le retour d'exil de Rama avec son épouse saine et sauve à Ayodhya. De petites lampes à huile en terre cuite montrent la voie au couple et accueillent aussi Lakshmi, déesse de la fortune, marquant ainsi le début du nouvel exercice financier hindou (à ne pas confondre avec le nouvel an hindou, le 13 avril). Les festivités se terminent par des feux d'artifice au milieu de la nuit. C'est un moment privilégié de rassemblement pour les familles, dont les membres s'offrent des bonbons et assistent ensemble à des spectacles présentés pour l'occasion.

NOVEMBRE

Foire de Sonepur, Patna.
Cette immense foire agricole, qui dure un mois, se déroule dans les faubourgs de la ville, sur les rives du Gange. La longueur des quais de la gare ferroviaire permet l'acheminement du bétail par trains entiers. L'inauguration a lieu le jour de la pleine lune. On y négocie toutes sortes d'animaux :

vaches, chevaux, chèvres, perroquets et bien souvent des éléphants. On y vend aussi du matériel agricole, des plantes et des semences.

Nanak Jayanti, Amritsar.
L'anniversaire de la naissance de Guru Nanak, fondateur de la religion sikh, est célébré avec ferveur au temple d'Or, dans la ville sacrée des sikhs, Amritsar.

Desert Festival, Bikaner.
Les festivités organisées dans cette ville du désert, au Rajasthan, sont plus modestes que celles de Jaisalmer en février, mais elles sont moins fréquentées par les touristes.

NOVEMBRE-DÉCEMBRE

Foire aux bestiaux, Pushkar.
Ce qui n'était à l'origine qu'une simple foire au bétail pittoresque et rustique a pris aujourd'hui une ampleur plus commerciale avec un afflux de touristes et marchands.

DÉCEMBRE

Festival Tansen, Gwalior.
Voir « Février » (p. 380).

DÉCEMBRE-JANVIER

Festival de la danse et des arts de Chennai, Chennai.
Quatre semaines durant, les meilleurs musiciens et danseurs classiques du pays se produisent chaque soir, souvent sous de simples tentes blanches dans les rues. Pour les visiteurs parcourant les temples du sud de l'Inde, c'est l'occasion de découvrir les musiques et danses créées dans l'enceinte des temples et à l'origine uniquement réservées à ces lieux. À votre arrivée dans la ville, adressez-vous à l'office de tourisme, où les billets sont en vente.

Kumbha Mela
Cet impressionnant rassemblement religieux de purification se tient tous les 3 ans alternativement dans l'une de ces quatre villes : Allahabad, Nasik, Ujjain et Hardwar. Selon la légende, chacune de ces

villes fut érigée à l'endroit où Vishnou renversa une goutte du précieux nectar de l'immortalité, permettant ainsi aux âmes pieuses d'accéder au royaume des dieux. Des millions de pèlerins hindous et de religieux de toutes croyances se retrouvent pour un bain sacré. Ce rassemblement attire dans son sillage une foule de marchands et d'artistes.

Les touristes étrangers commencent à s'intéresser à ces festivités de la Kumbha Mela, mais il faut savoir que l'infrastructure est rudimentaire et que l'hygiène n'est pas toujours au rendez-vous.

Mohini Alankaram, Tiruchirapalli.
À l'occasion de ces festivités, l'immense temple de Shri Ranganathasvamy se remplit de fidèles et d'éléphants sacrés pour toutes sortes de cérémonies. Deux autres fêtes ont lieu à cet endroit à peu près à la même époque : Vaikunta Ekadasi et le Car Festival.

FÊTES MUSULMANES

Comme celle du ramadan, la date des fêtes musulmanes change chaque année. Ces fêtes donnent lieu à des manifestations variées : pèlerinages, foires et réjouissances. Les meilleurs endroits pour y assister sont les villes de tradition musulmane telles que Lucknow, Old Delhi, Hyderabad et Ahmedabad. Les principales fêtes sont :

Id-ul-Fitr (également appelée Ramzan-Id).
Célèbre la fin des 30 jours de jeûne du ramadan.

Id-ul-Zuhar (également appelée Bakr-Id).
Commémore le jour où Abraham faillit sacrifier Isaac.

Muharram
Pendant 10 jours, cette fête commémore le martyre du petit-fils de Mahomet, l'imam Hussein. C'est à Lucknow qu'elle est la plus spectaculaire, avec ses processions de taziya (répliques du tombeau d'Hussein) par des hommes en deuil au son des tambours.

GLOSSAIRE

Ce glossaire vous sera utile pour comprendre certains mots de la vie quotidienne (voir aussi p. 24 pour des termes de cuisine indienne) et surtout pour vous familiariser avec les termes spécifiques ayant trait à la religion et plus largement à la culture du pays. Vous y trouverez aussi des mots anglais dont la signification est liée à l'ancienne présence britannique en Inde.

A

adivasi membre d'une tribu

agarbati encens

ahimsa non-violence

apsara nymphes célestes qui séduisent les hommes et escortent les dieux

arak liqueur distillée à base de noix de coco ou de riz

ashram retraite spirituelle ; lieu de pratique du yoga ou de la méditation

auto-rickshaw triporteur à moteur utilisé comme taxi

avatar incarnation d'un dieu, notamment de Vishnou

ayurveda médecine traditionnelle ancienne

Ayyanar grandes effigies de divinités en terre cuite

B

baba terme de respect envers un homme âgé

bagh jardin

baksheesh pourboire, pot-de-vin ou don à un mendiant

Balarama frère du dieu Krishna

bandhana technique du tie dye

baoli (ou vav) puits pourvu de marches, souvent ornementé

beedi cigarette roulée à la main

betel feuille ou noix qui entre dans la composition du paan

Bhagavad Gita chant du Seigneur ; voir p. 76

Bhagavata Purana texte religieux vishnouite ; voir p. 76

bhakti dévotion religieuse démonstrative

bharata natyam danse traditionnelle du Tamil Nadu

bhavan maison

Bhumi la déesse Terre

bidri métal noir incrusté d'argent ou de cuivre

bindi (bindu) dessin décoratif sur le front d'une femme

bodhi Éveil du Bouddha sous l'arbre de la bodhi ; voir p. 58

bodhisattva êtres d'Éveil, sorte de saints du bouddhisme

Brahma créateur de l'Univers ; première divinité de la Trimurti (trinité hindoue : Brahma, Vishnou et Shiva) ; Sarasvati est son épouse/fille ; Hamsa, l'oie, est sa monture

brahmane membre de la caste hindoue la plus élevée, celle des prêtres ; voir p. 30 et 54

burqa vêtement qui couvre entièrement le corps de certaines femmes musulmanes

C

cantonment quartier militaire dans une ville

cénotaphe monument funéraire à la mémoire d'un défunt ne renfermant pas son corps

chaat en-cas

chai thé

chaitya lieu de culte

chappals sandales

charbagh jardin divisé en quatre parties symétriques

charpoi lit en corde à cadre en bois

chhatri tombeau, mausolée, cénotaphe, pavillon en dôme

choli chemise portée sous le sari

chorten voir stupa

chowk carrefour ou place

chowkidar gardien, concierge

cipaye soldat indien au service de l'armée britannique

coolie porteur, ouvrier

curd yaourt, appelé aussi dahi

D

dargah sanctuaire ou tombeau de saint musulman

darshan pour les hindous, vision d'une divinité

deva dieu

devi déesse

dhabba snack-bar

dhal légumineuses, en particulier lentilles

dharma devoir religieux et social (hindous) ; enseignement du Bouddha (bouddhistes)

dhobi blanchisseur

dhoti pièce d'étoffe blanche portée par les hommes

dhurrie tapis indien

dikpala gardiens des points cardinaux, le plus souvent des sculptures aux portes des temples

dipastambha pilier à lanterne

diwan Premier ministre d'un État

diwan-i-am salle des audiences publiques

diwan-i-khas salle des audiences privées

dowry dot accordée par la famille de la mariée à celle de son époux

Dravidiens nom d'une ethnie du sud de l'Inde dérivé de Dravidadesha, l'ancien nom du Tamil Nadu

dupatta voile de la femme musulmane

durbar réunion de gouvernement

Durga forme farouche de la déesse Parvati

E, F

emporium grand magasin d'État

feni boisson alcoolisée de Goa obtenue par la distillation de noix de coco ou de cajou

G

gandharva musiciens célestes d'Indra

Ganesh dieu à tête d'éléphant symbole de la bonne fortune, fils de Shiva et de Parvati

garbha griha sanctuaire d'un temple hindou

garh forteresse ; voir aussi kot, qila

Garuda homme-oiseau mythique à tête d'aigle, monture de Vishnou

ghaghra jupe

ghat marches ; hauteur formée de paliers

ghazal chant urdu

ghee beurre clarifié

gompa monastère

gopi jeunes vachères batifolant avec Krishna

gopura portail d'un temple surmonté d'une tour pyramidale

guru gourou, maître, mentor

gurudwara lieu de culte sikh

gymkhana club mondain doté d'équipements sportifs

H

hajj pèlerinage à La Mecque

Hanuman le dieu-singe, au service de Rama dans le *Ramayana*

harijan « enfants de Dieu », terme utilisé par Gandhi pour les intouchables ; voir p. 29

Hariti épouse de Panchika

haveli demeure traditionnelle ouvragée

Hinayana Petit Véhicule, secte bouddhiste répandue au Sri Lanka, en Birmanie et en Thaïlande

hookah pipe à eau utilisée pour fumer le tabac

howdah nacelle décorée pour le transport à dos d'éléphant

I

imam chef religieux musulman

Indra dieu de la pluie et du tonnerre

intouchables membres de la caste la plus basse de la société hindoue ; voir aussi *harijan* et p. 30

J

jali écran en marbre ajouré

jangha corps principal d'un temple indien

jataka légendes sur les vies antérieures du Bouddha

-ji suffixe nomimal destiné à montrer le respect

jina saint ou maître jaïn ; voir *tirthankara*

johar immolation collective des femmes après une défaite

K

Kailasa montagne de Shiva

Kali déesse de la destruction, forme redoutable de Parvati

karma concept selon lequel les actions d'existences passées déterminent le statut à la réincarnation

Karttikeya dieu de la guerre, fils de Shiva et de Parvati, connu aussi sous les noms de Skanda ou de Subrahmanya

kasti lutte

katcha incorrect, contraire de *pukka*

kathak danse traditionnelle de l'Inde du Nord

Kathakali théâtre dansé du Kerala

khadi coton filé et tissé à la main

kolam motif rituel créé à l'aide de farine de riz colorée

kot forteresse ; voir aussi *garh, qila*

Krishna incarnation humaine de Vishnou à peau bleue

kshatriya caste des guerriers ; voir aussi p. 30

kumkum dessin rouge porté au front par les femmes mariées

kurta chemise d'homme ample

L

lakh 100 000

Lakshmi déesse de la richesse et de la bonne fortune, épouse de Vishnou

lingam emblème phallique de Shiva symbolisant sa capacité créatrice

lunghi pièce d'étoffe similaire à la *dhoti*, souvent colorée

M

machan tour d'observation dans une réserve naturelle

Mahabharata poème épique ; voir p. 76

mahal palais

maharaja grand roi

maharani grande reine

Mahatma « Grande Âme », nom donné à Gandhi

Mahayana Grand Véhicule, secte bouddhiste répandue en Chine, au Tibet et au Japon

mahout propriétaire ou conducteur d'éléphant

maidan grand espace public

makara monstre aquatique symbole du Gange

mala guirlande

mandala symbole religieux, diagramme de méditation

mandapa hall, pavillon à colonnes

mandir temple

mantra paroles sacrées

marg route

masala mélange, par exemple d'épices

masala dosa galette de riz fourrée de légumes

masjid mosquée

medersa école coranique

mela fête, foire

memsahib terme de respect pour une femme occidentale

mendhi henné

mihrab niche à prières dans une mosquée, avec un

indicateur (*qibla*) de la direction de La Mecque

minbar chaire d'une mosquée

mithuna couple d'amoureux souvent représenté dans les sculptures des temples

moksha délivrance bienheureuse du cycle des renaissances

mudra gestes rituels des mains dans les danses et les arts (hindous, jaïns) ; enseignement du Bouddha (bouddhistes)

muezzin homme appelant les musulmans à la prière

muggu farine de riz colorée

N

naga serpent mythique

nala torrent, gorge

namaste parole de salut respectueux

natak danse

natya drame

nawab prince musulman

nirvana état de sérénité suprême, après l'extinction du désir humain

P

paan noix de bétel et condiments aigres-doux enveloppés dans une feuille et mâchés à la fin du repas

padma lotus

paise 100ᵉ d'une roupie

pajama large pantalon d'homme

palo extrémité décorée d'un sari

Panchika gardien des trésors de la Terre (bouddhistes)

parikrama ou *pradakeshima* marche rituelle dans le sens des aiguilles d'une montre autour d'un temple

parsi adepte du zoroastrisme ; voir p. 60

Parvati déesse de la paix et de la beauté, symbole de l'énergie féminine, épouse de Shiva ; formes farouches, Kali et Durga

pietra dura marbre incrusté

pilo voile couvrant la tête

pol porte

prasad offrande de nourriture dans un temple partagée par les fidèles

puja prière, dévotion, offrande

pukka correct

Purana anciens mythes et légendes ; voir p. 76

purdah isolement des femmes, notamment chez les musulmans, et obligation de porter le voile en public

Q

qawwali chants de prière des musulmans soufis ; voir p. 60

qila forteresse ; voir aussi *garh*, *kot*

R

ragamala ensemble de *raga* ou *ragini*, rythmes musicaux, poèmes ou iconographie liés à un thème particulier

raj rule loi impériale britannique entre 1050 et 1947

raja roi

Rajpouts caste de guerriers qui dirigeait le nord et l'ouest de l'Inde

Rama incarnation du dieu Vishnou, héros du *Ramayana* ; frère de Bharata et de Lakshmana ; Sita est son épouse

Ramayana poème épique hindou ; voir p. 76

rangoli motif géométrique en poudre de riz

ratha char de procession sur lequel sont exposées les divinités

S

sadhu ascète hindou sans caste ou liens familiaux

sagar lac, océan

sahib terme de respect envers un homme

salwar kameez pantalon large et longue chemise portés par les femmes

samadhi chez les hindous, suicide rituel d'un ascète par le feu

samnyasim ascète itinérant ; dernier stade de la vie chez les hindous

samsara mouvement de l'âme en un cycle infini de renaissances au fil des générations et dont la délivrance *(moksha)* est le nirvana

sangeet musique

sarai auberge, à l'origine sur les routes du commerce

Sarasvati déesse de la connaissance, de la musique

et des arts ; fille ou épouse de Brahma

sari longueur de tissu portée en drapé par les femmes

Sat vérité ; chez les sikhs, principe divin révélé par les gourous

sati immolation « honorable » d'une veuve, souvent sur le bûcher funéraire de son mari

satya vérité

satyagraha « recherche de la vérité » ; campagne de protestation non-violente de Gandhi

scheduled castes terme officiel pour les intouchables

serai motel

Shaiva adepte de Shiva (shivaïte)

shakti énergie vitale

shangam académie littéraire dans le sud de l'Inde

shastra traité hindou

Shesha serpent sur lequel Vishnou est étendu dans l'océan cosmique

shikar chasse

shikhara tour pyramidale d'un temple

Shiva troisième divinité de la trinité hindoue, symbole de l'énergie destructrice et créatrice, se manifeste sous la forme de Nataraja (seigneur de la Danse) ; son épouse est Parvati, ses fils sont Ganesh et Karttikeya ; sa monture est le taureau Nandi, son emblème le *lingam*

shri titre de respect

shudra caste des ouvriers ; voir p. 30

singh lion

Sita épouse de Rama

stupa édifice funéraire bouddhique abritant des reliques du Bouddha

Surya dieu du soleil ; Aruna, symbole du crépuscule, est son aurige

svami titre de respect dû à un religieux hindou

svaraj autodétermination, terme utilisé par Gandhi pour l'indépendance

T

tandoor four en argile

tank réservoir d'eau, lac artificiel

taziya réplique (en argent, en laiton ou en papier) du

tombeau d'Hussein, exhibée en procession lors de la fête musulmane de Muharram

tempera technique de peinture sur plâtre à l'aide de pigments en poudre, souvent utilisée sur les murs intérieurs

tempo véhicule de transport à trois roues

thangka peinture tibétaine sur rouleau de tissu

thali plateau utilisé en général pour les repas végétariens

tiffin repas léger

tilak point rouge dont le prêtre marque le front durant un culte religieux

tirthankara les 24 saints et érudits jains

tulsi basilic

U, V

urs fête sainte musulmane

vahana véhicule d'une divinité

vaishya caste des marchands ; voir p. 30

Vaisnava adepte de Vishnou (vishnouite)

vav voir *baoli*

Veda premiers textes sacrés hindous

vihara monastère bouddhique ou jain

vimana partie principale ou sanctuaire d'un temple hindou ; tour du temple

Vishnou deuxième divinité de la trinité hindoue ; symbole de la préservation dans le maintien de l'équilibre de l'univers : Rama et Krishna comptent parmi ses incarnations ; son épouse est Lakshmi, sa monture Garuda

W

wallah personne exerçant un métier, par exemple *dhobi-wallah* (blanchisseur)

wazir Premier ministre

Y, Z

yatra pèlerinage

yoni symbole de l'organe sexuel féminin, souvent représenté dans les temples par une forme circulaire au centre de laquelle est encastré le *lingam*

zenana quartier des femmes dans un palais

CRÉDITS PHOTOGRAPHIQUES

Abréviations : (h) haut ; (b) bas ; (g) gauche ; (d) droite ; (c) centre.

Couverture (hg), Images Colour Library. (hd), Gettyone/Stone. (bg), Photographer's Library. (bd), Images Colour Library. Spine, Eye Ubiquitous. 1, Wolfgang Kaehler Photography. 2/3, Andrea Booher/Gettyone/Stone. 4, Catherine Karnow. 9, Steve McCurry/ National Geographic Society. 11, J. McNally/National Geographic Society. 12/13, J. McNally/National Geographic Society. 14/15, Steve McCurry/National Geographic Society. 16/17, Steve McCurry/National Geographic Society. 18/19, Aspect Picture Library. 21, R. Ian Lloyd Productions. 22/23, Steve McCurry/National Geographic Society. 25, Bennett Dean/Eye Ubiquitous. 27, David Cumming/Eye Ubiquitous. 28/29, Steve McCurry/Magnum Photos. 30, Steve McCurry/National Geographic Society. 31, Bury Peerless. 33, Bury Peerless. 34/35, Wolfgang Kaehler Photography. 36, Maxine Cass. 37, Bury Peerless. 38, Wolfgang Kaehler Photography. 41, Trip & Art Directors Photo Library. 43, Gettyone/Stone. 44/45, Mary Evans Picture Library. 47, By Courtesy of the National Portrait Gallery, London. 48/49, Royal Geographical Society, London. 50, Hulton Getty Picture Collection Ltd. 50/51, Steve McCurry/National Geographic Society. 52, Steve McCurry/National Geographic Society. 53, Raghu Rai/Magnum Photos. 55, Steve Jones/Axiom. 56/57, Steve McCurry/National Geographic Society. 58, Trip & Art Directors Photo Library. 59, Steve McCurry/National Geographic Society. 61, Dinodia Picture Agency/Images of India. 62, AA Photo Library/D. Corrance. 64/65, Peter Sanders Photography. 66, Mecky Fögeling. 67, Christine Osborne Pictures/MEP. 68, Mecky Fögeling. 69h, Steve McCurry/National Geographic Society. 69b, Jeremy Horner/Gettyone/Stone. 70, Wolfgang Kaehler Photography. 70/71, Peter Sanders Photography. 72, C. Wormald/Trip & Art Directors Photo Library. 73, AA Photo Library/ D. Corrance. 74, Christine Osborne Pictures/MEP. 76/77, AA Photo Library/ D. Corrance. 77g, Rex Features. 77d, Rex Features. 78, T. Bognar/Trip & Art Directors Photo Library. 80, Maxine Cass. 81, Hutchison Library. 82, Bury Peerless. 83h, Gerald Cubitt. 83b, Superstock Ltd. 84/85, Peter Sanders Photography. 85, AA Photo Library/D. Corrance. 86, Victoria & Albert Museum, London/Bridgeman Art Library. 87, National Museum of India, New Delhi, India/ Bridgeman Art Library. 88, Rene Burri/Magnum Photos. 89h, Rene Burri/Magnum Photos. 89c, F. Good/ Trip & Art Directors Photo Library. 89b, David Forman/Eye Ubiquitous. 90/91, Elk Photo. 92, Images Colour Library.

93, Bennett Dean/Eye Ubiquitous. 94, Eye Ubiquitous. 96/97, Wolfgang Kaehler Photography. 98, AA Photo Library/ D. Corrance. 99, Robert Holmes. 100/101, Steve McCurry/National Geographic Society. 102g, David Cumming/Eye Ubiquitous. 102d, Raghu-Rai/Magnum Photos. 103g, AA Photo Library/ D. Corrance. 103d, Robert Holmes. 104, Terry Harris. 105h, Terry Harris. 105b, Wolfgang Kaehler Photography. 106, Gerald Cubitt. 107, M. Powles/Eye Ubiquitous. 108, Hutchison Library. 109, Steve McCurry/Magnum Photos. 110, Robert Harding Picture Library. 111, Robert Harding Picture Library. 112/113, Dinodia Picture Agency/Images of India. 113, Trip & Art Directors Photo Library. 114, Hutchison Library. 115, Hutchison Library. 116, Trip & Art Directors Photo Library. 117, Dinodia Picture Agency/Images of India. 118/119, Wolfgang Kaehler Photography. 120, Dinodia Picture Agency/Images of India. 122/123, Bennett Dean/Eye Ubiquitous. 123, H. Rogers/Trip & Art Directors Photo Library. 124, Elk Photo. 124/125, Elk Photo. 126, Gerald Cubitt. 127, Hutchison Library. 128, Robert Holmes. 129, Hutchison Library. 130/131, Superstock Ltd. 131, Elk Photo. 132, AA Photo Library/D. Corrance. 133, AA Photo Library/D. Corrance. 134, David Sanger. 135h, Eye Ubiquitous. 135b, Gettyone/Stone. 136, Axiom. 137h, Hutchison Library. 137b, Trip & Art Directors Photo Library. 138, AA Photo Library/D. Corrance. 139, AA Photo Library/D. Corrance. 141, Steve McCurry/National Geographic Society. 142, AA Photo Library/D. Corrance. 143, Trip & Art Directors Photo Library. 144, Eye Ubiquitous. 145h, Eye Ubiquitous. 145c, Eye Ubiquitous. 145b, Hutchison Library. 146/147, Trip & Art Directors Photo Library. 147, Trip & Art Directors Photo Library. 148, Trip & Art Directors Photo Library. 149, Trip & Art Directors Photo Library. 150, Dinodia/Trip & Art Directors Photo Library. 151, Hulton Getty Collection Ltd. 152/153, Trip & Art Directors Photo Library. 153, Bennett Dean/Eye Ubiquitous. 154/155, Trip & Art Directors Photo Library. 156, Gerald Cubitt. 157, Hutchison Library. 159, Catherine Karnow. 160/161, Catherine Karnow. 162, Catherine Karnow. 163, D. Constantine/Axiom. 164/165, Catherine Karnow. 166/167, Catherine Karnow. 168, Christine Pemberton/Hutchison Library. 169, Florence Comolli. 170/171, Hutchison Library. 171, Hutchison Library. 172, Travel Ink. 173, Robert Leon. 174, Powerstock Zefa Picture Library. 175, R. Francis/Hutchison Library. 176/177, Bury Peerless. 177, D. Shaw/Axiom. 178, Eye Ubiquitous. 179, Jean-Louis Nou/AKG, London. 180, Bury Peerless. 181, Bibliothèque Nationale, Paris, France/Bridgeman Art Library. 182, R. Burri/Magnum Photos. 183h, Robert Leon. 183b, Robert Leon. 184, Robert Leon. 185, Robert Leon.

186, H. Rogers/ Trip & Art Directors Photo Library. 187, Robert Leon. 188, Robert Leon. 189, Terry Harris. 190, Axiom. 192/193, Aspect Picture Library. 194, Aspect Picture Library. 195, Christine Osborne Pictures/MEP. 196, Christine Osborne Pictures/MEP. 197, Christine Osborne Pictures/MEP. 198, Trip & Art Directors Photo Library. 199, Terry Harris. 200/201, S. Jones/Axiom. 201, Trip & Art Directors Photo Library. 202, Terry Harris. 203, Terry Harris. 204, Christine Osborne Pictures/MEP. 205bg, Christine Osborne Pictures/MEP. 205bd, Trip & Art Directors Photo Library. 205h, Robert Leon. 206, Bury Peerless. 207, Barbara Lloyd. 208, Wolfgang Kaehler Photography. 210, Hutchison Library. 211, Aspect Picture Library. 212, David Sanger. 213, Aspect Picture Library. 214, John Isaac/Still Pictures. 215h, Christine Osborne Pictures/MEP. 215bg, Harry Gryaert/Magnum Photos. 215bd, Bennett Dean/Eye Ubiquitous. 216, Terry Harris. 217, Terry Harris. 219, Leon Schadeberg/ Eye Ubiquitous. 220, Barbara Lloyd. 221, Aspect Picture Library. 223h, Trip & Art Directors Photo Library. 223b, Travel Ink. 224/225, Axiom. 226, Sarah Errington/ Hutchison Library. 227, Hutchison Library. 228, Axiom. 229h, Hutchison Library. 229b, James Davis Worldwide. 230, Nicholas Sumner. 231, Travel Ink. 232, Hellio/Van Ingen/Phone. 233, Trip & Art Directors Photo Library. 234, Hutchison Library. 235, C. Caldicot/Axiom. 236/237, Aspect Picture Library. 238, Barbara Lloyd. 238/239, Michael Freeman. 240, Barbara Lloyd. 241, Eye Ubiquitous. 242, Tim Beddow/Hutchison Library. 245, Joerg Boetheling/Still Pictures. 247, Barbara Lloyd. 248, Hutchison Library. 249, Trip & Art Directors Photo Library. 251, Bury Peerless. 253, Barbara Lloyd. 254, Eye Ubiquitous. 256, Trip & Art Directors Photo Library. 257, Trip & Art Directors Photo Library. 258, Hutchison Library. 260, Barbara Lloyd. 261, Bury Peerless. 262, Trip & Art Directors Photo Library. 263h, Bury Peerless. 263b, Hutchison Library. 264, Bury Peerless. 266, Eye Ubiquitous. 267, Eye Ubiquitous. 268, Bury Peerless. 269, Trip & Art Directors Photo Library. 270/271, Trip & Art Directors Photo Library. 271, Hutchison Library. 272/273, Barbara Lloyd. 274, Eye Ubiquitous. 277, David Sanger. 278/279, Hutchison Library. 279, Hutchison Library. 281, Hutchison Library. 283, F. Good/Trip & Art Directors Photo Library. 285, Eye Ubiquitous. 287, Paul Harris Photography. 288/289, Paul Harris Photography. 291, Hutchison Library. 292, T. O'Brien/Trip & Art Directors Photo Library. 293, James Davis Worldwide. 294, Hutchison Library. 295, Eye Ubiquitous. 296, Trip & Art Directors Photo Library. 297hg, Elk Photo. 297hd, Paul Harris Photography. 297b, F. Good/Trip & Art Directors Photo Library. 298/299, Photo Resource Hawaii, Inc. 300/301, Michael Freeman. 302/303, Hutchison Library. 304, Francis Bacon/Axiom. 305h, Dinodia/Trip & Art

Première institution scientifique et pédagogique à but non lucratif du monde, la National Geographic Society a été fondée en 1888 «pour l'accroissement et la diffusion des connaissances géographiques». Depuis lors, elle a apporté son soutien à de nombreuses expéditions d'exploration scientifique et fait découvrir le monde et ses richesses à plus de neuf millions de membres par le biais de ses différentes productions et activités: magazines, livres, programmes de télévision, vidéos, cartes et atlas, bourses de recherche. La National Geographic Society est financée par les cotisations de ses membres et la vente de ses produits éducatifs.

Ses adhérents reçoivent le magazine National Geographic – la publication officielle de l'institution. Le magazine existe en français depuis octobre 1999.

Visitez le site web de National Geographic France:

www.nationalgeographic.fr

Inde
est une publication de la National Geographic Society

Président-directeur général : John M. Fahey, Jr.
Président du conseil d'administration : Gilbert M. Grosvenor
Premier vice-président et président du Département livres : Nina D. Hoffman
Directeur des publications des guides touristiques : Elizabeth L. Newhouse
Éditrice : Barbara A. Noe
Directeur artistique : Cinda Rose
Directeur de la cartographie : Carl Mehler
Coordinateur de la cartographie : Joseph F. Ochlak
Directeur de la fabrication : Gary Colbert
Responsable du projet en fabrication : Richard S. Wain
Consultante : Lise Sajewski
Documentaliste : Caroline Hickey
Coordination éditoriale : Lawrence Porges
Collaboration : Verena Phipps

Création et réalisation de AA Publishing
Responsable de projet : Virginia Langer
Responsable artistique du projet : David Austin
Éditeur : Victoria Barber
Responsable de la cartographie : Inna Nogeste
Directeur de la fabrication : Richard Firth
Responsable prépresse : Steve Gilchrist
Recherche iconographique : Zooid Pictures Ltd.
Cartographie : AA Cartographic Production
Cartes des croisières dessinées par Chris Orr Associates, Southampton, England
Illustrations de Maltings Partnership, Derby, England

Édition originale

Édition française

National Geographic France
Direction éditoriale : Françoise Kerlo, *assistée de* Marilyn Chauvel
Chef de fabrication : Alexandre Zimmowitch

Réalisation éditoriale : Agence Media
Mise au point des textes : Anne Cogos
Secrétariat de rédaction et correction : Catherine Lucchesi
Mise en pages : Marie-Hélène Mateos
Traduction : Thierry Zéphir, Catherine Bodin-Godi, Liliane Charrier, Maud Godoc, Géraldine Masson, Carole Coen
Consultants : Françoise Wang, Thierry Zéphir
Recherches documentaires : Julie Orillon, Agnès Gualtieri

ISBN: 2-84582-084-4

Dépôt légal : septembre 2004
Impression : Cayfosa-Quebecor (Espagne)

NATIONAL GEOGRAPHIC
LES GUIDES DE VOYAGE

Guides pays/régions :
grand format
à partir de 13,95 €

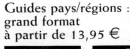

ALLEMAGNE · AUSTRALIE
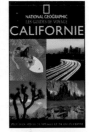 CALIFORNIE
 CANADA
 CHINE

COSTA RICA · CUBA · ÉGYPTE · ESPAGNE · FRANCE

GRANDE-BRETAGNE · GRÈCE · INDE · IRLANDE · ITALIE

JAPON · MEXIQUE · PROVENCE · THAILANDE

Et aussi
Floride
Portugal
Sicile

À paraître :
Brésil
Crète
Maroc
Vietnam

AMSTERDAM · BARCELONE · FLORENCE TOSCANE · LONDRES · NEW YORK · PARIS

PRAGUE ET LA RÉPUBLIQUE TCHÈQUE · ROME · VENISE

À paraître :
Berlin
Hong Kong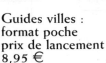
Madrid

Guides villes :
format poche
prix de lancement
8,95 €